上海方志研究论丛

（第三辑）

主　　编　朱敏彦
副 主 编　黄晓明

上海市地方志办公室
上海市地方史志学会　编

上海書店出版社
SHANGHAI BOOKSTORE PUBLISHING HOUSE

上海方志研究论丛（第三辑）
编辑委员会

修志问道　以启未来

（代序）

洪民荣

核心观点

地方志与国史、家谱构成了中华民族文化历史的三大支柱，记载了数千年中华文明，并使之不断传承。修志不仅具有“补史之缺、参史之错、详史之略、续史之无”的存史价值，更可起到以志为鉴、启迪后人的巨大作用。

第五次全国地方志工作会议日前在京举行，李克强总理作批示并指出，“地方志是传承中华文明、发掘历史智慧的重要载体，存史、育人、资政，做好编修工作十分重要”，强调“修志问道，以启未来”。

修志工作“功在当前，利在千秋”

当前，全国上下正广泛开展第二轮修志工作，这是当代人必须担当的现实责任，更是崇高的历史使命。地方志与国史、家谱构成了中华民族文化历史的三大支柱，记载了数千年中华文明，并使之不断传承。全国目前保存的各种方志有8500种左右，11万余卷，占现存古籍的十分之一左右，这些文献为研究经济社会发展提供了极其宝贵和不可替代的基础性资料。

修志不仅具有“补史之缺、参史之错、详史之略、续史之无”

的存史价值，更可起到以志为鉴、启迪后人的巨大作用。修志的过程，客观上是对一个地区地情一次系统、全面、深入的大调查，可以记录发展成就、梳理发展轨迹、总结发展经验、分析发展得失，为科学决策提供翔实、真实和可靠的依据、借鉴与启发；其积累的巨量文字、数据和图照文献同样是一笔不可多得的宝贵财富，是不可替代的地情数据库、信息库和资料库。

修志是中国特色社会主义文化的组成部分，是体现文化软实力的重要力量。国务院 2006 年 5 月 18 日颁布了《地方志工作条例》，对什么是地方志、为什么要修志、怎样修志和如何为地方经济社会的全面发展服务作出了明确规定，是我国第一部关于地方志工作的行政法规，开创了依法修志的历史进程，极大推动了全社会的修志工作。上海自 2011 年 5 月 18 日起施行《上海市实施〈地方志工作条例〉办法》以来，更进一步形成了在干部群众中修志、读志、用志的良好氛围。

围绕改革开放 30 年全面推进二轮修志工作

2010 年上海开始了以 1978—2010 年为上下限的二轮修志工作，这是对波澜壮阔的 30 多年改革开放历史进程第一次全面、系统、完整和真实的记录，也是上海文化建设的一项重大工程。当前，上海已进入全面深化改革的新时期，正开展面向未来 30 年上海的战略研究。面向未来 30 年，理当回望过去 30 年；而 2018 年，又将迎来改革开放 40 周年，更有必要以纪念改革开放 40 周年为契机，加快推进二轮修志工作。

韩正书记对做好改革开放修志工作非常重视，指出把握上海的发展，既要认识当下的发展环境和态势，也要知道过去的发展历史、特别是改革开放以来的发展变迁。因此，对于二轮修志，必须要有强烈的历史使命感、政治责任感和时代紧迫感。二轮修志分为上海市志、上海市级专志和上海市区县续志三个系列，规划245部。这也是全国各地规模最大、涵盖领域最广、内容最全面的志书规划。按照规划，2015年前完成上海市区县志续志系列志书的编纂工作；2020年前完成上海市志和上海市级专志系列的编纂工作。

修志是一项政治性、政策性、学术性和专业性都很强的工作，是“一项不容易引起重视的重要工作”。在建设中国特色社会主义伟大实践中，各系统、各部门、各地区都应当把修志作为一项重要的基础性事业来抓；全体编纂人员应树立崇高的荣誉意识和奉献精神，不是所有人都有幸可以修志，也不是所有人都能修志，“板凳干坐十年冷，文章不写一句空”，应以耐得住寂寞的勇气和承受艰苦的心理准备，打造志书的精品佳作，努力成为一个优秀的修志人；地方志工作机构要积极统筹规划、组织协调、创新方式和督促指导，动员和组织全社会力量共同参与修志工作，营造积极向上的修志氛围；各级干部应当自觉增强读志、传志和用志的认识，把读志、传志和用志作为提高自身修养和提升工作素质的重要方式。

修志读志用志并重，积极为改革开放服务

修志是一项承载历史的崇高事业，但不能单纯为修志而修志。习近平总书记2月25日在首都博物馆参观北京历史文化展览时就指出，“要高度重视修史修志，让文物说话，把历史智慧告诉我们，激发我们民族自豪感和自信心，坚定全体人民振兴中华，实现中国梦的信心和决心。”从当前来说，可以做好三方面工作：

一是积极用好一轮修志的重要成果。上海第一轮修志记述了至1995年上海历经两千多年的沧桑巨变发展成为国际性大都市的历史进程，具有十分珍贵的历史价值和现实意义。一轮修志编纂出版了12部区志、10部县志和100多部专志，合计130多部、15000万字，并以此为基础，编撰出版了10册、46卷、247章、近1100

万字的鸿篇巨制《上海通志》。为充分发挥服务社会功能，对一轮修志成果可以浓缩提炼制作简本，也可以适应多媒体时代的特点，制成喜闻乐见的新媒体形式，广泛开展具有吸引力的推广与普及教育。

二是积极用好二轮修志的阶段性成果。二轮修志是一个逐年推进、分批完成的过程，因此，要重视这一过程中发现的史料、挖掘的成果和提炼的经验，及时通过专报、简报、文章等形式，做好建言献策和宣传推广工作，积极为有关部门提供有用的咨询服务。要适应网络和大数据时代的要求，探索修以致用的各种方式，促进修志工作与时俱进。

三是积极用好浩瀚的地情资料数据。从全国来说，上海二轮修志中一项非常具有特色和重要的工作，是制作电子资料卡片和编写资料长编，这必将积累巨量的系统、全面和真实的上海市地情资料，是记录、研究和发现上海极其珍贵的资料宝库。为此，可以开发二轮修志地情资料收集、整理、展示和使用的独特功能，加快建设上海地情资料数据库，使之成为上海具有综合性、史料性、文献性和信息化程度高的地情资料中心，广泛面向社会提供服务。

（作者为上海市地方志办公室主任、党组书记，研究员，原文载 2014 年 4 月 29 日《文汇报》“时评”专栏）

目　录

指导地方志工作发展的重要文献

——读《全国地方志事业发展规划纲要（2015—2020年）》

邹逸麟

最近读到国务院批发的《全国地方志事业发展规划纲要（2015-2020年）》，这是继2006年国务院颁布的《地方志工作条例》以后，又一份对地方志工作具有指导意义的文献。2014年以来，习总书记、李克强总理、刘延东副总理都先后对地方志工作做过重要指示，地方志工作在党和国家领导心目中，已据有十分重要的地位。新中国成立后，从上世纪八十年代开始掀起了第一轮修志高潮，至今已完成省、市、县三级志7000余部，各类专业志、镇村志2万多部，可以说是成绩斐然。目前开始了第二轮修志，到2020年要完成第二轮修志任务，正当其时，制订一个五年发展规划确实十分重要的，这是文件出台的历史背景。

从以往二三十年修志的成果来看，成绩是主要的，有目共睹。那么这个文件当前出台究竟还有哪些意义呢？我个人学习后的体会是：

第一，正如《纲要》中所说："在全国地方志事业呈现出良好发展态势和前所未有的大好局面，但也存在着制约事业发展的问题，主要是：事业发展不平衡现象比较突出；少数地区和部门对地方志工作重要性认识不够；相关法规规章落实不到位；机构不健全，编制、人员和经费不足；志书质量有待进一步提高；人才队伍青黄不接，人员素质亟待提升；信息化与方志馆建设比较滞后；方志文化的作用有待彰显等。这些问题必须通过科学发展和深化改革，采取有效措施，认真予以解决。”为了针对地方志工作体制机制的进一步确立，出台一个全面规划的纲要显然是十分必要的。我个人认为经过第一轮修志工作，各地方的领导对修志工作还是有一定认识的。不过这种认识基本上还是停留在将其视为一般的地方上文化工作。没有将地方志工作提高到“治天下者以史为鉴，治郡国者以志为鉴”（《纲要》语）的高度。有的领导认为现在方志工作都有机构、有编制、有房子、有经费，还要怎样重视？因此，平时过问很少，关心不够。有的地方政府对《地方志工作条例》以及各地地方志法规落实不到位，造成各地方志工作开展水平高低不一，进度不一。因此进一步规划好下一个五年工作规划，出台一份具有指导意义的文件，保证第二轮修志按时按质完成是十分及时和必要的。

第二，新颁布的《规划纲要》，在发展基础与机遇，指导思想与基本原则，总体目标与主要任务，保障措施，加强组织领导等几个方面，都有十分具体的阐发。提出了“一纳入，八到位”的工作机制，比2006年《地方志工作条例》更具体、更深入。如果每一个地区都能切实落实，2020年第二轮修志的圆满完成应该是没有问题。

第三，以上二点都是针对领导的，那么是不是《纲要》出台后，接着各地政府都落实了《纲要》内容，那地方志工作就一定会受到各地领导的关注，而出版的地方志质量就一定很高了呢？我认为事情未必这么简单，这还要从我们修志工作者方面来考虑考虑。

我想从方志三大功能之一“资治”，这个地方官最关心的功能谈起。

举个例子，一个新到贫困县上任的县委书记，下车伊始要解决的当然是贫困县的脱贫问题。首先他必定要了解本县贫困人口的多少，贫困程度的现状，其次是造成贫困的原因是什么，是自然原因还是人为原因。一般说来，贫困县都是地处穷山恶水，自然条件十分恶劣的地区。这是贫困县长期贫因的根本原因。可是新中国成立已经半个多世纪了，解放以来多任书记对穷山恶水经过治理了没有？如果治理过了，为什么恶劣的环境长期未能得到改变，广大人民还过着贫困的生活。这里面是治理的方法上有问题，还是政府的政策有问题。

这些问题在第一轮所修的方志里必须有许多具体的数字和事实将此事清楚地记录下来。如果是政策有问题，那新一轮的领导下一步就应该迅速调整政策。如果是自然条件很差，经过几十年治理仍无显著效果，就说明此处已非适宜人类继续居住的地方。那新一轮的领导就应该急速考虑环境移民问题。

再举一个例子，我国贫困县往往是九年制义务教育不能完成的地区。许多家庭因为贫困，青壮年外出打工，而适龄儿童因为要参加家务劳动，又要照顾家中老、残人员，往往因而辍学。这些问题的状况第一轮修志时，有没有做过详细具体的调查，有没有将具体数字和客观事实，实事求是地记录下来。

此外，当然还应该有贫困县的经济如何发展，如何在贫瘠的土地上发展合适的产业。过去多届领导捉摸过些什么发展路子，效果如何，为什么几十年来效果不显著（否则早就脱贫了），有什么经验教训？第一轮新修方志在这方面应该是重点所在。

以上如此等等，在第一轮修志中是不是全部都非常真实地、具体地记录下来。如果是，我想新上任的县委书记一定急着去查阅，不必你去宣传。他不但会认真阅读已完成的志书，还一定会关心正在编纂的志书，看看方志办还在调、访到了什么新材料，有助于他的下一步工作。因为这些资料和实情在一般官方的资料中恐难以看到。李克强总理在去年第五次全国地方志工作会议上曾说 ：“修志问道，以启未来。”就是说从志书中能够“提高科学执政水平”，也正是我们常说志书三大功能之一“资治”的职能所在。

如果我们修志时没有掌握下面基层的原始资料，没有经过调查的基层社会的真实情况，没有将当前改善民生工作中的种种问题，切实反映在志书里。而是仅根据政府、各级机关的公报、下级机关向上级呈报的资料等等编纂起来，而且大部份是颂扬历届政府政绩的内容。那些资料在新任书记他的办公室里都能看到，他怎能会关心你的修志工作呢？他怎么会将方志认为对他“资治”有十分重要的无言的咨询机构呢？

因此，我认为要地方政府从心底里重视地方志工作，光靠几个文件、条例还是不解决问题的。这是双方的问题，我们要地方政府首先在认知上明白方志工作的重要性，要地方政府建立“一纳入，八到位”的工作机制。这是很对的。但如仅止于此，如果您编的方志对他的“资治”没有什么用处，是一种可读可不读的文化产品，是点缀地方上文化繁荣装饰品。那么日理万机的地方官实在不可能从心底里产生重视地方志工作的观念，只能是虚应故事而已。

（作者单位系复旦大学历史地理研究所，原文载《中国地方志》2016年第4期）

地方志社会认知度调查研究

洪民荣　唐长国

2016年是国务院《地方志工作条例》颁布10周年、《上海市实施〈地方志工作条例〉办法》颁布5周年之年，也是贯彻落实《全国地方志事业发展规划纲要（2015—2020年）》的重要一年。为了全面、系统和深入摸清全社会对地方志工作的了解程度、使用状况、需求特点和基本要求，分析地方志工作的现状、特点、发展趋势，更准确地把握地方志工作的薄弱环节和改进重点，进一步采取有针对性的举措，提高地方志工作水平，上海市地方志办公室在2016年4月面向全国开展了“地方志社会认知度调查”。这一调查顺应互联网发展趋势，充分借助新媒体手段，以网络和微信问卷调查方式进行，共获得有效调查问卷25367份。

一、调查概述

（一）问卷题目。题目共10道，7道为调查题，3道为获取答题人身份信息。调查题目：1. 您之前知道和使用过地方志吗？ 2. 您通过什么渠道知道地方志的？ 3. 您经常采取什么途径获取和使用地方志内容？ 4. 您感到地方志对您是否有用？ 5. 您对本市地方志工作的总体感觉是什么？ 6. 您认为编好地方志的最主要因素是什么？ 7. 您认为宣传、普及和发挥地方志作用主要方式是什么？

（二）有效样本。在4月1—30日为期30天的调查中，共获得有效调查问卷25367份，其中网络调查问卷8628份，微信调查问卷16739份；上海（居住地）调查问卷10903份，外地（居住地）

调查问卷 14464 份（见表 1）。

表 1　地方志认知调查有效样本数量一览表

总样本数		网络样本数		微信样本数	
25367		8628		16739	
上海	外地	上海	外地	上海	外地
10903	14464	6364	2264	4539	12200

（三）有效样本结构。在 25367 份网络和微信问卷中，职业参与度（见图 1）分布比较广泛，其中事业单位 31%、学校 30%、企业 17%、自由职业 8%、党政机关 7%、其他 7%。年龄参与度（见图 2）中间大两头小，其中 18 岁以下 23%、18 ~ 45 岁 60%、46 ~ 59 岁 11%、60 岁以上 6%。60 岁以上参与比例低，可能和网络及微信使用率较低有关。学历参与度为研究生 8%、本（专）科 58%、高中以下 34% ，基本与中国人口实际学历分布相符。总体来看，样本结构基本合理，具有较好的代表性。

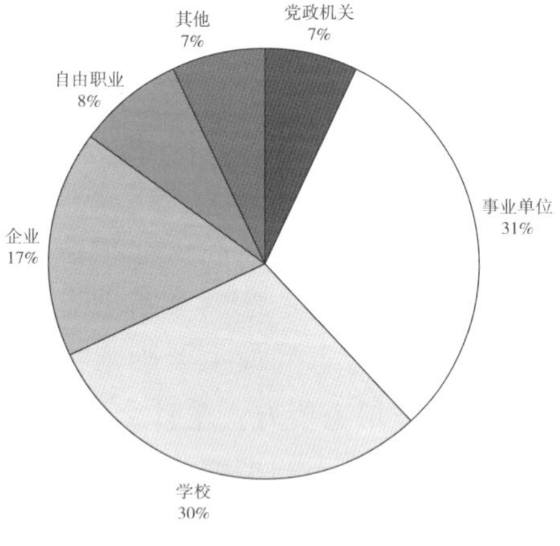

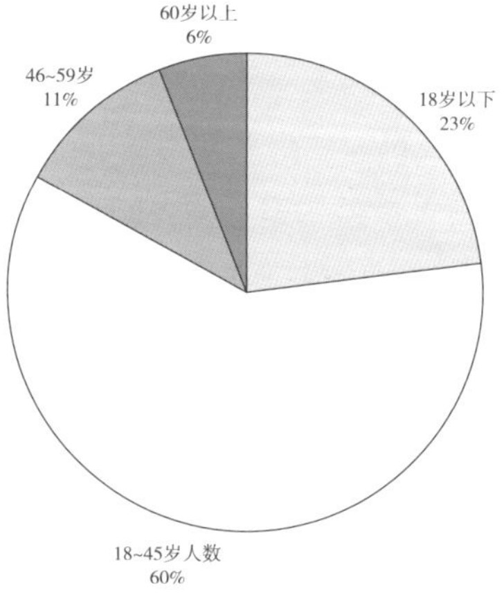

图 1　地方志认知调查职业参与度　图 2　地方志认知调查年龄参与度

二、“地方志社会认知度调查”主要结果

（一）地方志知晓度。社会对地方志知晓度较高，总体知晓度达到 87%，但经常使用率不高，只有 22%（见图 3）。

不同年龄对地方志的知晓度存在差异（见图 4）。年龄越大，知道但不使用比率越高。18 岁以下知道并经常使用的比率最高，为 34%；46 ～ 59 岁知道但偶尔使用的比率最高，为 49%；60 岁以上知道但不使用的比率最高，为 30%。

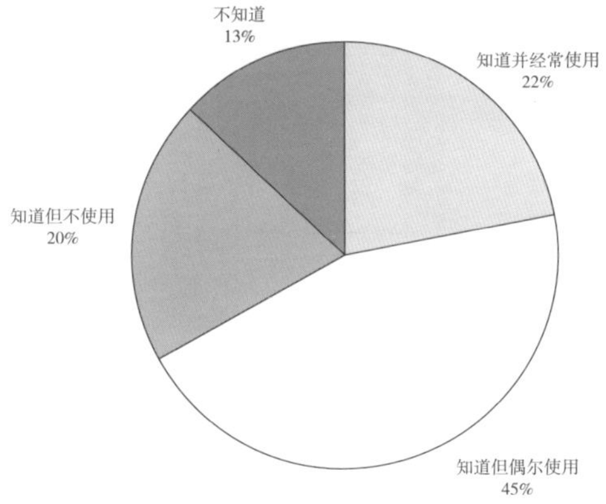

图 3　地方志知晓度分布情况

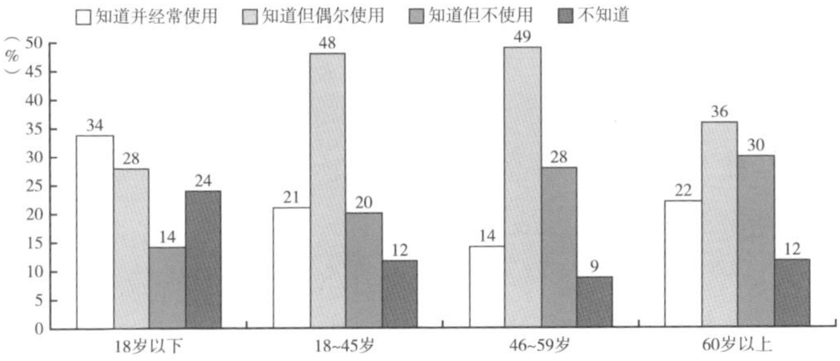

图 4　不同年龄地方志知晓度分布情况

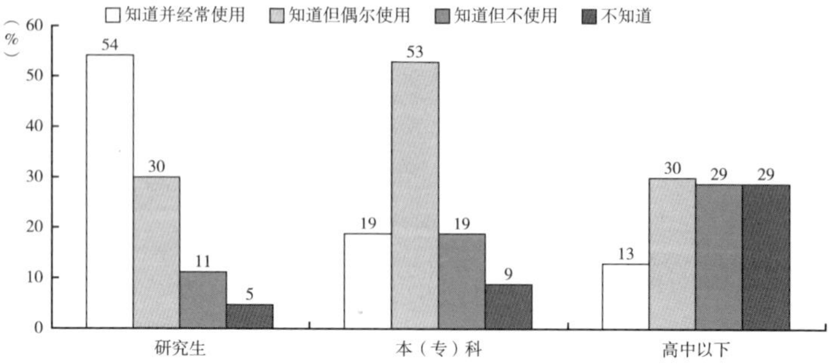

图 5　不同学历地方志知晓度分布情况

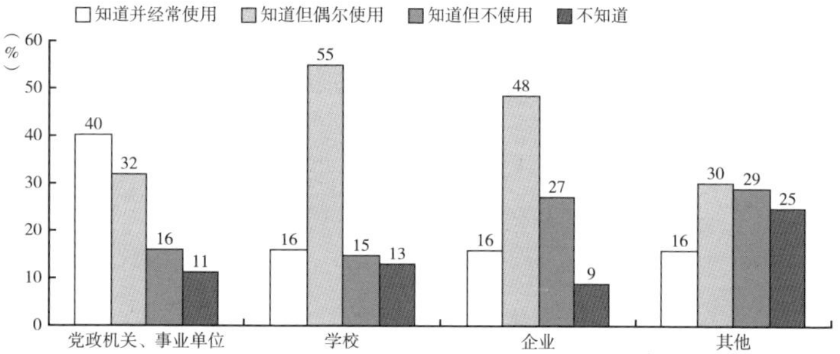

图 6　不同职业地方志知晓度分布情况

不同学历对地方志知晓度不同。学历越低，知晓度越低、经常使用度越低（见图 5)。研究生知道并经常使用的比率最高，为 54%；本（专）科知道但偶尔使用的比率最高，为 53%；高中以下知道但不使用的比率最高，为 29%。

不同职业对地方志知晓度存在明显差异。党政机关、事业单位知道并经常使用的比率最高，为 40%；学校偶尔使用的比率最高，为 55%；企业不使用比率最高，为 27%（见图 6)。

（二）地方志知晓渠道。调查对象对地方志知晓渠道以互联网为主（48%)，报纸书籍、广播电视为辅（29%)（见图 7)。

各年龄段普遍重视互联网渠道，18 ~ 45 岁群体比率最高，为

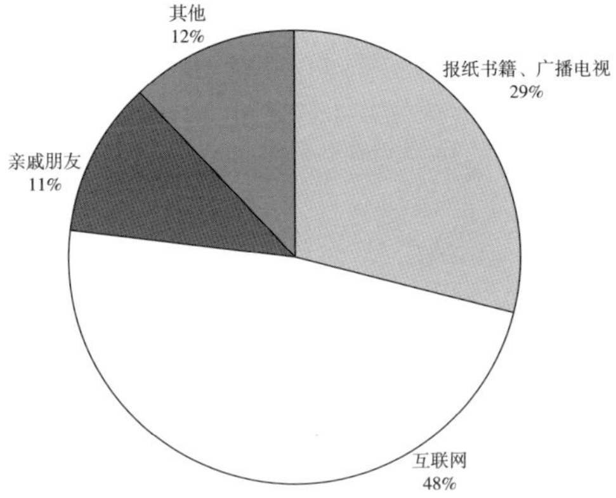

图 7　地方志知晓渠道分布情况

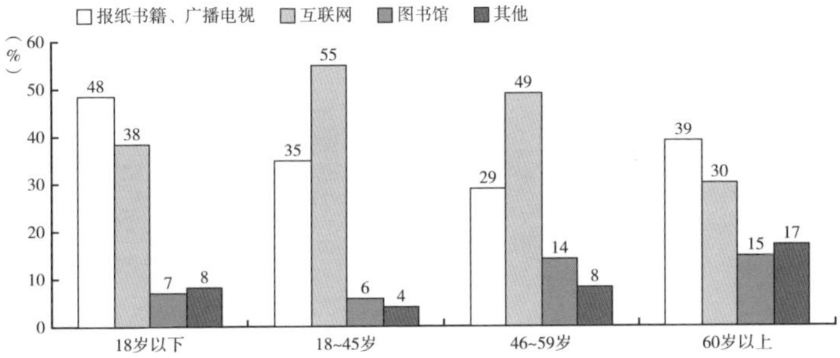

图 8　不同年龄地方志知晓渠道分布情况

53%；60 岁以上比率最低，也达到了 30%；只有 18 岁以下对报纸书籍、广播电视的选择（37%）高于互联网（32%）（见图 8）。

学历越高越重视报纸书籍、广播电视渠道，研究生的选择比率最高，为 56%；本（专）科、高中以下以互联网为主，选择比例分别为 57%、37%（见图 9）。

按照职业划分，学校、企业以互联网为主，占比分别为 59%、53%；党政机关、事业单位以报纸书籍、广播电视为主，为 52%（见图 10）。

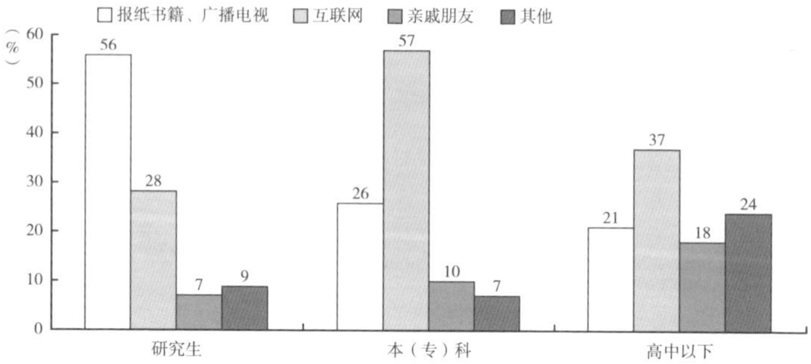

图 9　不同学历地方志知晓渠道分布情况

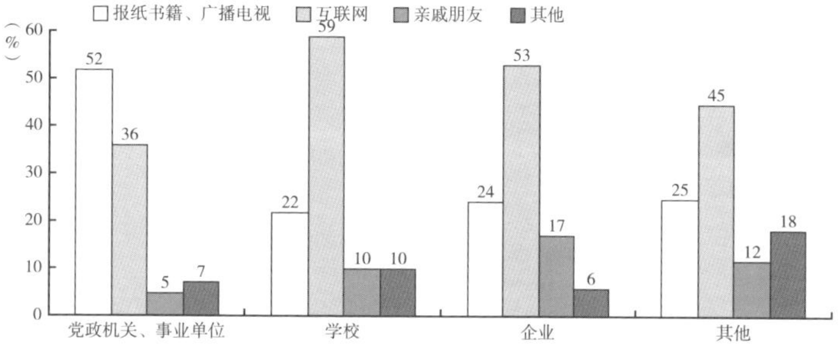

图 10　不同职业地方志知晓渠道分布情况

（三）地方志使用方式。互联网成为主要的使用方式，约占40%（见图 11）。

18 岁以下、60 岁以上使用图书馆多于中青年群体，选择图书馆的比率分别为 40%、29%；18 ～ 45 岁使用互联网最多，为42%；46 ～ 59 岁使用政府机构最多，为 39%；60 岁以上对政府机构、图书馆、互联网方式的选择比较均衡（见图 12）。

学历越低，通过互联网使用越多，通过图书馆使用越少，高中以下使用互联网的 54%、图书馆的 16%；研究生使用互联网的18%、图书馆的 55%（见图 13）。

按照职业划分，企业通过互联网使用的最多，为 53%，党政机关、事业单位通过图书馆使用的最多，为 39%（见图 14）。

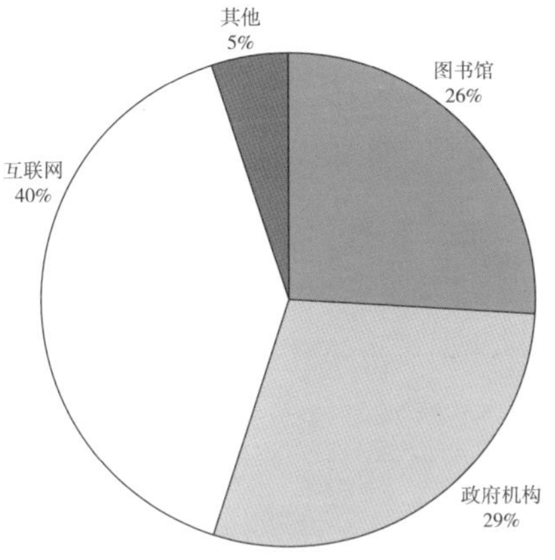

图 11　地方志使用方式分布情况

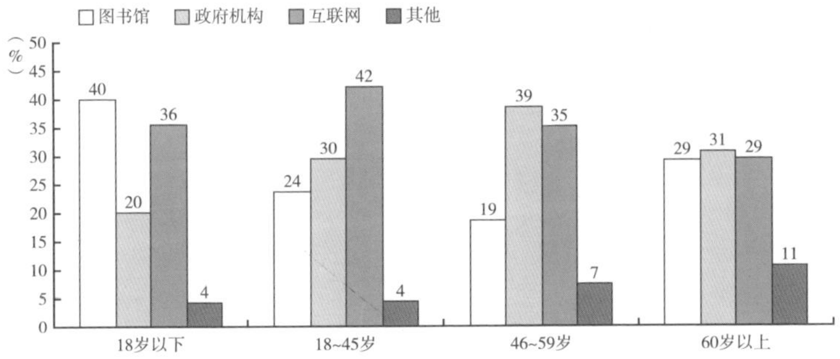

图 12　不同年龄地方志使用方式分布情况

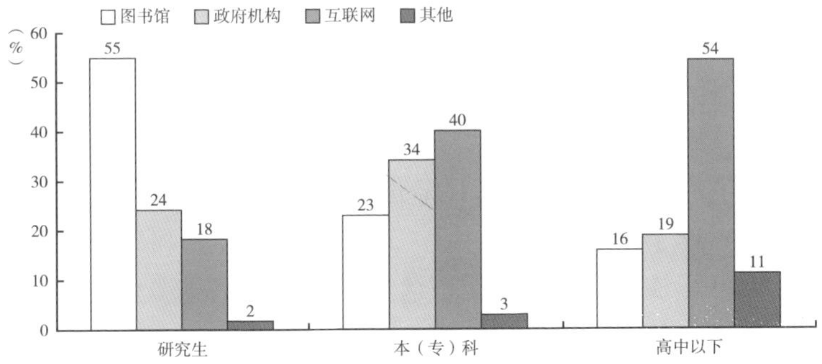

图 13　不同学历地方志使用方式分布情况

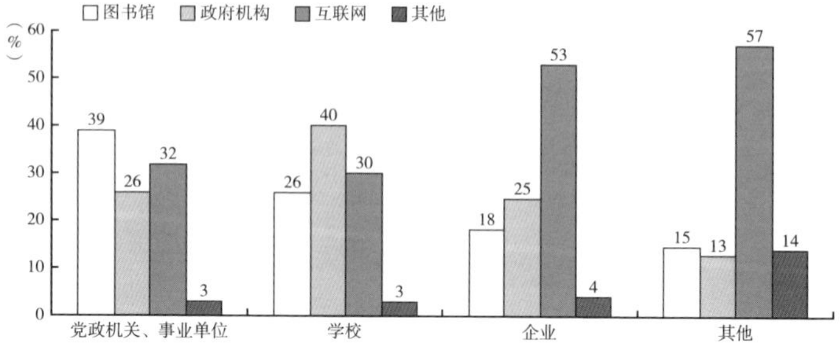

图 14　不同职业地方志使用方式分布情况

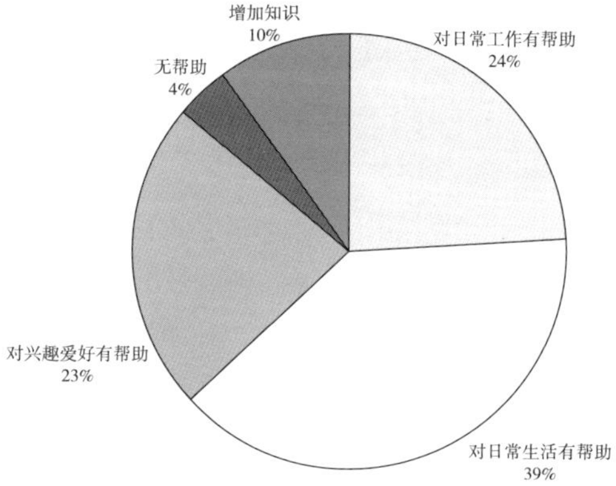

图 15　地方志使用目的分布情况

（四）地方志使用目的。社会对地方志的认可度达到 96%，选择对日常生活有帮助的最多，为 39%（见图 15）。

各年龄段普遍选择对日常生活有帮助，18 ~ 45 岁选择比率最高，为 42%；中老年人对兴趣爱好有帮助的选择高于 18 ~ 45 岁、18 岁以下，46 ~ 59 岁选择比率最高，为 33%（见图 16）。

学历越高，选择对日常工作有帮助的越多，研究生对日常工作的选择（49%）超过日常生活（31%）；本（专）科选择对日常生活有帮助的最多，为 45%；学历越低，选择对兴趣爱好有帮助的越多，高中以下对兴趣爱好的选择（30%）高于日常生活（29%）（见图 17）。

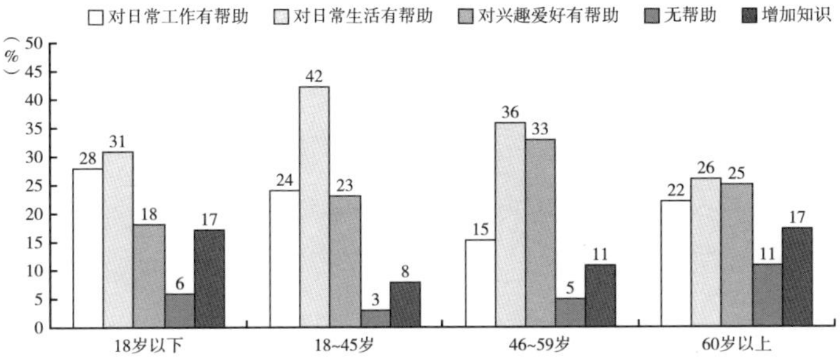

图 16　地方志使用目的分布情况

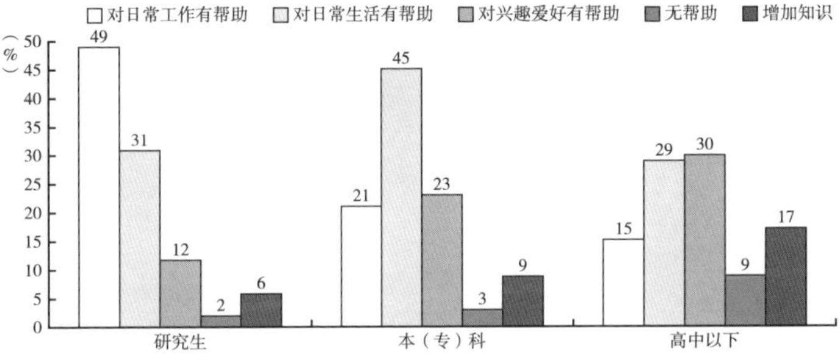

图 17　不同学历地方志使用目的分布情况

按照职业划分，党政机关、事业单位选择对日常工作有帮助的最多，为 39%；学校选择对日常生活有帮助的最多，为 48%；企业认为对兴趣爱好也大有帮助，为 31%（见图 18）。

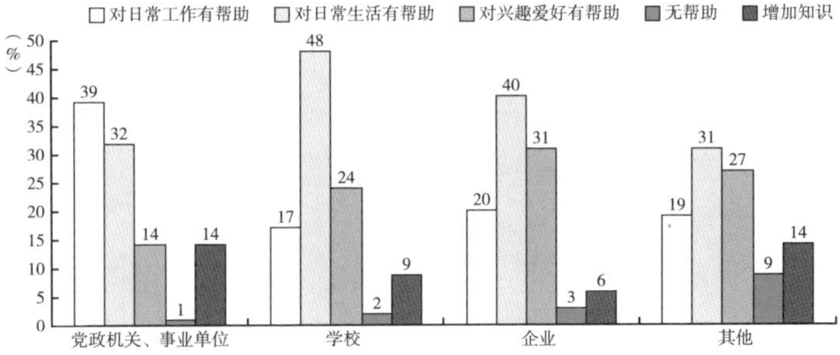

图 18　不同职业地方志使用目的分布情况

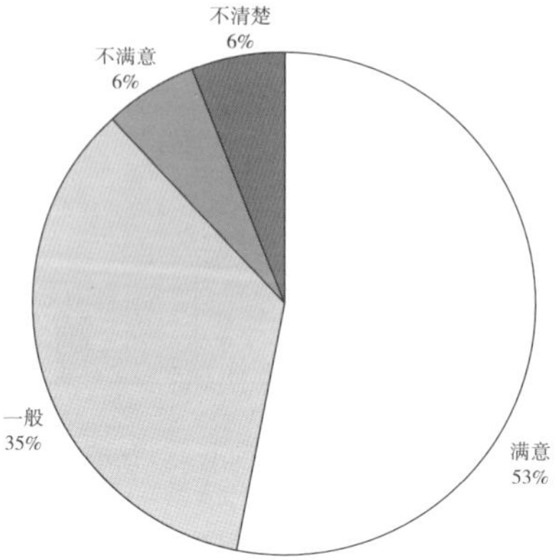

图 19　地方志工作满意度分布情况

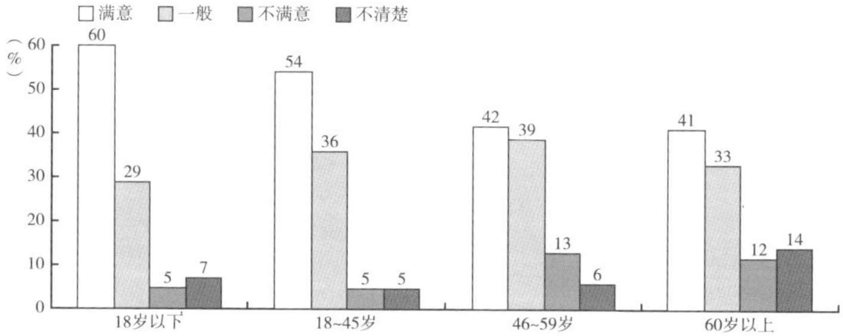

图 20　不同年龄地方志工作满意度分布情况

（五）地方志工作满意度。社会对地方志工作满意度 53%（见图 19）。

随年龄增长，满意度递减，18 岁以下满意度最高，为 60%（见图 20）。学历越高满意度越高，研究生的满意度为 68%，本（专）科、高中以下满意度分别为 52%和 47%（见图 21）。

按照职业划分，党政机关、事业单位的满意度最高，为 64%；学校选择“满意”（45 %）和“一般”（44%）的比例基本持平（见图 22）。

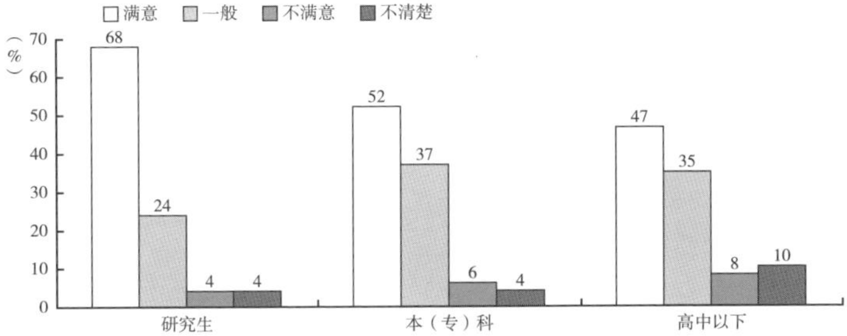

图 21　不同学历地方志工作满意度分布情况

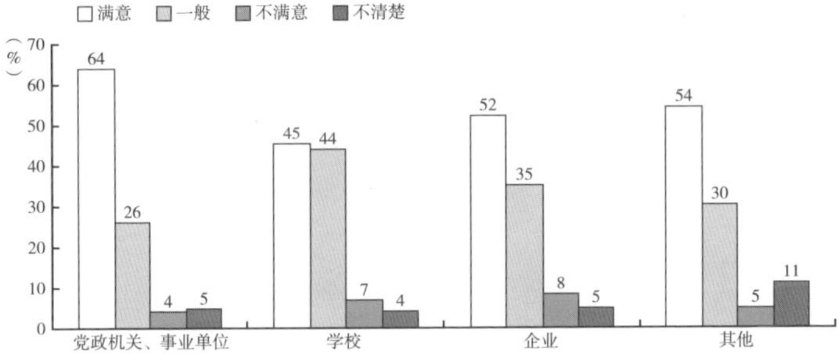

图 22　不同职业地方志工作满意度分布情况

（六）编好地方志的重点因素。社会认为编好地方志的影响因素中，法规保障、领导重视是重点，为 44%；其次是依靠专业队伍，为 34%（见图 23）。

各年龄段普遍认为法规保障、领导重视是重点，18 岁以下的选择比率最高，为 51%。只有 46 ~ 59 岁选择依靠专业队伍（35%）高于法规保障、领导重视（33%）（见图 24）。

学历越高，选择法规保障、领导重视越多，研究生的选择比率最高，为 65%，远高于其他选项；本（专）科选择法规保障、领导重视的（41%）和依靠专业队伍的（40%）基本持平（见图 25）。

按照职业划分，党政机关、事业单位选择法规保障、领导重视最多，为 59%；学校选择依靠专业队伍最多，为 44%；企业选择法

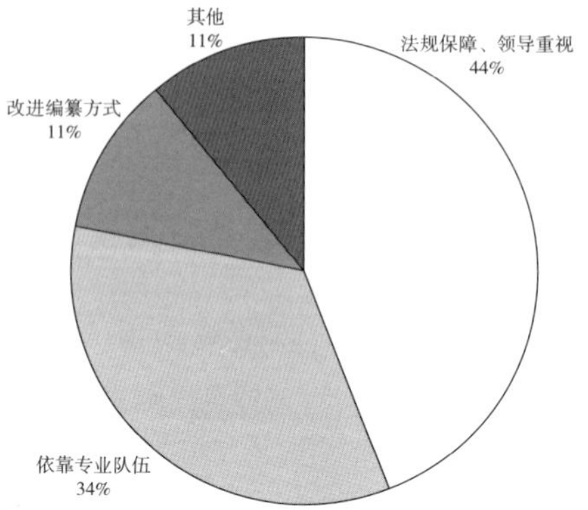

图 23　编好地方志重点因素分布情况

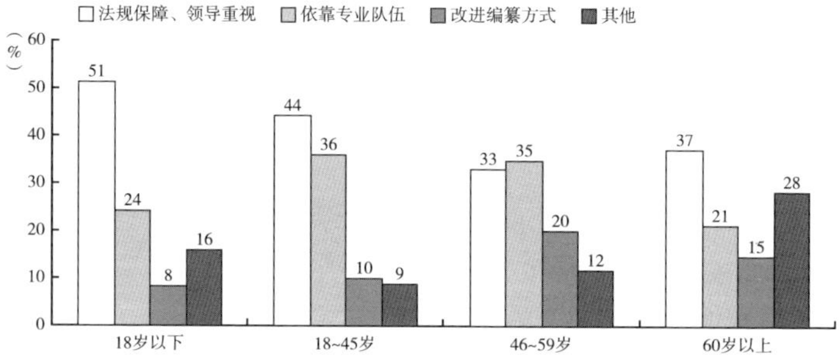

图 24　不同年龄选择编好地方志重点因素分布情况

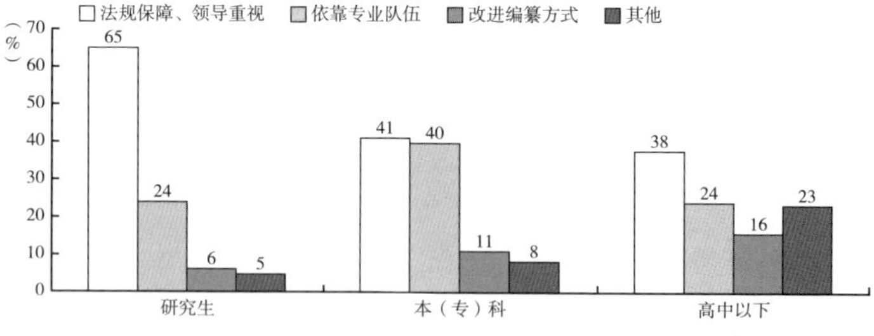

图 25　不同学历选择编好地方志重点因素分布情况

规保障、领导重视和依靠专业队伍的比率，分别为40%、38%（见图26）。

（七）发挥地方志作用的主要渠道。社会认为互联网应该成为发挥地方志作用的主要渠道（52%），其次为报刊书籍、广播电视（36%）（见图27）。

中青年选择互联网最多，18～45岁的选择比率最高，为55%；青少年和老年人选择报刊杂志、广播电视最多，18岁以下的选择比率最高，为48%（见图28）。

学历越高，对报刊杂志、广播电视的选择越多，研究生的选择比率（60%）高于互联网（33%）；本（专）科选择互联网的比率最高，为57%（见图29）。

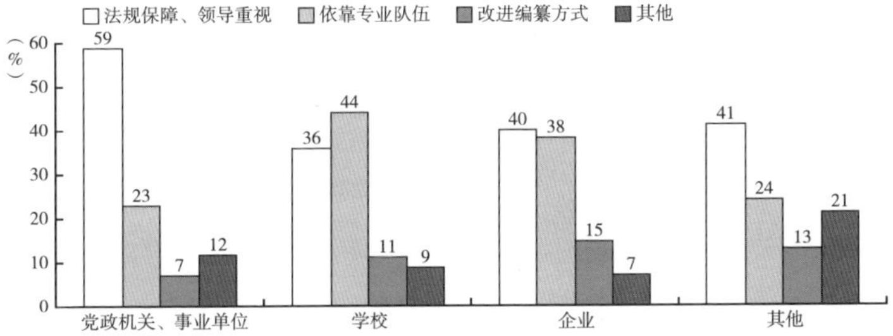

图26　不同职业选择编好地方志重点因素分布情况

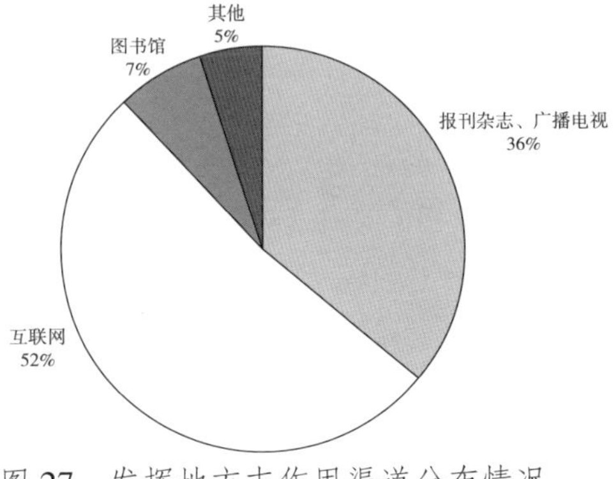

图27　发挥地方志作用渠道分布情况

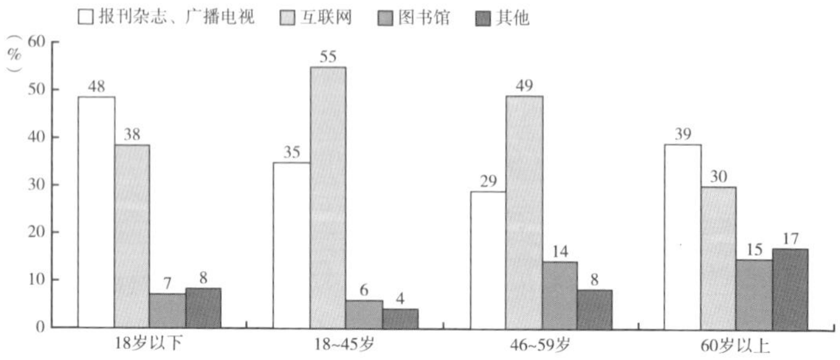

图 28　不同年龄选择发挥地方志作用渠道分布情况

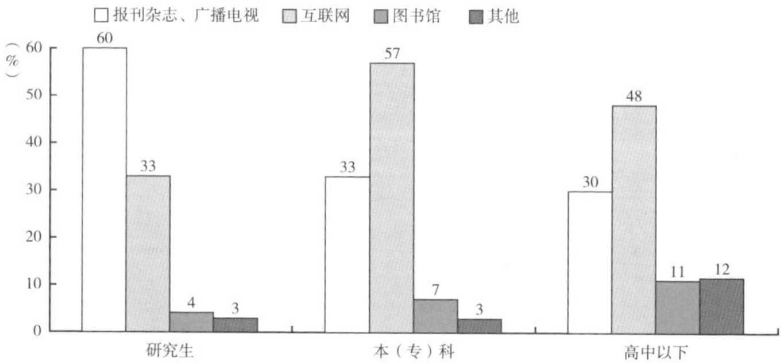

图 29　不同学历选择发挥地方志作用渠道分布情况

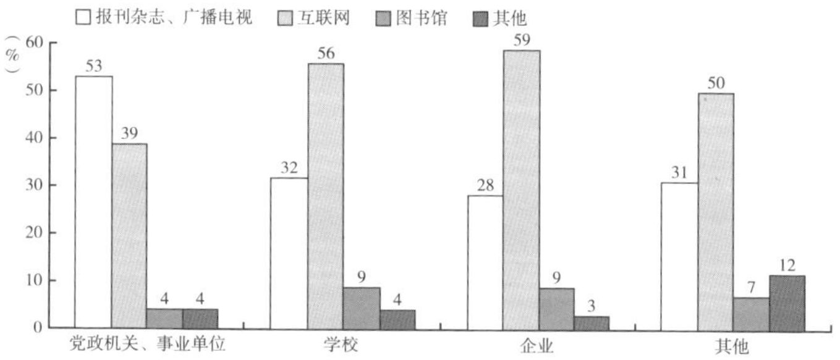

图 30　不同职业选择发挥地方志作用渠道分布情况

按照职业划分，学校、企业选择互联网的最多，分别为56%、59%；党政机关、事业单位选择报刊杂志、广播电视的最多，为53%（见图30）。

三、“地方志社会认知度调查”基本结论

对25367份网络和微信问卷全国样本的分析表明：全国地方志事业发展总体情况良好。社会对地方志的认可度达到96%，知晓度达到87%，满意度达到53%。互联网成为地方志普遍的知晓渠道和使用方式。这次调查也给了我们很多重要启示。

（一）地方志知晓度需要继续保持和提高

国务院《地方志工作条例》颁布实施已10年，地方志知晓度需要继续保持，甚至是进一步提高，特别是提高老年人、低学历和企业单位等群体对地方志的知晓情况。

（二）地方志普及和使用需要进一步提升

地方志的普及和使用急需较大提升，特别是中老年人、低学历者和学校、企业群体对于地方志的使用。

（三）地方志互联网应用需要进一步加强

在互联网+的大趋势下，地方志作为一种悠久的文化传统，必须重视和加大互联网在地方志工作中的作用。

（四）地方志专业队伍建设需要进一步提高

地方志专业队伍的理论研究水平、学科建设水平都有待加强，需要采取思想教育与业务指导相结合、专兼职相结合、在岗与挂职交流相结合、培养与引进相结合等措施，建立人员稳定、结构合理、政治素质高、业务能力强的地方志人才队伍。

（五）地方志法律保障需要进一步加强

法律保障是地方志依法行政、依法修志、依法治志的根本保障，必须进一步重视和加强法律保障在推进地方志工作中的重要作用。

（六）地方志满意度需要进一步提高

社会对地方志工作的满意度有待进一步提升，需要在提高地方志知晓度、畅通地方志知晓渠道、增强地方志法律保障和专业队伍

建设、改进地方志利用便利性等方面继续努力。

四、对地方志工作的几点建议

（一）完善地方志法规

贯彻落实《地方志工作条例》《全国地方志事业发展规划纲要（2015—2020年）》，健全和完善地方志法规规章。加大地方志法规规章的宣传和执行力度，定期开展执法监督检查，依法纠正执行不力和违法行为。

（二）加大地方志宣传

针对不同年龄、职业特点，利用手机、微信网络等新媒体和报刊书籍、广播电视等传统媒体，利用编印宣传材料、举办有奖竞赛等多种宣传手段，采取进学校、进机关、进企业、进军营、进社区、进家庭等形式，广泛宣传地方志知识和工作，提高地方志知晓度。

（三）推进地方志信息化

推动地方志+互联网，发挥新媒体作用，实施“全国信息方志与数字方志建设工程方案（2015–2020年）”，推动中国方志网、中国地情网、中国国情网、国家数字方志馆、地方志综合办公平台、地方志新媒体传播平台等建设；完善各级地情网站内容功能，建立地方志收藏、编修、研究、宣传、服务信息技术平台。推动市、区（县）“数字化地情资料库”和数字方志馆建设。提供地方志全文检索，方便读者查询利用。

（四）重视地方志普及

针对中小学生主要知晓渠道为课堂的特点，编纂中小学生地方志乡土教材，突破地方志体例限制，在保留地方志全面性、客观性和权威性的基础上，增加故事性、趣味性，提高可读性、实用性，以图文并茂的形式，浅显易懂的内容帮助中小学生了解中国和各省市区县的历史、现在和将来。

（五）创新地方志开发

加强对地情文献资料专门研究，编纂出版一批具有中国文化特色的地情书籍、读本和反映全国与各省市区县乡土历史的普及性成果。挖掘地方志丰富的历史经验，发挥地方志的智库作用。推动方志文化进机关、进农村、进社区、进校园、进企业、进军营。提高地方志的实用性。

五、本次问卷调查的局限性

样本数量局限性，25367 份；样本对象局限性，主要限于网络、微信使用者；样本设计局限性，没有设计开放性问题。另外，本次调查数据的统计结果，仅作为地方志工作参考，少数结论之间存在不协调现象，有待继续深入研究。

（作者单位系上海市地方志办公室，原文为第六届中国地方志学术年会入选论文）

论地方志与地方史的关系

——以《上海通志》和《上海通史》编纂为例

朱敏彦　李洪珍

一

唐天宝十载（751 年），析嘉兴东境、海盐北境、昆山南境之地置华亭县，这是上海地区最早出现的县级行政建置；元至元十四年（1277 年）华亭县升为华亭府，翌年改为松江府；元至元二十九年（1292 年），析华亭县东北、黄浦江东西两岸的高昌、长人、北亭、海隅、新江等五乡置上海县，为松江府属县；明嘉靖三十二年（1553 年），上海筑城；1927 年民国政府设立上海特别市，1930 年改称上海市。

编修地方志是中华民族优秀的历史文化传统。从西汉时期开始编纂地方志至今，在我国已有 2000 多年编修地方志的历史。从隋炀帝大业年间始，历代朝廷多次发布修志诏令，从清雍正帝始，颁令各省府州县 60 年一修志。因地域和行政建置变迁，上海地区地方志在汉唐附见于娄地、吴地的图经、地记，宋元附见于嘉禾、苏州诸志，明代以后随诸县分设，始逐渐纂成各县县志。上海地区历史上流传或遗存的地方志，卷帙浩繁，内容丰富。据统计，自汉代至民国时期，有关上海地区编纂的地方志，包括总志、通志、府志、县志、乡志、镇志等计 250 种左右；其他专志类，包括综录、史事志、地理志、舆图志、经济志、水利志、方言志、艺文志、金石志、书目志、人物志、社集志、胜迹志、游览志、掌故志以及各种方志文献等有近千种。由于年代久远，加上战乱、灾害、虫蚀等原因，汉唐时期志著已十不存一，或仅留零篇断简，宋元时期的也传世稀少，难以寻觅，明清时期的还比较完好。上海地区曾有过上千种各级各类地方志书及各种地方文献，现存世的各级各类地方志书仅244种，包括市志5种，府志10种，县志60种，厅志2种，卫志1种，专业志14种，乡、镇、村、里志68种，乡土志25种，人物志6种，山水志、寺庙志、园宅志22种，其他杂志31种，其中存世最早的方志当推南宋绍熙四年（1193年）由华亭知县杨潜主修的《云间志》。

明代是上海方志编修兴盛时期，但大多已失传，现存的明代方志仅14部，其中最有名的是明弘治十六年（1503年）郭经修、唐锦纂的《上海志》。清代编修的上海方志最为丰富，现存世的府县志有康熙二年（1663年）刊本、郭廷弼等修、周建鼎等纂的《松江府志》，康熙十二年（1672年）刊本、赵昕修、苏渊纂的《嘉定县志》，康熙二十年（1681年）朱衣点修、樊耀邦等纂的《崇明县志》等40部。清代编修的乡镇志有90多部，大多都存世。民国时期现上海所属的各县也编修县志，其中最为著名的是黄炎培主修的《川沙县志》。

1928年12月，南京国民政府行政院下令各地设立方志局或通志馆，要求各省和特别市编修地方志。1932年7月，由柳亚子任馆长的上海市通志馆成立，主要任务就是编纂《上海市通志》。上海市通志馆成立后，柳亚子广泛招揽著名学者，千方百计收集各类资料，除了广泛收集中外古今书籍资料、教会图书馆收藏的中外报刊资料外，还广泛收集实物资料和碑刻拓片、图片照片、私人收藏资料，向当时驻沪各国领事馆进行系统函询调查资料，为《上海市通志》的编纂工作打下坚实的基础。到1937年7月抗战全面爆发前夕，《上海市通志》已经成稿近1000万字。同时，在短短5年时间内，上海市通志馆还完成一系列上海地方资料的整理、汇编和出版工作，编印出刊《上海市通志馆期刊》8 期，内容包括上海市的历史沿革、政治、外交、租界、金融、教育、学术团体、出版刊物等；从 1934 年开始，编纂《上海市年鉴》，每年一本、共出三本；上海通社编辑《上海研究资料》正、续两集，其中有《公共租界沿革》《上海法租界沿革》《苏报案始末》《近代名人在上海》等许多珍贵资料，这些资料曾汇编成《上海通丛书》三集；1935 年后，上海通社又辑刊《上海掌故丛书》十册出版。上海市通志馆的学者们在短短的 5 年内，在战乱中白手起家，条件之艰苦简陋，经费之捉襟见肘自不待言，但是工作效率之高，成果之卓著，令人叹为观止。

可见，上海地区如同全国各地一样，编修方志从古到今，代代相传，永不断章。目前上海地区现存的方志涉及从自然到社会的方方面面，积累和保存了大量具有存史价值的地方文献，记载着上海地区各区域各行业发展变化的脉络和轨迹，是上海城市文化传承的重要载体。与著述数量众多的地方志书相比较，古近代的地方史书著作却寥寥无几，明清以前的上海地方史著述甚少。古近代地方官员和地方文人根据朝廷和官府的指令，只重视编修地方志书，再由于当时的学者也没有将地方史书与地方志书区分开来，因此，地方志书几乎完全替代了地方史书，一直到了近现代地方史书才逐渐与地方志书区分开来，上海地方史书也才逐渐发展，其中以专业史为主，陆陆续续编写出版了《最新上海金融史》《上海梨园新历史》《上海港史》《上海市工业》《上海之棉纺织业》《上海商业》《上海农业》《上海市场》《上海银行》《上海之钱庄》等地方史著述。

1956 年上海社会科学院历史研究所成立，该所建所以来一直将上海史列为其研究重点，领导屡易而重点不易，岁月流动而重点不动，旁搜远绍，探赜索隐，冷凳寒窗，风雨无间，40 多年来先后编写了《辛亥革命在上海》《五四运动在上海》《近代上海大事记》《现代上海大事记》《近代上海城市研究》《上海史》等一批上海地方史的专题资料集、工具书和史学著作，其中尤以唐振常主编的《上海史》为完整的综合性的上海地方史力作。此外，由华东师范大学历史系刘惠吾主编的《上海近代史》是《上海史》出版之前的最有代表性的上海地方史研究成果。

二

1987年5月26日，时任上海市长的江泽民同志出席上海市地方志编纂委员会成立大会并作了重要讲话，标志着上海首轮新方志编纂工作的全面启动。上海首轮新方志规划编纂10部县志、12部区志、110部专志，在此基础上编纂一部宏观轻型1000万字的《上海通志》。

此前，1980年在市农委的领导下，上海郊区10县陆续启动县志编纂，同年12月《崇明县志》最先起步，之后各县陆续开展县志编纂，1987年9月《奉贤县志》率先出版，继而各部县志陆续编纂完成，1993年县志系列的10部县志全部编纂完成并出版；1987年起在市地方志编纂委员会领导下，上海各区先后启动区志编纂，区志系列起步最早、成稿最快、出版最早的是《普陀区志》，之后其他各部区志也陆续出版问世；与此同时，1987年起本市各大口根据本市首轮新方志的编纂规划，落实各大口承担市级专志编纂任务，各大口分别成立地方志指导小组，下属承担市级专志编纂任务的各委办局分别开展专志编纂工作，专志系列最先完成的是《上海电力工业志》，而后其他各部专志也陆陆续续编纂完成。到1994年初，由10部县志组成的县志系列全面编纂完成并出版，由12部区志组成的区志系列大部分完成编纂任务，由110部市级专志组成的专志系列编纂任务也完成过半。

在本市首轮新方志编纂“一纲三目”完整体系中的“三目”已大部分完成编纂任务的情况下，启动重中之重的“一纲”即《上海通志》编纂的条件已基本成熟。1994年6月，市委、市政府批准了《上海通志》的编纂方案和篇目大纲，并建立了由市委书记吴邦国任名誉主编，市长黄菊任主编，市政府顾问汪道涵和市地方志编纂委员会主任钟民任顾问，各部委办局有关领导任委员的《上海通志》编纂委员会，承担领导、组织、协调《上海通志》各卷章的编纂工作，随后成立了由十余位本市史志专家组成的《上海通志》总纂室，负责《上海通志》的分纂、总纂。全市各部委办局和区县组织力量，采撷了各区志、县志和专志中的精华部分，陆续写出了《上海通志》各篇章志稿。从 1996 年起，《上海通志》总纂室开始对各部委办局提交的《上海通志》各卷章志稿进行分纂、总纂，而后经过同行专家学者和有关部门领导专家对《上海通志》分纂稿、总纂稿进行数十次评议、审定、修改、验收。经过本市各部委办局和区县五百余名方志工作者和专家学者历经整整十个寒暑，焚膏继晷，通力合作，终于在 2004 年底全面完成了《上海通志》的编纂任务，由上海人民出版社和上海社会科学院出版社联合出版，并于 2005 年 12 月 10 日在上海展览中心隆重举行了《上海通志》首发式。《上海通志》堪称鸿篇巨制，逭逭 10 册、46 卷、247 章、近 1100 万字，无论在规模上还是在质量上都达到了上海地方志书编纂的最高水平，其出版标志着上海首轮新方志编纂任务的全面告竣。

正是在 1994 年 6 月《上海通志》全面启动之时，由上海社会科学院历史研究所所长熊月之研究员担纲的《上海通史》也同时正式立项启动，成立了由上海社科院历史研究所、经济研究所、改革开放研究中心和上海市历史博物馆的 44 名专家学者组成的《上海通史》课题组。课题组同仁或一人独挑一卷，或数人合治一卷，或一人兼治数卷，无论单挑还是合治，每一卷都凝聚了集体的智慧。经过课题组全体同仁整整 5 年的艰辛努力，终于成就了 15 册、500 多万字《上海通史》。如前所说，上海社会科学院历史研究所自 1956 年建所以来，一直将上海史列为该所研究重点，《上海史》和《近代上海城市研究》等一批上海地方史研究成果，为编写《上海通史》

打下了坚实的基础，就此而言，《上海通史》可以说是该所内外40多年来几代学人前赴后继、合力公关的心血结晶，也是自1927年上海建立特别市以来第一部多卷本通史体的上海地方史学术著作。

从上述介绍的《上海通志》和《上海通史》编纂情况可以看出，《上海通志》是迄今为止上海地区最具代表性的地方志书，而《上海通史》则是迄今为止上海地区最具代表性的地方史书。《上海通志》是由上海市地方志办公室组织市委、市政府各部委办局、区县和高校、研究单位的500多位修志人员和专家学者共同编纂而成，客观如实记述上海的自然、政治、经济、文化、社会的历史和现状，秉笔直书，不发表个人观点，是记载历史的“官书”，是对历史的记载；《上海通史》是由上海社会科学院历史研究所组织所内外的40多位专家学者在自己研究的基础上撰写的关于上海的历史，凝聚着研究者的个人看法、个人观点，是研究历史的学术著作，是对历史的研究。

三

关于地方志和地方史的关系，历史上就有“地理派”、“历史派”的争论，后来又出现了“史志合一”与“史志分离”的不同意见。地方志到底属不属于历史，反对的人找出了他们之间的很多差别，但是也找不到很好的理由否认“志乃史体”、“志为史裁”，不得不承认“存史”是功用之一。可是，如果说地方志属于历史，史学专家也不愿意赞同。历史地理学专家谭其骧说：“自古至今，地方史和地方志这两种著作一直是同时并存的，不能强求合并，统一为一种体裁……在地方志盛行以后，仍然不断有人写地方史，这一点可以证明两者是不能互相代替的，而是并行不悖的。特别是新中国成立以来的三十多年间，各地编写的地方史比地方志还多，一般说来其成就还在新编地方志之上。所以决不能说有了地方志就可以不要地方史了，两者是完全可以、也应该同时并存相互补充的。”[1] 地方志和地方史在谭其骧先生眼里从来就是两种体裁。他指出："地方史和地方志虽然同样是以一个地区为叙述对象，二者关系极为密切，但史和志不能混为一谈，或者说是有所不同的。不同之处有三：一是地方史以记载过去为主，而地方志则以记载现在为主；二是地方史以记述这个地方的人类社会活动为主，对自然界的变化只需对特殊的大事记载一下就够了，而地方志至少是应该自然与社会双方并重，要花相当大的篇幅来记载自然方面的事物；三是地方史以记载过去为主，所以主要依靠史料，而地方志是以记载现在为主，所以主要靠调查，地方志比地方史需要的人力更多更广泛。"[2] 同为历史地理学专家的史念海也指出："1981 年中国地方志协会的成立，就意味着地方史和地方志的分开。史与志的关系，是以史贯穿志，即志中有史。一部方志中实际上就将包括若干具体的史，如河流演变史，气候演变史等。"[3] 史志在谭其骧、史念海两位先生眼里是分离的、有差异的。

然而，方志界专家黄苇对此并不赞同，他认为"在古代，志就是史，撰了史就无需修志。"只是如今情况起了变化，即体例上，地方志"大都以问题为经，时间为纬"，而地方史则"以时间为经，问题为纬，即主要是按时代顺序进行"；内容安排上，地方志要求"统合古今"、"详近略远"，地方史则"重点在叙述历史，对现状只在全书最后略予概述即可"。[4] 地方志和地方史在黄苇先生看来，古代是一致的，只是如今才起了变化。那么，这个"如今"到底是什么时间？与黄苇先生对地方志和地方史关系有类似看法的中国近现代史专家陈旭麓这样认为，"方志之为体，原是正史中的一端"，"史和志的区分，当自资产阶级史学体系在中国建立以后，即是二十世纪初期才逐步可以把两者区分开来"，而"作为方志的骨架仍然是以前方志的那个骨架。"[5] 这个"如今"大体就是 19 世纪末 20 世纪初期"西学东渐"以后，那时西方史学开始影响中国史学，导致中国史学体系发生蜕变，地方史发生转向，但地方志仍保留了骨架。

陈旭麓先生的眼光是很独到的，也很有历史感。他敏锐地意识到西方史学冲击对史志关系的影响，注意到了中西学问撞击发生的裂变。此时，地方史发生了转向，地方志保留了骨架。

那么史志有没有合一过呢？地方志从地记到图经，逐渐发展到南宋基本定型是一个逐渐向历史靠拢的过程，也正是这样的趋势，到了清代，章学诚提出了“方志为一方之全史”的观点。今天在方志界看来是可以商榷的，当时也有异议，戴震就主张属于地理，但是方志靠拢历史的趋势是显而易见的。其实，志书的篇目和二十四史的篇目一样都是分类的概念。也许今天方志界认为方志属于历史是令人不愉快的，是对方志的贬低，但是在那个时代却未必，因为在过去，编撰历史是首要的文化任务[6]，史书是官修的，是国家性的文化工程。方志属史在当时不是地位的降低反而是升高。所以章学诚要说地方志是一方全史，还要建立方志科。譬如，我们今天要“参公”管理、发布《条例》，就是要政府层面认可支持，确立方志官修的地位。

其实，提倡“新史学”最有力的大学者梁启超就主张方志属史，不仅属史，而且认为最古之史实为方志（方志比历史更早，把方志的地位提升到更高的地位，这样说来历史应该属于方志才对），并提出章学诚是方志集大成者。这样一位鼓励学习西方史学研究的大学者，却极力宏扬方志，和他认为中国的学问除了史学为古来有之以外其他都是“舶来品”有密切关系。他认为二十四史是帝王将相的家谱，只有方志还有些资料价值，对了解中国的社会有重要作用。实际上，梁启超认为中国的学问只有历史，历史可看的也只有方志。梁启超有意无意地感到在“新史学”冲击下，中国唯一的古老学问也可能要受到撞击，能否在这样的冲击下得以保存？他不能料想，但他预感到或者发现方志这一文化宝库，并提出了方志学的概念，而且奉章学诚为集大成者，实际上已经为后人昭示了方志学作为一门学科的路径。史志在清后期和民国初年经章学诚、梁启超完成了合一，形成了方志学。这是时代造就的自然结晶。章学诚集成了方志经千年发展演变形成的学科结晶，梁启超预感到了西方史学冲击下史学发展的分离，提出了“新史学”和“方志学”。章学诚、梁启超两位都历史地完成了时代赋予的使命。史志在他们的时代完成了“合一”也开始了“分离”。这是时代的转轨点，方志在完成了与历史的“合一”之后，在西方史学的冲击下，也与历史发生了“分离”。

中国传统史学受到西方史学冲击，不再是对过去发生事情的记录，转而为对过去发生事情的研究。历史已经不再是中国传统的史学，可方志大体还是中国传统的方志。地方志不属于历史，不是今天受西方史学影响发生变化的史学研究。这个意义上，可以说地方志不属于历史，不是历史研究。但如果站在传统的立场，那方志又属于历史，属于记录编纂（编撰）历史，而且篇目和史书篇目一样是分类的概念。当然在记述时，史书会有适当的评论，志书“述而不论”，不过还是会“寓观点于记述之中”。

当代地方史研究学者、河北省社会科学院历史研究所朱文通、把增强对此作了阐述，文字不长，照录如下：“国内外学术界都承接了原有的学术传统。所不同的是，因国内地方史研究具有悠久的历史，故而其传承的大多为古史传统；而国外对于中国地方史研究的历史较短，故而其传承的更多来自近代以来的汉学传统。在中国古代，修志的传统却是自秦汉创制以来始终绵延不绝的。直至清代，地方志事业达至鼎盛，并逐渐成为一项专门的学术领域——方志学，这也为地方志与地方史形成分野埋下伏笔。”地方志和地方史在清代还没有分野，但是已经有了伏笔。“辛亥革命以后，修志工作虽不如清代那么兴盛，但仍在继续。”地方志编修没有断章。其实，此时新史学已经开始由梁启超提倡而逐渐发展起来。受此影响，关于地方志的属性，也有诸多讨论。譬如黎锦熙主张史地两性，李泰棻认为方志属史。“建国后，尤其是改革开放以来，学术界对地方史与地方志的关系问题曾展开讨论。”这实际上是对建国前讨论的继续。“最终有学者（注：来新夏）将之定位为‘同源异体、殊途同归、相辅相成’。这是很恰当的。‘地方志和地方史源流同一，体例有别，途径分歧’。正是在这一科学定位的基础上，国内地方史学术界承接了地方志重视文献资料的优良传统，传承了‘论从史出’的叙述传统，形成了现代意义上的地方史研究。”[7]地方史已然不是传统的地方史，发生了转变，不仅论从史出，发表评论，而且运用社会科学理论，探索历史发展规律，进行跨学科研究。

西方史学的传入已经改变了中国传统史学的脉络进程，地方史在近代受到西方史学影响发生嬗变，发展到今天，主要是考证历史、研究历史。而地方志还仍然是“古国史”，“方志的骨架仍然是以前方志的那个骨架。”今天讲地方志的“存史、资治、教化”功能，就存史而言，实际上就是记载历史，而不是研究历史。

至此，或许可以这样理解，受西方史学影响，地方史发生了嬗变，主要是考辨历史、研究历史；地方志则承继了中国传统史学的任务，主要是记录历史、编纂历史。史志“合一”却也“分离”，“合一”是相对传统历史而言，“分离”则是相对现代意义上的地方史研究来谈。了解了这样一个渊源流变，就不会发生时空错位、经纬失调，“合一”也好，“分离”也罢，也就都比较容易为人信服理解。而后在这一认识基础上，方志学界同仁进一步深入挖掘研究方志学学术史，厘清方志学的学术脉络，把方志理论和方志编纂实践相结合，再提炼升华出方志学新理论，方志学学科的建立也就水到渠成了。

注释：

1 谭其骧：《地方史志不可偏废　旧志资料不可轻信》，《江海学刊》1982年第2期。

2 谭其骧：《关于编修地方志的意见》，《贵州文史丛刊》1981年6月号，第 68 页。
3 史念海:《论方志中史与志的关系》,《北京师范大学学报》1982 年 10 月号,第 49 页。
4 姚金祥 :《黄苇先生对新方志事业的贡献 —— 兼悼黄苇先生逝世》,《上海地方志》2008 年第 4 期。
5 陈旭麓 :《论史与志》,《上海研究论丛》第 5 辑,第 16、17、18 页。
6 [日] 佐藤正幸 :《认识型史学与规范型史学》,卓立、陈菲翻译,《山东社会科学》2008 年第 8 期。
7 朱文通、把增强:《中国地方史研究应以区域史范式为主》,《社会科学报》2008 年 10 月 30 日第 5 版“学科探讨”。

（作者单位系上海市地方志办公室，原文为 2013 年新方志理论研讨会入选论文）

中国地方志发展规律述略

巴兆祥　何沛东

地方志是中国独特的文化典籍，承载着传承中华文明、弘扬历史传统的重任。它历史悠久，绵延不绝，种类繁多，卷帙浩繁，在世界文化典籍中独树一帜，堪称世界地方文献之翘楚。本文试就其发展规律进行初步梳理，以求教于各位方家。

一、持续纂修地方志，修志成了中华民族的文化基因

我国的地方志编修有着悠久的历史。“方志”之名最早见于《周礼》，秦汉魏晋南北朝时期地方志的雏形：郡书、地记、都邑簿、图经等开始被大量编纂，隋唐图经一枝独秀，宋元方志体例定型并完善，明以后方志编修进入兴盛时代，如火如荼的修志事业一直延续至今。

综观中国历史上的修志，基本上有四种形态：(1) 中央政府诏谕修志。中央政府令行修志的历史可以追溯至汉代，东汉光武帝曾命令他的家乡南阳编纂郡书风俗传。到隋大业年间，隋炀帝“普诏天下诸郡，条其风俗、物产、地图，上于尚书。”[1] 可以说这是历史上首次由中央下令要求各地方进行修志活动，开启了官修方志的滥觞。宋代继承并完善了隋唐的修志制度，有学者认为，宋徽宗时期中央政府成立了我国最早的修志机构——九域图志局，它主要负责指导全国图志的修纂和掌管各地进呈的图志。[2] 明清时期方志大盛，中央政府数十次颁布修志诏令和方志编修凡例，以倡导和规范各地方志编修事业。民国和新中国政府也多次颁布修志相关的条例与规

定，促使各地修志事业蓬勃发展。(2) 地方政府下令修志。如康熙二十九年河南巡抚阎兴邦应上谕而通令全省各府县修志。“我国家声教覃敷，车书一统，圣天子稽古右文，加意文献，敕天下纂辑通志，以广声名文物之盛，行且告成。大中丞阎公，开府天中，百废厘举，亦以志书为未备，檄行各属续修。”[3]同治年间，“海内军事大定，各直省大吏惧方志之放失，饬府厅州县各辑其志。”[4]地方政府修志多为遵循中央政令或配合《一统志》等的编修，或因施政之需要，察民风，验土俗，鉴往知来，或为考察吏治。“吏治之得失，资夫志乘之考鉴。历久不修，益无所考。”[5]此亦是推动地方政府积极修志的重要原因。(3) 地方人士自发要求政府修志。方志中多有士绅在地方官莅任之后以志事请的记载。如同治元年，韩佩金初任奉贤知县，“邑人士来见者咸谓，奉邑于雍正四年分县，乾隆二十年初纂志书，迄今已逾百载，不即搜罗散佚，阙佚弥多。予心韪之，而经费维艰，未遑兴办，心滋歉焉。阅四年戊辰，予复承乏此间，言者逾众。……因择绅士之熟事故、勤搜讨者，授以旧志门类，俾各就闻见，据事直书。”[6] (4) 地方人士自行修志。一些热爱桑梓或为官一方的文人学者，出于对家乡或某地的热爱及其他原因，他们会自发地搜集当地资料，编辑成志。元代于钦生长于齐地，早有记述齐地之意，借晚年任职于山东之机，“周览原隰，询诸乡老，考之《水经》、地记，历代沿革，门分类别，为书凡六卷，名之曰《齐乘》。藏于家。”[7]于钦编纂《齐乘》一书，未奉官府之命，也未受师友之托，完全为个人自发的修志行为。类似自发编修的志书还有明代谈迁纂《海昌外志》等，即便是乾隆后统治者下令严禁私修方志，仍有一些地方士人自发编修的方志问世，如师范《滇系》等。

自古以来多有“盛世修志”的说法。中国历史上汉唐、宋代“咸平之治”；明清“洪武之治”“永宣之治”“嘉万中兴”“康乾盛世”及新中国时期，地方志的编修事业皆欣欣向荣。但即便是战乱纷争、动荡不安的魏晋南北朝、五代十国、宋辽战争及民国时期，修志事业也并没有中断，甚至数量也算不少。明末天启、崇祯朝无疑是个乱世，编成的志书却分别有 68 种、198 种[8]。太平天国运动后，江苏、安徽、浙江、湖北、湖南等地就兴起了编修地方志的潮流。金吴澜在《昆新两县续修合志》序中言："余以丙子岁来宰斯邑，甫下车即搜访邑志，知板已毁于劫火，慨故府之无存，伤遗文之将佚，愀然者久之。窃以为是书之在今日有不可不修者，昆新故声名文物之邦，自粤匪蔓延三吴，城亦为所踞，坐是典籍销仄老成凋谢，若不及今旁搜远绍，后将文献无徵一也。"[9]

可见不论是盛世还是乱世，也不论政府主导还是个人行为，修志在历史上代代相传，持续编纂。这一绵延不绝的修志传统，已成为中华民族文化基因的重要组成部分。也正由于有了这样的文化基因，地方志的编纂才连绵不断。一个地方的修志条件一旦大致具备便开始修志。

二、修志逐步向边地、向基层拓展，方志的空间分布越来越密集

方志编修与各地政治、经济、文化等的发展关系密切。地方志最早出现在经济、文化较为发达的区域，随着中央政权对边疆地区控制力的加强，以及当地各项事业的发展，方志的编修活动在这些地方也随之展开。黄苇等《方志学》在总结清代方志特点时论及清代修志蔚然成风，向西南、西北、东北地区普及。[10]王广荣的分析也验证了这种说法。他认为我国历代方志空间分布的脉络先由中原地区向东、南部地区拓展，后发展到我国东北、西北、西南等边疆地区，最后形成了全国修志的局面。[11]明清时期今西藏、青海、东北三省均处于中央政府的直接管辖之下，仅从这些地区明清两代地方志的发展我们也能窥见一斑：据不完全统计，明代纂修地方志数量西藏为 0，青海 2 种，东北三省 8 种，比之天津、河北、陕西、山西、山东、江苏、浙江、安徽、河南、江西、湖北、湖南等内

地省份一两百种的数量，明显不足为道；[12] 清代纂修地方志数量西藏 30 种左右，[13] 青海近 20 种，[14] 东北三省 100 余种，[15] 在数量上已经远远超过明代。再以《中国地方志联合目录》、《中国地方志综览（1949–1987）》著录时 30 省市自治区统计，清代现存各种志书 5685 种，民国 1571 种，平均每省年出志书量民国为 1.38 种，多于清代的 0.71 种。新中国成立，修志的地域更是遍布各处，经过改革开放后第一轮修志工作的开展，过去没有修过志书的地区，这次也都修了志书，特别是边远地区、少数民族地区多由于这次修志，该地区的历史首次有了系统完整的记述。如新疆的《克拉玛依市志》《白碱滩区志》《乌尔禾区志》《石河子市志》《泽普县志》《麦盖提县志》《岳普湖县志》《伊吾县志》《巴里坤哈萨克自治县志》《伊宁市志》《奎屯市志》等均是该地首部志书。

地方志是以政区或地域为记载对象的书籍。秦汉实行郡、县二级制，修成的志书如《巴郡图经》《南阳风俗传》等基本为第一层级政区的志书。魏晋南北朝是州、郡、县三级制，修成的《荆州记》、《会稽记》等基本属于第一、二级政区的志书。隋唐州（郡、府）、县二级制，除《润州图经》等外，增加了少量如《湘阴图经》等县级志书。此后随着社会经济的发展与政治需要，宋增设监察区路，元设行省，分别新修《河东路图经》《辽阳图志》等路志、省志，县级政区不断增多，县级志书也随之逐渐广泛编纂。而且作为区域经济中心的市镇在宋代也开始形成，明清时期更是迅速发展，涌现出了一大批如朱仙镇、汉口镇、佛山镇、景德镇等的名镇。尤其是江南、珠三角等发达地区的市镇，其经济实力堪比内地一个县或府。经济的发展必然带来文化的繁荣，经济、文化的发达也为地方志编修创造了良好的条件，因此这些地区的方志编修已经不仅仅局限于省、府、县三级政区，更进一步往基层的市镇、乡、里、村发展。据现有史料，乡镇志最早出现在宋代，如梅尧臣《青龙杂志》、常棠《澉水志》、沈平《乌青记》、张即之《桃源志》，主要位于江南一带。明代共编纂乡镇志50余种，地域分布在今江苏、浙江、福建、江西、山东、广州；清代进入乡镇志编纂的繁盛时期，共编成乡镇志300余种，地域分布于今江苏、浙江、广东、福建、安徽、山东、台湾、江西、湖北、湖南、陕西等地。[16]可以看得出，修志工作发展到县下的基层后，也在横向扩展。新中国成立后，省、市、县志编修的同时，基层的乡镇志、街道志、社区志、村志、里弄志等的编纂更加普遍，如苏州市已经修成乡镇志百余部，几乎覆盖了苏州市所属全部乡镇，另外还编纂了若干村志、社区志等。2013年《苏州市实施〈地方志工作条例〉办法》还把镇志列为法定编修方志种类。

从古至今，修志工作的总趋势是，由中原向边疆地区横向发展，从高等级政区向基层地区纵向发展，纵横交错，方志在地域空间上愈益密集。

三、修志制度不断健全与强化

修志是项复杂的系统工程，涉及的面广，牵扯的人多，没有一定的制度规范不行。隋朝以前基本上以私修为主，隋朝以后我国方志逐步走上官修的轨道，修志的相关制度逐步建立与完善起来：

1. 定期修志制度。定期修志制度始于唐代。唐德宗建中元年，令诸州郡每三年（后改为五年）编送图经至尚书省兵部职方。五代沿袭如前。宋初也同，咸平四年改十年一造送。元代沿袭唐五代的定例。清雍正七年，世宗谕旨省、府、州、县志每六十年重修一次。1944年国民政府内政部颁布《地方志书纂修办法》，规定省志三十年纂修一次，市志及县志十五年纂修一次。新中国对此也有规定，1996年11月9日，国务院办公厅发出《关于进一步加强地方志编纂工作的通知》，规定志书每二十年左右编修一次。2006年5月18日国务院颁布《地方志工作条例》，首次以国家行政法规的形式确定方志二十年一修的制度。

2. 修志申请呈报制度。在官修志书的体制下，除了朝廷或上级地方官府下令或发布檄文实施修志外，如地方官员到后根据情况需要修志的话，要向上级报告，得到批准后才能开局修志，志书纂修完成要送缴。这个制度从目前材料看始于明代，例如崇祯《嘉兴县志》中所附的《修志申文》及上级批文等即是此种制度的反映。[17] 此后这一制度得到了继承，如清乾隆三十八年、四十六年山西大同府两次向巡抚呈报《重辑大同府志详》、《重纂大同府志禀》，并得到批准[18]。

3. 审查制度。官修的方志一般多由主修来审查定稿，如府县志，通常是由知府、知县进行审核定稿。到清代形成了严格意义上的审查制度。清代通志一般由朝廷甚至皇帝审定，钦定后才可发行。"各省通志，俱经奏定。"如李绂修《广西通志》将在广西为官的江西人无论优劣好坏全入志，雍正皇帝看后，严加斥责，命令各省督抚将本省通志重新编纂。府州县志一般由总督巡抚、学政审定。如乾隆四十四年下诏各督抚，将省志及府县志书"悉心查核，其中如有应禁诗文，而志内尚复采录并及其人事实书目者，均详悉查明，概从芟节，不得草率从事，致有疏漏。"[19] 由于审查严格，方志界出现不少文字狱。[20] 民国前期实行备案制。1929 年 5 月 29 日，国民政府内政部以民字第 596 号咨令通行各省政府，将编纂省、县志书凡例送部审核。[21] 12 月 25 日颁布《修志事例概要》，将审核改为省转内政部备案。1931 年 4 月 15 日，再改"送请党部审查。"[22] 1944 年的《地方志书纂修办法》特别将修志之初的"凡例、分类纲目"送部备案，与志稿完成"送请内政部核定，俟核定后始能付印"，重新予以明文规定。新方志也遵循历史惯例，1998 年 2 月 10 日中国地方志指导小组《关于地方志编纂工作的规定》第十七条规定："各级地方志应严格执行审查验收制度。省、自治区、直辖市编纂的地方志由省级地方志编纂委员会组织专家审查验收，报同级党委或政府批准出版；设区的市、地区、自治州、盟编纂的地方志报省级地方志编纂委员会审查验收，由同级党委或政府批准出版；县、自治县、旗、不设区的市、市辖区编纂的地方志报市级地方志编纂委员会审查验收，经省级地方志编纂委员会审核后，由同级党委或政府批准出版。”2006 年《地方志工作条例》第十二条再次规定：“以县级以上行政区域名称冠名、列入规划的地方志书经审查验收，方可以公开出版。……对地方志书进行审查验收的主体、程序等由省、自治区、直辖市人民政府规定。”至此，方志的审查范围与方式愈益明确。

4. 机构的组织行为制度。宋代修志机构人员配置较少，以《景定建康志》为例，设志局于钟山阁，知府马光祖修，明道书院山长周应合纂，周天骥、吴畴协修。元以后修志机构也越来越健全，人员就较以前为多，分工也越细，如光绪年间《庐州府志》志局：总裁 2 人，协裁 3 人，倡修 1 人，总修 1 人，同修 17 人，总理 1 人，协理 1 人，提调 1 人，总纂 3 人，代办总纂兼分修 1 人，协纂 5 人，分修 20 人，删定 1 人，总校 3 人，分校 33 人，采访 65 人，收捐 1 人，监缮 2 人，收掌 2 人，校刊 1 人，司局 1 人，绘图 1 人，承刊人 1 人，总计 167 人。[23] 民国除重视人员分工协作外，还建立有修志机构的组织制度，如《江苏省川沙县修志筹备处简章》等，对修志局、志书编修委员会的宗旨、任务、组成进行规定，修志机构须按照规章组建，行使职责；办事制度，如《复县县志编修委员会办事细则》，规范修志人员办事行为；财务制度，如《赤峰县呈报修志局六个月经费预算》等实施经费预算，上海通志馆每年接受上海审计处“经常支出预算”审计。新方志形成了“党委领导，政府主持，地方志编纂委员会及其办公室组织实施，社会参与”的工作机制，新增了岗位考核、办公设施管理、信息公开、工作督查、委托编纂管理、方志资料管理等一系列的规章制度，并渐成为“方志管理学”的主要研究对象。

方志的制度化建设是伴随着方志事业的发展而逐步建立的，并以官修为起点，不断地全面化、系统化。修志制度的健全与强化，既是方志事业发达的标志，又是推动修志工作开展、提高志书的质量的保证。

四、地方志品种越来越丰富，体系化愈益强烈

按照记载内容的全面性，地方志可分为两类，一为全志或综合志，二为专志。秦汉以来地方志采用郡书、地记、都邑簿、图经等多种名目，以各自所载而传承，到宋代趋于定型。古代定型的方志，除了省志、路志、府志、州志、厅志、军志、县志、卫所志、乡镇志等全志或综合志外，还有其他种类的方志如《黄山志》《少林寺志》等的山水寺观志，《西湖游览志》《金陵胜迹志》等游览志，《长芦盐场志》等盐场志，《黑盐井志》等盐井志，《山海关志》等边关志，《龙江船厂志》等船厂志，《桐城耆旧传》等人物志，《两浙海塘通志》等水利志，《岳麓书院志》等学校志，《温州经籍志》等经籍志，等等。到了晚清、民国还出现了如李应珏《浙志便览》《皖志便览》、尹世煜《宣化县汇览》、刘文辉《西康概况》等简志、准志书，以及地方志的新形式——乡土志。

新中国成立后，50、60年代主要编纂了一批属于简志性质的省、县志。十一届三中全会后，修志事业开始快速发展，按最初的工作部署，主要编纂的是省（直辖市、自治区）志、市（州、盟）志、县（县级市、区、旗）三级志书，由于各地修志热情普遍高涨，修志者创造性地编纂了许多新类型的志书，从而大大丰富了新志的品种。如地区是省（自治区）政府的派出机构，有行署，有主管的企事业单位，尽管中国地方史志协会《关于新编地方史志工作条例的建议》（1982）、中国地方志指导小组《新编地方志工作暂行规定》（1985）均认为地区一级是否修志，不作统一规定，由各省、自治区自行决定，但各地创编了地区志，如《徽州地区简志》《龙

岩地区志》《宁德地区志》《抚州地区志》等。街道属于区政府或不设区的市政府派出机构，有特定管辖地域、人口与事业，街道志也多见编纂，如《北京市东城区和平里街道志》、(昆明市西山区)《金碧街道志（1956–2008)》等。为向主体志书提供资料或保存本部门、单位或本行业（专业）的历史，而编纂有如《丰都县审计局志(1983–2005)》《义乌市建设局志》等的部门志,《奉贤县工业志》《上海汽车工业志》《河南黄河志》等的专业（行业）志，《复旦大学志》《宝钢志》《安徽省农资公司志》的企事业单位志也是新方志工作的新景象。近年我国在地方治理中引入西方社会的社区概念，社区可大可小，尽管它不是基层区划，但也有地域概念，一些地方尝试编纂社区志，如苏州市《黄潦社区志》、青岛市《东流亭社区志》等。乡镇是县下基层政权，村属于乡镇的构成细胞，乡镇志、村庄志的编纂较历史上任何时期都普遍。以江苏、浙江为例，改革开放二十年来，江苏出版乡镇志 520 部，浙江出版镇志 68 部、村志 46 种。[24] 除此以外，各地还编了许多准地方志性质的地方概况、概览，如《湖北县市概况》《江西省情汇览》《银川市情》《景谷傣族彝族自治县概况》等。

从近二、三十年的志书编纂情况看，地方志编纂大体按照如下几个态势发展:标准型的综合志（从省到村),标准型的专业（行业）志，标准型的部门志，标准型的企事业单位志，标准型的山水名胜古迹志，缩减型的简志（如《东乡县简志》《六盘水市简志》《上海通志干部读本》)，地方志的体系化也愈加强烈。

五、地方话语与国家话语的互动贯穿整个方志史

地方志是地方历史文化的记忆，从事实际编纂与资料调查的人多为地方乡绅，他们的态度、认知必然会被带到方志书写中去。自方志诞生之时起就存在着国家话语与地方话语的博弈与平衡问题。

隋朝以前，方志以私修为主，地方话语自然较为突出，东汉的郡书“矜其乡贤，美其邦族”，南北朝的地记对地方豪族与景物多有记载。隋朝之后地方志编纂逐渐纳入官修体系中，朝廷强化修志中话语的体现。到明代，朝廷趁修《一统志》之机，进一步垄断了全国的修志话语权：其一、朝廷下令修志，“分遣礼部职员，遍行诸司，搜访寰宇文献，缮写进呈，爰备述作。”[25]通过行政体系展现中央权利话语的畅通。其二、《大明一统志》御制序：“惟我太祖高皇帝，受天明命，混一天下，薄海内外悉入版图。盖自唐虞三代下及汉唐以来，一统之盛蔑以加矣。……我太宗文皇帝……特命儒臣大加修纂，必欲成书贻谋子孙，以嘉惠天下后世。惜乎书未就绪，而龙驭上宾。朕念祖宗之志有未成者，谨当记述，……继成文祖之志，用昭我朝一统之盛。……是书之传也，不独使我子孙世世相承者，知祖宗开创之功广大如是，思所以保守之惟谨。而凡天下之士，亦因得以考求古今故实，增其闻见，广其知识，有所感发兴起，出为世用，以辅成维熙泰和之治，相与维持我国家一统之盛于无穷。”[26]《大明一统志》及各地方志的编纂动机就是宣扬大一统的盛况，支配维护朱明统治的舆论话语。其三、为编纂《一统志》，永乐年间曾两次颁布《修志凡例》，规定志书设置的类目应当包括建置沿革、分野、疆域、城池、里至、山川、坊郭、乡镇、土产、贡赋、风俗形势、户口、学校、军卫、廨舍、寺观、祠庙、桥梁、古迹、宦绩、人物、仙释、杂志、诗文等，并对各类目的编纂方法与注意事项进行规定。“敕内臣分行天下，颁降《凡例》，监督郡邑纂修志书，要在详悉，以成一代之令典，”[27]从而把修志的“学术话语”统一在朝廷的轨道上来。只要对比一下就可以得出这样的结论：《永乐修志凡例》大致上就是事先草拟的《一统志》编纂细则。正由于朝廷修志话语权的把握，保证了各地为《一统志》提供素材的志书类目与叙事的一致。清代基本效法明代。[28]

地方上对于国家话语基本上都是主动认同，积极响应，但同时也在不违背中央意志的前提下，夸耀其地山清水秀、人杰地灵、虎踞龙盘等，在志书书写中努力地表现地方性。如明代贵州开始独立为省，随之其修志事业也迅速展开。在明代大一统和贵州建省的历史背景下，修志者努力地构建当地的“边地知识系统”，试图改变贵州长期被边缘化、被轻视的文化偏见，认为贵州也是“中华文化共同体不可分割的重要组成部分”，是“总体而全程的中华文化系统结构中的子系统之一”。[29] 当然，地方士绅在编纂方志过程中，为表现地方性或个人意志，与国家主旨相悖的情况也时有发生。清朝严格审查地方志，其实就是国家话语与部分地方话语冲突的一个表现。民国初期的志书大多表现出对民主共和新国家以及民本思想、进化史观的认同，然修志者中不乏有前清的遗老遗少，他们对于清朝有着或多或少的眷恋，仍站在清朝而不是民国的立场上去追溯清代历史。如对太平天国运动中死亡人员的记录，尽管 1929 年国民政府已颁布《禁止污蔑太平天国案》，但 1935 年刊印的《萧山县志稿》中仍设置《洪杨之役殉难绅民表》、《洪杨之役殉难妇女表》，文字间充斥着对太平天国运动的诋毁之词。“来其鉴，举人，候选教谕。贼至投河而死。”“陈履中，郡庠生。杀贼阵亡。恤云骑尉世袭，入忠义祠。”[30] 新方志既坚持“以马列主义、毛泽东思想和邓小平理论为指导，坚持实事求是的思想路线”[31]，贯彻党和国家的方针政策，又全面着力体现地方特色、适当特色，妥善地处理了国家话语与地方话语的互动关系。所以，通观整个方志发展史，从某种意义说，志书的编纂确为国家话语与地方话语互动的产物。

六、在继承的基础上创新，编纂方志所需要知识的“跨界”愈益明显

方志是一方总览，是大、小传统交融互动酝酿催生的产物，也是同一知识型著述系谱不断累积发展的结果。秦汉以来郡书、都邑簿、地记、图经、图志等，或专记人物，或重古迹，或记历史，或

主地理，或为兼有地理与人物，或主历史兼记风土，并随着时代的发展，相互吸收与融合，至宋代逐渐形成了地方志的特有型式：分门别类，横排门类，纵贯时间；记、志、图、传、表诸体裁并用；特定地域的人事物“无所不载”；严守时空界限；述而不作。此后，历代方志编纂均遵守这些传统，在继承中创新。如明代新增“三宝体”“政书体”等体式与鱼税、军政、匠班、帝运、幽怪、兵氛、文教、海道、破荒启土、狱囚、词讼、赦宥等门类，至清末又有“章节体”及学务、学堂、农政、工政、商政、商务、实业、厘税、矿务、警务、巡警、宗教等新门类产生。新编地方志综合运用了述、记、图、表、志、传、录、略等体裁，或分编、章、节、目，或有分志、章、节、目，或设纲、目、小目，设置了政法、城市建设、经济管理、工业、交通邮电、粮油购销、饮食服务业、旅游业、对外经济贸易、财政、税收、审计、金融、新闻出版、卫生体育、文物胜迹、社会等众多符号时代特点的新门类。“创新……是以继承为前提，在继承的基础上根据时代的需要加以发展。若是离开这个前提，把千百年来方志发展过程中所形成的一些优良传统，有别于其他著作的所独具的特色全部抛开，另起炉灶地独创，那只会失去编纂方志的宗旨。……对于每个修志工作者来说，要做好继承和创新工作，不仅要懂得旧方志的编修理论问题，而且应当尽可能多看几部旧时代所修的方志。”[32]

宋以后的方志，其基本书写任务就是把一地的历史、地理、人物等情况如实地记录下来，所需的最主要是历史学、地理学、文学的知识与方法。至民国时期，随着近现代科技文化的发展和传入，国体的改变，地方政治、经济、教育、社会生活都发生了很大变化，地方志对地质、气候、实业、交通、金融、物价、卫生、教育、方言、宗教、外交、警政、自治、司法等的记载，已经不仅仅局限于历史学、地理学和文学了，已经涉及到地图学、经济学、政治学等更多的现代科学。如民国《鄞县通志》地图运用了新式测绘技术，物产运用了植物学，气温、降水运用了气候学。

地方志发展到今天，内容包括了当今社会生活的各个方面。面对着不同以往的大量繁杂的信息资料，以及多单位、多系统、众多参与修志人员，如何统筹利用资源，合理分工，我们还必须借助于现代管理学的理论和方法，如控制论、信息论、系统论等；我们要用辩证唯物主义和历史唯物主义等哲学方法去处理修志过程中遇到的矛盾和志书的内容；要用历史学的知识梳理历史发展脉络，展现一地的发展状况；要用地理学的知识编辑地理志，书写一地的自然、人文地理风貌……我们在编辑政治、科技、文化、军事、教育、社会、城市、工业、农业、方言等志（编）的时候还必须要借助于考古学、文学、语言学、经济学、社会学、政治学、教育学、哲学、法学、民俗学、军事学、农学等学科的知识。如“现行志书经济部类的总体布局大都按生产、交换、分配、消费四个环节来设置，即是经济学理论在方志编纂研究中的运用成果。”[33] 在修志材料的收集和整理的阶段，我们还需要借助于档案学、史料学、统计学等学科的知识；绘制志书地图的时候，地图学的知识是必须要掌握的；对于志书体例、编目、语言、装帧等方面，我们要参考美学的理论和方法，以便提高方志的质量和美感[34]。可以说，现代修志面对的不仅仅是更多的信息和内容，还有更加细化的部门、人员分工，等等。编修一部方志，需运用到当今大部分人文社会科学和一部分自然科学的知识，编纂方志所需要知识的“跨界”愈益广阔。这对修志人员的知识储备提出了更高的要求，仅仅学习历史学和地理学等传统基础学科已经远远不能满足修志的需求，还要对编纂方志所涉及到各种学科知识有所了解，以使地方志书除姓“志”外，更具科学性。

七、地方志的成书形式紧密追踪科技发展

造纸术和印刷术是我国古代科技发展的重要标志，它们为文化

知识的传播做出了不可磨没的贡献。随着新世纪的到来，知识传播的载体和途径也变得愈发广泛，光盘、硬盘等电子产品和网络也在丰富着我们获取信息的渠道。地方志作为地方知识的重要载体，也紧密追踪甚至引领各时期的科技发展。

在纸发明之前，我们的祖先尝试着在陶器、甲骨、青铜器上刻画简单的图形和文字,后又有了竹木简、缣帛等。由于缣帛较为贵重，它的使用范围不广,先秦秦汉时期竹木简成为当时主要的书写材料，秦汉的郡书、地记、都邑簿等大约主要是书写于简牍之上的。西汉我国出现了早期的纸，东汉蔡伦改良了造纸术，但是纸的普及和大规模使用大约是在隋唐,《沙州图经》和《西州图经》就是纸质写本。直至今天，纸依然是方志的重要载体。

我国古代的印刷术主要分为两种，一种是雕版印刷，一种是活字印刷。汉代就有使用雕版印刷的说法，保守估计其最早应用于唐代，经过宋代的兴盛、明清的发展，至清末开始萎缩，可以说雕版印刷是中国古代最重要、应用最为广泛的印刷技术，宋代以后的地方志也大部分应用了此种技术，如宋代的淳熙《严州图经》、《吴郡图经续记》等，明清时期使用雕版印刷出版的地方志更是不可胜数。北宋毕昇发明了活字印刷术，可惜在宋代并未得到推广，后又出现了木活字、锡活字、铜活字、铅活字、磁活字等改良形式。元代农学家王祯于大德二年（1298 年）制作了 3 万多枚木活字，并成功试印了自己纂修的《旌德县志》,这是中国第一部木活字本方志，也是中国第一部木活字印本书籍，木活字印本方志在元明清时期多有出现，如康熙《淞南志》（嘉庆十八年木活字本）、咸丰《靖江县志稿》（咸丰七年木活字本）、光绪《长宁县志》（光绪二十七年木活字本）等。当然除了木活字本也有许多其他活字印刷的方志，如正德《东光县志》就是以铜活字印刷的。

19 世纪中叶前后，西方平版石印、凸版铅印、油印等新的印刷技术传入我国，[35] 随之这些新技术被运用到地方志的出版中。石印本如康熙《金华府志》（宣统元年石印本）、民国《夏邑县志》（民国九年石印本）、道光《东阳县志》（民国三年石印本）、光绪《通海县续志》（民国九年石印本）、民国《内江县志》（民国三十四年石印本）等。铅印本如民国《平湖通览》、民国《德清县新志》、民国《镇海县志》、民国《象山县志》、民国《南天县志》、民国《定海县志》。油印本如：民国《新丰镇志略初稿》、民国《长宁县志》、民国《宣城县志略》、民国《曹娥乡土志》、民国《连县志》、民国《电白县新志稿》，1960 年中央民族文化宫图书馆还将刘赞廷编纂的多种西康图志油印出版。有些方志的出版灵活运用多种技术，如民国《华阳县志》整体采用雕版印刷技术，县境全图 1 册则是用笔画清晰、色彩精美的石印技术。

进入 21 世纪，电子计算机和网络技术的发展又促使地方志电子化、信息化的程度加速，新方志在出版铅印纸质本的同时，相当多志书如《上海通志》及其上海市所属所有区县志、专业志、《合肥市志（1986—2005）》《苏州市志（1986—2005）》《镇江市志（1983—2005）》《黄山市屯溪区志》《开弦弓村志》等还出版光盘、网络版。尤其是网络数据库技术的进步，方志以数字化形态成书将会越来越普遍。铅印、光盘、硬盘、云盘、网络等多种成书形态的并存，地方志的生存和发展的空间将更加广阔，方志散佚将成为历史。

八、方志的地位由地理之附庸渐成“著述大业”

方志尽管历史很悠久，但长期以来学术地位并不高，多被视为一般的乡土文献，反映在学术思想上多被归于地理书的范畴，《隋书·经籍志》等历代正史艺文志及传统目录著作将方志归于史部地理类。到明代由于朝廷颁布修志凡例、统一体例，大部分人把方志当作史书看待，方志的地位有所提升。体现在官府层面就是万历年间孙能传编《内阁藏书目录》，于经、史、子、集外，别立“志乘”一类，说明时人对方志重要性、独立性的认识提高了。到清代朝廷更重视方志，特别是《大清一统志》这样的国家级大文化工程，朝廷在人力、物力、财力方面均给予高度支持，自然引得学者关注。能否参加《一统志》的编纂工作，不仅是学者学识、学术名望的反映，而且是其学术地位、社会影响在朝廷、官府层面上的体现。著名学者徐乾学任副总裁官，“管理修书总裁事务”，在被康熙称赞“学博才优，参订考据确实”后，感到无比的荣幸、荣耀，上奏谢恩，表示愿像司马光著《通鉴》一样，勤勉从事，不负圣恩，就是这种心态的反映。《一统志》的编修岗位毕竟有限，不能普遍满足学者们要求参加这一重大文化项目而一显身手的愿望。为笼络更多的知识分子，发挥他们的学术特长，清廷将《一统志》编纂工作加以延伸，把为《一统志》逐级提供资料的省、府、州、县志纳入《一统志》编纂系统中，康熙十一年谕令各省督抚“聘集夙儒名贤”，组建修志班子编辑通志，然后“汇为《大清一统志》。”自此以后，知识分子多把修志当作“著述大业”，积极投身到各地的编志活动中去。诸如袁枚、全祖望、齐召南、戴震、章学诚等著名学者均参与了修志活动。这些学者在史学、地理学、经学、谱牒学、文学、文献学上，各有建树，他们以严谨的学术态度，将学术研究与修志实践相结合起来，进一步促进了方志地位的提高。民国时，随着诸如余绍宋、蒋梦麟、柳亚子等大批著名学者投入修志中，积极探讨方志学，出版了《方志学》、《中国方志学通论》等著作，方志学已入近代学科之林。

新中国成立后，随着几轮方志编修工作的展开，形成了一支庞大的方志编修队伍据，据统计，全国专、兼职方志工作者的人数有11 万之众，[36] 当然若加上专业志、乡镇街道社区志等的编修人员，则全国参与修志的工作者则远远超过 11 万。首轮和二轮修志的成果卓著，截止 2014 年“已出版 7000 多部省、市、县三级地方志书，

2 万多部行业志、部门志、军事志、武警志、专题志、乡镇（街道）志、村（社区）志等，1900 多种、1.5 万多部地方综合年鉴，1000 多种、7000 多部专业年鉴。”[37] 在编修地方志实践的同时，方志工作者、大学科研机构的研究人员及其他热心于方志工作的人员对地方志理论也展开了积极探讨，现“已出版各种志鉴理论著作 1000 多部，发表论文 6 万多篇。”[38] 与此同时，社会各界对于方志的关注和利用也在加强。各地兴建的方志馆、方志网站方便了人们对于方志的了解与利用。党和国家领导人也对方志事业给予了高度重视，如 2014 年 2 月 25 日，中共中央总书记、国家主席习近平参观首都博物馆时指示要“高度重视修史修志”，4 月 19 日国务院总理李克强给第五次全国地方志工作会议批示“做好编修工作十分重要”。“加强修史修志”已被列入 2016 年 3 月发布的《中华人民共和国国民经济和社会发展第十三个五年规划纲要》之中。近些年除了传统的地理、历史、文学等学科，农学、天文学、地质学、民俗学、旅游学、医学、经济学等学科也加大对地方志的关注，利用方志资料推动学科的深入研究，学术界对于方志的研究方兴未艾。

总之，地方志编修在我国历史悠久，绵延不断，在历代修志者和热心人士的努力下，方志编修成果巨大。这些方志不仅保存了地方文献，更是民族精神的寄托，除了发挥传统的“存史、资政、教化”外，还拓展了中国文化的内涵，为提升国家文化软实力发挥了不可替代的作用，风一国且型四海。在方志发展过程中，也存在着一些如上文所述的显著规律，我们在修志工作中要充分自觉地遵循和利用这些规律，避免不必要的失误，提高修志工作的效率，“修志问道，以启未来”。

[本文系教育部人文社会科学重点研究基地项目《20 世纪以来方志学的现代转型》(15JJDZONGHE006) 的阶段性成果]

注释：

1 [唐]魏征、令狐德棻:《隋书》卷三十三《经籍二》，中华书局1973年版，第988页。

2 姜自力编著：《中国史志之最》，宁夏人民出版社1996年版，第202页。吴荣政主编：《中国档案事业发展的社会文化探源》，中国档案出版社2008年版，第45页。

3 [清]王泽长修，姬之篮纂：(康熙)《偃师县志》王泽长序，清康熙三十七年刻本。

4 [清]李瀚章等修，曾国荃等纂：(光绪)《湖南通志》裕禄序，民国二十三年影印本。

5 倪昌燮修，冯庆杨纂：(光绪)《吴桥县志》倪昌燮序，清光绪元年刻本。

6 [清]韩佩金修，张文虎等纂：(光绪)《重修奉贤县志》韩佩金序，清光绪四年刻本。

7 [元]于钦撰：《齐乘》于潜跋，中华书局1990年《宋元方志丛刊》本。

8 巴兆祥：《方志学新论》，学林出版社2004年版，第73页。

9 [清]金吴澜、李福沂修，汪堃、朱成熙纂:《昆新两县续修合志》金吴澜序，清光绪七年刻本。

10 黄苇等：《方志学》，复旦大学出版社1993年版，第228页。

11 王广荣:《历代方志地域分布规律初探》，《新疆地方志》1997年第1期。

12 巴兆祥:《方志学新论》，学林出版社2004年版，第73页。吴浩军:《青海古旧方志存佚及研究整理考述》，《青海师范大学学报(哲学社会科学版)》2012年第5期。

13 赵心愚:《〈中国地方志联合目录〉西藏地区清代方志的著录问题》，《西南民族大学学报(人文社会科学版)》2013年04期。

14 吴浩军:《青海古旧方志存佚及研究整理考述》，《青海师范大学学报(哲学社会科学版)》2012年第5期。

15 中国科学院北京天文台主编：《中国地方志联合目录》中华书局1985年版，第127–160页。

16 褚赣生:《明清乡镇志发展的历史地理考察》,《历史地理》1990 年第 8 辑。黄苇等:《方志学》,复旦大学出版社 1993 年版,第 220 页。

17 巴兆祥:《论明代方志的数量与修志制度——兼答张升〈明代地方志质疑〉》,《中国地方志》2004 年第 4 期。

18 刘益龄:《山西地方志史》,三晋出版社 2015 年版,第 187 页。

19 中国第一历史档案馆编:《清代档案史料 · 纂修四库全书档案(上册)》,上海古籍出版社 1997 年版,第 1129 页。

20 刘光禄:《清代编修方志概述》,《文献》第 11 辑,书目文献出版社 1982 年版。王晓岩:《方志演变概论》,辽沈书社 1992 年版,第 199–200 页。

21 辽宁省档案馆:《编修地方志档案选编》,辽沈书社 1983 年版,第 65 页。

22 辽宁省档案馆:《编修地方志档案选编》,辽沈书社 1983 年版,第 11 页。

23 张安东:《清代安徽方志研究》,黄山书社 2012 年版,第 202–203 页。

24 邱新立:《中国新编地方志二十年成就(二)》,《中国地方志》2000 年第 3 期。

25 [明]高廷榆:(嘉靖)《普安州志》卷首沈勖(永乐)《普安州志序》,《天一阁藏明代地方志选刊》本。

26 李贤等撰:《大明一统志》明英宗御制序,天顺五年内府刻本。

27 [明]林大春:(隆庆)《潮阳县志》卷首郑义《永乐十七年潮阳县志序》,《天一阁藏明代地方志选刊》本。

28 巴兆祥:《试论〈大明一统志〉的刊本及其历史贡献》,《中国地方志》2015 年第 1 期。

29 张新民:《大一统冲动与地方文化意识的觉醒——明代贵州方志成就探析》,《中国文化研究》2002 年冬之卷。

30 杨士龙等纂修:民国《萧山县志稿》卷二十《人物·洪杨之乱殉节绅民表》,民国二十四年铅印本。

31 中国地方志指导小组:《关于地方志编纂工作的规定》第三条。

32 仓修良:《方志学通论》(增订本),华东师范大学出版社 2013 年版,第427页。
33 巴兆祥：《方志学新论》，学林出版社2004年版，第31页。
34 上述方志利用现代科学的论述主要参考杨静琦、于希贤编著《地方志与现代科学》（河南大学出版社1989年版）。
35 张绍勋：《中国印刷史话》，商务印书馆1997年版，第72页。
36 周迅：《中国的地方志》，商务印书馆1998年版，第151页。《刘延东副总理在会见第五次全国地方志工作会议部分与会代表时的讲话》，http://hzfzw.hz.gov.cn/jjhz/dtyw/201405/t20140515_492624.html。
37 《全国地方志事业发展规划纲要（2015－2020年）》，http://www.gov.cn/zhengce/content/2015-09/03/content_10130.htm。
38 《全国地方志事业发展规划纲要（2015－2020年）》，http://www.gov.cn/zhengce/content/2015-09/03/content_10130.htm。

（作者单位系复旦大学历史系，原文载《中国地方志》2016年第8期）

中国方志史的研究方法及思路

——关联、背景与节点是开启方志史科学研究的钥匙

梅　森

当今，我国方志界正在进行方志学学科体系的建设。作为一个完整体系的学科，必须具备四大基础：一是有比较成熟的概论，可反映学科的研究对象、方向、内容、方法，能够阐述出与其他学科的关系。二是有比较充分成熟的发展史研究；三是有与概论、发展史相匹配的方志文论；四是培养出一批有影响力的学者。四大基础，我认为发展史的研究具有杠杆作用，它最能够体现在各历史阶段与相邻学科的关系，各时期本学科的研究对象、时代背景、内容、方法，最终有机发展地反映出学科概论所应综合的理论观点：可见发展史研究的重要意义。在发展史研究中，关联、背景与节点研究方法又是科学研究的钥匙，中国方志史研究概莫能外。

清乾嘉时期开始，我国就开始了较系统的方志学研究。民国出现一批方志学研究专著。上世纪 80 年代社会主义新方志编纂以来，方志史研究著作论文数量丰硕，研究对象包括方志起源、方志发展阶段、方志体例形态、编修组织、流派与代表人代表作、时代特点特征等等。但其中除少量的学院派专家学者采用历史背景研究方志发展的动因和特征外，多数著作、论文较为孤立地研究方志发展史，更为严峻的是很少有人从与相邻学科关联交融互动中研究中国方志史，形成不了与他学科共同的学术共识、产生学术共鸣。一个说不清楚与其他学科关系的学科，一个在基础理论重大问题上形成不了共识的学科，永远成不了一个成熟的学科；这是当前方志学学科建

设中亟需重视的问题。

本文想从关联、背景、节点方面，谈谈中国方志史研究的思路和所需要把握的关键点。

一、用关联法看方志起源和与相邻学科的共源关系

（一）用关联法看方志起源

方志界在方志发展源流方面主要有一源说和多源说两种。一源说是研究某单一文献是地方志的起源，也就是有些一源说者不一定排除多源说观点，因为他们并没有否定其他文献也是地方志的起源。一源说分别认为方志源于《周官》，或源于《禹贡》《山海经》，或源于《越绝书》《吴越春秋》《华阳国志》；多源说汇一源各说（或部分说），认为汇源于诸侯国史、舆地和其他文献。

1．一源说

方志自身内容、体裁的多元性，导致研究者的不同学术站位。历史学者把方志作为地方史，必然将诸侯国史作为方志的起源。地理学者把方志作为区域地理，必然把《禹贡》《山海经》作为起源。[1]

源于历史说。宋司马光《河南志·序》认为，周官中的职方、诵训、土训与后世的方志有相似之处。同为宋代的史学家、目录学家郑樵在《通志·总序》中称“古者记事之史谓之志”。清章学诚认为“六经皆史”“志为史体”。中国近代思想家梁启超说：“最古之史，实为方志，如孟子所称晋《乘》、楚《寿杌》、鲁《春秋》，庄子所称‘百二十国宝书’比附今著，则一府州县志而已。”[2]

源于地理说。后代学者参照后世（尤其隋唐图经）方志的分类与上古的《禹贡》《山海经》相近，故认为方志源于舆地（地理）。

源于地记（地方文献）说。后代部分学者认为方志的体例和内容更近似东汉的地记，认为方志的鼻祖是东汉袁康的《越绝书》、东汉赵晔的《吴越春秋》、晋常璩的《华阳国志》等地方文献。

2. 多源说

后世还有部分学者根据志书体例、内容的多元性，认为方志并非起自一源，而是多源（以上诸源汇流）。清代乾嘉时期方志学家钱大昕折衷史、地，认为地方志是“一方之徵信”。[3] 尤其民国年间，黎锦熙等为代表的方志学家认为，“志兼史地”，“折衷之论，则谓方志为物，史地两性，兼而有之。”[4] “两标”说实际认为方志应为多源。当代学者黄苇阐明方志多源说的观点，认为：“方志源头较多，不仅有《周官》《禹贡》和《山海经》，还有《九丘》之书和古舆图等等。……方志并非起自一源，而是多源。”[5]

（二）方志与相邻文献共源交融

本文提出“方志与相邻文献共源交融”的观点。理由，学术界认为先秦及以前文化呈现一种综合的形态，“文史哲不分”，先秦有些文学作品是史学或哲学著作，史学和哲学著作也富有文学意味。如《老子》既是文学作品又是哲学著作，《左传》《战国策》《国语》都是文学和史学作品。以上，我们认为《吴越春秋》是最早的方志，但当今学术界对其体裁也是长期争论，一种认为是“杂史”，一种认为是“小说”。章学诚“六经皆史”[6] 正说明这一问题。

以上论述实际是说，先秦以前，起码是秦代郡县制没有建立前，地方志是与历史、地理、文学、哲学共源交融的。中国古代诸多文献既是历史、地理、文学、哲学之源，也是方志之源。这样的源流观点，应该是当代各相邻学科均可以接受的，也是符合中国文化发展历史阶段的。

方志源头不等于方志。源流是拿自然现象对学术发展的比喻。“源”是源头，“流”才是正流、河流。比如长江源由正源沱沱河、南源当曲、北源楚玛尔河组成。中间沿途汇流又形成通天河、金沙江，当金沙江流到四川宜宾市与岷江汇合后才称为长江。也就是宜宾以上的沱沱河、金沙江、岷江等是长江的源流而不是长江。

故本文认为，秦朝郡县制建立前，春秋战国时期的方国为“高于部落以上的、稳定的、独立的政治实体”，“即早期城邦式的原始国家”；[7]秦朝以前分封制下的诸侯国是“效忠于王朝的内部小国，带有自主独立性，但有依附性”，不是王朝的行政区，尤其是战国七雄。（汉朝郡县制与诸侯国并存，其诸侯国才是中央以下的行政区划）而梁启超认为“‘百二十国宝书’比附今著，则一府州县志而已。”只是一种“比附”，故其“最古之史，实为方志”并非严谨的科学论断；因为梁启超先生所称“比附”一词，本身的概念就是“拿不能相比的东西来勉强相比”[8]。

根据地方志重要性质之一，即与中央相对应的地方区域性，也就是方志的地方性来鉴别，秦代郡县制出现前，先秦诸侯国史只是历史学和方志学等文献的源头，而不是真正的地方志。方志界有人根据梁启超用“百二十国宝书”比附“府州县志”，“最古之史，实为方志”，即认为“方志与地志是历史与地理之母”[9]，主要原因是把“源头”当成了“正流”，共源当成唯一属于方志的一家之源。

如同长江的源头不是长江一样，先秦的诸侯国史和《禹贡》均只是方志的源头（也可以说是历史、地理的源头），而不是真正意义上的方志。而真正的方志开始于秦郡县制地方政区实行后，以东汉的地记为代表。如果此观点成立，中国方志史的历史阶段时间，大致起源春秋有 2500 多年历史，而初级方志从东汉开始迄今有近 2000 年历史，宋代中期方志定型迄今有近 1000 年历史。

二、用历史节点与背景法研究方志发展史

背景、节点法是史学研究的必要方法。节点就是历史阶段，大多学院派学者研究中国方志发展史都进行节点与背景的研究。如仓修良先生认为方志发展经历了魏晋南北朝地记、隋唐五代图经，定型于宋代方志、明代方志迅速发展、全盛的清代方志、民国方志和新中国方志七大节点阶段。同时分析了各阶段节点发展变化的原因，

如“魏晋南北朝地记发达的原因”“唐五代图经发达的原因”，等等。[10] 本文认识与仓先生小有区别，即方志发展分为六个阶段节点更为恰当：(1) 初起方志于汉唐；(2) 定型于两宋（北宋中期以后）；(3) 成规模于元明；(4) 隆盛于清；(5) 过渡于民国；(6) 光大于新中国。

（一）东汉到唐代的地方志发展背景与特点

秦统一后实行郡县制，华夏真正有了以地方行政区划为单元修志的可能。

东汉蔡伦造纸，书写材料由纸张代替简帛，轻便和成本相对低廉，使区域性修志和较大范围传播成为可能。

东汉时期的地记，是最早的初级形态的方志。东汉、魏晋南北朝实行门阀制度，私修史志有了社会和经济的基础。地记为专门记载地方山川风土、物产、人物等情况的著作，《越绝书》问世前地记有地理志、郡书、都邑志三类；而《越绝书》则兼具以上地理、都邑、人物三方面内容，故被后人称为“地方志鼻祖”。清代方志学家洪亮吉在《澄城县志》序中说：“一方之志，始于《越绝》。”地记是最早的初级形态的方志，具有记地方地理、人物这一方志必备的特征。

为加强中央集权，打击门阀势力，实行科举制，隋大业间（605—616 年）“普诏天下诸郡，条其风俗、物产、地图，上于尚书”[11]。为后世历代封建王朝修志创立了官修格局，方志从私修为主转为官修为主。隋代发明雕版印刷术对图经印刷有一定帮助。

隋唐时期地方志主要是图经，仍属于初级形态的方志。唐建中元年（780 年），朝廷将原规定各州郡每三年编修一次图经报尚书省兵部职方改为五年一修报兵部职方，当时图经主要用于军事。

唐代图经由图为主向“经”（文字）为主不断转化：一是记州县的“图经”“图记”“地记”转称“图志”或“志”，图的地位渐小。二是由地理为主，转为地理、政事并重。

秦统一郡县制、东汉造纸、魏晋南北朝门阀制度、《地记》出现、

《越绝书》、私修地记转为官修图经、图经以图为主向记事渐变，是此期方志发展的重要原因背景和节点。

（二）宋代的地方志发展背景与特点

宋代是中国地方志发展史上继往开来的重要阶段，志书基本要素逐步形成并相对固定，方志的编纂组织、体例、内容均由初级阶段转为定型阶段。

宋统一全国后，于大观元年（1107 年）设置专门的中央修志机构九域图志局开国家设局修志之先河。不仅如此，太祖、真宗、神宗、徽宗均诏修图经。宋代方志在组织方面沿着两个方向发展：一是继承《元和郡县图志》做法，修全国性的地理志，突出“一统”。二是在地记、图经的基础上创修州、郡志。图经、图志逐渐改称“志”。

北宋庆历间（1041—1048）毕昇发明的泥活字印刷术，推动了书籍文献的广泛传播。活字印刷术是地方志广泛编纂，并将图经简略的以图为主改为以大量文字叙事为主的“志”提供了可能和便利。

中央修志机构九域图志局、泥活字印刷术、图经图志改称“志”、志将记人述地叙事完整结合，是宋代方志发展的重要原因背景和节点。

（三）元明时期的地方志发展背景与特点

元代，在我国历史上首开编修一统志的先河。《大元大一统志》以“路”“省”所辖的府、州为一级纲目，其下按事分二级及以下类目（建置、乡镇、山川、土产等门）；可见，一统志虽然由国家编纂，但是按照府州为记述对象分类，同样属于地方志范畴。谭其骧先生认为：“凡是记载全国的，就在总志里头；记载一个地方的，就在方志里头，把各省的通志、府、州、县志叫做方志，这是很正确的，也是很科学的。……把总志与方志混为一谈，这是很不应该的。……总志包括廿四史里的各个地理志，以及唐、宋以来的各种总志，因为都是讲全国的。”[12] 作为历史地理学家的谭先生站在地理总志的角度，忽略了大一统志实际是进一步整理中央以下地方志书的内容，仍然按照府、州分类记述地方（并非站在全国角度打破地域范畴，按照事类记述）。

明代修志一是官方重视。开国洪武三年(1370)诏修《大明志书》。永乐间两次颁布修志条例，明确志书的基本门类（21 类）。二是重视重镇雄关修志。三是地方修志普遍，万历张邦政在《满城县志·序》中说："今天下自国史外，郡邑莫不有志。"四是开始探求方志的性质、功能，总结历代经验提出见解，散见志书的序言中。明代不少志书已有凡例，凡例的出现使志书体例和编纂趋于统一规范。

元明时期一统志编纂、大行政区的省志形成体系（称通志的相对较多）、国家颁布修志条例、明确志书的基本门类、修志普遍、凡例出现、性质功能研究产生，是元明方志发展的重要背景和节点。

（四）清代的地方志发展背景与特点

清代是我国封建时代地方志发展的鼎盛时期，也是传统方志编纂和方志理论研究的鼎盛时期，是封建时代的修志高峰，尤其是方志学的开始形成。

清代方志鼎盛的基础是中国社会、文化发展到了又一轮喷发时期。康雍乾时期经过与外部侵略势力与内部分裂割据势力的一系列斗争，建立起一个空前统一的帝国，幅员辽阔，经济文化繁荣。为记录帝国的文治武功和辽阔一统，雍正、乾隆重视编史修志超越前代。雍正修志上谕竟有 400 多字。乾隆亲自过目，对一统志提出修改意见。此外清政权为满族人统治，康雍乾三朝文网严密，学者不敢私撰历史，文人学者修志遂成风气。清代地方志鼎盛表现在四个方面：

清代三次大修《大清一统志》。雍正皇帝于清雍正六年(1728 年)对各省志书采录人物事迹事宜，上谕批示；"著各省督抚，将本省通志重加修辑，务期考据详明，采摭精当，既之阙略，亦无冒滥，以成完善之书。"[13] 宋代方志总体定型后，清代一统志的设目，实际对各地地方志书的基本纲目进行了自上而下的规定，使方志的基本门类得以稳定和大致统一。

康熙十一年（1672）诏令各地设局修志，统一修志格式。雍正六年（1728 年）诏令各省重修通志。不久又令各州、县志，每 60 年一修，成立志局。省志概名“通志”。清代大量学者参与修志，方志质量提高。乾嘉时期是我国方志学的奠基时期，该期无论是研究者的学术地位和成果都是方志学的高峰。乾隆时期的章学诚、戴震、钱大昕，嘉庆时期的孙星衍、洪亮吉、李兆洛等对修志方法进行了概括。章学诚《文史通义》外篇 3 卷专论方志理论（章氏去世后，后人刊刻《文史通义》大梁本于道光十二年）。故清末民初思想家、史学家梁启超说 ：“能认识方志之真价值，说明其真意义者，则莫如章实斋（章学诚）”“方志学之成立，实自实斋始也。”[14]

晚清“西风东渐”，志书的体例、体裁成为中国先进知识分子介绍和传播外国史地知识和变法图强、关心民生的载体之一。第一次鸦片战争（1839—1842）前后，西方列强的入侵，产生了当时的经世派，代表人物有陶澍、林则徐、龚自珍、姚莹、何秋涛、张穆、徐继畬等。经世派关心国计民生相关的漕运、盐政、农事、河工、兵制、刑律、吏治、科举、边疆地理，所以必然关心乃至领导参与地方志的编纂。林则徐编《四洲志》，魏源撰《海国图志》，徐继畬《瀛环志略》，采用传统地方志书的体例介绍西洋各国的历史、地理、物产、人文、社会制度和器物等，中学为体，西学为用。陶澍主修的《道光安徽通志》、林则徐主修的《道光湖北通志》，龚自珍纂《蒙古图志》，姚莹修纂《东槎纪略》《康輶纪行》，何秋涛《朔方备乘》，张穆《蒙古游牧记》均是此类成果。光绪二十九年《癸卯学制》教育改革，乡土志成为清末小学教育的乡土史地教材，朝廷编定《乡土志例目》作为范式推广。[15]

康乾盛世大一统、“文字狱”使知识分子另辟蹊径热衷修志、三次大修《大清一统志》、诏令各地设局统一修志格式、方志学的奠基、“西风东渐”，是清代方志发展的重要背景和节点。

（五）民国时期地方志发展背景与特点

民国时期战乱，修志命令为内政部颁布的《修志事例概要》和

《地方志书纂修办法》。此期修志虽然不多，但属我国传统旧方志向新方志转型的重要历史阶段。鸦片战争后五口通商，开埠，洋务运动，西方文化逐渐传入中国，加之“五四”后的新文化运动，民国时期逐渐把西方近现代科学引进地方志编纂中，地方志的科学性、实用性有很大进步；在修志宗旨、编纂体例、章法、内容上都有不同程度的创新。民国志书内容注意产业、企业资料，增加统计数据和图表。此外，继晚清政府倡令全国编纂乡土志之后，民国 3 年（1914），教育部督促各县编修乡土志，作为各地学校的乡土教材。民国政府注重编写乡土志教科书，在小学开展乡土教育，增强儿童爱国、爱乡，树立自强精神。[16] 此外，同期编纂的乡里小志禁锢较少，保存了大量清末民初社会下层珍贵的民生史料。

清代的方志学研究主要散见于志书编纂前的义例和成书后的凡例、序跋中，但由于方志学研究的深入和现代出版业的发展，民国年间独立的方志学专著不断诞生，方志学研究进入新的系统的历史阶段。著名学术成果有梁启超《清代学者整理旧学之总成绩——方志学》《说方志》；专著有甘鹏云的《方志商》，寿鹏飞的《方志通义》，张国淦的《中国地方志考》，黎锦熙的《方志今议》，李泰棻的《方志学》，王葆心的《方志学发微》，朱士嘉的《中国地方志综录》，傅振伦的《中国方志学》。黎锦熙《方志今议》认为章学诚的三书四体是以文章体裁分类，给修志带来不便，应首破此障。民国方志学研究，“既有全盘西式的新学之作，亦有乾嘉考据的遗迹，甚至在同一著作中，也常存在新旧杂糅的情形”[17]，反映了民国年间的地方志编纂正处于传统方志向新方志的过渡阶段。

现代学者参与修志与方志学研究、西方科学文化进一步传入、系统的方志学专著的出现、新学旧学在方志编纂中杂糅、现代出版业的形成，是民国时期方志发展的重要背景和特点。

（六）新中国的地方志发展背景与特点

中华人民共和国时期的地方志又被称为新方志，主要在于编纂的指导思想与传统方志有本质的区别；新方志指导思想为中国化的马克思主义，哲学核心是历史唯物主义和辩证唯物主义。

1956 年国家成立中国地方志小组。1958 年毛泽东主席在成都会议上提倡利用方志。到 1960 年，全国 530 多个县开展修志，其中 250 多个县编写出初稿。“文化大革命”爆发后，修志中断。[18]

中共十一届三中全会后盛世修志。1979 年 10 月邓小平在与中国大百科全书出版社负责人谈话中说：“编辑出版年鉴，很有必要，这是国家的需要，四化建设的需要。”1987 年 5 月 26 日，江泽民在上海地方志编纂委员会成立大会上讲话时指出：“编纂社会主义新方志是两个文明建设的组成部分，是社会主义文化建设的系统工程，是承上启下，继往开来，服务当代，有益后世的千秋大业。”2006 年 5 月 18 日，国务院颁布实施《地方志工作条例》。2014 年 2 月 25 日，国家主席习近平在首都博物馆参观北京历史文化展览时，指出“高度重视修史修志，让文物说话、把历史智慧告诉人们，激发我们的民族自豪感和自信心，坚定全体人民振兴中华、实现中国梦的信心和决心。”[19]同年 4 月 19 日第五次全国地方志工作会议召开，国务院总理李克强批示：“地方志是传承中华文明、发掘历史智慧的重要载体，存史、育人、资政，做好编修工作十分重要。……修志问道，以启未来。”[20]

“文化大革命”结束后，1983 年国家恢复成立中国地方志指导小组，随之各省市县成立地方志工作机构。国务院办公厅先后于 1985 年、1996 年发布加强地方志工作的文件，为此形成政府主持、各省（区、市）地方志编纂委员会及其办公室组织实施的修志格局。1996 年国务院办公厅下发“20 年左右续修一次”文件后，全国第二轮修志开始。2006 年国务院《地方志工作条例》颁布，全国地方志工作进入有法可依的历史阶段。1983 年中国地方志指导小组恢复成立至 2013 年 12 月，历经 5 届。其间，建立完善了省市县三级地方志机构和全军、武警、兵团修志机构，港澳特别行政区也分别成立了修志机构。

截至2013年底，全国首轮省市县三级志书，省级志书规划2263部，出版2223部；市（地）级志书规划911部，出版867部；县级志书规划2653部，出版2653部。全国第二轮省市县三级志书规划5932部，累计出版1614部，其中省级志书出版241部，市级志书133部，县级志书1240部。此外，行业志、部门志、专业志出版22277部，乡镇村志、街道志出版4090部，山水名胜古迹志出版479部，地情书出版9239部，教材理论著作工具书出版1021部，历代方志整理出版2270部。[21]

社会主义新方志大规模编纂以来，地方志基础理论、编纂理论、方志批评等成果丰硕。个人研究与修志机构组织研究相辅相成。据《方志大百科》稿收录，截至2013年底，全国地方志系统共发表论文约10万余篇，出版专著、教材、论文集1000余部。全国有省级以上公开出版的方志刊物9种，内部出版的省级方志期刊21种。20世纪80年代以来出版的方志学通论，就有《方志学概论》《中国方志学史》《方志学》《方志学史》《方志学简论》《当代方志学概论》《方志学综论》等共22部，此外收入方志编纂学著作13部、专题研究性著作15部、论文集25部。社会主义新方志编纂时期的方志编研成果，是此前任何时代不可比拟的。

此外，从完整的方志事业体系看，全国还建成有国家方志馆和北京、上海、江苏、江西、湖北、湖南、四川、广西、山东、陕西等方志馆。截至2013年，已建成国家方志馆1个、省级方志馆14个、市级72个、县级238个。至2013年底，全国开通省级地情网站27家、市级206家、县级638家。[22]地方志编修工作已经形成志(三级志书)、库（数据库）、馆（方志馆）、鉴（年鉴）、用（服务开发）、刊（方志期刊）、网（地情网站）、会（地方志学会）、研（理论研究）“九业并举”的一项蓬勃发展的社会主义文化事业。[23]

党和国家领导人对地方志的重视、50—60年代地方志编纂、党委领导政府主持修志部门实施的修志格局、一二轮修志、地方志工作条例、志鉴库馆网现代方志编研利用体系逐渐形成、5 届中国地方志指导小组届期工作、修志成果学术成果超越前代，修志参与社会面最广，是新中国地方志重要的发展背景与特点。

三、用关联法看学科交融促进地方志的不断发展

只要能够形成学科，就必然有其特殊性，但学科间在发展演变的各个阶段有其多少不同的共性和方法上的互相借鉴，材料上的互相利用。所以先秦以后，随着社会的发展进步，中华民族综合性的文化渐渐变为多元分类的学科，而且越分越细，但学科间的交融互进一直存在；这一观点应该是各相邻学科研究者均能接受的；方志学与历史学、地理学的发展关系也是如此。

两汉时，中央设史官编修国史，《史记》的纪传体、编年体、纪事本末体结合的通史编纂方法，以及《汉书》纪、表、志、列传的体例，对后来地方志编纂具有重要影响。

魏晋南北朝时期史学著作范晔的《后汉书》、陈寿的《三国志》，尤其地理学著作郦道元的《水经注》，其自然地理和经济地理的记述对地方志的体例、方法有较大影响。

唐代太宗时国家正式开馆修史，奉诏所修正史有《晋书》《梁书》《陈书》《北齐书》《周书》《隋书》。[24] 正史的编修，反过来促进了地方志图经的编修，两者相辅相成。唐刘知几的史学理论专著《史通》，关于史书体例与编撰方法的评论，体裁体例、史料采集、表述要点和编史原则等等，对于后世持“志属信史”观点的方志研究和编纂者具有重要影响。如，后代章学诚就在刘知几提出的“才、学、识”史家三长说基础上，增加了“史德”。此外，唐代作为地理学范畴的全国性地理总志《括地志》，分类及内容，对地方志的编纂具有一定影响。

宋代地理学范畴的全国性地理总志乐史的《太平寰宇记》、王

存的《元丰九域志》、王象之的《舆地纪胜》，如《太平寰宇记》体例上仿唐代总志，又有所创新，增风俗、姓氏、人物等门，按十三道分述各州府之沿革、领县、州府境、四至八到、户口、风俗、姓氏、人物、土产及所属各县之概况、山川湖泽、古迹要塞等，对宋代定型的方志其内容、体例不可能没有影响。

元代编纂《大元大一统志》。至正三年（1343 年）编纂辽、金、宋三史出现谁为“正统”的争论，中书右丞相、三史都总裁脱脱独断：“三国各与正统，各系其年号。”元政权的做法，不管主观原因是什么，但客观上对中华民族史志的传承发展意义重大。明朝官修、民修的史学著作很多，官修的主要有《元史》《明实录》《明会典》，私修著名的是谈迁的《国榷》；此外，郑和下西洋航海图，罗洪先绘《广舆图》是我国现存最早的地图集。《徐霞客游记》对中国河道地理，山川地貌实地考察进行记录。明代，历史的编修、地形考察、地图绘制，对地方志的编纂起到重要借鉴作用。

清代官修史书《明史》《清实录》等，如《明史》的行文雅洁、叙事简括，《清实录》作为官修史料汇编的史料整理方法对地方志编纂均有一定影响。章学诚《文史通义》主张史学要经世致用，提出“六经皆史”。康熙时期通过全国性的大地实测绘制的《皇舆全图》《皇舆全览图》，顾祖禹《读史方舆纪要》记述各省府州县建置沿革、疆域变迁，侧重山川险要，攻守异势。清代的史学、地理学和经学考据思想，对地方志编纂具有直接的影响。清代编纂的《古今图书集成 · 方舆》《四库全书 · 史部地理类》收录了大量地方志书的书目提要和书评。多学科学者参与修志，方志质量普遍提高。著名的学者有章学诚、纪昀、全祖望、毕沅、戴震、钱大昕、洪亮吉、段玉裁、方苞、姚鼐、李兆洛、孙星衍、阮元等都参加了修志，其中有史学家、经学训诂考据学家、散文家、藏书家、目录学家。戴震、钱大昕、纪昀、阮元均是乾嘉学派的代表人物。

19 世纪 60 年代后，随着洋务运动的开展和报刊、学堂、出版机构的增多，同文馆、江南制造局附设的翻译馆，来华传教士创立的益智会、广学会等机构以及热心文化事业的中外人士，译编了几十部西方和日本学者的历史著作，对中国史学包括方志学的发展具有一定影响。比如从西方传过来的历史形式章节体，就是近代新史学流派推翻中国历史传统先在中国史学界流行起来，后来又成为方志主要的编纂形式的。

民国是方志学研究由古代的松散（散见于序跋、义例中）过渡为系统著作的历史阶段，梁启超、甘鹏云、余绍宋、吴宗慈、柳亚子、张国淦、黄炎培、黎锦熙、李泰棻、朱士嘉、傅振伦等大家或参与方志编纂，或进行方志学研究，或编纂研究兼而为之。其中有思想家、国学大师、历史学家、藏书家、教育家、语言文学家、档案学家、诗人、红学家，等等。

新中国的方志编纂和研究，得到了一大批高校和社会科学院专家学者的参与，包括历史学家、文献学家、历史地理学家、社会学家等等，把其他学科的学术方法带入了新方志的编纂研究中，并出版了一批方志学专著。新方志作为重要的地方资料性文献，也为各相邻社会学学科提供了大量珍贵的研究资料，充分体现了学科间的交融互进。

四、小结

中国方志史是方志学学科体系中的重要内容。综上所论，科学的方志史研究方法是立足社会发展的进程，以社会发展的有关原因作为方志发展的背景，切准方志发展的历史阶段和发展节点，以及明确代表性事件。

在中国文化长河中，地方志的发展不是孤立的，所以，我们需要结合相邻学科的发展和与方志学科的相互影响研究方志史。

方志史研究首先要解决源流问题。先秦文化综合性“文史哲”

不分，所以现代各社会科学的源头都追溯到先秦。源头不是正流，不能简单地把各学科共源的文献简单说成是方志；方志源于先秦“文史哲”不分的时代，故方志必然是多源的。

方志的地方性、人事物记述的综合性是方志界定的重要方面，所以秦代郡县制产生与中央对应的行政区是地方志形成的重要分水岭；东汉地记、隋唐图经是初级形态的方志；宋代中期方志体例内容基本定型；明代开始有散见的方志理论研究（宋代较为零星）；清代是传统方志编纂和理论研究的高峰；民国是传统方志编纂研究与现代以来新方志编纂研究的过渡时期；中华人民共和国时期进入社会主义新方志的编纂研究时期。

历史长河中，不仅仅是政治制度、文化的发展是方志发展的推动力，科学技术，如造纸术、印刷术、互联网、地情资料数据库均是方志发展的强大动力。近代西方文化，也对方志内容、体例、编纂形式有着一定影响。

所以说，方志史科学的研究方法和思路是形成科学的中国方志史的基点，封闭的、孤芳自赏的、自我夸大的研究是产生不了科学的中国方志史的。

注释：

1 朱敏彦、梅森：《方志编修教程》第 15 页，方志出版社 2004 年版。

2 梁启超：《中国近三百年学术史 · 清代学者整理旧学之总成绩——方志学》。

3 钱大昕：乾隆《鄞县志 · 凡例》。

4 黎锦熙：《方志今议 · 次立两标》（见《方志学两种》第 21 页，岳麓书社 1983 年版）。

5 黄苇：《方志渊源考辨》（载于《方志论集》浙江人民出版社 1983 年版，第 1–20 页）。

6 章学诚：《文史通义 · 内篇 · 易教上》。

7 苏秉琦："古国－方国－帝国式的演进框架"，《中国文明起源新探》，三联书店 1999 年版。

8 商务印书馆：《现代汉语词典》（2010 年版），第 69 页，"比附"解释。

9 王晖：《方志与地志是历史与地理之母》，《中国地方志》2008 年第 12 期。

10 仓修良：《方志学通论 · 目录》（方志出版社 2003 年版）。

11 见《隋书 · 经籍志》。

12 谭其骧：《地方志与总志及历代地方行政区划》（《燕赵水利春秋》1986 年第 4 期）。

13《清世宗实录》卷七十五。

14 梁启超：《饮冰室文集？清代学者整理旧学之成绩—方志学》。

15 王兴亮：《清末江苏乡土志的编纂与乡土史地教育》（《历史教育》2003 年第 9 期）。

16 同 15。

17 黄燕生：《中国历代地方志概述》；来新夏主编《中国地方志综览》（1949–1987），黄山书社 1988 年版。

18 邱新立、王芳：《中国五、六十年代地方志的编修始末及成果概述》（《中国地方志》2000 年第 1 期）。

19《人民日报》（第一版 2014.4.27）：《习近平在北京考察工作时强调：立足优势 深化改革 勇于开拓 在建设首善之区上不断取得新成绩》。

20《李克强总理重要批示》（《中国地方志》2014 年第五期）。

21 中国地方志指导小组办公室 2014 年 5 月 19 日印发：《中国地方志通讯》（2014 年第 19 期）"2013 年度全国地方志系统工作进展情况统计"。

22 同 21。

23 于伟平《盛世修志传文明》（《人民日报》：2012–05–24）。

24 许海山主编：《中国历史》190 页（线装书局 2006 年出版）。

（作者单位系上海市地方志办公室，原文为上海市地方史志学会 2014 年学术年会、第四届中国地方志学术年会入选论文）

志书凡例指导思想如何表述之我见

刘其奎

2013年6月20日，笔者应邀参加一部市级专业志稿的评议，志稿的凡例第一条表述为：本志以马列主义、毛泽东思想、邓小平理论、“三个代表”重要思想、科学发展观为指导，遵循《关于建国以来党的若干历史问题的决议》的原则。忆及近年来我参加的若干部志书的评议、审定，凡例这样的表述几乎成了固定模式。

这种模式的形成大概是和时代意识形态主旋律的发展变化以及最高领导人的新老交替密切相关。记得第一轮编修的志书，凡例第一条标明：本志以马列主义、毛泽东思想为指导。改革开放以来，随着党和国家领导人邓小平、江泽民、胡锦涛相继新老交替，编修志书的指导思想表述也随之与时俱进，先是以马列主义、毛泽东思想、邓小平理论为指导，继之为以马列主义、毛泽东思想、邓小平理论、“三个代表”重要思想为指导，后又发展为以马列主义、毛泽东思想、邓小平理论、“三个代表”重要思想和科学发展观为指导。遵循这一逻辑，中共十八大之后，新任中共中央总书记习近平又提出了实现“中国梦”的伟大目标，那么修编地方志的指导思想是否也与时俱进表述为以马列主义、毛泽东思想、邓小平理论、“三个代表”重要思想、科学发展观和“中国梦”为指导呢？

笔者认为，从政治理论的意义上看，上列种种表述都是对的。但作为科学的资料文献的地方志，其指导思想如何表述，是值得再仔细斟酌和认真推敲的。1986年12月24日，胡乔木在全国地方志工作会议闭幕会上作了一次重要讲话，指出：“作为地方志编辑工作的同志，要力求在编辑工作中避免一种所谓‘政治化’的倾向，所谓‘政治化’，就是不适当地表现出一种政治色彩，这样就减弱了著作的严谨性、科学性，使地方志染上了一种宣传色彩。”党史大家胡绳指出：“编修地方志搜集资料应细致广泛，具体编写要有所选择，不宜作不需要的渲染”。第一任中国地方志指导小组组长曾三指出：“志书不是马克思主义教科书，也不是党的政策的宣传读物，不是把马克思主义理论和党的方针政策简单地搬到志书中就算完成任务”。中宣部原部长、中国地方志指导小组原副组长王忍之也指出：“志书是国情、地情的重要载体”，是“我们这个伟大变革时代的科学记录。”很显然，上述几位理论家所言，地方志不是马克思主义理论教科书，不是宣传读物，而是地情、国情的载体，科学的资料文献，没有必要，也完全不应该强化它的政治色彩。

2007 年笔者在《广西地方志》第 4 期上发表过一篇题为《编修地方志要讲政治，但不能“政治化”》的方志论文。笔者认为，地方志在我国有 2000 多年的编纂历史，形成了一系列优良传统，如记载的连续性、内容的广泛性、形式的多样性以及区域性、时代性等。所谓“时代性”就集中体现了方志的政治性。封建时代的地方志重政治轻经济、重农轻商、重人伦轻自然，反映封建的“三纲五常”伦理道德，宣扬封建迷信、蔑视劳动人民等，其修志的目的是为封建王朝统治服务，充分反映封建专制主义的思想和统治制度。

但也要看到，旧时的许多修志编史的专家虽然不像今天以什么主义、理论、思想为指导，但他们以深厚的国学功底和德、才、学、识修养，遵循我国历史学传统，在考据、义理、辞章三方面下功夫，了解和掌握史实，呕心沥血，编就出大量名志佳作。

新方志在继承旧志的基础上科学地创新，突出反映社会主义时代特征，也就是编修新方志要讲政治的具体体现。如坚持四项基本原则；人民当家作主成为国家和社会的主人；以法治国，建立社会主义制度；建立独立自主完整的国民经济体系，经济实力综合国力明显提高；发展社会主义文化，大力推进社会主义精神文明建设；

实行改革开放，开创和坚持具有中国特色的社会主义道路。编修社会主义新方志要讲政治，就是要在科学、准确、如实反映社会主义时代特征上下功夫，而不是空喊政治口号。

时代特征是时代精神的具体体现。封建专制主义是封建社会的时代精神，而马克思主义是社会主义社会的时代精神。编修社会主义新方志理所当然要以马克思主义为指导。第一轮和第二轮编修的相当多的志书在凡例中都载明：本志坚持以马列主义、毛泽东思想、邓小平理论、“三个代表”重要思想和科学发展观为指导，这都没有错，都是正确的。问题是编修作为资料文献的地方志如何坚持以这些主义、理论、思想、观点指导修志。在全国众多地方志刊物上所发表的多篇论述指导思想的文章中，大多是论述马列主义、毛泽东思想、邓小平理论、“三个代表”重要思想自身发展过程及其理论意义，很少有文论及如何以这些主义、理论、思想指导修志。笔者认为，马列主义、毛泽东思想、邓小平理论、“三个代表”重要思想以及科学发展观，是随时代的发展而发展，它们各自的理论内涵和某些结论并不完全一致，后者对前者既有继承和发展，也有否定和扬弃。例如毛泽东继承了马列主义关于武装夺取政权的理论，而否定和扬弃了列宁关于以城市为中心实行武装暴动的理论，开辟了以农村包围城市夺取政权的井冈山道路。再如邓小平继承和坚持了马克思主义的唯物论，一切从实际出发，实事求是，否定和扬弃了毛泽东“以阶级斗争为纲”,“无产阶级专政下继续革命”的理论，提出要坚持有中国特色的社会主义道路，开创了我国改革开放新的历史发展时期。

邓小平还在多种场合多次强调，不能把马克思主义当作教条，“要用马克思主义的立场、观点、方法提出问题、分析问题、解决问题。按照不同的时间、地点、条件讲问题。”同样，我们今天也不能把邓小平理论当作条件，生搬硬套。例如，改革开放初期，强调以经济建设为中心，邓小平提出“发展是硬道理”。但在改革开放已经发展30多年的今天，正如原广东省委书记任仲夷所说，如果以牺牲环境为代价，不顾主客观条件“硬发展就没有道理”。

笔者认为，编修地方志不是套用马列主义、毛泽东思想、邓小平理论、“三个代表”重要思想以及科学发展观的个别词句和结论，而是以马克思主义辩证唯物主义和历史唯物主义的立场、观点和方法指导修志，也就是要认真地贯彻和执行邓小平理论的精髓——一切从实际出发，解放思想，实事求是的思想路线。说白了，就是要以辩证的、历史的、全面的观点，真实地记录某一地域或某一专业和行业的历史和现状。所谓“辩证的、历史的、全面记述”，是指不溢美、不讳过，既要记成绩、成功和经验，也要记问题、失误和教训。对于政治问题的表述，既要秉笔直书，实事求是，客观、公正、公允，也要顾及时代的发展变化和政治环境的制约，要体现作者的立场、观点和政治倾向，不能一味地强调纯客观。如1958年的“大跃进”，从总体上看，是由于急于求成、夸大主观意志和主观能动作用“左”的错误所造成的。但上海在三年“大跃进”中，由于中央的决策，全国和各地的支援，加上上海工人阶级的奋斗，建设了一大批新兴的骨干工业企业，奠定了上海高新技术工业基础。再如，“文化大革命”总体上要彻底否定，但具体到上海的某些部门和行业，如金山石化、南京梅山工程、上海的航天事业等，是经过毛泽东、周恩来亲自决策，落实上海兴建的，“四人帮”虽有干扰，但建设和生产仍然是发展的，对此决不能抹煞和否定。

还有因受“左”的错误思想的影响，记述社会负面的内容，心有余悸，如对三年困难时期某些地区出现人口非正常死亡（即饿死人）状况志书很少涉及。因受欧风西雨影响，出现新的“烟、赌、娼”，志书也不敢反映。还有对历史上某些政治运动，如反胡风，反右斗争，总路线、大跃进、人民公社化运动，五九年反右倾，“文化大革命”等多采取略记、粗记的办法，使人不知所以然。这些运动有的过去60多年，最近的“文革”结束也已30多年。随着历史的沉淀，是非曲直已经明晰，有的错误结论已经改正。故在第二轮修志中应采取拾遗补记的办法，把某些历史旧案记述清楚。志书有这个义务和功能，不可不记。还有改革开放以来因决策上的失误，人民群众最不满意的房改、教改、医改（俗称“三座大山”），以及新出现的干部腐败也应如实记述，对那些典型的贪官污吏还应立传录入地方志。综上所述，编修地方志要坚持马克思主义唯物论，实事求是地记述历史和现状，科学、准确、真实地反映历史的各种问题。毋庸置疑，坚持正确的指导思想，是引导地方志工作者发挥主观能动性的动力，而不是成为禁锢志者，随风跟雨，畏首畏尾，不敢求真务实的精神枷锁。

地方志是传承中华文明的载体之一，国有史（二十四史）、地方有志、家（族）有谱，三者记录着中华民族五千年的文明。地方志不是理论著作，不是历史专著，不是文学作品，更不是政治、时论、新闻、网络。地方志具有久远的存史价值，越是年代久远越能显现它的存史价值。要保持志书的客观稳定性，没有必要去强化它的政治色彩。

志书的凡例是志书的体例说明，它和法规条例有近似之处，都要保持长期稳定，都要经受历史实践的检验。就多部志书在凡例中载明的指导思想表述而言，马列主义、毛泽东思想、邓小平理论、“三个代表”重要思想、科学发展观，除马列主义之外，毛泽东思想、邓小平理论、“三个代表”重要思想、科学发展观，其核心内容都是由马克思主义的唯物史观亦即辩证唯物主义和历史唯物主义与中国革命和建设以及改革开放的实践相结合的产物。邓小平深刻地指出：“马克思、恩格斯创立了辩证唯物主义和历史唯物主义的思想路线，毛泽东同志用中国语言概括为‘实事求是’四个大字。实事求是，一切从实际出发，坚持实践是检验真理的标准，这就是我们党的思想路线。”我们党从武装夺取政权，进行新民主主义革命，建立新中国，到进行社会主义革命和建设，再到实行改革开放，我们党和国家的各项事业生生不息、发展不止，靠的就是这条马克思主义的思想路线。长江后浪推前浪，作为党和国家的最高领导人，也会新老交替，代代相传。不管谁在党和国家最高领导岗位上，都会提出和制定治党兴国的大政方略，这些大政方略不管冠名为何种主义、理论、思想和观点，其思想的本源都是植根于马克思主义的辩证唯物主义和历史唯物主义。作为科学资料文献的地方志，如果要在凡例中载明指导思想，笔者认为如此表述更为科学、准确、稳妥，即：本志以马克思主义辩证唯物主义和历史唯物主义为指导，实事求是地记述某地域或某行业、专业的历史和现状。要知道，地方志既然是国情、地情的载体，除了要客观真实地记述自然环境情况之外，还要记述当政者施政的具体实践结果、真实的史实，而不是记述那些抽象的方针、政策、规划、口号。笔者参与指导和参加编纂的《上海通志》凡例第一条记述指导思想是这样表述的："本志遵循辩证唯物主义和历史唯物主义的原则，实事求是地记述上海市自然、社会各方面的历史和现状。"笔者参加多部志书志稿评议、审定、验收，或应聘某些志书当顾问，也一直坚持这一表述。

当前，在哲学社会科学学术领域存在浮躁、趋时两大弊端的情况下，要坚守上述观点和做法还有某些阻力。为了推动地方志事业科学和健康地发展，确保地方志书的质量，笔者从多年参加地方志编纂工作的实践中，深深体会到，作为方志工作者不仅要有"板凳一坐十年冷，文章不写一句空"的艰苦务实精神，还应该树立三气：求真务实追求真理的志气；不媚俗、不趋时、不降志的骨气；不唯书、不唯上敢讲真话的勇气。

（作者单位系上海市地方志办公室，原文载《上海地方志》2014 年第 1 期）

上海第二轮地方志书编纂理论与实践的思考

何惠明

从80年代初以来，笔者参加了第一轮修志中的《上海通志》、《松江县志》等编纂工作。近十年来又有幸参加第二轮修志中的《松江县续志》和其他一些区县志、专业志的编纂与评审工作。作为两轮修志的亲历者，在修志实践中碰到和看到的一些问题，不时会产生一些想法。现在方志队伍中有些同志对方志理论研究不多，对修志实践参与较少，而对方志一些基本理论却怀疑较多，对修志的一些基本方法否定不少。对此笔者则认为，地方志所以成为中华民族优秀文化传统，首先还是依靠着方志基本传统理论和修志基本方法的支撑。今天我们要使具有优良民族传统的地方志进一步发扬广大，要使第二轮修志进一步提高质量，首在还是要坚持传统的方志基本理论，坚持传承修志的基本方法。对地方志理论与编纂中存在的一些问题要辩证地看待，要清楚地认识对方志编纂思路与工作方法上的适度调整、在传承的基础上有所创新，这些都是很有必要的，但对地方志传承了近千年的一些优良传统不能盲目地予以否定。据此，笔者结合修志实践对有关问题谈一下自己的看法。

一、坚持"横排竖写"与适度调整问题

有人认为：二轮修志为断代体，修志的传统的基本体例"横排竖写"已不再适用。对此首先我们要认识到，所谓的"横排竖写"并不是门类众多才能横排，历史很长才能纵述。通俗地讲"横排竖写"犹如横竖交叉的一张网，地方史料犹如水中的鱼。横排竖写的运用

与否这与修通史志、断代志没有根本的关联性。有人认为关于“横分门类”问题，由于过分强调横分门类，导致不少志书或者一部志书中某些部类横分过细，基本单元被限制在狭小的范围内，一项工作或一个事物被分离肢解，使内容琐碎、单薄、交叉重复，缺乏整体性和深度。其实对这些问题我们在一轮修志早已有所察觉，并作过一些分析，如何解决横排分类过细，所谓一分到底，分到不能细分为止。对这种横排门类过头的问题，有待修志实践中不断予以解决。关于怎样横排才有度和纵横才相宜，这是修志界一直在考虑的问题。但不能否认“横排”这一修志中至关重要的法则。从科学的角度讲，横排也应从实际出发，也有一个度的问题。比如第二轮修志中较多见的“续志”编纂中，所记的有些事物历史不是很长，不很复杂，不一定需要横分得过细，有的节以下即可以纵写，有的目以下即可以纵写。对这一问题早在民国时著名学者黄炎培先生在编纂《川沙县志》时就已经提出，他说“地方志偏于横剖，缺乏纵观。”但有一点必须明确，修志中出现的横排过分，这不是理论上的错误，而是操作上的过失，横排要适度只是个局部调整问题。首先要注意横排时逻辑上要顺理，层次上要平等，内容上要平衡，结构上要严密。归纳起来，笔者认为：

1. 横排门类是个原则，是志书的尺度；

2. 横排门类要适度，到适宜纵述时即纵述；

3. 运用横排门类不厌死板，要从实际出发；

4. 对于有些按历史顺序发生的事物，可以纵排，但要尽量采用隐时显事的手法。

还有一个在横排门类上出现的一些“问题子目”是值得注意的。笔者在评稿中看到一些志稿章下的节、目、子目等，分类不一致、格局不一（有的按事物性质分，有的按工作条线分，有的按层次分，有的按时间分，有的按一次一次会议分），体例上问题较突出，不少节、目是资料堆砌，未能分清主次轻重，未作大力精选、未能分门别类地进行概括；同时有些章节资料发掘工作不够，缺漏问题严重，出现议论加注释的空泛的叙述。现在志稿中篇目上还有一个较突出的问题，就是有些子目分设过细，明显感到不顺、较散、过分。对待这些“问题子目”要作认真梳理一下，很多情况下很多事物不必分得过细，合起要写成一个自然段则显得顺一些。

二、方志基本理论坚持与否与当前修志中一些问题的关联性

现在我们看到的较多志稿存在问题较多。志书的整体结构与篇、章、节、目的安排上显得比较乱，前后不顺、逻辑上不严密；在各章、节、目的标题设置上，有的文字太冗长的，有议论性的，有总结式的，有编年体的；在内容记述上存在重要基本内容不全、必备要素缺漏、特色内容不突出等问题；资料的选择不科学、编排不顺畅、归类不合理、概括不到位、详略不明显等问题。还有存在的结构松散、记述零乱、缺漏严重；体例不规范、内容不简洁、叙述上不流畅；还有交叉重复、资料堆砌等诸多问题。有些志书成为肤浅的资料罗列、松散的资料堆砌。上述这些问题的出现原因是多方面的。有主观原因，也有客观因素。有队伍问题、人员素质问题。但其中一个较为关键问题还是对方志一些理论认识不够坚持不够，在对地方志基本体例的把握上存在问题。比如结构、篇目中的问题主要还是横排竖写未掌握好。比如概述问题、议论问题、标题问题主要还是“述而不作”的原则未掌握好。比如交叉重复、资料堆砌等问题主要是详今略古、详特色略一般等要求未掌握好。还有一种观点否定“生不列传”问题。称活人不能立传是作茧自缚？实际上问题在修志第一线的编纂者，对活人立传是很别扭的，我们现在提倡对省市以上劳动模范活着的人物写个人物简介等，编者还是感到较难把握，其中有些活着的人还在发生一些变化（犯错误之类）。所以说古人修志传统确定的“生不立传”原则还是很科学的。总之笔

者相信，只要我们坚持历史传承的“志属信史”、“据事直书”、“述而不作”、横排竖写等方志基本理论与方法，很多修志中的现实问题便会迎刃而解。

三、章学诚立“三书”与加强志书资料性问题

方志经过历代变迁，至宋代趋于定型，出现了一批以地方资料文献为基本格局的比较清新简洁的志书。明代以后在编志上出现了一些不同的观点：一种认为全书皆“纂集旧文，不自著一字”，以求绝对的征信。另一种认为修志是“著述”大业，以著述为主。其实两者都过予偏激。正是在这些争论不休的情况下，清乾嘉时期的章学诚提出了立“三书”：“仿纪传正史之体而作志，仿律令典例之体而作掌故，仿《文选》、《文苑》之体而作文征。三书相辅而行，阙一不可；合二为一，尤不可也。”我们仔细分析章学诚的“三书”，可以解读如下：“一书”实际是以史笔写综述；“二书”可以指为以志体写地方百科之事，“三书”应该是文征，可以附录等形式搜罗一些重要的史料文献。如果我们真正做到这样的“三书”，志书就能真正达到史料翔实的境界。实际上有些人说一轮修志片面追求志体而扬弃史法，还有一种观点认为首轮修志中，由于过分追求志体的纯洁性，强调史志的区别，结果导致一些适应于志书的史体方法被排斥在志门之外。实际情况未非如此，在第一轮修志中述、志、录三种体裁已在修志中较多运用。第一轮修志中卷首有史味较浓的综述或概述，卷后有以史法所记的专记、特记。第二轮修志中我们在这方面可在继承传统方志理论的基础上，进一步完善，也可有所创新。一方面可以在志书的总概述中以史法把改革开放以来三十多年的历史勾勒记述清楚。这是二轮修志必须认真研究、实践予以不断探索，从而切实提高志书质量的重要问题。另一方面可以在篇目上设一些专题，以专纪、述略的史法较详地载录改革开放三十多年

来的重要历史。三是可以用“文征”方法以一定量的篇幅在各篇、章中，或在全志后面收录各种有重要意义的调查报告、典型资料。也可以作一些专记、特记等。上述几点如果处理得好，就可以大幅度地提高志书的资料价值，从而可以较好地开拓上海市志的内容深度和思想深度。

四、深入研究地情、反复揣摩思路与提高志书质量问题

现在我们经常看到一些志稿，发现内容太细、门类不清、层次较乱、主次不明等问题。关键是修志前两项功课做得不够，一是对方志的区域地情、专业志的单位情况等分析研究不够，二是对篇目结构与编纂思路研究不够。比如编纂《上海世博会志》，首先要对编纂这本志书要有一个清晰的总体思路，要设计一个完善的总体结构。先要对地情和修志单位情况要作深入调查研究。比如编纂上海世博会志一要写好申博、办博、建博、管博及后博的全过程要了解，对发展的全貌要掌握情楚，对准备写什么？怎么写？重点写什么？思路要理清楚。要真正清楚地了解上海世博会基本情况、盛大规模、主要特色；上海世博会的“成功、精彩、难忘”到底体现在哪几大方面。

另外写好历史先要深入研究历史，才能准确记述历史问题。对历史上发生的事物不能主观臆想，比如我们不能用今天的观点简单化地想当然地认为，上海世博会决策是如何深思熟虑，如何全面正确，如何系统稠密。其实对我国举办世博会，从申办、筹办、举办等开始的想法有些并不是成熟和完善的，而是有一个逐步成熟，逐步系统化的过程。因此我们首先要深入了解当时实际清楚，然后予以准确地反映。编者不必主观地去寻求什么是顶层设计，什么是宏观领导，不能总觉得这个思路未写清，那个脉络不清晰。对此须深入调查，真正掌握实际情况，要清楚地认识到，对举办上海世博会

的决策、最终目标、有一个逐步清晰、逐步完善的过程。关于上海世博会的宏观规划设计到底是怎么一回事，有的说开始并不清晰，是摸着石头过河那样走过来的。我想综合归纳中央和上海市高层会议、讲话的精髓，可以梳理出一些高层对举办上海世博会的战略思想和总体思路。由此真正反映出中央和上海高层的对举办上海世博会的顶层设计、宏观指导、全国协调的重要作用。从地方志的属性来讲，地方志是“记录反映地情的资料文献”。地方志编纂之所以成为中华民族的优良传统，主要是因为它客观真实地以系统的资料反映了地方历史。要真实载录历史，首先要深入研究了解掌握历史。据此，我们修志工作者首先要对地情有一个深入的了解，要分析透彻。其次对志书的编纂思路梳理清楚，对志书的编章结构要考虑周全。

五、关于编写志书概述篇及无题小概述问题

从笔者接触到的一些志稿情况来看，篇章下的概述大多写得不符合要求。一是结构上五花八门，有的按时间顺序写，有的按工作门类写，有的按事物性质写；二是内容上未能很好地概述篇章中的主要内容，必须交待的要素性的内容却未写出来，空洞无物，议论性的语句多；三是方法上有总结式、有新闻报道式、有论文式、有教科书式。总体上概述未能把篇章的内容提纲挈领地反映出来。不少概述中将具体细部的内容记述较多，总体性的情况和数据记述少；分散情况记得多，集中情况记得少。比如《上海世博会志》（初稿）一些篇章下的概述，前面一大段文字往往写整个世博会大背景的有关情况，或者是对世博会及有关问题的解释性的内容。不是开门见山概述本篇章具体的情况。如组织领导篇的无题概述未能对篇中几大块内容概括地反映出来。首先是上层组织领导架构、上层的宏观领导、上层的工作机制等反映不清晰。三是主次不分明、条理不清

晰，四是叙述太具体太细化与下面内容重复，五是记述简单化（罗列篇章中的条目标题或寥寥数语），六是在概述中写入了不该写的有关“凡例”的内容。要写好篇章下的概述：一是概述要概（是一种概括的记述,也可以说是较宏观的资料性记述。原则上不要议论）。二是概述要简（这是作为全篇或全章的提要勾玄,是总体的鸟瞰图,篇的概述字数掌握在千字左右。文字可控制在500字左右）。三是概述要变（不能是下面正文中原文不动地照搬过来用，尽可能从概括上、角度上、叙述上有些变化）。关于概述的写作要求上可以更简明一些，提示性地反映章下的内容，篇幅宜小，要言不烦，切忌罗列章下的几个标题，或标题式地说一下内容。现在一些志稿中比较多的是章下无题小概述罗列一下几个节的标题，这样的小概述毫无意义。节和目原则上不必导语式地概述几句，直接分门别类记述即可。篇、章的无题概述要鸟瞰式的概括记篇章中涉及到的主要内容。还是要坚持我们常说得“三概”：概历史、概轨迹、概特点。

六、关于志书内容记述上“八多八少”问题

从二轮修志中区县志、专业志及《上海世博会志》等初稿评议中，在内容记述上看，存在着不少共性的问题，笔者归纳出以下八多八少。

八多：

一是章、节、目等标题问题上，议论性、总结性、理论性、过渡性词语多；

二是资料运用上，罗列式、堆砌式、流水账、描述性多；

三是反映历史情况时，记“计划”、“规划”、“方案”“前期准备”等内容偏多；

四是记述会议多，特别是领导开会、出场偏多（有的一小段文字内记几位领导先后召开七八次会议，逐次会议详细地记述，在记

述方法上不能如此死板，尽可能改变方式，有些可以集中综合地写，有些就写某一阶段会议作出了哪些决策，有些会议情况可列张表）；

五是交叉重复多（有些内容，很多篇章中有记，必须记的有所侧重不够，有些内容在有的篇章中必须作为主体内容记的，有些内容在有些篇章中只是起铺垫式衬托作用的，要简记或提一下即可，总之内容分配上要有所分工、有所侧重）；

六是组织机构、领导任职多（多层次的组织机构，各层次的领导人名录）；

七是引用的领导、名人讲话多（有些领导讲话在各篇中多次出现，有些节目中全部以领导原话为记述主体明显不妥，有些地方记述不必采用领导原话，由编者客观地记述即可）；

八是记述中根据什么中央和市里的文件、会议精神等内容多。

八少：

一是有特色的、精彩的内容，“升格”详写的篇章少；

二是篇章下概述中概括性的提纲挈领的实质性内容少；

三是在记述中以事系人的内容较少；

四是志稿中运用口碑（口述）、调查的资料少；

五是在经济建设中、在文化社会活动中，反映人民群众的作用少形象展示更少；

六是一些重要事件的记事本末性材料、一些典型现象的调查报告等较少；

七是只注意记述某事物的背景与结果，对该事物发展过程性的情况记得少；

八是在记述社会风貌中，对社会新风尚、城市新风貌和广大人民文明素养的提升等情况反映少。

（作者单位系上海市松江区地方志办公室，原文为上海市地方史志学会 2014 年学术年会入选论文）

提高县（市）志记述乡镇、集镇的质量

姚金祥

综观已经编纂出版的县（市）志书，普遍比较重视对建制乡镇的记述而忽视对集镇的记述，记述中也有不少问题需要探讨，为了进一步提高对乡镇、集镇的记述质量，特撰此文，求教于同行。

一

建置(制)区划意义上的乡镇,古已有之。比如清康熙《嘉定县志》记载，嘉定县在宋嘉定十年建县时，有春申乡（康熙时名守信乡）、安亭乡（康熙时名服礼乡）、临江乡（康熙时名依仁乡）、平乐乡（康熙时名循义乡）和醋塘乡（康熙时名乐智乡）5个乡。但清康熙《嘉定县志》中对这5个乡并没有一一作介绍。清光绪《重修奉贤县志》将建置区划乡保区图置于卷一《疆域志》中，主要介绍了乡保区图的名称,对白沙乡、云间乡及其4个保的具体情况也未记载。民国《川沙县志》正文中记载，民国之初川沙县有1市5乡，即川沙市、长人乡、高昌乡、八团乡、九团乡和横沙乡。其“赘录”中记载，后来这些市、乡统一改为区的建制。民国《川沙县志》对这些市、乡的记载，除卷首有分乡地图之外，只列了一张行政区划表，简单介绍了名称、辖保甲、领图和界尽。可见，旧志书中尽管都有关于乡镇的记述，但都局限于行政区划的范围之内，有关这些乡镇的其他各个方面的资料，是没有的。这就是说，旧志书记乡镇，是把它们作行政区划来记的，而不是作为一个个乡镇实体来介绍的。

首轮新方志编修之时，由于中国地方史志协会（后改名中国地方志协会)《关于新县志编修方案的建议》所附《基本篇目》中列有《县城乡镇》卷，故县（市）志对县下属之乡镇都有记载，位置大多列在建置卷（篇）之中。除介绍县的建置沿革和行政区划之外，都单设有《乡镇》专章，详细记述了县下属的各个乡镇政治、经济、文化、风俗等各方面的情况。上述嘉定、奉贤和川沙三县的三部首轮新县志,均如是处理。如 1992 年版《嘉定县志》在卷一《建置区划》中，所设《建置沿革》、《行政区划》专章之外，又设有《县属镇概况》、《行政乡概况》两章，概要记述了县属之镇和各个乡的地情。

不仅上海市新编的志书这样处理，江苏、浙江等兄弟省市的首轮新志书也都这样处理。如 1988 年 5 月由江苏古籍出版社出版的江苏《高淳县志》的第一篇《建置区划》,其第三章为《县城乡场》,以表格形式记载了 18 个乡和 4 个茶林场的情况。要素包括乡场名、机关驻地、距离县城里程、面积、耕地、户数、人口数、村民委员会工区（直属队)、自然村、特点。大多数志书则采用文字记述乡镇概况。

新志书与旧志书的不同之处：除《行政区划》中从区划意义上记乡镇之外，都在《乡镇》专章、专节之中把乡、镇作为一个个实体，从各个方面概括完整地予以记载。新县（市）志的优点是使一个行政建制的乡和镇，不仅有其名，而且有其实，留下了宝贵的资料。由此可以看出，首轮新志书在此问题的处理上，比旧志书大大前进了一步。

第二轮编纂出版或即将出版的新县（市）志书，对建制乡镇的记载一般都有所增量。以上海市郊区的县(区)志而言,有两种做法。一种做法是《嘉定县续志》、《川沙县续志》等志的做法。它们仍像首轮所修新志书一样,把对建制乡镇的介绍归于《建置（制）区划》之中。如 1999 年 12 月由上海交通大学出版社出版的《嘉定县续志》,在第一章（该志不设“编”)《县域区划》中的第三节为《乡镇概况》,共 1.37 万文字,占全志总篇幅的 1.16%,每个乡、镇 700 字左右（包括照片）。

另一种做法则是《松江县续志》、《奉贤县续志》等志书的做法。《松江县续志》2007 年 5 月由方志出版社出版，对建制镇的记述有专卷，即卷四十三《镇》，此卷 8.89 万字，占全志总篇幅的 4.04%，平均每镇 4450 字。《奉贤县续志》2007 年 11 月由方志出版社出版，记载建制乡镇的内容设有专卷，即卷四十四《乡镇（场）》，分《乡镇》、《市属农场》两章，篇幅 5.12 万字，占全志总篇幅的 2.55%（集镇部分另有 4.8 万字，约占总篇幅的 2.4%，两卷合计为 4.95%），平均每个场镇 2000 余字。

这种情况，不仅上海所编志书如此，江苏、浙江等许多志书也是如此。比如近年出版的浙江《萧山市志》（试印本），其对镇乡也有专编记载，位次是第四十三编，14.36 万字的篇幅，占全志总篇幅（不包括第四本社会调查）3.24%，平均每个乡镇的篇幅为 4600 余字。方志出版社 2010 年 12 月出版的江苏《高淳县志（1986 ~ 2005）》也设第三十四篇专篇记述镇街概况，8.47 万字，每镇一章，约 9500 字，此篇占总篇幅的 2%。2011 年 10 月由方志出版社出版的江苏《武进志》，也有专编（第三十九编）记述乡镇街道，16.4 万字，每镇 1.03 万字，占总篇幅（不计索引）的 6.24%。

上述情况，大致可以得出这样的结论：其一，首轮和二轮初期所编纂的县（市）志，对建制乡镇的记载没有专卷（编），都归于卷首建置区划部分；二轮中期（如 2007 年）开始所出版的县（市）志对建制乡镇的记载已有专卷（编），可谓别开生面。其二，设置位置已经从卷首移至卷尾。其三，记述量有明显增加，其在全志的份额，已经由原来的 1.8% 左右增加到 3.8% 左右，有的一个乡镇已经超过 1 万字的篇幅。

二轮新志书对建制乡镇记述的这样处理，笔者认为比首轮新志书更加得体，是志书质量提高的表现。理由有五点：第一，首轮修新志时将其归于建置区划部分，因记述量不大，马马虎虎也都这样做了，其实是不太顺当的，因为按照地方志书“事以类聚”原则，归于建置区划部分，就意味着只能记乡镇区划的变化。第二，乡镇概况其实是对乡镇的完整介绍，不仅涉及区划变迁，而且涉及政治、经济、文化、社会等各个方面地情。把乡镇概况归属于此，名实不符。第三，改革开放以来，乡镇的发展令人瞠目，只有给其适当的地位和篇幅才能适应，独立成卷正当其然。第四，如果仍将如此份量的乡镇概况前置在卷首记述（笔者见到有一部志书虽没有将乡镇放入“建制区划”记述，是单立一卷记述，但仍放在卷首板块），结果就会出现“子大于父”的情况，即县（市）层面的地情尚未展开记述，却去非常详细地一个个介绍乡镇的情况，有“本末倒置”的感觉。而如今许多志书将其从卷首移至卷尾，也就避开了这种尴尬。第五，目前普遍编纂的综合年鉴，也都有辖属单位的概况介绍，读者觉得顺理成章，地方志书中对建制乡镇记述的移位，也可以说是取长补短。

但建制乡镇入志到底该如何记？各家做法并不相同。第一种做法是不再分目，用文章式把一个个乡镇的地理位置、经济数据、文化设施和主要地方特色提要勾玄式写出来，并配上一二张照片。这种写法，文字一般都不太多，几百字至1000多字。《松江县续志》等即取此法。第二种做法是各个乡镇内容分几个相同的方面。如江苏《武进志》就分《区域概况》、《经济建设》、《社会事业》、《人民生活》四节，节下再分目，如《社会事业》大目又分成教育、文化体育、医疗卫生等目。第三种做法也分设几个目，但只有一个或几个目是必须要写的“规定项目”，其他目则根据各自的实际拟定，属于“自选项目”。如《高淳县志（1986 ~ 2005）》对建制镇的记述，必须写的有《区划环境》、《工农业生产》、《文教卫生》三节，第四节《特色选介》则完全按各自情况设置目。如淳溪镇设有“机油泵制造业”、“渔网编织业”等目，砖墙镇设有“特色产业——建筑业简介”、“特色村——三和村简介”等目。《萧山市志》、《宝山区志》

和《崇明县志》稿的写法与《高淳县志（1986 ~ 2005）》有所不同，即只有“概貌”是各镇都相同的，其余的目都是不相同的。这三种写法，第一种、第二种基本都是概况，即使有特色也隐在其中，并不夺人眼球，而第三种不仅有基本情况，而且有醒目的特色介绍，各镇之间不是一个“面孔”。因此，笔者是力主采用“概况 + 特色”写法的。记述“乡镇概况”的再一个问题是篇幅，简洁些好，还是翔实些好？目前少的一个镇只记几百字，多的一二万字。笔者意见是不宜太简，也不宜太详。太简，没有多少存史内容，太详等于把镇志应该记的内容大量搬到县（市）志之中，从而带来记事层次较低、事情比较琐碎等弊端。共性内容可设一节（或一个大目），特色事物再设二三个节（或称大目），文字（包括图照）每镇四五千字就可以了。

二

本文行文至此，需要探讨一个十分重要的问题：志书对集镇的记述。

集镇是行政区划意义乡镇的一部分，也是古已有之。旧志书是如何记集镇的？仍以上文三本旧志为例。清康熙《嘉定县志》卷之一的《疆域》部分，与《里至》、《乡都》等并列，设有《市镇》分目，记载了练祁市、钱门塘市等 32 个镇市。清光绪《重修奉贤县志》卷一《疆域志》中，与《区图》（可理解为是“行政区划”）平列，设有《市镇》分目，按“保”的次序，一一记载了阮巷、曹家市等 58 个大小市镇。民国《川沙县志》卷二《舆地志》中有《市镇》分目，列有《各乡区镇集表》，载录 28 个镇集（集镇）的镇名、所在乡名、坐落和备注等内容。从中可以看出，旧志书对行政区划的乡镇实体不予详述，但对集镇是比较重视的，都设有与《建置区划》相并列的《市镇》或《集镇》分目，可见旧志书记市镇，并没有把它们纳入于区划意义上的乡镇之中。

首轮新志书记述集镇时，却没有将它们放在与建置区划同等重要的地位，只是将集镇放在各个建制乡镇中稍带作些记述而已。就是已经出版的有些第二轮新志书，也仍如此。

在上文提及的二轮新县（市）志书中，在记述建制乡镇时，专门对集镇设节分目予以记载的，很少。只有个别志书在记述乡镇时偶尔涉及集镇内容，主要是介绍镇名来历或商家店铺之时。唯奉贤两轮所编两部县志是个例外，1987 年版的《奉贤县志》卷三为《集镇志》，2007 年版的《奉贤县续志》卷四十五为《集镇》，前后二志对集镇都设有专卷记述。1987 年版《奉贤县志》中的《集镇志》设有《县城》、《乡政府所在地集镇》、《农场场部所在地集镇》和《农村集市》4 章，2007 年版《奉贤县续志》中的《集镇》卷，则设有《县城 中心镇》、《镇政府所在地集镇》、《其他小集镇（市）》和《市属农场场部所在地集镇》4 章，共 4.8 万文字。即将出版的上海《崇明县志（1986 ~ 2005）》稿也设立了集镇专卷。下分《乡镇政府所在地集镇》、《原乡镇政府所在地集镇》、《农场场部所在地集镇》、《其他小集镇》和《湮没的集镇》等 5 章 44 节。

新编志书记乡镇，是个进步，可以把各个历史时段的区划实体较完整地保存下史料，应予肯定和保持这一新做法。但新编志书在重视乡镇的同时却不太重视记述自然地、历史地形成的集镇，不能不说是个遗憾。我们感谢旧志书有专门类目或分目记述市镇、集镇，它们尽管记得还太简单，但得以使今人对古代的集镇情况有所了解。新县（市）志在这个方面却有点退步，有的干脆不记集镇，有的就是记也往往从属于乡镇，三言两语带过。与记乡镇的周到、翔实相比，对集镇的记述实在过于马虎了事，形成了很大的反差。

何为“集镇”？《现代汉语词典》给我们的答案是“以非农业人口为主的比城市小的居住区”。乡镇与集镇之间，虽然有关联，有些事情记载时甚至会有交叉、重复，有的不带农村的建制镇（如县城城厢镇）实际上也就是集镇，但就整体来说，它们是不相同的。建制乡镇，它是一级行政区划，乡镇中有集镇，有的乡镇中有好几个集镇，特别是近年间乡镇合并之后，乡镇中的集镇（有的地方称为“社区”）更加多了起来。但乡镇除了区域内的集镇，还包括广大的乡村；集镇则不包括农村，它是居民集聚区，是乡镇的核心区域，已经实现城镇化的区域。区划含义上的乡镇，是个极不固定的区域范围，经常要变。乡镇的不稳定性，决定了地方志书对其所作的记载只能是短暂的、历史的，只要建制一变，有许多事情、许多数据今后是很难进行前后对比的。而集镇则不同，它们比较稳定，如果不出现战争等特殊原因，集镇的扩大和缩小是可以进行对比的，坐落也不会突变，所以多记述下关于集镇的各种资料，对于资政、教化、存史来说，都是永久性的。这些历史上一直不断记载的东西，对于一个集镇来说，是极其宝贵的历史积淀，人们往往特别珍惜。以上海市奉贤区（原为县）为例，因为明朝时有个叫钟薇的人写下了一篇《陶溪旧址纪略》，所以今日的人们尚知道历史上曾经有一个陶宅（溪）古镇，相当繁华，只因明王朝军队在此与倭寇激战后遭到毁损的缘故便渐渐败落。假如没有这一记载，这个古代集镇也许就啥情况都没有留下。反之，清代有人曾对奉贤的重镇南桥（后为县城）编过一本《南桥里志》，但此志早已不见，清代及其以前的许多有关南桥的史料，后人从此再也不可能知道。因此，记载集镇，不是可记可不记的问题，而是一部高质量的县（市）志必须记载的，特别是今日之中国，随着改革开放的深入发展，农村城镇化已是不可抗拒的历史潮流，有许许多多的昔日小集镇，不经意间已经灰飞烟灭，代之以起的是高楼、是厂房，也有的复归于充满自然情趣的园林。有多少曾经的江南古镇，如今只能在老辈人的梦中寻游。所以，对集镇的记载，不是什么需要不需要记，而是已经到了刻不容缓的时候。笔者认为，新的县（市）志书对集镇记载的缺失，映衬出的是方志界对此问题重视的不够、研究的不够。加强并提高对集镇记述的份量和质量，应该引起县（市）志编纂和研究人员的足够重视。如果我们所编的一轮的新志书都不认真记载集镇的情况，那我们的子孙后代怎么能够知道今日城镇化建设所带来的沧桑巨变呢?

三

说了上述两个问题之后，接着应该回答《乡镇》、《集镇》内容应该置于何处？放在建置、区划部分不妥，到底放何处为妥呢？先看一个小调查：笔者手头有9部二轮新县（市）志书，《乡镇》编（有的志还有《集镇》编）排序在《人物》编之前的，有3部，排序在《人物》编之后的有6部。可见，《乡镇》编排在《人物》之后的占有多数。笔者也是赞成并力倡把《乡镇》编排于全志最后而自成一个独立板块的。也就是说，《乡镇》、《集镇》板块，它不是某个板块的从属部分，而是与环境、政治、经济、文化、社会等部类（板块）平等的一个板块。笔者认为，这样布局是有新意的。其道理在于：

其一，较好地处理了新旧地方志书继承与创新的关系。对于旧地方志书的历史传统，在去其糟粕的同时，取其精华，予以恢复和保留，应予肯定。由于前文对此已作说明，这儿不再赘述。

其二，客观地反映了乡镇在县（市）中的重要地位。以奉贤为例，1985年，20个行政建制乡、镇，增加值（时称国民生产总值）为6.54亿元，占全县增加值8.20亿元的79.76%。2001年，22个建制镇增加值为62.61亿元，占全县增加值的64.68%。粗看，占的比重是下降了，原因是随着改革开放的深入，县属的工业园区和大集团公司等的增加值急速增加。但就绝对值来说，比重仍占全县的近三分之二，仍居举足轻重的地位。乡镇在现实经济社会中的作用既然如此重要，将它放在显著位置进行记述，自然也就顺理成章。

其三，符合农村城镇化的要求。当代中国社会发展转型的核心内容之一，就是城市化（城镇化）进程。城镇化是中国历史上的一次伟大的社会变革。城镇化是一个国家或地区经济社会发展程度的综合性标志。“城镇化水平的提高不仅推动了经济发展，优化了城乡结构，提高了农民收入，更意味着人们的生活方式、生产方式、职业结构、消费行为以及价值观念正在发生极其深刻的变化。”[1]城市化（城镇化）进程包括三个主要方面：一是社会人口由农村流向和迁往城市，农业人口变为非农人口，城市人口比率日益提高，其实质是农民市民化的过程。二是城市发展状况的变化，这既有城市规模的外延大幅扩张，更有城市发展质量的改进提升，实质是发展格局创新和资源重组的过程。三是城市发展规模在非农地区的普及、扩散，农村的农业生产和生活逐渐吸收和借鉴城市地区的模式。1998年，中共中央把小城镇问题作为一个大的发展战略问题提了出来，城镇化建设已经成为当前推动中国经济社会全面协调发展的一项重要内容。因为在一个发达的区域内，大城市、中等城市、小城市、集镇以至大的村宅，是一个互相依存的城市体系。没有小城镇的充分发展，也不会有区域的协调发展。城市化，在中国被称作“城镇化”，那是因为中国的城市化没有采取重点发展大城市的做法，中共中央和国务院所要求的，是走出一条大中小城市和小城镇相结合的协调发展的城镇化道路。像《奉贤县续志》那样,在设《乡镇》专卷的同时，再设《集镇》专卷，能够客观真实地反映出一地城镇化的发展水平。从《奉贤县续志》所记《集镇》卷与1987年版《奉贤县志》所记《集镇志》的比较中可以看到，1985年时奉贤县城南桥及各乡乡政府所在地集镇的总面积为9.89平方公里，占全县土地总面积的1.47%，人口83168人，占全县户籍总人口的16.21%；2001年，集镇的总面积已经扩至28.26平方公里，占全县总面积的4.13%，集镇户籍总人口182265人，占全县户籍人口的36.09%（这即是奉贤户籍人口城镇化率），另外还有外地户籍的常住人口5.36万人。由此可见，奉贤的城市（城镇）化水平，已经有了极大的提高。通过研究《集镇》卷所记，我们还可发现许多有价值的东西，比如县城南桥和交通便捷的城镇发展尤为迅速。以集镇的面积而论，全县增加1.86倍，奉新、柘林等镇增加三四倍，有的甚至5倍都不止。这是奉贤土地的城镇化水平。在同一时期，人的城镇化水平却只有1.19倍。这就是说，土地的城镇化远远超出人口的城镇化。有专家认为，这种情况明显地反映了我国地方政府对土地财政的高度依赖。有的专家甚至认为，这是城市化“大跃进”的典型特征。并不完全是健康的城镇化。[2]或者说仅是“半城镇化”。这样保存下来的资料，对于一地的主政领导来说，无疑是十分有价值的东西。中国城镇化积极稳妥健康发展，是一个世界奇迹。1949年10月时城镇化水平公为10.6%，1979年改革开放初也才19%，2002年则为39.1%。国家统计局2012年初公布，中国总人口为13.47亿人，其中居住在城镇的人口（统计意义的城镇化是在城镇居住6个月以上的人口）为6.908亿人，占51.27%，这就是我国的居住人口城镇化最新数据。但许多专家认为，中国实际城镇化率断定在37%～41%之间，[3]而中国在21世纪中叶人均GDP达到或超过中等发达国家水平，城市化水平估计将达到80%左右。这说明中国目前的城镇化尚处在“人口转移型”的初级城镇化过程中，离开“结构转换型”的高级城镇化还有很长很长的路要走，中国城镇化进程的加速才刚刚开始。

其四，志书体例的一种新探索。《乡镇》、《集镇》内容如果置于《人物》之前，这意味着它们是“社会”部类的一部分。但《乡镇》、《集镇》中所记内容，不仅“自然”（或为“环境”）中的《建置区划》无法涵盖，就是“社会”部类（板块）同样无法全部包容。而将它们置于一志《人物》之后，应该说比较合理。它是不依附于其他部类的一个独立板块，理应独自存在。同时也解决了《人物》的棘手问题。也就意味着《人物》有了归属，属于“社会”部类。《人物》属于“社会”，理论上说是合理的，因为人是社会的主体、主角，离开了“人”，也就无所谓“社会”了。

乡镇与集镇，有联系但也有区别，所以在具体记述中要注意科学和和谐。首先是要注意科学性，为历史留下必须记载的要素资料。一个乡镇，一般包括位置、四至、面积、人口、劳力、民族、辖属、经济（含农业、工业、商贸、交通等)、教育、卫生、文化、人民生活、特色等。一个集镇，一般可包括得名、位置、面积、镇区人口（含户籍人口、居住人口、流动人口等)、成镇简史、镇区工业、商贸、市政设施、房地产、绿化、集镇的特点特色等。还可根据城镇化发展的需要，搞一些小的调查或小的专记。比如进镇农民的收入和支出调查、外来农民工在集镇的情况调查、新集镇的形成和发展、集镇经济在建制镇中的地位和作用，集镇的特点、特色（如有的是交通枢纽型集镇，有的则是“田园牧歌”式的集镇)，城镇化的模式及其比较研究等。其次是相互间适当分工，不重复，不矛盾。有些事情，虽然两者都记，但由于内涵不同，相互可以相安无事。再次，写好这两个专卷的概述或无题小序。乡镇和集镇各自设专卷后，应该说是有东西可以概而述之的。比如乡镇、集镇在全县（市）的一些宏观数据和比重。特别是一个乡镇、一个县（市）真实的城镇化水平。

注释：

1 见 2012 年 9 月 5 日《光明日报》上冯蕾的文章《城镇化：中国经济重要引擎》。

2 见 2012 年 6 月 7 日《光明日报》上王逸吟的文章《城市化要重品质》和简新华的文章《如何实现健康的城市化》。

3 见 2012 年 7 月 2 日《解放日报》上的文章《谨防人口城镇化水平的“虚高”》。

（作者单位系上海市地方志办公室，原文载《中国地方志》2013 年第 8 期）

部分志书公文化倾向浅析

翟　辉

地方志为一方之全史，是全面反映一个地方自然、经济、政治、社会、文化诸方面情况的资料性文献。地方志是中华民族文化遗产的重要组成部分，其与国史、家谱共同构成传承中华文化的三大支柱。据20世纪80年代的初步统计，全国保存的各种方志有8500种左右，共11万多卷，占我国现存古代文献典籍的十分之一强。[1]历代皆重视地方志的编修，出现了许多名志佳志，新中国成立后，社会主义新方志的编修取了很大成果。当今在二轮修志的编纂过程中，由于多种原因，部分志书在体例、文风等方面逐渐与工作总结、工作方案等公文接近，渐有公文化的倾向。若不在其“起于青萍之末”之时，及时加以纠正，其将终成旋风，大大影响志书的质量。

当前，部分志书存在着一定程度的公文化倾向。具体而言，首先为虚话套话太多，志书真正需要的东西很少，这在很大程度上是受公文尤其是工作总结的影响。工作总结一般是概述工作过程，总结成绩缺点，指出经验教训，制定工作目标。因此其内容及语言有工作的全面过程性，有经验的理论性，有今后工作的前瞻性。而方志只是记载完成的实际工作做法与业绩，一般不涉足存在问题和今后工作意见。[2]志书在编纂中，如果完全照搬工作总结等公文，将其内容全部录入，必定会造成其内容虚话套话太多，而真正需要的内容偏少等弊端。如《上海世博会志》交通运行篇的资料稿中有“三是工团组织发挥凝聚优势，启动班组建设，借助安康杯竞赛等平台，开展迎世博岗位练兵和劳动竞赛。借世博会契机，组建‘玉兰’、‘侬好’、‘凤祥’班组争创青年文明号，开展了深圳—上海航班‘展世博风采、创玉兰品牌’机上活动和凤祥伴您游世博活动。”[3] 从工作总结角度来看，点面结合，经验总结性较强，但不太符合志书的要求，经多次流水修改，并补充核对资料后，改为“中国国际航空公司上海分公司在空中开展了上海世博会推介活动，5 月 1 日，在深圳—上海的航班上，客舱服务部‘玉兰’乘务组举办了‘展世博风采、创玉兰品牌’活动，乘务员们将准备好的世博宣传海报带到了客舱，征集旅客的签名以作留念。”

其次是未然状态多，已然状态少，“将”“需”“要”等表示将来时态的字多次出现，这多受工作计划、实施方案等原材料影响，故将来时态多。工作计划是对未来工作的规划，实施方案、预案等是对即将实施的活动的具体实施计划，二者均是对未来工作的规划，故为未然状态。而志书运用的是史笔，是要记载完成的实际工作做法与业绩[4]，因此记载的必然是已然状态。因此，若将这些公文照搬进志书，志书初稿必然是将来时态多。如《上海世博会志》交通运行篇的资料稿中主要采用了世博交通规划中制定的交通管控方案，如道路管控、车辆管控、施工管控等，把世博会期间未曾实施的尾号限行、全市错时上下班、园区周边小范围错时上下班、错休、公务车封存等备用管控措施亦做了详细介绍。该篇编纂人员多方面查找世博运行期间的资料，找相关当事人核实，并参阅了世博交通后评估等资料，确定了各项措施的实施情况后，修改为“世博会筹办和运行期间，上海市制定和执行了道路、车辆和施工管控等政策规定，确保了世博交通的有序运行。此外世博会期间还拟定了一些备用措施，包括尾号限行、全市错时上下班、园区周边小范围错时上下班、错休、公务车封存等，由于世博会期间交通组织较为有序，以上备用措施除公务车尾号限行（其余社会车辆不限行）外均未予实施，避免了对群众日常生活的影响，确保了城市的正常运行。”[5] 将未实施的措施，点到即可，不做长篇大论式的详细介绍。

再次是评论的话太多。志书强调用资料说话，通过资料的恰当排比来体现事物的兴衰起伏，寓观点于记述之中，绝对不能长篇累牍地发议论，在总述、概述中可适当的议和论。[6]志书的“志”体坚持“述而不论”，但在“述”体中可作评论。一些志书初稿在非“述”体中使用了一些评论性的语言，这是不符合志书体例的。如《上海世博会志》安全保卫篇的资料稿的“世博会期间，公安交通管理部门在基本未采取强制性交通限行措施的前提下，圆满完成了以世博交通安保任务为核心的各项公安交通管理工作，实现了‘基本满足184天日常交通正常出行，基本满足184天世博交通正常运行’的既定目标，为上海世博会创造了安全、有序、畅通、和谐的道路交通环境，得到了各级领导和人民群众的充分肯定。”稿件中有许多评论性的话语和带有感情色彩的词语，与志体不太符合。后来，该篇编纂人员进行了修改，使用了大量翔实的数据，寓观点于记述之中，并用“实现了‘基本满足184天日常交通正常出行，基本满足184天世博交通正常运行’的目标”[7]一句话概括了该段内容。

同时，还存在领导出现太多，典型人物较少反映等弊端。志书初稿中一般存在领导出现过多，而典型人物出现太少。针对这一问题，《上海世博会志》工程建设篇在篇下无题导言中特意写了“特别是来自全国各地的建筑农民工，为园区建设立下了汗马功劳”[8]等，以全面客观记述世博工程建设的全貌。

部分地方志书中的公文化倾向与现行志书的编纂机制、资料来源、编纂人员、教育培训等均有一定的关系。

在编纂机制方面，目前开展的二轮修志多为部门修志，大多为一个部门主持，多部门参与，参加编纂的单位非常多，涉及的范围非常广泛。如《北京奥运会志》编纂中，北京市地方志编纂委员会、北京奥组委、北京奥运城市发展促进会、北京市档案局（馆）、国家体育总局、青岛市地方志办公室等或参与其间或提供资料，北京市各相关部门亦提供了支持。[9]《青岛奥帆赛志》在编纂中涉及到奥帆委、青岛市档案局、青岛城投集团、青岛市政府办公厅、青岛日报报业集团、市文联、市政府新闻办、市公安局、市史志办公室等相关单位人员的参与。[10]在上海市第二轮新编地方志书编纂中的155部市志、65部市级专志等各有上海市相关部委办局、大型企事业单位等牵头组织编纂[11]。在多部门修志的编纂机制下，主要由政府各部门及大型企事业单位负责编纂，这些部门尤其是具体编纂人员和最后通篇审定的领导均不熟悉志书，不了解志书体例及行文规范，在编纂实践中大多会将许多公文照搬进志书，这就必然会使志书带有或多或少的公文化痕迹。

当前编纂志书的资料来源主要是文书档案资料，而文书档案必然以行政公文居多。由于地方志是官书，修志是官责，故地方志书应该大量使用文书档案，在做资料卡片和长编时应尽量收全、收齐相关的文书档案。但是，仅仅依靠文书档案资料是远远不够的，需要拓宽收集资料的视界，尽可能收集来源更广泛的资料。在市场经济条件下，社会是多元化的，仅仅靠政府机关的文书档案修志，显然不能完全覆盖行政区划范围内发生的事物，也很难反映事物发展的鲜活一面。同时，从资料长编到初稿，不是一个简单的拼凑、罗列的机械过程，而是要“熔铸”，要发生“化学变化”的[12]。若资料来源仅仅是文书档案，且仅仅简单地将长编罗列为初稿，那志书必然会与行政公文似曾相识。

具体编纂人员大多是已退休或即将退休的老同志或者刚进单位不久的大学生，其中参加过修志工作的人不多，对地方志书的体例也不熟悉。这些参与编纂的人员大多不是专职修志人员，而是各单位的“写手”，平时接触的以行政公文居多，行政公文的写作思路已潜移默化到其骨子里，其对行政公文的写作已炉火纯青，臻于化境。若突然兼职做地方志工作，其思路很难在短时间内转变过来，若不加以有效的引导，进行系统的培训和反复沟通，其编纂的志书必然会带有或多或少的公文痕迹。

地方志书初稿公文化的痕迹在很大程度上也与志书业务培训不

足相关。由于志书是“众手成志”，参与志书编纂的人很多是兼职，对志书的体例和行文规范基本都是一知半解，因此方志编纂业务培训就显得至为重要了。当前，许多地方的地方志编纂人员业务培训的力度还不够，一些编纂单位不重视，基本不参加相关业务培训；一些编纂人员在培训中浅尝辄止，培训中不认真听课；一些编纂人员参加过一次培训，就再也不参加培训了；在编纂实践中重视理论知识培训，手把手的培训有所欠缺。地方志书编纂人员业务培训的这些不足，造成志书质量的参差不齐，其稿件势必会带有公文化的倾向。

地方志书的公文化倾向在某些地区、某些部门一定程度上存在。在具体的编纂中，若不加以解决，必然会影响部分志书的质量，甚至会对以后修志工作产生长期的不利影响。在编纂实践中，需要加强业务培训，加强沟通指导，拓宽资料收集的广度，重视从资料长编到初稿这一“化学变化”，惟其如此，方可扭转志书公文化的倾向。

首先，需要加强业务培训的力度。既然参与地方志编纂的人员以兼职和非专职方志人员居多，那么方志业务培训便是解决部分志书公文化倾向的先导。方志业务培训需要引起编纂单位的足够重视，尤其是在专业志、行业志等的编纂中，尽可能组织编纂单位的相关负责人参与，使其了解志书的基本体例和编纂要求，由此方可保证其在志书启动、人员选择、资料收集、长编制作、初稿编纂等环节按照志书质量要求组织实施。提高参加培训人员的主动性，使其真正重视起来。重视对具体编纂人员的培训，由于各单位都有一些专职的人员，要对其进行系统化的深入培训，不仅要使其了解志书的体例、行文规范等基础知识，重点要在志书资料的收集、长编的制作、初稿的编纂等方面加强培训。而对其系统或单位内大批主要负责资料收集的参与人员来说，只要进行资料收集范围、卡片长编的制作方式等基本培训即可。在编纂的不同阶段可考虑选择不同的培训方式，在志书启动准备阶段可采用集中培训，重点介绍志书的基础知识；在启动后，重点进行资料收集、卡片长编制作的培训；进入初稿撰写阶段，重点是进行如何从资料长编到初稿、初稿的编纂方法等培训。同时，要重视培训后具体编纂实践中的跟踪指导和修改示范，以提高培训效果。

在志书编纂过程中，要加强沟通协调，在不同的阶段可采取相应的沟通方式。由于参与志书编纂的人员相当多，因此志书编纂机构需要加强对具体编纂人员的沟通指导。在编纂机构班子组建阶段，志书指导单位要加强与具体承编单位的沟通，尽量吸收熟悉地方志工作的“写手”，尤其是参加过修志工作的同志参与。在卡片和长编的制作中，向具体编纂人员讲卡片和长编的做法，并提供具体的范例。在编纂人员提供部分卡片和长编后，要及时对其修改，以确保整部志书卡片和长编制作的统一和规范。在初稿撰写之初，编纂办可提供部分内容的试写稿供具体编纂人员参考。在部分篇章稿件完成后，及时对其进行修改，通过来回多次的流水修改，逐步淡化其公文化的痕迹，使其更符合志稿的要求。在分纂中，进一步按照志书规范修改完善，确保符合志体要求。

拓宽资料收集的广度。由于当前大多数志书收集的资料以会议文件、工作总结、工作方案等行政公文居多，若不加以消化吸收，初稿必然会有公文化的倾向。要提高初稿质量，解决公文化倾向问题，就必须拓宽资料收集的视野，除收集文书档案资料外，还要着重收集论著、报刊、网络、口述等资料。某些史学类著作，其资料性很强，且无公文化痕迹，在修志时可将其纳入资料收集的范围。报刊、网络资料一般是选择介绍具体的典型事例，比较鲜活，若将其纳入志书的资料范围，可弥补公文的不足。事件亲历者的口述材料，鲜活生动，若加以收集，可以点带面，以小见大，使志书更丰富包容，可读性更强。同时，在收集资料时，虽不可将工作总结、工作方案等完全当作修志资料，但可将其作为寻找修志资料的线索，以此作为开启资料宝库大门的钥匙。

重视从资料长编到初稿这一“化学变化”。在志书长编到初稿的过程中，除需遵循一般的规定外，还要紧扣篇目来写，删除与篇目不相关的内容，确保留下的都是对反映事物全貌、特点、轨迹等来说必不可少的，这样才能尽量减少冗余，减少公文化的痕迹。严格按照中国地方志指导小组《地方志书质量规定》对体例、记述、资料、行文等的规定以及各地制定的相关规定来行文[13]，使用规范的现代语体文记述，行文严谨、朴实、简洁、流畅。同时，要针对不同来源的资料进行相应的加工修改。针对工作总结，若长时段的总结可使用其统计数据和系统性的内容，以反映事物自始至终、前因后果的历史脉络；短时段的工作总结可用其介绍的典型案例，不用其中的理论性经验、前瞻性内容，同时严格按照地方志书行文规范修改行文。对实施方案、工作方案等公文，可通过报刊、网络及当事人的口述等资料核对验证这些方案是否实施，是否完全按照方案实施。

地方志书公文化倾向是多种因素使然，与其编纂人员、编纂机制、资料来源等都有一定的关系，只有严格按照地方志书编纂行文规范等的要求，加强培训，拓宽资料收集的视野，针对不同的资料使用不同的利用方式，重视从资料长编到初稿这一“质变”的过程，才能逐步扭转公文化的倾向，确保志书的质量。

注释：

1 参见上海市地方志办公室编著：《方志编修教程》，北京：方志出版社，2004 年 3 月第 1 版，第 12 页。

2 参见毛东武：《方志语言学》，北京：方志出版社，2010 年 4 月第 1 版，第 138 页。

3 参见《上海世博会志》交通运行篇初稿。

4 参见毛东武：《方志语言学》，北京：方志出版社，2010 年 4 月第 1 版，第 138 页。

5 参见《上海世博会志》交通运行篇二稿。

6 上海市地方志办公室编著：《方志编修教程》，北京：方志出版社，2004年3月第1版，第45页。

7 参见《上海世博会志》安全保卫篇资料稿和二稿。

8 参见《上海世博会志》工程建设篇二稿。

9 参见北京市地方志编纂委员会：《北京志·北京奥运会志》，北京出版社，2012年8月版。

10 参见青岛市史志办公室编：《青岛奥帆赛志》，中国国际文化出版社，2010年7月版。

11 参见《上海市地方志编纂委员会〈上海市志(1978—2010)〉编纂实施方案》及《上海市地方志编纂委员会〈上海市级专志编纂实施方案〉》，上海市地方志办公室编：《上海市第二轮市级志书编纂手册》，2010年11月。

12 参见梅森：《地方志书撰稿方法——上海市级志书培训教材》，上海市地方志办公室上海通网站。

13 上海市在二轮修志中制定了《〈上海市志(1978—2010)〉编纂行文规范》，详细规定了市志的行文。参见上海市地方志办公室编：《上海市第二轮市级志书编纂手册》，2010年11月。

（作者单位系上海市地方志办公室，原文为上海市地方史志学会2014年学术年会入选论文）

系统论视野下的志书竖写单元

庞　宇

笔者在编撰实践中，和平时学习借鉴其他志书时发现，志稿记述要项、要素选偏、选多、选漏的现象，也存在记述主线不明、层次不清、详略不当等问题。有的志稿数据表中数据明显体现出事物变化，但是，在文字稿中缺乏变化原因的记述。笔者认为根源在于缺乏对竖写单元的系统把握。

刘延东副总理指出，要通过地方志全面系统、客观真实地记录历史，坚决反对和批判历史虚无主义。……不仅要全面真实反映历史发展脉络，还要充分展示历史细节。[1]现代人和后人要求信息质量做到真实、精深　、系统、全面。现代修志人应适应时代的变化，用系统观念更加深入精准的把地方情势反映出来。系统论反映现代社会化大生产的特点，反映现代社会生活的复杂性，所以，它的理论和方法能够得到广泛地应用。系统观念正渗透到现代社会的每个领域。系统论的任务是认识系统的特点和规律，并利用这些特点和规律去控制、管理、改造或创造一系统，使它的存在与发展合乎人的目的需要。笔者认为用系统论的视野来编修地方志，处理志书竖写单元，利于修成系统的地方志，展示地方特色，体现地方发展之道。

一、每个竖写单元都是一个独立的系统

任何系统都是一个有机的整体。系统中每个要素都处于一定的位置上，起着特定的作用。要素之间相互关联，构成了一个不可分割的整体。所有系统具有开放性、自组织性、复杂性，整体性、关

联性，等级结构性、动态平衡性、时序性等基本特征。

地方志在编纂设计篇目时，实际上已经采用系统论的部分思想，把一定地域的自然、政治、经济、文化、社会等等整体大系统情况，把其设计成一个完整大系统，采用横排方式，形成中系统（编），中系统再由若干小系统组成（章），小系统横排到子系统（节）等。按照由大到小，大包含小，用小系统解释大系统；由高到底，层层相属、同层相斥，用低层次说明高层次，层层解释，直至志书竖写单元。所以，理论上，志书确立的每一个竖写单元，无论是节、目、还是子目，都应该是一个独立系统。

二、竖写单元的选定和确立

根据系统观念，任何一个系统只有一个核心主体。因此，竖写单元的主体应具备成为入志资格，且能够成为一个相对独立的系统的事物。有些志书的竖写单元标题大而主体不明确，如××工作，把断限内的大大小小工作情况及制度都记了，记述内容杂乱，逐年罗列，线索、要素，层次等分不清楚，重点不突出。有的竖写单元标题 ×× 和 ×× 等，把两件或两件以上的事物交叉记述，存在两个记述主体，造成记事混乱。上述志稿的问题出在竖写单元的确立上，没有一个明确的记述主体，或不该入志的内容入志了。

已经出版发行的续志《永定县志》和《连城县志》，都有“烤烟”内容，在记述这个内容时，竖写单元究竟应该确定在哪个层次上，是否应该一致，要进行认真分析。连城县的烤烟种植只是该县种植业的一个产品，和闽北的一般县市差不多，水平一般，也没有什么特点，在志书中只简略地记述其从 1988 ～ 2000 年的发展变化，反映出主要的经验和教训就可以了。因此，《连城县志》只把这个内容作为“食用菌 烤烟”节下的一个目开始竖写。而永定县素有“烤烟之乡”的美誉，被列为全国 41 个优质烟基地县之一，烤烟是该县内种植面积最大、商品率最高的经济作物，烤烟收入是永定农民和县财政收入的重要来源之一。这样的内容，需要志书用大量篇幅去记述，为了达到这一目的，《永定县志》把烟草上升为编的层次，编下设“烟草种植、烟叶烘烤、烟叶收购与复烤、编烟生产与销售和烟业管理” 5 个章，章下有节，节下有目，有的节下还有细目，如第一章“烟草种植”下设“品种、面积产量、耕作制度、生产技术” 4 节，“生产技术”节下又设“播种育苗、定植、大田管理、病害防治” 4 目，“大田管理”目下又分“施肥技术、烟叶采摘标准”两个细目。[2]

由此可见，对于一样事物，由于在不同的地区，不同的大系统中的功能作用及地位不同，层次不同，导致竖写单元的确定层次就不同。因此，竖写单元是编纂者用系统观念根据当地的总体情势及所要记述事物的情况确定的，不是由编纂者顺心所欲，任意定的。但是，由于人们之间对事物的认识存在差别，及对事物所处大系统认识程度不同，加之竖写单元的确立理论及标准尚未完全统一。实践中，也存在对同一地区的同一事物的竖写层次点不同。

清代称雄的“桐城文派”，在首轮《桐城县志》中就未能很好地反映。在《桐城县志》稿评议会上，不少与会专家呼吁设立“桐城文派”专志，可是编者认为“桐城文派”是文化志中一个著述流派，应放在文化志中，从著述一节中升格出来，单设一节记述，否则不符合逻辑概念划分的原则。的确，按照概念划分的原则，“桐城文派”应当放在著述一节，问题是既然打破概念划分的原则，将其升格为节，不如将其再升一格，将“桐城文派”作为《桐城县志》一个地域文化专志，更能突出桐城志书得天独厚的文化特色。“桐城文派”著述宏富，作者众多，源流悠久，分支广泛，在县志中设立一个专志是绰绰有余的。回顾首轮《桐城县志》，“桐城文派”在自家的历史文献中却没有应有的地位，不能不认为这是首轮《桐城县志》存在的一大遗憾[3]。

这里《桐城县志》的编者与部分与会专家的意见不一致，但也有一致的地方，就是都主张升格，只是对升格处理的幅度不同。一旦对竖写单元确立理论及标准成熟，修志人之间的处理同一事物的差别会更小。如果对一个记述对象的资料系统观念进行层次分析，分析的层次结果相同。那么，最低入志层次的就是确定的。所以说，用系统思想来分析、评估竖写单元的选定和确立问题，有利于大家形成共识。

三、系统发展总机制与竖写

系统论的核心思想是系统的整体观念。系统的发展变化的总体机制是通过整体的发展变化表现出来，而整体的发展变化则是要素、层次、结构、功能以及环境因素共同作用的结果；任何系统发展都呈现出上升和下降两个阶段：在系统发展的上升阶段，通常构成要素的质量会不断提高、数量也会不断增加、层次亦会逐渐增多、结构则会日趋稳固和优化、功能则会不断增多和变强、与环境的关联性则会日益紧密，而在系统发展的下降阶段则又会呈现相反的变化，即构成要素的质量和数量会不断降低和减少、层次和结构也会不断消解和劣化、功能也会日渐丢失或减弱、与环境的关联性则会日益变差或消失，而当所有这些因素的变化达到或超过临界点时，原系统也就要总体上崩溃了，直至为新系统所取代。这就是系统的生命周期过程，也是系统发展的总规律。[4]

到竖写时，要首先根据系统的生命周期过程，整体把握竖写单元主体处在什么发展阶段，初步分析其整体层次、局部层次及层次结构（时间层次结构、空间层次结构、功能层次结构）等。再分析竖写单元中的要素、层次、结构、功能以及环境因素等。最后，按照系统变化的时间节点（段）顺序，将要素的质和量，层次结构、环境因素等变化情况记述清楚，形成具有时序性、动态性、层次结构性的地方事物的运动轨迹。

同时，把握好竖写单元中的三个点（起点、转折点和终点）。所谓起点，是指事物的起始发端。当主体要素的质和量，层次结构、环境因素重大变化时，主题的运行轨迹和运动状态都会有明显的变化，形成断限内在主体发展过程中的重要变化点，称为转折点。抓住这些转折点，横陈主体在重大量变或质变时的外部环境和内部要素，层次、结构、功能等变化，从而揭示事物发展因果关系。所谓终点，是指事物的终结。记好终点，就是记好事物消亡时的情况。一般来说，这个终点还是比较好记的，只需交待何时、何物因何原因而消亡或终结。但另有一种情况，就是事物在志书下限时尚未消亡而且正在发展之中，对于这类事物，按照志书断限的要求，则要记好志书下限时事物发展的现状。[5]

通过对竖写单元要项的量变及其结构组合的变化，体现主体的动态性。记述主体的整体运动轨迹和态势及其要项要素之间的主次、隶属等关系，变化原因都体现竖写单元之中。

对系统论的总体发展机制，竖写单元应该遵守，但要灵活运用。地方志本身属性（地方性、时代性等）决定在记述事物系统发展时需进行要素必要的取舍和有所侧重。

地方志的地方特色，又称地方性，是地方志首要的基本特征。地方志的地方特色，很重要的一点，是对地方特点的宏观把握。所谓地方特点，应该是一个整体概念，它表现于地方的各个方面。既表现在自然环境及其变迁方面，也表现在社会分工及其发展和制度变革等方面。地方志要反映地方特点，不仅仅是体现在个别门类的设置上。只有真正反映出一地的本质特征，才能说真正体现出地方特点。突出地方特色大致可以采取总体展示、直接揭示、提前详记、增设类目、图文并茂、升格等方法谋篇布局，展开记述。[6]

在具体的竖写单元时，全国各地都有的共性的要素略记或不记，对突出体现地方性的要素、层次、结构等要详记。正是通过对事物发展系统中要素、层次、结构等地方化记述体现地方志的地域特征。要素地方化是指要素反映的质和量信息与志书记述特定区域地方关系最密切，层次、结构的变化信息也与志书记述特定区域地方关系最密切。

地方志的时代特征，是对地方志的整体要求，而非某项单项要求。社会主义的时代特点，要体现在整部志书的记述之中：在指导思想上，记载的重点应该是社会变革，是改革开放取得的新成就；在记述内容上，要突出“新”字，着重记述社会变革，事物变化，反映发展的阶段性。[7]

记述内容与竖写单元的主体关系远近、层次高低及影响主体发展大小决定资料的胖瘦。有些资料确实需要入志，但不应该是以一个肥胖的体型入志，占用与其价值不相对应的空间。编章、节目、子目都是一个系统，并且都具有一定的独立性，各自都有自身的记述主体、主线，入志资料围绕主体横向扩展、围绕主线纵向延伸。理论上讲，没有限制的话，任其不断扩张延伸的话，节、目、子目的内容，都可以跨过编章节，进入到其他编章节记述的内容，续志可以变成通志。究竟是什么在无形的制约节、目及子目的扩张和延伸。实质上是竖写单元主体主线在控制，横不缺要项，纵不断主线，即使扩张延伸的方向，一定意义上，也是边界。同时，竖写单元是整个志书系统的底层微系统，发挥基础作用，作为原因可以在高层次系统产生一定的影响。同时，高层次具有一定整合和调节能力，产生一定的新控制关系。因此，竖写单元的扩张和延伸受到高层的限制。也就是前面提到过的层层相属。关于地情，可以用一句话，也可以用一段话；可以放在A系统，也可以放在B系统。关于如何放对A、B系统的主体、主线一比较就能够明白。竖写要写深，但不能写偏。深也是有底线，不是一味的求深而破坏志书的整体系统性。层次竖写目的是使志书成为更有深度的系统性资料文献。

总之，运用系统思维编写条目，可以避免修志浮于表面，呆坐、傻坐、空喊无聊、无趣。用脑去思考，动手去收集查找挖掘资料，发现新事物，补充学习新知识，修志与修身良性互动，乐于其中！丰富而有层次的系统式竖写模式无形中就能够体现时代性、地方性及资料性，自然而然地做到述而不作。系统式竖写模式，符合且适应横不缺要项，纵不断主线的志书质量编写要求。横向上不求横铺全盖，围绕竖写主体写深、写实、写透；纵向上不记流水账，依据竖写主体的主要内外因素在特定时空内地相互作用及结构变化，以三点顺序依次展开。系统式竖写会形成表项层次分明，丰富的数据表、主体结构图或演变流程图等。最终，总体形成文表图结合，互相补充，直白易懂，便于读用的志书竖写单元！

注释：

1《与第五次全国地方志工作会议部分会议代表座谈时的讲话》《中国地方志》2014 年第 5 期。

2 欧长生：《对第二轮志书内容记述的几点思考》，《福建史志》2009 年第 5 期。

3 王晖：《论志书编纂如何全面突出地方特色》，《中国地方志》 2010 第 5 期。

4 常绍舜：《从经典系统论到现代系统论》，第 19 编第 3 期，2011 年 8 月，系统科学学报 。

5 张守春：《志书竖写的三个关键环节》，《中国地方志》2006 年第 5 期。

6 叶丛浩：《浅谈志书编写需要注意的几个问题》，黄冈市方志网，罗田县志办。

7 同上。

（作者单位系上海市闵行区地方志办公室，原文为上海市地方史志学会 2014 年学术年会入选论文）

关于加强第二轮地方志书政治部类整体性的思考

颜小忠

二轮志书编修工作开展以来，由于编修者多为新手，受到一些不成熟的志书和理论的影响，部分志稿政治部类的整体性较差。谈到志书的整体性，这固然是一个老话题，但却是一个较高层次的质量要求问题，是一个可以无止境地追求的问题。志书是全面记述地情的资料性文献，但它不是资料拼盘，要将数千万字的区县志资料长编撰写成一百多万字的志书，它在篇目设计和内容记述上都有很高的整体性要求。党的十八大召开以后，笔者一直在思考，中共十八大提出全面推进“经济建设、政治建设、文化建设、社会建设、生态文明建设”（“五个建设”）的战略部署，各地都在加强“五个建设”，志书作为资政的地方资料性文献，应该如何为“五个建设”提供全面、系统的地情资料？经过一年的方志指导与志书编纂实践，对于如何以“五个建设”为指导，加强志书政治部类的整体性终有一点体会。

一、要加强篇目设计的整体性

志书篇目是一个多层次的有序组合的框架结构，它依据记述事物内部固有的规律组合、排序。应遵循的基本原则是分类科学、领属得当、排列有序、标题规范。就笔者所阅志书、志稿来看，从为“五个建设”提供全面、系统资料的角度出发，目前志书政治部类的整体性在篇目设计上有三个方面需要加强。

1. 卷一级层次设计的整体性体现在五大部类的科学划分上，而五大部类的划分有必要借鉴“五个建设”的内容划分。长期以来，志书五大部类的划分，没有定论。笔者认真研读了中共十八大“五个建设”内容所涉及的事物门类，觉得可以将其作为划分志书五大部类的参照标准之一。中共十八大报告提出：“要坚持以经济建设为中心，以科学发展为主题，全面推进经济建设、政治建设、文化建设、社会建设、生态文明建设，实现以人为本、全面协调可持续的科学发展。”按照这个战略部署，为了提供“五个建设”的地情资料以资政，志书可以从“五个建设”的角度设计志书卷一级层次的篇目，从政治建设的角度设计志书政治部类的篇目。按照中共十八大“五个建设”内容所涉及的事物门类，志书政治部类可以设置中共、人大、人民政府、人民政协、民主党派工商联、人民团体、公安、检察、审判、司法行政、武装民防等 11 卷，民政（社会事务管理）、人力资源和社会保障等则可以归入社会部类。这样，志书社会部类可以对应设置社会事务管理、人口、民族、宗教、人力资源和社会保障、教育、医疗卫生、体育、居民生活、民间收藏、风俗、语言、镇和集镇、街道与社区、人物等，所以将教育、医疗卫生和体育归入社会是基于它们是社会管理的公共服务体系考虑，适合反映“小政府，大社会”的时代特点。此外，国土、资源、生态系统和环境保护可以归入生态环境部类。科技（第一生产力）、城乡建设与管理可以归入经济部类。精神文明建设可以归入文化部类。

2. 章一级层次设计的整体性体现在各章设置的统一依据，而这个依据可以是各机构、部门的主要职能工作，所以有必要加强研究志书章一级层次的篇目与机构及其职能工作的对应关系，进而科学地设置章一级层次的篇目。志书政治部类 11 卷的记述对象，都是政党、政权、人民团体的机构、部门，顺理成章，它们职能工作的发展概况就是志书应记述的重点，所以，章一级层次也应该以它们的主要职能工作(业务)的分类来设计篇目。一般而言,这些机构、部门的内设机构也基本是对应它的职能工作来设置的，所以，我们可以参考它们的主要业务科室来对应设置篇目。如上海市长宁区人民检察院，2005 年有政治部、办公室、监察科、法律政策研究科、侦查监督科、未成年人案件刑事检察科、公诉科、渎职侵权检察科、反贪污贿赂局、职务犯罪预防科、监所检察科、控告申诉检察科、民事行政检察科、行政装备科、技术科、法警队等 16 个内设科室，该卷设置机构、检务改革，刑事检察，查办贪污贿赂犯罪、预防职务犯罪，法纪和渎职侵权检察、税务检察，控告申诉检察、信访，民事行政检察，检察技术、信息化建设等 7 章，基本对应它的主要业务，只是根据内容做了一些归并而已。

3. 篇目设计的整体性体现在同类事物条目设置、层次设置和标题命名的统一性，所以，有必要加强这三个方面的统一性。一些志稿整体性差的集中表现是篇目设置随意，缺乏统一性。一部结构严谨的科学篇目，其设置的统一性是整体性强的一个重要表现。当前政治部类志稿最常见的毛病是机构设置、同类事物条目设置、栏目层次设置和标题命名的不统一。因此，有必要从全志的整体性来考虑它们的统一设置。其一，有必要统一设置机构（组织）章。机构设置的缺失和随意，这是以往志书的一个误区。所以产生这种误解，主要是认为各地机构的设置和职能基本雷同，志书没有必要去记述它。其实，政治部类的各机构改革及其职能变化正是中国特色社会主义政治体制改革的一个重要内容，相对较详地记述机构及其职能的发展变化,能够很好地反映政治体制改革的内涵。各地机构、职能虽有很多相同之处，但大同之下，尚有许多差异。以上海而言，它的机构设置和职能变化和许多经济欠发达地区就很不一样。一本志书面对的读者有限，当地的读者了解了本地机构及其职能变化，才能很好地了解当地的政治体制改革，因此，机构、组织的设置是很有必要的，而且有必要在各卷统一设置章或节，不能有的设，有的不设。其二，有必要加强四套班子、民主党派工商联、人民团体、公检法司条目设置的统一性。关于这些条目设置和记述的不统一，常见的毛病是各机构领导人的入志不统一，如四套班子，有的列政协常委名单，不列人大常委会委员名单，有的列政协委员名单，不列人大代表名单，有的将领导人任职时间记至下限年，有的却突破下限年记至离任年；再如民主党派工商联，有的设领导人条目，有的不设，有的设党派组织、人数条目，有的不设；又如人民团体，有的设机构、组织条目，有的不设；又再如公检法司，有的设机构、改革，有的不设。这种不统一和随意性是整体性差的一个典型表现，因此，政治部类有必要加强篇目设置的统一性。似此，凡领导人入志，一定要统筹考虑，设立一个统一的标准；同类或类近的门类，有关机构、组织、人数、领导人、改革等事物的篇目设置和记述都要有统一的要求，务必杜绝随意性，如 7 个民主党派统一都设置会议、组织、主要工作（政治协商、民主监督、提案工作、社会服务）。其三，有必要加强栏目层次设置和标题命名的统一性。志书的分类原则是“事以类从，类为一志”。志书政治部类卷、章层次分类混乱的常见毛病是不同类别的事物平列，如将公检法司合为一卷，而中共、人大、政府、政协等各为一卷，前者为中编分类法，后者为小编分类法，同一篇目同一层次采用不同的分类标准，将应属于两个层次的中、小类事物混于同一层次平列立目，属于层次混乱，缺乏统一性。标题命名的混乱，如四套班子的卷名：中国共产党、人民代表大会、闸北区人民政府、人民政协，唯有人民政府加上行政区划名称，明显的命名不统一。

二、要加强内容记述的整体性

志书是全面系统记述地情的资料性文献。既然要全面系统地记述地情，那么，就不能事无巨细随意记述，要有一个整体的要求。目前，志书政治部类内容记述的随意性体现在“述”体脱离全志整体内容记述的分工需要，实写条目详略失衡，没有抓住记述事物的基本内容、基本数据、基本构成。要加强内容记述的整体性，关键是总述、卷的概述和实写条目要各司其职。具体而言，需要注意以下三个方面。

（一）总述要突出“政治建设”的记述

数十年来，总述的命名和撰写方法一直是多元发展，缺乏定论。命名有总述、概述、前言、概况、概貌、县情要览、县史述略等，撰写方法有纵述式、总体论述式、分类陈述式、分期综述式等。笔者主张，根据志书各体裁的任务和各卷所记述的内容，二轮志书总述应纵述整体地情发展概貌，即采用纵述史迹式，当然，从写作的方便考虑，也可以分成生态环境、政治、经济、文化、社会五大部类来纵述一地生态文明建设、政治建设、经济建设、文化建设、社会建设的发展概貌，只有这样，才能既记述整体地情，又不与后面各卷机械重复。所谓纵述史迹式，应是总述的基本撰写方法，也就是说，总述的主体内容应是纵述整体地情发展概貌，其他前志概要、策论、特色、展望等只不过是次要的非主流内容，它们不必一定集中写，没有必要命名为一种撰写方法。目前，总述的常见毛病是偏重经济建设，不记政治建设或零散地分门别类地记述政治部类各门类的内容。志书的总述要记述整体地情，就不能对政治部类内容有所偏废，而是应该有所加强。

总述的政治建设应宏观地高屋建瓴地记述当地坚持走中国特色社会主义政治发展道路和推进政治体制改革的进程。要按照时序揉合四套班子、民主党派、群众团体、公检法司、武装民防等机构、部门的职能工作的开展及其实绩来整体地记述。要记述当地中共地方组织改进党的领导方式和执政方式的举措和方法，党和政府科学执政、民主执政、依法执政的战略决策与部署，人民通过人民代表大会行使国家权力的新做法，社会主义协商民主制度的新形式，依法治理地方的新制度、新工作，以及行政体制、司法体制改革，统一战线工作等来反映政治建设的整体发展进程。它的写作特点是高度概括，按时顺叙，记述整体；它和各卷的关系是一总一分、一整体一部分、一简略一展开，虽有典型和数据的二次使用，但不是机械重复，而是有不同的角度、不同的目的，不同的详略。志书总述不是各卷内容的浓缩和提要，而是整体地情发展概貌的纵述，它应是一地地情的史迹概要。

（二）卷的概述要突出记述机构、部门职能工作的整体发展概貌

志书政治部类各卷的概述的写法和其他部类有些不同，它不必强调“专志贵专”。就卷的概述而言，它承担的功能和总述、实写条目不一样，总述记的是政治建设的整体发展，条目记的是某一项职能工作，卷的概述记的主体内容或主线只能是该机构或部门职能工作的整体发展概况。以审判卷而言，该卷下设机构与改革、刑事审判、民事审判、商事审判、行政审判、执行、立案审查等章，各章各记一项职能工作，而卷的概述自然主要应该按时序突出记述地方人民检察院职能工作的整体发展概况。只有这样，它才不会与总述和各章的内容机械重复。以审判案件的基本数据为例，各章记的是刑事、民事、行政审判等各类审判案件数，而卷的概述记的就是人民检察院总的收案、结案、存案数，明显的一分一总，内容分工明确。

（三）实写条目要加强基本内容和基本要素、基本数据及其构成的记述

实写条目要加强基本内容和基本要素的记述主要是指竖写条目记述对象的要项内容不要缺，记事要完整。以政府卷施政纪要章实事项目节“九五”计划期间实事项目而言，它有三个基本内容要记：计划的制订、实施、完成，就其完整性而言，“九五”计划期间的每一年及其五年的实事项目都得记这三个内容；如果完成未记，可

属基本内容有缺，如果1998年的实事项目未记，可属记事不完整。志书政治部类的基本数据及其构成的记述历来是个薄略环节。目前，一些志稿政治部类的实写条目只记所做工作和所开展的活动，不记工作实绩，因而看不到所做工作、活动的实际效果、成败得失。还有的只记总量数据，不记其构成，难以反映深层次的内容，甚至事物的本质。仍以审判的基本数据为例，如果法院审判的严重犯罪刑事案件只记合计数，不记审判杀人、放火、抢劫、强奸、重大盗窃、贩毒、重伤害案件的分类数据，那么严重犯罪刑事案件审判的下一层次的内容就得不到反映。所以，志书政治部类各卷要概括并使用会议、提案、信访、专项检查、案件等的总量数据反映工作实绩，记其构成反映下一层次内容和事物本质以及一些社会现象。比如，从历届政协提案的分类构成，我们可以看出其时政协委员参政议政所关注的热点问题是城乡建设与管理问题，还是民生社会问题；从信访的分类构成，我们可以看出其时比较集中的社会问题是动拆迁问题，还是社会保障的问题。所以，志书政治部类有必要记述总量数据及其构成以反映事物的本质或社会问题

三、要全面系统地记述政治体制改革

关于政治体制改革的记述问题，是集中记述，还是分散记述？一直以来都是方志界争论的热点问题，也是没有解决好的问题之一。笔者以为，问题并不在于集中还是分散的形式，而是在于政治体制改革的内容需不需要全面系统地记述？以及如何全面系统地记述政治体制改革？政治体制改革是我国全面改革的重要组成部分，长期以来，我国一直坚持积极稳妥地推进政治体制改革，而且取得很大的成绩，所以，志书应该全面系统地记述政治体制改革，这一点应该是确定无疑的。要探讨的问题是如何全面系统地记述政治体制改革。就前述政治部类的篇目设置而言，政治部类至少有四个方面的

体制改革内容需要全面系统地记述。

（一）全面系统地记述中共地方组织“总揽全局，协调各方”的领导核心作用

从中共地方组织的长期党政不分到确定为发挥“总揽全局，协调各方”的领导核心作用，这期间有很多的体制改革内容要记。我们可以围绕改进党的领导方式和执政方式来全面系统记述体制改革的内容。如在重要会议和重要决策中记述历次代表大会和重要的全委会上所做的重要决定和决策，列举重要的文件目录，通过这些内容的变化和比对，我们可以看到党的领导方式和执政内容的改变，再不是以党代政，而是把握方向，发挥总揽全局的领导核心作用。如在纪检监察工作的源头治理中，记述推进行政审批制度改革、推进财政管理制度改革、推进干部人事制度改革、推进市场建设，规范市场行为，推行政务公开等；在重大会议中记述完善党的代表大会制度，提高工人、农民代表比例，完善党的代表大会代表任期制、乡镇党代会年会制、县（市、区）党代会常任制、党代会代表提案制、常委会议事规则和决策程序、地方党委讨论决定重大问题和任用重大干部票决制；在统战工作中记述多党合作、政治协商制度的建立与完善，中共支持民主党派的民主作用，举荐、任用非中共人士担任政府实职，支持民主党派和人民团体开展工作等，都可以看出党的领导方式和执政方式的改革和创新。

（二）全面系统地记述地方人民代表大会和基层民主制度的改革内容

人民代表大会制度是保证人民当家作主的根本政治制度，是我国社会主义政治体制的基本体现，地方人大常委会是地方权力机关，基层民主制度是保证人民依法直接行使民主权利的重要制度，在二轮修志期间，地方人民代表大会和基层民主制度都有大量的改革内容需要我们去记述。志书政治部类要记述人大及其常委会发挥国家权力机关作用，依法行使立法、监督、决定、任免国家机关工作人

员等职权的一系列做法和改进，记述人大常委会加强立法工作的组织协调，加强对“一府两院”的监督，加强对政府财政预算决算的审查和监督。在人大选举中记述提高工人、农民、知识分子代表比例，降低党政领导干部代表比例的情况。在人大代表联络机构中记述代表联系群众制度的完善，在人大信访中记述人大代表接待群众来访。基层民主制度的建立和完善，可以设立村委会、居委会条目记述群众自治组织的基层群众自治机制与形式，可以在社区、街道的社区管理、社区服务、社区精神文明建设、社区治安中记述群众的自我管理、自我服务、自我教育、自我监督，可以在工会中设立职工代表大会条目。记述企事业单位的民主管理制度，职工参与民主管理和监督的形式和做法，以体现依法管理和基层民主的有机结合。

（三）全面系统地记述依法治理地方以及权力运行制约和监督体系的改革

法治是治国理政的基本方式。改革开放以来，党和国家在科学立法、严格执法、公正司法方面进行了大量的改革，取得了很大的成绩。二轮志书政治部类在记述依法治理地方时要突出记述人大在重点领域的立法和如何拓展人民有序参与立法的途径；重点记述公检法司坚持和完善中国特色社会主义司法制度，坚持开展司法体制改革，包括检察、审判、警务和司法行政改革；全面记述公正执法、依法行政和行政体制等的改革，记述简政放权，机构编制改革，政府服务职能转变，事业单位分类改革，政企分开、政资分开、政事分开、政社分开，行政审批制度改革等。在记述权利运行制约和监督体系时，要记述各个机构、部门用制度管权管事管人，保障人民知情权、参与权、表达权、监督权的制度和做法；要记述决策权、执行权、监督权之间的相互制约和相互协调的关系；还要记述党务公开、政务公开、司法公开和各领域办事公开制度，质询、问责、纠错、经济责任审计、述职评议、引咎辞职、任用、罢免等制度。

（四）全面系统地记述社会主义协商民主制度和爱国统一战线的发展变化

社会主义协商民主是我国人民民主的主要形式。志书政治部类有必要全面系统地记述社会主义协商民主制度逐步完善的进程。在中共、人大、政府、政协四卷中，可以记述各自社会主义协商民主制度和工作机制的形式和做法，各个机关是如何推进协商民主广泛、多层、制度化发展的，国家权力机关、行政机关、政协组织、党派团体等是如何就经济社会发展的重大问题和涉及民生的实际问题进行广泛协商的。可以记述人民政协作为协商民主的重要渠道推进政治协商、民主监督、参政议政制度建设的进程，地方政权机关与民主党派的政治协商（专题协商、对口协商、界别协商、提案办理协商）制度的完善。统一战线是凝聚各方面力量，促进政党关系、民族关系、宗教关系、阶层关系、海内外同胞关系的和谐的重要法宝。志书政治部类要记述党和政府加强党外代表人士队伍的建设，选拔和推荐党外人士担任国家机关领导职务，人大、政协要记述民主党派、工商联、少数民族人士、宗教人士、知名人士、"两新"组织代表人士、海外侨胞、港澳台同胞等当选人大代表和担任政协委员的人数变化和所开展的工作、参与的重大活动。这些都是中国特色社会主义民主政治的具体体现，都有必要予以全面系统地记述。

（作者单位系上海市地方志办公室，原文载《中国地方志》2014年第8期）

以文化特色的视角记好城市区志

胡永隽

城市区志作为全国方志界公认的我国社会主义新方志的一个新志种，它与市志、县志等志种一样，是“有独特历史文化学术价值的国情书”[1]。认真研读上海市和其他省市的多部城市区志并作比较后，笔者发现其中相当一部分志书中或多或少存在两种编纂倾向：一是往往偏重政治、经济内容，疏忽了文化；二是过分强调资料性，忽略了文化性。这两种倾向的共性是忽视了城市区志的文化特色，从而影响了志书的质量，降低了志书的文化价值，颇为可惜。

一、文化特色是城市区志的魅力所在

长期以来，不少人认为城市区志是市辖行政区“官修”的志书，将记述重点放在领导人政治活动、讲话及区域规划、计划和经济发展数据等内容上，以此作为区志的特色；认为城市区志的编纂应根据资料直书其事，如实记载“述而不论”，忽略了“文化特色”。笔者认为，地方志是中华民族优秀的传统文化，作为其新志种的城市区志也是文化产品，本身具有文化特色，且这种文化特色正是城市区志的点睛之笔和魅力所在。

（一）文化特色能从历史角度彰显城市区志的区域性

一个城市的政治、经济特色会随着领导者的更迭和企业的兴衰而变化，只有文化，才是长久的，是不断积累、厚积薄发的。城市文化是城市的灵魂，只有文化才能凸现城市特色，因而，有文化特色的城市区志才有魅力。如地方人文资料、城区地方景观、民俗风土人情等这些贴近基层、贴近群众的文化特色资料，都承载着城市的历史文脉，充分体现出地域文化的特色和底蕴，能从历史的角度突出反映区情特色，彰显城市区志的区域性。

（二）文化特色能从现实角度增强城市区志的时代性

城市区志记述的内容要通贯古今，从历史到现状，无论哪个时期编纂的志书，必然要反映当时的时代特征，而具有强烈的时代性。城市区志要增强时代性，就要反映新生的事物。在今天这个社会主义文化大发展大繁荣的历史时期，党和政府对文化建设的关注前所未有，全社会对文化事业的重视前所未有，文化工作对经济社会发展的贡献前所未有。因而，以文化领域饱含时代气息的新生事物体现区域发展的现状，无疑能从现实角度突出城市区志的时代性。

（三）文化特色能从文辞角度提高城市区志的可读性

近些年来，严谨、质朴似乎已经成为志书规定性的语言要求，有些编纂者一味拘泥于此训，造成一些志书语言的呆板、僵化、干瘪、生硬，使志书丧失了色彩，缺乏可读性。然而，文辞美是文章的基本要求，志书也不例外。金达迈先生认为“文采与志书专业性并不相悖。文采作为一种华美的文化特质，渗透在人类社会生活的各个方面，也是地方志不可缺少的成分。”[2] 章学诚先生主张方志文风要做到“要简、要严、要核、要雅”，“言之不文，行之不远”，意即那些不注重文采的地方志书是不会流传久远的。[3] 因此，城市区志要以垂久远，不能只强调资料性而不重视文化特色。资料性是志书的本质属性，是志书内容的基本要求，但它并不排斥文化特色和形式美。不因文害意、华而失实，把资料性与文化特色高度协调统一起来，是编修城市区志应有的一种追求。

二、文化特色在城市区志中的体现

笔者认为，城市区志的文化特色体现在以下三个方面：

（一）历史与现状一脉相承

《地方志工作条例》规定："地方志书每20年左右编修一次"，"客观地记述本行政区域自然、政治、经济、文化和社会的历史与现状"。因而，每一部城市区志，无论编纂断限长短，都应与上轮修志的下限衔接起来，不致留下历史空白。同时，应遵循"横排门类、纵叙史实"的原则，做到"纵不断线"，以体现该断限内事物的兴衰起伏和发展的历史轨迹。譬如，《黄浦区续志》为更好地记述人民广场这一区域形象街场，先后在《总述》、《概述》和正文中交代人民广场的前世今生：从1862年开设"跑马场"，到1941年的"日本侵略军兵营"，再到1952年人民公园对外开放，及至20世纪90年代中期，"随着上海博物馆、上海大剧院、上海城市规划展示馆的建成和上海美术馆的改建，人民广场成为上海市行政中心和文化中心。"[4]由古及今，今古并记，简单流畅地交代了人民广场的历史情况和现状。

（二）局部与全文浓淡相宜

城市区志的篇目大多以总述、大事记统摄，按建置地理、人口、政治、经济、文化、社会、人物等门类分别记述。全志分卷（编）、章、节、目等层次。一些比较重视体现文化特色的城市区志，在志书编目安排和记叙内容中，对文化特色内容的比重都把握得比较好。如《黄浦区续志》中，单列的《文化编》当然是浓墨重彩地将本区域文化的情况、特点和变化着重呈现，并反映其在全市的地位、比重和作用，其余各编中，也多见编纂者以文化的视角和宏观的高度记叙黄浦区在全市所处的地理位置和地理条件，其区域功能和作用，城市的建设与管理，城市人口的特点以及其他带有区情特色的事物。虽是三言两语，也能起到言简意赅、画龙点睛，反映各类事物中文化痕迹的作用。可以说，文化的内容在整部区志中或隐或现、或浓或淡地存在着，文化的脉络贯穿全书。

（三）朴实与文采相辅相成

所谓朴实，是指城市区志的编纂忠于原始资料，质朴诚实，不使用华丽的词藻。所谓文采，是指使用一些文学性词语和辞格，使城市区志达到文辞美，增强其可读性。城市区志使用文学性词语、辞格，这在各地志书中并不鲜见。譬如，《普陀区志》中“20 世纪初，境内吴淞江畔工商业兴起，民间艺人也纷至沓来。”[5]《南市区志》中“凡远近贸迁皆由吴淞口进泊黄浦，城东门外舳舻相接，帆樯比栉”、“上海已成为‘江海之通津，东南之都会’”[6]。以上两例，短短的几句话就有“纷至沓来”、“舳舻相接”、“帆樯比栉”3 个成语，最后一句还采用排比的修辞手法。这些志书工于字、词的选择，注意语言的锤炼，善于纳入文学性词语，巧于运用辞格，给人以简洁、流畅、典雅的感觉，将“朴实”与“文采”结合，志稿显得生动可读，十分值得我们借鉴。

三、以文化特色记好城市区志的方法

从参与《上海市黄浦区志》的编纂实践中，笔者体会到，以文化特色记好城市区志、提升其质量和文化价值，似有以下三个方法：

方法一：做好文化资料的收集、整理、保存工作，重视文化积累

文化的积累不是一朝一夕、一蹴而就的。为使文化资料更丰富、详实，让读者“详今明古”，城市区志的编纂者应关心关注区域内各部门、企事业单位、个人乃至媒体历年和最新的成果和著作，要培养对文化资料的敏感性，及时把反映地方特色、体现区域特点的文化成果收集、整理和保存起来。同时，为保证资料真实准确，编纂者应严把质量关，要对来自区域内外的书本与档案资料反复核实，努力消除这方面可能出现的任何差错和失误；应博采众长，不以个人好恶而随意修改、取舍材料，尽最大可能保留原始风格。

方法二：创新编纂方式，调整和增加文化特色内容的位置及比重

看志书先看框架。记好城市区志，还可以在框架设计上下功夫。

设计框架时，结构要符合本区域的实际，要全面、系统、科学地反映区域自然和社会的历史与现状之全貌，又要能够充分彰显区域文化特色，展示时代风情。同时，编纂者要注重发掘和认知文化特色内容，并有意识地加以梳理和强化。譬如，《南市区志》将《老城厢》《豫园》等这些呈现区情特色的特有文化事物，根据其在区情中的不同地位，分别予以合理升格和设篇，辅以护封、辑封、随文图照的相互配合，多层次、全方位地再现了上海老城厢的历史文明之韵，呈现的是再现南市区情特色的结构。[7]这种编纂方式上的创新，充分彰显了地方历史文化特色，提升了城市区志的区域性、时代性和可读性，为城市区志的编纂提供了全新的编纂实践。

方法三：体现文采时应把握好"适度"原则

提倡城市区志使用文学性词语或辞格增加文化特色、体现文采，但并不意味可以随心所欲进行。文学手法的使用必须得当，不能像某些文学作品那样虚夸浮饰。使用文学性词语或辞格须把握好以下几个问题：一是把握"适度"原则。在使用文学性词语时，必须控制在一定范围和一定数量，以保持城市区志的整体风格。二是在语言表现手法上慎用辞格，如夸张、双关、反语、借代等与城市区志记述要求格格不入的不能使用。三是选用的词语必须贴切，真实反映事物的性质特征，不言过其实也不言之无物，应与客观事物相符，符合事物的发展变化。[8]

以上所说三个方面，只是笔者在编纂实践中的一些思考和体会，诚请方志界前辈和同仁们批评指正。

注释：

1 李铁映：《求真存实、修志资治、服务当代、垂戒后世——在全国地方志第二次工作会议上的讲话》，http://www.shtong.gov.cn/node2/node70393/node70403/node72525/node72604/userobject1ai81552.html,1996-3.

2 金达迈：《论良史莫不工文》，《中国地方志》，2008 年第 6 期。
3 张凤雨：《关于地方志书语言风格特色的探讨》，http://www.nmqq.gov.cn/fagui/ShowArticle.asp?ArticleID=6278, 2011-4-14.
4 上海市黄浦区《黄浦区续志》编纂委员会：《黄浦区续志》，上海社会科学院出版社 2003 年版，第 78 页。
5 上海市《普陀区志》编纂委员会：《普陀区志》，上海社会科学院出版社 1994 年版，第 780 页。
6 上海市南市区地方志编纂委员会：《南市区志》，上海社会科学院出版社 1997 年版，第 2 页。
7 沈永清：《编纂方法新颖 价值取向多元——评上海市〈南市区志〉》，http://www.360doc.com/content/11/1118/21/6748870_165591955.shtml, 2011-11-18.
8 农应忠：《谈文学性词语在志书中的运用》，http://www.nmqq.gov.cn/fagui/ShowArticle.asp?ArticleID=7440, 2012-5-28.

（作者单位系上海市黄浦区地方志办公室，原文为上海市地方史志学会 2015 年学术年会入选论文）

专业志编纂实操要义浅论

陈彭年

“上海市志·交通运输志·海事救助打捞卷”的编纂工作，纳入了本市第二轮修志规划范围。从这个分卷编纂过程的逐步深入，笔者了解到作为专业志来编纂，方法正确已经提高到了十分重要的地位。因此，本文试图立足于专业志编纂的实操过程，分析、认识专业志的定位，试论如何紧紧围绕资料长编基于丰富资料、精于现有资料、夯实志书初稿资料基础的目标，紧密联系篇目大纲，了解和把握专业志编纂方法的路径之坎、摸索之道、解题之门、协调之策，努力反映专业特色，符合志书编纂规范，不断提高从资料长编推进到志书初稿的编纂质量，充分展现专业结构完善、按照篇目布局的逻辑性、典型性和记实性，为专业志顺利成书奠定良好基础。

一、专业志编纂方法的路径之坎

专业志编纂从方法上必须紧紧围绕专业特点，但不是仅仅沿着专业发展的路径，就能顺利进行编纂的。专业志有其本身的特征，又要反映本专业的特色，就更需要寻找到正确方法的路径，避免实操存在误区、组织方式不当、不合编纂规范等障碍，使之“对头、到位、顺势”地完成编纂。

第一，专业志的定位。

根据上海市志书编纂同行的总结和专家的论述，专业志是指以某一专项事业或事物作特定记述对象，客观反映其历史与现状的专志。“专志贵专”是专业志最根本的特点，这早为修志界普遍认同。[1] 专业志同时也具有区域志的地域性、记实性、详今略古、详主略次、详独略同的同一性质。专业志不但要贯通、浅俗、易懂，还要用全面科学丰富而又准确的数据夯实专业志的质量和基础，显示专业志的特色。[2] 笔者认为这便是专业志的定位。进而，完成从资料长编到志书初稿的编纂任务，需要符合专业志的性质，明确专业志的定位，做到《地方志书质量规定》第三章体例第八条“坚持志体。横排门类，纵述史实，述而不论”的要求。以上海海事局为例，一是作为一个体制改革后的产物，过去没有修纂专志；二是作为水上交通安全管理的经济类行政执法管理单位，第一轮修志时只在《上海港志》中简明扼要地记载了历史片断；三是作为参编队伍，只有个别同志参与过部分章节的编纂，尚未经验积累或传授。因而，参加上海市第二轮修志工作，还要在编纂前厘清本局专业的性质与定位。综观上海海（水）上交通安全管理的海事机构与服务，其专业性就在于代表国家在上海市沿海海域和港口依据相关法律法规和国际公约，履行“保障水上安全、保护水域环境、维护国家主权”等统一监督管理职责。其职能分类足足有15项之多，还未算上每项之下具体专业的细分，充分反映了水上交通安全监督管理的专业性之强。所以，各承编单位需要把实操路径定位于专业志的编纂方向。

第二，专业志编纂方法的引导。

专业志的编写方法，对于第一次修志者来说，就是全新的“作业”，常常处于边干边学、边学边干的状态，会遇到许多道道坎坎。而志书编纂室的任务之一，便是做好编纂方法的引导。

引导一是从何入手，记实什么？从上述上海海事局、东海救助局、上海打捞局的专业情况看，专业志所要编纂的范围看似一个行业里有多种分类，但要从处于中心地位的专业发展进程入手，否则会造成实操时要不眉毛胡子一把抓，要不资料收集有多少算多少。因此，对于记实的范畴，即对本行业范围内各类事物的历史与现状就详记，对行业范围以外的不去涉猎；行业范围内的事物也应抓住具有特点的方面重点记载，而对一般事物则从略。[3]

引导二是以什么方式来组织编纂工作，为实施正确的编纂方法找到依托的载体。具体方式即是“众手成志、如出一人”。虽然说要“众手成志”，但要“如出一人”，就要包括起步阶段的资料收集、编写资料长编卡片、撰稿与校稿都要发动大家，到分纂篇章时却最好委托一人撰稿。而撰稿人相对固定有利于采纂合一，最终由总纂统合全稿，统一笔法，一气呵成。[4]

引导三是篇目大纲规定了什么样的编纂路径。专业志制定篇目时，一般要经过四五次反复推敲方能定稿，原因在于最初几稿的篇目设计往往对志书是什么样还不够深入了解，对本专业的熟悉还未达到心中有数，此时有的资料也尚未收全，所以初期讨论的篇目难免会出现归类不当、层次不明的现象。因而，专业志的竖写是对某一专项事业或事物发生、发展、演变的主要历史过程和现状，系统地加以记述的较好路径。它是联结志书篇目与资料的桥梁和纽带，也是修志过程中最为重要的环节之一。[5]

二、专业志编纂方法的摸索之道

第一，专业志编纂在实操中，其遇到的困难可以说种种加重重。

一是在篇目设计阶段，多个承编单位合作编纂的要比单一部门编纂的难，体制改革变化大的要比一贯制行业的难，专业性强、内部事务细分多的要比专业集中且比较规范的难。

二是在资料收集阶段，没有档案部门的要比有档案部门的难，收集接近上限时期的资料要比收集现有的或近期资料的难，组建时间不长的专业单位收集工作要比改革开放前就有的专业单位难，编纂队伍参差不齐、培训质量难以保证的要比有以老带新、组建过史志机构的难。

三是在资料长编编撰阶段，由于按照《上海市（1978—2010）编纂行文规范》的规定，必须实施资料长编的编纂。所以，新参加市第二轮修志的单位基础要比参与过市第一轮修志的单位差，资料长编的汇辑或撰辑时间往往会出现过长的现象，资料长编卡片制作经常受到资料收集成效的制约和修改行文不够规范的重复性工作，资料长编编纂中对资料的取舍标准、权威界定、内审要求等方面较难把握。

四是在志书初稿阶段，新参加市第二轮修志的单位的确一无现成经验、二无把握与自信。分纂或主编要在审读所有资料长编的基础上，才能集中进行志书初稿的起草，其工作量非同小可。进而，按篇目优先对已形成志书初稿的内审，往往需要一定的活动时间与组织过程，会影响到整体工作的平衡。所以，专业志编纂的探索与实践，需要引进和运用正确的编纂方法来实施。

针对上述困难，专业志编纂首先要遵循志书体例的要求，采用对某一专项事业或事物发生、发展、演变的主要历史过程和现状，系统地加以记述的较好路径，即试行竖写记实的方法。主要是“顺时记叙，勾勒主线。横陈现状，展现全貌。精选典型，深化记述。选好切点，避免重复。”[6] 其中，笔者认为“横陈现状，展现全貌”的关键恰恰就在资料长编的编纂过程。

第二，专业志编纂在实操中，要充分意识到“资料长编是按照修志篇目的要求把搜集到的各种原始资料经筛选、整理、考订，汇集成册的资料汇编。

首先，资料长编是修志的基础。其次，资料长编是把各种杂芜、零碎的资料经整理成为更有保存和研究价值的文献资料。资料长编必须史料翔实、完备，特别是重点资料不能缺项断线，宁可多些，防止遗漏。其三，编写资料长编制的过程，也是精选、核实，进一步考证史料的过程。”[7] 只有这样，才能把准专业发展的脉络，全面反映专业历史的特征或特色。

三、专业志编纂方法的解题之门

如果说地方志是一项系统工程的话，那么专业志就是这个系统工程中的主体工程。从专业志的编纂实践看，许多志书的总体框架结构大体上分卷首、正文、卷末三大块，其中卷首包括序言、凡例、目录、署名、图照等，卷末为编纂始末等；正文部分又分概述、章节、附录三大块；章节部分，通常又分基础章、主体章、辅助章三大块。其中主体章是全志的主体。[8]作为专业志的“上海市志·交通运输志·海事救助打捞卷”的编纂，不但要视它为主体工程，还要在实操中破解种种难题。就方法论而言，先要搞清楚解决什么样的问题。以“海事救助打捞卷”的编纂为例，发现存在着“从资料收集到资料长编的过程中，资料收集不够深入、资料整理缺乏经验、针对围绕分卷中心、紧扣篇目大纲的资料齐全还有差距、参与编纂者相关培训还未跟上，个别原来已经过培训人员被调整岗位、资料卡片的基本要素经常忽视。尤其是个别部门的资料长编编纂停滞不前；大部分汇编型长编通过逐步删节、整理而成，却对内容加工和归纳得比较少；有的长编在资料收集方面上还有较多缺口，不完善的问题比较突出；在结构上还没有理顺，无用的‘水分’较多”等问题。因此，在编纂实践中，笔者认为可以推行“围绕中心、紧跟长编、定位初稿”等抓手。

（一）自始至终抓中心

“专志贵专”。既然主体章是全志的主体，那么就要确定本志的基本内容。专业志行家指出：专业的基本内容在全书所占篇幅的比例，要远远超过其他部分，一般不宜低于 70%，否则容易产生本末倒置、喧宾夺主之嫌。专业的基本构成要素在全书的总体框架结构里，既要作为中心内容，又要占有突出的位置，不仅所占分量重，而且所处的层次也较高。同时，在彼此相关的事物中要确定其核心事物，写“核心”带“周边”，写“周边”要围绕“核心”。[9]进而，分析“海事救助打捞卷”的专业核心，就是为海（水）上交通运输安全提供保障和服务，以此促进航运业的快速发展。由上海海事局、东海救助局、上海打捞局共同承编的分卷编纂工作，虽然分工不同，但归口到专业核心，恰恰反映了需要围绕中心的修志要求。另外，采取竖写记实的方法，需要努力体现事物发展的阶段性，着力记好起点、转折点和终点。而“海事救助打捞卷”的编纂方法，应对所有“保障和服务”的发展历程，联系其起点、转折点和终点来进行围绕中心的记实。

（二）保证进度盯长编

志书初稿的试写，必须有资料收集较为丰富的前提，也必须跟进志稿试写前的准备，即遵循《上海市（1978—2010）编纂行文规范》的规定，紧盯影响志书快慢进度的最大因素，认真做好资料长编卡片制作及数据库建立的编纂工作。

首先，整理资料长篇就是把收集到的文字、图表等各种资料，按照志书篇目设计的章、节、目等层次进行分类，分到最后一个层次，归于篇目中章、节所要求的内容，再按时间顺序排列。在此过程中，要全面熟悉资料、补充资料、核实资料、取舍资料。尽量做到记事完整，见人见事，使人物、事件、时间、地点、原因、结果的“六要素”俱全，完整无缺。[10]实践证明，通过整理资料长篇所集成的资料，一般都比较丰满、系统和准确。

其次，在实操中，资料长编的编纂是在资料收集基本齐备的情况下，以篇目大纲所指向的资料收集要求为框架着手编写的。主要采取了条理清楚、简便易行、能保持原始资料的面貌、存史价值高的“纂辑体”编纂方法，即将资料经过初步筛选后，按照已设计好的资料收集篇目进行编排。而制作资料长编卡片时，资料长编所包含“资料代码、资料内容时间、关键词、资料内容标题、资料来源、资料整理者、资料整理时间、资料报送单位、资料正文及脚注”的九个要素恰恰又是志书初稿编写的必备基础。

其三，资料长编卡片强化了对资料收集的要求，一是资料选择宜专、宜实，紧扣主题，言必及事。二是在所列资料之后，必须详细注明资料出处，以便日后核对查找。三是有些资料原文含义不清，要根据考证结果加以必要的说明。四是不得随意改动原文。原始资料排列，可加极少数的连接词、过渡语，允许在节、目或子目下面加必要的编者语言。五是明确“入志资料”、“背景资料”和“参考资料”的界限。六是列进长编的“入志资料”，必须经过考证。对内容相同而文字有所不同的资料，选录较原始的和详尽的，其余可不予收录。七是每段或每组资料加小标题提示内容，要求连缀起来能反映篇目大纲的思路，能为事物的发生、发展变化过程提供一个大体轮廓。

其四，资料长编卡片制作达到要求的标志：及时检验资料真伪，促进资料收集工作。有助于完善篇目大纲框架。提高修志人员对资料的驾驭能力。可以作为志书编纂过程中形成的重要成果。

（三）入手定位编初稿

“海事救助打捞卷”作为专业志，志书初稿编写要强调突出专业或行业特色，系统反映海事、救助、打捞各专业发展规律，确保将各口子的基本业务内容收录入志。尤其是各部门必须注意突出本部门、本行业的主体业务，不能让大量次要内容喧宾夺主，显现不出本专业、本行业的基本特点、属性和规律。对此，有必要对志书初稿编写中的“志稿内容、基本定位、基本做法、注意事项”等方面加以明确。

1. 志书初稿的内容概括

志书内容的概括，即是以时间、标题、来源、正文为框架，用资料所包含的时间段，说明志书初稿的时间跨度。用简洁扼要的标题或者用条目、段首第一句概括性提示句，说明志书初稿所概括历史事实的主题。有真实、可靠、贴切的资料来源，说明志书初稿所记载的史实有何出处。经过资料选择、鉴别、去伪、排序、整理后的正文，说明志书初稿反映了本专业、本行业的基本特点、属性和史实。

2. 志书初稿的基本定位

明确志书内容后，编纂者应对志书初稿有合理的定位。有合理的定位，才能有合理的心态，才能有正确的措施。初稿在修志过程中是一个比较宽泛的阶段，不是一个短暂的过程。也可以说编写初稿是修志的一个中心环节，它包括了“掌握操作要领，广泛占有资料，大胆动手编排，不需要太多时间”等基本要求。初稿的定位，也决定了初稿最好是快速成稿，紧紧抓住主干、骨架、主体内容，不必过多地考虑修辞和行文规范，不要怕形成的初稿问题很多，不要怕别人批评指正。从志书初稿的编写开始，总体进度就要把握“一快、二慢、三通过”。即出稿要快，修改要慢，必须通过内部审核、专家评审、书稿审核的“三审”。

3. 专业志初稿的基本做法

其一，事物最基本的构成要素既然是专业志的主体，那么就应该突出地记述。常用的突出主体方法是升格处理，即把原来属于目的内容升格为节，把原来为节的内容升格为章，把原来属于一章的内容分立为两章甚至数章。[11]

其二，按体例章法要求，浓缩精练资料。基本要求是“以时为序、浓缩精练”。也就是将所复印或扫描并分门别类归并的原始资料，直接删去无用段落、保留具有存史价值的事实和数据后，按时序进行排列调整。

其三，按各方意见建议，补充提炼资料。基本要求是先补充资料，调整好资料长编，包括章节目结构；然后再压缩长编，精简成文，提炼成稿。在初稿内容编排时，注重上下衔接，既注重与上一轮志书的内容衔接，又体现新卷的特色；以面带点，始终注意整体性内容的反映；突出整个篇章的主体内容。

其四，按文体文风要求，规范加工文稿。基本要求是“依照文体规范加工”。要删去原始资料中夹杂的不必要的背景介绍、总结语言、教科书式解释、评价议论、宣传报道词句、夸张渲染性大话套话等等，用史实说话，以数据支撑等等。唱好这三步曲，初稿也就出来了。

其五，按照志书初稿行文要求，把握框架、主干。基本要求是着重在框架、主干、重大内容上下工夫，顺便考虑时间、数字、称谓、计量、表式、小数等行文规范。

4．专业志初稿的注意事项

一是关于在每个篇开始的概述或无题导言中如何勾连及上限问题。所谓的“勾连”，即牵涉到的、牵连到需要有联系的编辑。说的是在本轮市志修编中，大多数专业志都是续志，与上一轮专业志存在内容交叉和续写的关系。所以，市方志办专家提出，部分专业性较强的内容，还是需要勾连与1978年前有关的历史。专业志中经常会有一些条目是在1978年以前启动而在1978年后完成的，那么就从该事物叙述的完整性出发，进行必要的勾连。

二是关于某些事物的结束超出2010年下限问题。如果只需要用一二句话即可将该事物在2010年后发生的、又必须讲清楚结果的交代，那么可以采取在该内容的尾部加括号说明，或者可以采用页下注的方式。

三是关于单位和一些专用名词的简称问题。编纂初稿时会经常需要对全称注明简称，稍微不注意就会漏注，或混淆全称和简称。对此，可在初稿中设计一个附录，列明所有入志机构和企业的全称及简称，供读者查阅。而在正文中，只在全书第一次出现时注明简称，这对全书的行文流畅有极大的好处。

四是编写志稿要避免的误区。首先，在把握了基本的体例文风要求和较成熟的篇目之后，全面掌握手中的资料，不能性急火燎地拼凑资料长编，不能不顾“九个要素”地拉在一块制成卡片，也不能脱离了原有篇目章节确定的主题，来保证“大胆写稿”。其次，编修志书，实际上编是主要的，写是次要的；虽然不可能一点儿不写，但编排浓缩资料是基本任务。这就要最大限度地利用好原始资料，要尽可能地形成规范化资料长编。其三，不要刻意记述经验教训！还没看到一篇文章说清楚这样几个问题：什么是经验教训？谁来认定经验教训？依据什么标准认定经验教训？怎么把握经验教训因时因境转化？志书就是记事，过分的急功近利往往事与愿违！

六是避免常见差错。首先，减少资料硬伤。主要有时间地点错误等。其次，史实数据必须真实可信。数据硬伤又是最常见且非常严重的差错。其三，志稿中的文字硬伤无论数量还是比例都比较多。常见类型有：标点符号差错等。

四、专业志编纂方法的协调之策

在专业志编纂做到资料长编基本符合要求时，就可以采用试写志稿初稿的办法，也标志着进入了志稿正式编纂阶段。从管理角度讲，作为编纂室在这阶段中尤其要抓好协调和服务这两件事。

1. 协调方面：首先要建立会商制度，各承编单位或部门每隔一段时间就要对志书初稿的编写情况进行会商与交流，结合具体问题进行服务性指导。其次，要求各承编单位或部门明确分工，根据专业志主体的区分、特点及编纂人员水平的高低，把撰写志书初稿的任务分解到人。尤其要对承编各个篇章的部门进行概述、导言、章前前言等部分的明确分工。其三，要为编纂人员争取创造一个良好条件，使他们能够集中时间、集中精力工作。其四，分志的主编、副主编既要编纂好自己承编的志稿，又要投入到编纂进程中，承担起对他人的检查和督促的职责。[12]

2. 服务方面：首先是在有条件的情况下，努力加强承编单位和编纂人员志书初稿编写的多层次培训或内部培训。其次，采取多种形式，开展不定期走访、对口交流、小范围讨论、经验方法传授等活动，起到学习提高、有效辅导的效果。其三，尽心尽力地收集方志界各方编纂范例和规范化志稿，及时提供承编单位和编纂人员借鉴。其四，承担好广泛征求意见和志稿评审的组织工作。志书是官书，不是个人著述，不能立一家之言，必须尽可能地广泛征求各相关方面和人士的意见。不要怕有不同意见、怕麻烦，爱面子、护短、记述不清事实显然都与志书初稿的编写要求格格不入的。同时，也要把好评审后反复修改所形成志稿的质量关。

五、结　语

综上所述，笔者试图通过“专业志的定位”演进到“志书初稿的定位”实操过程的分析，就编纂方法展开了要求、要领、要素等方面的讨论，以期能跟进和渗透到上海市第二轮修志编纂的实践之中，即是拟写本文的本意。

（注：本文撰写得到了“交通运输志港口卷”编纂室茅伯科主任的帮助和指导）

注释：

1 专业志的编写，徐州史志网方志编修栏目，http://www.xzsz.gov.cn/news.aspx?id=529，2008 年 1 月 25 日。

2 上海市地方志办公室、上海市地方史志学会：《上海方志研究综论》上海社会科学院出版社 2008 年 4 月版，第 268–269 页。

3 上海市地方志办公室、上海市地方史志学会：《上海方志研究综论》上海社会科学院出版社 2008 年 4 月版，第 181–182 页。

4 上海市地方志办公室、上海市地方史志学会：《上海方志研究综论》上海社会科学院出版社 2008 年 4 月版，第 196 页。

5 专业志的编写，徐州史志网方志编修栏目，http://www.xzsz.gov.cn/news.

aspx?id=529，2008 年 1 月 25 日。

6 同上。

7 上海市地方志办公室、上海市地方史志学会：《上海方志研究综论》上海社会科学院出版社 2008 年 4 月版，第 169 页。

8 专业志的编写，徐州史志网方志编修栏目，http://www.xzsz.gov.cn/news.aspx?id=529，2008 年 1 月 25 日。

9 同上。

10 专业志书的编写，广西地情网，http://www.gxdqw.com，2013 年 10 月 18 日。

11 专业志的编写，徐州史志网方志编修栏目，http://www.xzsz.gov.cn/news.aspx?id=529，2008 年 1 月 25 日。

12 同上。

（作者单位系上海海事局修志办，原文为上海市地方史志学会 2014 年学术年会入选论文）

关于专业志书的编纂研究

舒　睿

编修地方志在我国有悠久的历史，地方志作为全面系统记述经济历史与现状的资料性文献，是传承和彰显中华文明的重要载体。自20世纪80年代以来我国普遍开展首轮新编地方志工作，根据国务院颁布《地方志工作条例》（以下简称“《条例》”）关于“地方志书每20年左右编修一次”的规定，上海市于2010年开始第二轮地方志编纂工作[1]。

笔者从2012年起参与《上海市志·图书馆事业卷（1978—2010）》（以下简称《图书馆事业志》）的编纂工作并参与调研了篇目及部分篇、章的资料收集工作，对专业志编修过程中带有功能共性和较为普遍的一些问题有一些认识和思考，愿提出来与修志界同仁商榷。

一、图书馆专业志的时代特征

专业志是指综合性志书中以某一专项事业或事物作特定技术对象，客观反映其历史与现状的专志。“专志贵专”是专业志最根本的特点，这早为修志界普遍认同[2]。专业志作为地方志中最基本的部分，从百科百业不同的侧面，反映了境内自然、经济、政治、文化、社会各个领域的历史与现状。

图书馆事业是国家教育、科学、文化事业的一个重要组成部分，它同科教文事业一起，始终是同整个国家、社会政治、经济兴衰起伏息息相关的。上海地区图书馆事业的蓬勃发展更充分地证明了这一点。图书馆是一种社会文化现象，在当今信息社会中，正发挥着日益重要的作用。从古代的公私藏书，到近代有了公共图书馆，再到建国后，图书馆事业迅速发展，现已形成了一个纵横交错的图书馆网，其社会化程度正在日新月异地向前发展着[3]。

第二轮地方志书编纂的内容上下时限大致为20世纪70年代末至21世纪初，这段时间，我国的图书馆事业建设在许多领域取得了显著的成绩，突出表现为：图书馆事业基础设施稳步发展；图书馆基础业务建设继续得到加强；图书馆服务领域有了扩大；图书馆学教育、科研和学术交流不断取得新成果[4]。

以全局的、历史的眼光来审视这一阶段的图书馆事业，编写图书馆专业志时，就必须充分体现图书馆事业的这一时代特点。将各个图书馆只写成独立的事业单位，而未能充分反映图书馆事业的社会化进程与现状，这显然是很不足的。就当前来看，资源共享还有些许难点，要写协作的成就，但不可夸大，要写得恰如其分。

二、图书馆专业志的编纂原则

根据上海市地方志编纂委员会《上海市志（1978–2010)》编纂实施方案，《图书馆事业志》由上海图书馆牵头承编，各相关图书馆参编。2012年9月，《图书馆事业志》编纂委员会在上海图书馆成立，图书馆专业志的编纂工作正式启动。

（一）第二轮新编地方志的相关文件

根据上海市人民政府对志书编纂组织领导的要求，认真按照《条例》各项规定和要求开展专业志编纂工作，依据上海市地方志编纂委员会《上海市志（1978–2010)》编纂实施方案，全面推进《图书馆事业志》的编纂工作，坚持质量第一，修志为用，努力提高编纂水平，协力打造精品佳志[5]。

（二）篇目设计

志书质量高低，受着多种因素制约，其中篇目设计是否科学合理，则起着关键的作用。不断修改和完善篇目，将贯穿于修志的全过程，一个比较科学的篇目，是随着资料的逐步累积，认识而逐步深化，最终形成的。《图书馆事业志》编纂委员会在整理资料阶段，就对篇目进行了五次修订。

最初制定的篇目，包括机构、业务、协作交流、教育与研究、管理、人物等六个块面。这一稿出炉之后，得到了地方志办公室市志处一个重要建议是，原先的业务块过于庞大，与其体例不平衡，不如进行进一步拆解。相关人员在那段时间还先后走访了中科院图情口、高校馆、中小学馆、党校馆、公共少儿馆、公共馆的图书馆业务负责人或相应机构牵头人，听取他们的意见。意见再次汇总后，基本形成了十个块面，即，图书馆机构、馆藏资源、文献信息资源建设、服务、技术应用与开发、协作交流、教育与研究、人力资源、事业管理以及人物。确立篇目的过程就是统一思路的过程，就是纲举目张的过程，也只有建立在反复调研、充分沟通基础上的篇目才能成为引领下一步工作顺利开展的旗帜。

（三）内容安排

《图书馆事业志》要传达的是，某时间或某时间段，某机构或某机构联合体（包括某突出的代表人物），就某方面的业务做了什么、取得过怎样的成效。同时，资料组织过程中也都会涉及到条线与块面、个体与组织的关系。各篇章内容的组织，是时间、机构、业务的三维叠加。

图书馆机构篇，主要呈现 1978 年至 2010 年期间各机构整体发展情况、历史沿革、重大事项等，内容体例与首轮图书馆专业志基本相同。但编纂委员会考虑，第二轮《图书馆事业志》不宜采取每家单位列一节分别描写的方式，希望做到各家兼顾、总分结合。另外，关于“私人图书馆”，会根据有关顾问的建议先放在篇目中，视素材的情况决定最终的取舍。

馆藏资源篇，主要是向世人呈现上海市图书馆全行业从 1978

年至2010年整个文献信息资源的发展轨迹及馆藏现状。30年来，文献的载体形式日新月异，一日千里。要尽可能把这样全媒体的形式呈现出来，也要把各自馆藏的珍品呈现出来。

文献信息资源建设篇，主要涉及动态地组织资源，资源组织活动。服务篇、技术应用与开发篇、协作交流篇及教育研究篇都是呈现具有图书馆行业特色的动态过程，各单位把各自此方面30年来的情况梳理出来，列在各章节下面。我们个别地列出一点“目”的内容，如6.2.4协作交流中的参与专业组织及其活动，目前提到了中图学会、国际图联、SLA（美国特别行业图书馆协会），但这仅仅是一种举例，我们知道在不同的行业，各图书馆都还有各自的国内外专业组织及其活动的参与，在长编编纂中，各单位完全可以按照实际情况把这些细节深挖出来。大家在接下来工作过程中，如果是那些重要的、有代表性的、自成体系的，就可以明确列出一个“目”。

人力资源篇和事业管理篇相比之前的其他篇目内容，已进入到业务体系之外的另一种分类视角。前者我们要把这30年来全行业人力资源以及人力资源管理的情况呈现出来，分人员队伍、专业培训、职称评定3章。后者我们要把管理体制、考核评估工作、行业文明创建等3章的内容细化出来。最后的人物篇，各参编单位在长编编纂过程中可先根据单位的情况收集起来。

目前确立的篇目，除了头尾一些作为志书必需的内容外，其核心就是由这十篇构成并发展出来进而细化到章节的内容。根据已确立的篇目，编纂人员在相对统一的思路下，按各单位、各机构的历史情况进行史实的梳理、资料的收集、长编的草纂、初稿的提交。

三、编纂图书馆专业志需要处理的几个问题

（一）确保资料长编的真实性

编纂专业志必需客观真实地做好资料收集和整理工作[6]。所谓真实，即实事求是，客观地反映和记述事物的本来面貌。志书的真实性问题构成了志书生命的基础和前提。志书要资治、教化、存史，成为后世可以查考的典籍，其中最根本性的问题就是求真求实。也就是说，所记的人、事、物必须是真实的，是确实曾经存在和发生过的，所列的数字必须是有根据，符合实际情况的。故而，资料的真实性是志书的一个最重要问题，每个志书编纂者都应认真对待之。

图书馆专业志资料的采集人最好是参与专业志的撰写人。因为由主笔亲自参加采集，对资料的识别力较高，可为编纂打下基础。2014 年 3 月，《图书馆事业志》编纂委员会在其之下，成立一个了编纂工作小组，即在负责征集资料的同时，确定各篇的撰写人，具体组织协调各系统图书馆和各篇章的编纂工作。工作小组由各系统图书馆负责编纂工作的同志和负责各篇章编撰的专家组成。

（二）处理好专业志的“横排竖写”

所谓“横排竖写”即“横分门类，纵写史实”[7]。横排是将一个大的事物中所含的不同的具体事物进行分解，分解为若干大的并行的项目。如每个大项中还包含着若干小的独立的事物，还可以对该大项进行第二层分解，并排于这一大项之下。最后一个层次的“目”，便是竖写的单元。对“目”的竖写，要抓住事物的发端，纵叙事物发展变化过程。

图书馆的业务工作，应横的列项，做纵的叙述。图书馆的业务工作，有采访、编目、分类、借阅、参考咨询等。这些工作横的看来，各个馆都大致相同。是否要写？如何写？ 值得考虑。综合各馆情况，就各项业务工作，分别列项，较为适合。而各项工作则纵的叙述其发展变化，这样不仅可以看出图书馆事业业务工作的现状，还可以历史地看到各个不同时期的情况。

（三）力求做到专业志的完整、准确、科学

第二轮《图书馆事业志》是一部覆盖全市、跨系统的图书馆专业志，将是有史以来，上海市第二部系统，最完整的图书馆专业志。根据中国地方志指导小组《关于第二轮地方志书编纂的若干意见》，按照编纂专业志的要求，力求完整、准确、科学地记述地区图书馆事业的历史与现状。因此，《图书馆事业志》在编纂中应如实反映上海地区图书馆的地方特色、地位和作用，除了按不同系统和类型的图书馆各分类、编进行记述，特别是对当代社会公认具有影响的图书馆做了比较完整的记述外，另列了"馆藏资源"、"文献信息资源建设"、"服务工作"、"技术应用与开发"、"协作与交流"、"教育与研究"、"人力资源"和"事业管理"八个专篇，从这八个方面集中记述，反映上海地区图书馆的发展特色。

此外，力求做到的完整、准确、科学也只能是相对的，不可避免还会发生在这部志书中，有某些不够完整、准确、科学地记述，这一切就只能在今后进行续志时，由后人加以补充、拾遗、纠正了。

编修地方志是一项不朽的事业，通过对《图书馆事业志》的编纂，感受图书馆事业的发展，认真做好第二轮新编地方志书编纂工作，努力推进上海地方志事业取得进步。

注释：

1 上海市人民政府办公厅关于印发《上海第二轮新编地方志编纂规划》的通知，沪府办发〔2010〕5 号。

2 专业志的编写 .[2014–07–07].http://www.xzsz.gov.cn/news.aspx?id=529。

3 牟仁隆:《关于编写图书馆志的几个问题》,《图书馆学刊》1991 年 04 期。

4 周文骏等 :《图书馆学研究论文集》，第 85–93 页，书目文献出版社 1996 年版。

5 殷一璀在上海市地方志工作会议上的讲话 .[2014–07–08].http://www.shtong.gov.cn/node2/node70393/node70403/node81977/node81979/userobject1ai115576.html。

6 修志如何做好资料的收集与整理.[2014-07-08].http://lovedan0604.blog.163.com/blog/static/844870852009725105111151/。
7 志人：《图书馆志编修中几个问题的探讨》，《江苏图书馆学报》1991年05期。

（作者单位系上海图书馆，原文为上海市地方史志学会理论研讨会暨方志理论专业委员会第18次研讨会入选论文）

浅谈公安史志大事记的编纂

朱得旭

大事记是我国志书的独特体例，其作为一种纵贯轴线和脉络，为查阅志稿提供线索和快速指引。公安志是以时间（年、月、日）为序，以简短精练的文字分条记载编排断限内辖区公安工作中发生的大事、要事、特事、新事等，以反映公安工作发展的概况，述而不论，可谓“工作简史”。根据篇目提纲和版序，公安史志大事记一般紧随正文“概述”之后位于前端，众人多先翻看大事记。据调查，能看完一本志书的人不多，但能读完大事记的却不少。因此，大事记的质量直接影响读者对整个志书的评价。公安志作为一种专业志书，其大事记的编纂除遵循一般要求外，还应具有一些自身特点和要求。

一、公安志大事记的体例

唐朝史学著作《史通》中提到：“夫史之有例，犹国之有法。”大事记通常采取编年体和纪事本末体相结合的体例。编年体是指按年月顺序编写，以年月为经、事实为纬，容易看出同时期各事件的联系；缺点是记事前后割裂，首尾不能连贯，过程不能详细地述出。纪事本末体则是以历史事件为纲，把重要史事分别列目，独立成篇，各篇又按年月的顺序编写；其缺点是同时期各事件间的联系，往往无法照顾。公安志大事记可以兼采编年体和纪事本末体两种体例之长，去其所短，以编年体为主、纪事本末体为辅。这种体例既能按时间顺序排列，又能按事件问题适当集中叙述，使之既能体现大事记以时系事，为全书之“经”，又能把某些事件的来龙去脉交待清楚。一般大事的时间在前，内容书后，并可按照司马光《与范内翰（祖禹）论修书帖》中所叙方法：“无日者附于其月之下，称是月；无月者附于其年之下，称是岁；无年者附于其事之首尾；其无事可附者，则约其事之早晚，附于一年之下。”对于一些隔年跨月的事情，多以事情发生的时间为起点，一次全部记述清楚，如持续多年的刑事案件的发案、破案、案犯的处理结果、当事人（办案单位）的有关情况；跨越时间较长的重大事件也可以按不同的发展阶段分时叙述，在该事件结束时加以简要归纳，总括全篇。例如，1983 年 8 月 19 日，上海市公安局贯彻全国政法会议关于在全国开展严厉打击严重刑事犯罪的斗争（简称“严打”）的指示，全市统一行动，开展“严打”第一战役第一仗。“1986 年 12 月 1 日至翌年 1 月 20 日，全市进行以查禁赌博为重点的‘严打’第三战役第一仗。”[1]

二、公安志大事记编纂要求

（一）大事的概况要记清

即直接或间接地将特定地区、特定部门大事、要事发生的原因（背景）、时间、地点、人物、主要经过与结果等要素应齐全、记述清楚，力求通过一系列大事系统地、概要地反映本辖区公安工作的主要面貌与特点。大事本身有简有繁，但大事记只能记其要点，要以精炼、简短的文字，简明扼要地表达事件最主要的部分，文意明确、文约事丰，一事一条。编辑既要具备地方志专业知识，又要熟悉本单位业务工作，才能抓住要点，避免编辑性差错。

（二）文字要准确、规范、精炼

大事记的文字是用以记述历史的，即“史笔之说”，要求避虚就实，每句话都要有实实在在的内容；切忌使用一些空洞无物、含糊不清的文字和抽象概念。记大事要在准确的前提下，尽可能地精炼，讲究字斟句酌、文从字顺，逻辑严密，语句完整、符合语法要求。单位文字的有效信息量越大，大事记价值就越大。此外，公安机关执法活动具有规范性和专业性特点，记述应使用规范的法言法语和警务术语。例如，"盘查"和"治安检查"不能用作"临检"，"临检"在中国大陆于法无据，只存在于民国时期和当今台湾地区警察勤务制度中。[2] 这在一些公安类志鉴中常会出现错用。

三、公安志大事记的内容和选录标准

大事记就是记大事。司马光曾说过："取关国家盛衰，系民生休戚，善可为法，恶可为戒者，为编年一书"。[3] 他提出所记大事应是关系国计民生的，能起惩恶扬善作用的。古人又曰："大事则书，变古则书，非常则书，意有所示则书，后有所因则书。非此五者则否。"[4] 即大事记要记述大事、新事、要事、特事的观点。司马光等人的观点虽然有其时代和阶级的局限性，但对编写公安志大事仍有启发。

所谓大事，就是与公安工作相关事件的社会影响涉及全局、全省（市）甚至更大范围，时间影响比较久远，具有一定的持续性。所谓要事是虽然影响不大，但不记即为缺憾的事情。所谓新事，就是在全局范围内史无前例或首次出现的新生事物、新奇事件。所谓特事，就是本单位、全省（市）独有的事物、事件。综合考量公安保卫工作主要业务活动和公安志鉴编纂实践，公安志大事记的选录内容和标准可以包括以下几个方面（以 1997 年出版发行的上海市首轮新编地方志书《上海公安志》大事记为例）：

一是组织机构变动及主要领导干部的任免。

时间断限内市局、分局主要组织机构、社团的设置、变更、撤并及辖区范围的变化，主要领导人的任免情况等。例如，1985 年 8 月 6 日，上海市公安局成立上海市保安服务公司，为企事业单位提供保安服务。1993年4月28日，浦东新区公安局举行成立揭牌仪式。

二是重要文告。

断限内各级党政领导机关以及本局发布的对贯彻执行公安工作的方针、政策和打击犯罪、维护社会治安、公安队伍建设具有重要作用的指示、命令、决议、讲话、法规、通告及其他规范性文件等。例如，1987年7月23日，上海市公安局发布《关于严禁淫秽物品的通告》。9月22日，上海市政府发布《上海市水上消防工作暂行办法》。

三是重要会议。

断限内上级公安机关或党政领导机关在本单位召开的重要会议。本单位召开的重要全局性会议、举行的纪念活动及主办的大规模群众性活动等。例如，1963年，12月21—27日，公安部在沪召开华东地区公安厅局长会议，交流对敌斗争情况和经验。

四是重要业务活动。

断限内重大刑事案件的发生、破获和处理，治安灾害事故、治安事件和突发公共事件的发生和处置，重要领导人、外宾、重大节日、大型活动、大规模群众集会的警卫、保卫工作，重点工程建设和重点要害保卫，临时性、阶段性的重要专项工作。例如，1988年3月9日，上海市公安局与美国和香港地区警方联手破获利用空运锦鲤鱼藏匿海洛因去美国的国际贩毒案，拘捕毒贩15人，查获毒品4684.5克。1994年4月9日，上海市公安局警卫法国总理巴拉迪尔访沪安全。

五是重要业务建设和改革。

断限内重大公安业务改革，如交警和巡警分离、侦审分开等；公安业务建设中的技术革新、警学理论创新、学术科研组织的建立和活动等；本单位办公地址、重大工程建设开工、竣工仪式等活动、本单位警用装备变化，举办各类大型展览和宣传活动等。例如，1992年4月4日，上海市公安局将虹桥国际机场安全检查、消防工作移交民航部门管理。1993 年 12 月 16 日，上海市警察学会成立。

六是队伍建设中的重要活动。

断限内警力资源调配、公安队伍的扩编，民警的业务训练、大比武、竞赛、演练活动，举行文艺会演，召开体育运动大会以及公安报刊的创刊复刊，民警中涌现的先进模范人物和事迹，内部重大冤假错案，公安民警因违法乱纪造成较大社会影响的案件等。例如，1981 年 10 月 29 日，1960 年停刊的市公安局机关刊物《人民警察》复刊。1982 年 4 月 22 日，上海市劳模评选委员会批准普陀公安分局刑侦队、长宁公安分局看守所、静安公安分局延安中路派出所为 1981 年度市模范集体，迟宗融等 6 名干警为市劳动模范。

七是重要人物活动。

断限内党和国家领导人、上级机关、兄弟省（市、区）、本单位主要领导在本单位的重要活动，社会上有影响的代表人物、著名人士以及外宾在本单位的重要活动等。例如，1988 年 7 月 28 日，朱镕基等中共上海市委、市政府领导到市公安局召开现场办公会，研究公安工作。1992 年 7 月 1 日，国际刑警执委会主席伊万 · 巴博访问上海市公安局。

四、公安志大事记的编纂原则

（一）实事求是、精益求精

大事记的特点是“记”，记而不议，寓评于记，寓理于事，寓褒贬于事实之中。编纂公安志大事记必须始终以辩证唯物主义和历史唯物主义为指导思想，在充分反映断限内主要经验和成绩的同时，对一些重大失误、错事也应秉笔直书，而不能回避、含糊其词。对于至今仍有疑问或争议的大事，可暂时不下论断，先将经过严格考证的史实记录下来。公安志大事记资料来源涉及面宽、信息杂、资料散，不能只是简单地抄录往年档案，要精心挑选、去粗取精、去伪存真、精雕细琢、精益求精，把好大事记的政治关、史实关、文字关，全面、客观、科学、权威地反映断限内公安工作。例如，违法犯罪嫌疑人个人情况要完整，包括性别、年龄、籍贯、职业、有无前科，与案件当事人之间的关系等；人民法院有判决结果的应当注明。编纂大事记的准备工作要尽量做在前头，平时要有所积累，进度服从质量。

（二）旁征博采、深入发掘

公安志大事记需要从大量的资料中筛选、整理出来。因此，可从查阅公安档案入手，先查历年上级指示和决定、本单位工作部署、总结报告，后查公安工作各方面的业务资料；由远到近，逐年逐月查阅，还可参阅选摘《公安建设》、《人民公安报》、《公安要情》等公安专业报刊、简报和《解放日报》等地方报刊。同时，可视情走访知情人深入挖掘、补充内容，相互核实、印证。收集、选摘资料时，除明显不够大事的不摘录外，对于拿不准的问题也应摘录，防止遗漏造成史料不完整。每条大事的内容（包括背景、时间、地点、人物、过程和结果）尽可能收集和摘录得详细，以便编写时取舍和加工、提炼。有条件的单位可以建立大事记资料来源制度，分阶段查阅本单位各类档案，如上报、下发的文件、公安简报、刑侦情况、治安动态信息；定期从业务和政治部门了解情况，加强与负责日志及信息资料工作的同志联系沟通，补充档案资料的不足，以保证大事记完整。

（三）大事要事突出、特事新事不漏

大事记就像工作简史，主要记载大事、要事、特事、新事，为现实工作服务。大事记编辑要与时俱进，紧密关注时事，准确把握当前工作重心，不录琐事。各项大事仍有主次之分，公安志大事记要有重点、有详有略，着重反映断限内公安保卫工作方针政策的变化、主要任务的实施和一些重要警务信息。但因大事记的体例所限，同一大事的不同发展阶段中会有些其他应记载的要事、特事。所以在记述一些特别重要的大事时，要运用适当的文字将其前后衔接，让读者看出该事物发展的始末与内在联系，前后贯通。公安志大事记可将日志作为线索来源，从中精选编纂，但不能等同。要避免把大事记变成不分主次轻重、不注意事物之间相互联系的流水帐。因有的事件在发生初期形成的信息材料尚不够准确、要素不够完整，可以先据实记载，不能仅简单局限于单一信源，待问题定论或核实后续写或补充，以保证大事记准确，内容不遗漏。

（四）详略得当，繁简适度

公安志大事记过详则芜，过简则不能尽其意。其详略繁简可把握以下几点：具有时效性、地方特点、专业特点的事物、事件记述要详，共性的事物、事件记述要简略；有重大影响的全局性活动记述要详，部门活动要略写；历史事件与人物交织在一起时，应重点记述事件发展过程和因果，人物活动的记述要简略，以事系人；重大的失误既不能回避不写，又要宜粗不宜细；同一事物中积极方面的要细述，消极方面的可从略；国家规定的涉密或不宜公开内容不能记述。简要不等于简单，不等于标题摘录，不等同只要筋骨、不要血肉；不能“一刀切”，见到细致记述就删，必要时应当有细节。例如，1988 年 5 月 17 日，徐汇公安分局和市公安局刑侦处将 4 次潜入美国驻沪总领事馆窃取大量财物的盗窃犯张平捕获归案。[5] 该条大事记就缺少对案情、侦破和处理结果等细节的记述，过于简略。

综上所述，公安志大事记是整部志书质量的一个缩影。编纂大事记要坚持解放思想、与时俱进、精益求精，要以创新思维认真研究和处理出现的新情况、新问题。其形式和内容要遵循一定规范和要求，符合不断发展变化的实际，体现公安工作的行业特点和地方特色，体现地方志的时代性和实用性，经得起历史检验。

注释：

1 上海市公安局公安史志编纂委员会：《上海公安志》，上海社会科学院出版社，1997 年版。
2 朱得旭:《穿越时空的“临检”及其启示》，《综治研究》，2014 年第 8 期。
3 瞿林东:《中国古代史家的通识与智慧》，《史学史研究》，2012 年第 3 期。
4 廖盛春 :《方志若干理论观点与编纂实践相悖的思考》，《中国地方志》，2007 年第 1 期。
5 上海市公安局公安史志编纂委员会 :《上海公安志》，上海社会科学院出版社，1997 年版。

（作者单位系上海市公安局史志办，原文为上海市地方史志学会 2014 年学术年会入选论文，原载《上海地方志》2014 年第 6 期）

地方志资料价值的研究

蒋智炜

一、什么是“方志”

（一）“方志”的概念

方志，又称地方志、志书、志，是指按照一定体例记载某一行政区域内的古今各个方面或某一方面情况的资料性文献，包括自然、政治、社会、经济、文化、军事等的综合著述，俗称为“地方百科全书”。记载各个方面情况的称为“总志”，记载某一方面情况的称为“专志”。根据修志传统，中央所属省一级的志书称为“通志”，但省所辖的市就不能称为“通志”。“方志诞生于周，其雏形地记、地志萌芽于秦汉，郡书起于汉晋，图经演变于隋唐，方志定型于两宋，盛行于元明清，空前发展到当代，已历经三千余年历史。”[1]

（二）“方志”的性质

在 1989 年中国地方志协会学术年会上，重点讨论了“方志”的性质，与会论文《论方志性质》一文提出要遵循逻辑定义的规则，不能将性质与定义分开研究，文章发表后引起全国争鸣。2004 年，中国地方志指导小组办公室在广州召开方志性质研讨会，综合此前研究成果及与会专家的观点，归纳了方志的性质。2006 年 5 月，国务院颁布《地方志工作条例》将方志的性质定义为：“地方志书，是指全面系统地记述本行政区域自然、政治、经济、文化和社会的历史与现状的资料性文献。”总之，方志既是资料书、地情书，又是教科书、工具书；既反映客观存在的社会历史文化著述，更是一个综合的社会文化知识体系。[2]

（三）"方志"的特征

方志历史悠久、内容丰富、体例独特，是我国优秀文化遗产的一部分，对研究我国政治史、社会史、经济史、文化史、军事史等具有重要参考作用。

第一，方志的区域性，这是方志的空间特征，强调了方志的地方性，小到某个地方、企业、组织、家庭，大到一个国家、民族、省市区县。

第二，方志的时代性，这是方志的时间特征，强调了方志编修的年限，任何一部志书都能够准确反映时代特色。

第三，方志的系统性，这是方志的结构特征，强调了方志作为总志反映各个方面的大系统和作为专志反映某一方面的子系统。

第四，方志的资料性，这是方志的内容特征，强调了方志的口述资料、行为资料、文献资料和实物资料等。

第五，方志的科学性，这是方志的质量特征，强调了方志资料详实、记述客观、观点正确、宗旨明确、体例完备、结构严谨、突出特点、行文规范等。

第六，方志的文献性，这是方志的编修特征，强调了编修方志属于不同层次的文献。

二、方志资料的价值

目前，各省图书馆分别藏有大量方志。比如，天津市人民图书馆，于 1980 年编有馆藏方志目录，油印本，著录方志三千六百八十六种；大连图书馆，藏有方志约三千种，大连编有《馆藏地方志目录及物产提要》，于书名下注物产、特别是土特产名目及其所在卷数，有参考价值。此外许多博物馆、档案馆和市县图书馆，也保存了不少方志。大专院校所藏方志比较出名的有北京大学、南京大学、北京师范大学、南开大学、复旦大学、中国人民大学、中共中央党校、中央民族学院、福建师范大学、武汉大学、四川大学、吉林大学、广东中山大学、陕西师范大学、等等，其中有些大学的前身，比如燕京大学、华西大学、福建协和学院等因当时校方较为重视中国地方志的搜集，具备一定的收藏基础。[3]

（一）有助于了解和掌握自然规律

从方志的功能来看，方志是从人类社会一切知行活动中精炼萃取的精神成果。它把人类认识和改造自然及社会的历史过程的实际状况作为研究记述的对象，不仅给社会、给后人提供经过提炼的文献资料，而且其自身更具有强烈的厚德载物、经世致用的功能及作用。一些有关天文、地理、地震等重要著作的编撰，大量使用了各地方志中的有关资料。比如竺可桢的《近五千年来中国气候的变迁》、中央气象局《五百年来我国旱涝史料》和《华北东北近五百年旱涝史料》、北京天文台《中国天象记录总表》和《中国天文史料汇编》；中国科学院历史研究所《中国地震资料年表》；这些对我们了解和掌握自然规律、采取有效预防措施，做好基本建设，能动地改造自然面貌具有一定的参考价值。

（二）有助于促进社会主义市场经济建设和社会发展

中国经济研究所《中国手工业资料》、梁方中《中国土地人口赋税统计》，参考并引用了不少方志资料，这对促进我国社会主义市场经济建设具有一定的参考价值。高质量的方志为地方执政领导做出正确决策提供历史借鉴和现实依据，为学科专题研究、发展地方社会经济、开展文化旅游活动提供参考作用，促进了各地社会文化及各项事业的发展。

（三）有助于开发方志资源

总体而言，方志内容极其丰富，所蕴含的资料详实可靠，具有经世致用的价值，足以补正史和别的记载之缺。很多科学研究从方志记载中摘取资料，获得不能取代的效果，而科学研究又是服务当前物质文明建设和精神文明建设的，从而促使人们更加重视对方志文献的发掘。

（四）有助于激发爱乡爱国的热情

方志内容包罗万象，有人说，不管从事何种工作，有何爱好，都有必要耐心地读一部家乡的志书，通过阅读家乡志书，从中体会，增加实感，了解家乡的风土人情，激发爱乡爱国的热情。

三、方志管理与利用存在的问题

（一）方志利用率不高

方志是资料性文献，其性质决定了方志是社会公益文化事业，编修方志的经费来源于国家公共财政，由政府主持纂修。但在市场经济条件下，政府的职能逐渐缩小，原属政府管辖的部门或单位，不少逐步转变为企业性质的集团或公司，根据《地方志工作条例》规定，这些企业性质的集团、公司并未指令要修地方志。[4]然而，地方志编修完成后，并没有得到充分利用。有些地方仍然存在方志编修完成后，只是作为存史文献束之高阁。方志与任何学问都有联系、和任何科学都有关系，近现代中外学者在从事各学科研究活动中，除了参考各类文献以外，在不同程度上研究和利用了中国方志所取得的成就，然而研究者利用方志多为一时之需，去查找他所需要的资料，目的达到后，不太可能再深入阅读。

（二）缺少一支强有力的编修方志队伍

提高编修方志队伍的政治和业务素质，是提高方志质量的根本保证。编修方志是一项艰巨的系统工程，作为个体而言，要求每位编修人员具有一定的敬业精神和无私奉献精神，全身心投入到编修工作中；作为整个编修队伍而言，要形成一支老、中、青相结合和专、兼职相结合以及在职、退休相结合的队伍，保证方志的区域性、时代性、系统性、资料性、科学性、文献性。同时，编修方志队伍要对一方区域的发展状况比较熟悉，这是修志前提和基础。需要在本区域内做较为深入的调查研究，而不是点到为止，需要对本区域内的历史和现状了然于胸。

（三）方志的质量有待全面提高

传统方志以收集整理记载一地之历史认知成果为主的志书，其主要收集编纂现有认知成果，同时收集辑录对历史认知的成果。[5]其著述性不够，系统性不足，表象大于实质。方志记述的对象应该是自然、政治、经济、社会、军事等一切客观存在，其社会属性、客观属性、意识属性等超出了历史的范畴和意义。对新时期地方志的社会属性没有深刻正确的认知，抱有传统的方志理念，便会丢弃《地方志工作条例》规定的方志“全面系统地记述本行政区域自然、政治、经济、社会、文化和社会的历史与现状”的本质使命。

（四）尚未充分利用现代信息技术进行编修方志

方志具有一定的编纂原则和规律，随着时代的发展，方志的编修理应与时俱进，在继承的基础上，从体例结构、编纂内容上进行科学的创新。修志与读志用志之间，修志始终处于第一位，首先要求编修好方志，同时采用各种措施，开发利用方志资源，为现实服务。然而，在编修方志过程中，存在看重历史、依赖固有资料、行政修志、摊派修志、关门修志等现象，有些地方和部门并不重视修志工作，使修志工作边缘化。

四、方志的发展与利用的新途径

在经济全球化和知识经济时代，国际化在未来将继续成为社会发展的主要趋势；此外，以多媒体计算机和网络通信技术为基础的现代化信息技术的不断发展，对社会发展提出了新要求。因此，在国际化和信息化的时代背景下，编修方志工作要把握先机、争取主动，探索方志发展和利用的新途径。

（一）加强对方志工作者的培养

志书是学术性很强的著述，修志队伍应当是一个学术群体，修纂志书的全过程应作为学术活动的全过程。对收集的资料应进行考核和鉴别，从搜集到利用，应当是研究过程，论证其可信度，而后权衡其价值。继续发展和利用方志，从经济建设、科学研究角度，多方面地开发和发现方志中具有珍贵价值的资料，需要加强对方志人才的培养。所谓人才培养，是指在遵循教育客观规律以及人才培养规律的基础上，在既定的条件下，所培养的人才满足个人、群体、社会、明确或隐含需要能力的特性的总和[6]。人才培养的质量最终体现在方志人才的知识、能力、素养以及社会对其的认可程度，提高方志的质量关键要有一支强有力的修志班子。

加强对方志人才的培养是全面提高编修方志质量的前提，方志的编修是一项艰巨的工程，其内容包罗万象、纵横古今，因此对编修方志的人才要求“德才兼备”,能够深入采访、实地考察、座谈分析、编修志书等等，有了高水平高素质的修志人才，才能编修出高水平高质量的方志。可以通过组织各类方志培训班、专题研讨会、组织征文活动等多种方式，培养一批方志工作者，提高其业务能力和研究水平，从而促进方志质量的全面提高，为今后方志编修的健康发展奠定坚实的基础。比如在浙江省，连续多年举办浙江方志研究论坛，面向全省施行年度重大课题制度，出台《浙江省地方志系统人才梯队建设方案》，鼓励更多的方志工作者参与科研，缓解本领域人才资源不足的困境；并依托省地方志学会开展各种学术研讨和志鉴培训活动，成立省地方志专家委员会，对全省各市、各试点县（市、区）的修志业务进行一对一挂钩的全程指导；借助《浙江方志》杂志、“浙江方志网”等各种平台，积极为学术研究和学科建设服务。

（二）全面提高方志的编修质量

“方志”是“一方之全史”、“一地之百科全书”，有存史、资治、教化的功能。首先是方志的体例质量，即方志的框架结构质量，包括述、记、志、传、图、表、录等多种体裁以及序、跋、凡例等等，要求体例完备、条理清楚、类目清晰、标题简明得体、篇目设定体现时代特点、地方特点和民族特点。其次是方志的资料质量，即方志资料来源及选择和取舍，收集资料要广征典籍，不盲目地任意进行，做到心中有数，使方志为需求者提供全面、系统、准确、详实的资料。再次是方志的编修质量，要求方志具有地域性、资料性、完整性、系统性、科学性、贯通性、真实性和可读性。编修方志要注重继承与创新：一方面从方志的产生、发展中考察其渊源和前进的轨迹，不断总结过去编纂方志的特点、经验和得失，此为“继承”；另一方面，即为“创新”，在吸取过去方志编纂成果的同时，结合当代各种学科的新成就去探索和创新，使方志跟上社会前进的步伐，把握时代的脉搏，坚守和伸张科学性。

（三）加强资源整合，推进方志电子化进程

随着网络的日益普及，网络信息资源的急剧增长，信息资源整合逐渐成为该领域的重要研究课题和亟待解决的问题。方志的信息化建设核心是信息资源的科学开发、合理配置和有效利用。对于编修方志而言，网络化是信息共享和交流的途径，也是对传统编纂方式的巨大改革，可以在网络环境下进行方志的信息采集、编辑、流转、审核、评价等，方志网络化的最终目标是建立高标准的方志信息库，服务于社会。作为一种具有重要实用价值的信息载体，方志的网络化必将成为其信息服务的新模式；同时，加强电子方志的制作，使相关资料信息及时上网，既降低成本，也便于查阅；此外，设计相关软件，方便一些材料、数据的汇总集成，以提高编纂效率，缩短出版周期。网络突破了空间和时间的限制，发挥的作用愈发明显，与传统媒介不同，网络具有及时、全面、准确、信息承载量大等优点，社会公众可以根据自己的需要，随时随地查看所需信息。作为方志机构，需要不断优化网站建设和管理，加强资源整合，改进搜索引擎，进一步完善网上服务功能，提高网上办事服务效率。

五、总　结

方志的资料价值研究，对挖掘旧志资源，研究修志规律，服务当代经济社会发展，具有重要的学术价值和实用价值。开发利用志书资源为当地经济、社会、文化建设服务是地方志工作的价值所在，如果花费巨资编修完志书，却不加利用，那不仅失去了修志的意义，更是一种巨大的财力、人力、物力的浪费。

注释：

1 王晖：《什么是方志——〈方志百科全书〉“方志”词条释义》，《中国地方志》，2012 年第 10 期。

2 史天社：《方志是反映客观存在的镜子——认知方志学初论》，《黑龙江史志》，2013 年第 6 期。

3 朱士嘉：《现存方志的收藏分布和管理利用》，《山东图书馆季刊》，1982 年第 3 期。

4 刘其奎：《编修地方志应该注意的问题——兼对〈中国现代方志学〉若干问题的批评》，《学术界》，2007 年第 3 期。

5 史天社：《方志是反映客观存在的镜子——认知方志学初论》，《黑龙江史志》，2013 年第 6 期。

6 连仙枝：《山西省普通高校人才培养质量问题研究》，山西大学，2007 年。

（作者单位系华东政法大学，原文为上海市地方史志学会 2014 年学术年会入选论文）

加强口述历史在第二轮修志中的作用

黄　婷

地方志书作为全面、系统、真实地记述特定行政区域自然、政治、经济、文化与社会的历史与现状的资料性文献，其鲜明特点之一就是资料性。志书讲究资料的丰富翔实、全面客观、准确可信。因此，志书的资料一般以档案资料、文献资料为权威性资料，口碑资料作为其中来源之一。口碑资料，指保存在当事者、知情者记忆中或在群众中口头流传的资料，尤其是历史见证人或知情人的亲知、亲闻、亲历。口述历史也是历史见证人的亲历、亲见、亲闻。只不过前者侧重的是历史资料价值，后者侧重的是历史著作性质。口述历史具有资料价值，所以，它也是口碑资料，是重要的志书来源。二轮修志（1978—2010 年），因其内容的广泛性、丰富性、复杂性，尤其需要高度重视口述历史。

一、口述历史概况

美国著名口述史家唐纳德·里齐说："世界上已找不到有哪个地方的人不在进行口述历史的。自从世上第一套录音设备出现，由蜡盘滚筒逐渐发展到磁盘、有线录音机、卡式录音匣和卡式录音带，口述史家便开始使用这些设备进行各式各样的访谈……"[1] 按照国际学术界比较通行的说法，口述历史指的是由准备完善的访谈者，以笔录、录音或录影的方式，搜集、整理口传记忆以及具有历史意义的观点。

在文字形成以前，人们只能口耳相传、靠口述传授历史。这个时期所有的人类历史实际上都是口述的历史。口述历史在中外源远流长。3000多年前，周朝就设有专门为史官搜集人们言谈内容的书记，所谓“动则左使书之，言则右使书之”。孔子著《春秋》，就是运用口头传说追述了唐、尧、虞、舜的历史；司马迁在撰写《史记》之前，曾外出访问，请年长者述其见闻。顾炎武《日知录》中许多资料，皆得自访谈。西方的《荷马史诗》、《马可·波罗游记》是众所周知的口述史书。现代意义上的口述历史，即把口述历史作为一个专门学科，以20世纪40年代为肇始。1948年，美国历史学家亚伦·芮文斯(Allen Nevins)在哥伦比亚大学建立世界上第一座现代口述历史档案馆后，口述历史就如星火燎原之势在全世界蓬勃发展。诚如有学者所说：“半个世纪之前，口述历史从现代历史科学内部分离出来，初步形成一门独立的学科，其发展速度之快，影响之大，涉猎范围之广，就连国际史学界圈内人士也始料未及。”[2]

我国大陆学术界早在20世纪50年代，已采用社会调查和口述方法搜集重要政治事件和人物的资料。50—60年代，全国各地对太平天国、义和团运动、辛亥革命、五四运动等事件“实地调查”，搜集口碑资料，使用的就是口述历史的方法。1959年，周恩来总理号召60岁以上的政协委员将自己的“三亲”（即亲历、亲见、亲闻）经历口述或撰写出来，传之后世。从此，全国各地政协设立文史机构，口述或撰写数万种包罗万象的文史资料。60年代兴起家史、村史、厂史、社史等“四史”回忆资料，影响最大的莫过于革命回忆录《红旗飘飘》、《星火燎原》。1978年改革开放后，口述历史呈方兴未艾之势。复旦大学、北京大学、吉林大学、扬州大学、上海社会科学院、四川社会科学院等开展了一系列访谈工作；出版界推出了“口述自传丛书”、“口述历史”、“口述传记丛书”等；而大众媒体更是争先恐后推出以口述历史为特色的节目，如中央台的“讲述”、“大家”，凤凰卫视台的“口述历史”、“鲁豫有约”等。

志书中运用口述历史的方法古已有之。清代杰出的史学评论家章学诚（1738—1801）在《周筤谷别传》中谈及乾隆四十二年（1777）他就直隶永清县知事之邀纂修该县县志。他为了将该县贞节孝烈妇女们的事迹采入县志的列女传中，而又不满意一般方志列女传的体例，以为文多雷同，使观者无所兴感。因此，他特地亲访永清县贞节孝烈的妇女中见存者，“安车迎至馆中，俾自述其生平，其不愿至者，或走访其家，以礼相见，引端究绪，其间悲欢情乐，殆于人心如面之不同也。前后接见五十余人，余皆详为之传，其文随人更易，不复为方志公家之言”。[3] 其所写的传记，和通常州县地方志的列女列传寥寥数十、百字，千篇一律的公式化刻板文章大不相同，这其实就是口述历史。

资料是编写志书之根本。“巧妇难为无米之炊”，没有资料，修志就寸步难行。作为存史的地方志书，特别是二轮修志，应该高度重视和运用口述历史。口述历史对于地方志工作来说，不仅在于志书编修运用口述史资料，更在于丰富地方志形式，用一种新的手段展现历史。因为口述历史本身就是一种历史文化载体，与志书存史相比，各有所长。“地方志乃一方之总览”。只有善于运用多种学科的研究成果和研究方法，才能编纂出一方之良志。方志事业需要有新的生长点，需要理论创新，才能更好地发挥方志的价值与作用。

口述历史就是“活材料”，其抢救和整理已刻不容缓。早在七八十年前梁启超就已发出警告，呼吁当代人应注意对现存史料之实迹及口碑史料的保存：“现在日日所发生之事实，其中有构成史料价值之一部分也。吾侪居常慨叹于过去史料之散亡，当知后之视今，犹今之视昔，吾侪今日不能将其耳闻见之史实，搜辑保存，得毋反欲以现代之信史，责望诸吾子孙耶？”[4] 中国社会科学院副院长，中国地方志指导小组常务副组长朱佳木说：“相比之下，当代中国史研究、中华人民共和国史研究，以及地方志当代部分的编写，恰恰是最适宜运用口述史方法的领域，同时，也是口述史可以大显身手的最佳时段。”[5]

二、口述历史的优点及阶段

作为一种研究方法，口述历史的局限性不可回避。正如熊月之先生所说："问谁、谁问、问什么、怎么问、什么时候问，受访人的年龄、记忆力、理解力、兴趣、情绪，受访人与访问人的关系，访谈环境，都会影响访谈的质量。但是，世界上不存在没有局限性的东西……而且受访人在其讲述的时候，可能受记忆因素、情绪因素、选择因素的影响，讲了一些，也漏了一些，甚至讲了枝节的，漏了关键的，讲了感兴趣的，避了不堪回首的；讲对了一些，也讲错了一些。张冠李戴、前后倒置，以及片面主观、情绪化等问题的存在是完全可能的。"[6]

但是，口述历史的优点仍是无与伦比的：

第一,传统历史记录方法所不能比拟。现代意义上的口述历史，是在录音、录像器具发明以后，运用音传，进而运用像传手段记述历史的方法。口述历史借助现代科技保存了说话者声调、语言、态度、姿态等生动的纪录,正如有学者指出："就复原历史的功能而言，纵使千言万语的文字记录，有时也抵不上简单的一刻钟录音，短短的一小段录像。今人可以确切地了解孙中山、毛泽东、蒋介石的音容笑貌，但是，对刘邦、朱元璋、洪秀全却不能，其关键因素，就在于有无录音、摄像资料。"[7]

第二，是志书的重要来源。二轮修志从新时期的改革开放到二十一世纪，社会生活各个层面发生翻天覆地的变化；同时也出现过失误和坎坷，带来过痛苦和灾难。全面保存历史的记忆，把握历史的脉搏，正确地总结经验和教训，将是有助于实现我们"中国梦"的宝贵财富。然而，在我们面前并没有摆着现成的、系统的史料，许多重要的事件没有留下文字记载。大部分文献和报道侧重于政治层面，而对经济、文化、社会生活层面的实际情况、重要事情则语焉不详。涉及的要事，也打上了那个时期的烙印，往往有诸多禁忌，只记下了“自上而下”的决策、部署和“自下而上”的拥护、表态，“报喜不报忧”，听不到原本不同的声音。首轮志书，大多有果（成就）无因（取得成就的深层原因）；重综合概括，轻点面结合；重事件的记述，轻鲜活的人物事迹。二轮修志要改变这些状况，运用现代口述史的理论和方法，有计划、大范围、广角度地征集和积累史料，将大大扩充志书的来源。有同志讲，口述史对于文献、档案是必要的补充。这样讲不太准确，就像过去讲“民营经济是对公有制经济必要的、必不可少的补充”那样，还只是摆在补充的位置。应当说，历史事件亲历者的口述是史料的又一重要来源，是还原历史真相的重要证据。二轮修志可以而且应当以文献档案和口述史料为双重证据，相互参照、核对、印证。

第三，填补文献资料的空白。志书来源主要是档案资料，但档案的开放和公布是需要依法行事的。1987 年 9 月 5 日全国人大常委会通过的《中华人民共和国档案法》中规定：从 1988 年 1 月 1 日起，开放 1949 年以前的清代档案、民国档案和中共档案。同时又规定：1949 年以后的档案从形成之日起，满 30 年分期分批开放。但实际上，由于一些特殊原因抑或是地区部门的自行规定，使得本该开放和公布的档案无缘面世。有些重要事件或某个时期重要人物的活动，可能根本就没有留下档案记录。例如，有些重要会议为了保密，既不准录音，也不允许与会者做任何记录。通过口述历史，就可填补这些资料的空白。

第四，补救文献资料的偏差和讹误。真实是志书的生命，由于地方志编纂主要依赖文献资料，如果文献资料出现了偏差或讹误，那么志书的真实性就很难得到保证，而文献资料又并不是完全可靠的。如某些时候，有的单位造假大空的数字，时过境迁之后，要系统地校正这些数字已经十分困难，运用口述方法与当事者或知情者直接对话是获得真相的前提和途径。因为口述历史“可以与同一对象反复对话，而且以就同一主题与不同对象重复对话，反复验证结论，不断地去伪存真，去芜存菁，其结果，可使得研究结论越来越接近历史的真实。”[8]这一优势无疑有益于真相的重建。

第五，提供细节和增强可读性。首轮志书最大诟病就是出版后大都束之高阁，因其少了可读性。二轮志书一定要加强可读性，而口述历史的可贵之处还在于丰富而又生动的细节。只有充满细节，才能使读者如入其境，如闻其声，带给读者欲罢不能的强烈可读性。

口述历史具有准备、采访、整理、使用四个阶段。

前期准备阶段。(1) 口述历史培训。二轮修志都非常注重培训，应该把口述历史培训看作是和资料长编培训同等重要。培训老师应该选择具有丰富采访经验的实践者，而不是空谈的理论家。培训时多讲些生动的案例，模拟些场景让学习者参与实践，掌握采访工作的基本技巧。(2) 选定受访对象。根据志书需要，选择合适的受访对象。受访对象的选取原则是事件亲历、亲见、亲闻的参与者与见证人。在访谈中，也可围绕同一主题选取多个采访对象，但采访对象应具有代表性。口述历史的最佳人选应具备三个条件：一是重大历史事件的亲历者；二是记忆力好；三是口头表达能力强。(3) 查阅相关资料。在网络时代，借助于搜索引擎可以迅速获取大量相关的背景资料。了解事件的来龙去脉、大致经过；与此相关的专业词汇、重要人物、事件等。因此采访人最好是撰写志书的同志，对事件内容有相当了解,可以有的放矢向受访者求教。(4) 拟制采访提纲。提纲中应多设置开放性问题。所设计的提纲、问题须充分、谨慎，可能的话，应在小组内进行必要的讨论，以求完备。采访提纲需事先发给受访者,让他有所准备。(5) 准备相关器材。采用录音或录音、录像相结合的方式，采访前应对采访器材进行必要的检查，以防止采访途中器材出现故障，影响工作。(6) 选定访谈地点。在征求采访对象的基础上提前确定访谈地点，尽量选择安静舒适的地点。

采访阶段。访谈中需注意的要点：(1) 注意采访技巧。一个成功的口述，好的开始非常重要。因此，如何进入和开始访谈成了一大难题。在做口述的时候，如果一见到口述对象，就告诉他自己要知道的是什么，那么效果不一定好。因此，可以先与口述对象聊聊家里的事，或他自己经历的事，或他可能最感兴趣的问题着手。这样做，口述对象会逐渐放松心情和情绪，访谈比较自然地开始。口述者常会把话题扯到他自己印象比较深刻的事情上去，这是我们做口述时经常会遇到的现象。这时候要抓住机会引导他，把他的话题引导到自己所需要的问题上来。什么时候引，怎样引，是访谈中最难、也是最需要技巧的。汤普逊提到许多操作性很强的窍门，具体到了细节："在访谈中，你自始至终都要表现出你的兴趣。不要不停地说'是'——在录音里会听起来很蠢——其实，你可以学着像人家那样谈话、点点头、笑一笑或扬扬眉毛，用赞同的表情看着被访者。你必须非常清楚访谈进行到哪儿了，尤其要避免提出已经得到的信息。这需要敏捷的记忆力和集中的注意力……对某些被访者来说，更明智的做法是把比较微妙的问题留到访谈的最后。如果你想得到的答案是绝对重要的，那也要等到最后，或许还要关掉录音机……用轻松的口气结束访谈，更容易使人产生美好的回忆……你始终需要尽量敏感地觉察到被访者有怎样的感觉……在通常情况下，对任何访谈来说，一个半小时或两个小时是比较合理的最大极限……访谈要想获得成功，不仅要靠历史专业知识，也需要个人的爱护关心。"[9] (2) 认真倾听。采访过程，采访者自始自终都要注意倾听，善于倾听。只有会听，才能会问。当其在谈话时，访谈人尽量不要影响和打断，以免破坏录音文本的制作。当采访者意识到受访者讲述的情况可能有误，或根本错误时，一般不要轻易打断对方的话。如有常识性错误，可待其讲完时适当提示，让对方自己纠正；如涉及的是某些与众不同的意见，则不应视其为错误。因为这可能正是对方的独特之处，而这种意见对于"历史"来说，也许正是其价值所在。（3）会问。最主要的问题总是包含所谓的 6 个"W"，即为什么（Why）、哪个或哪些（Which）、何时（When）、谁（Who）、何地（Where）、何事（What）、如何（How），来询问原因、时间、事件、地点、人物与经过如何。口述提问与引导谈话技巧应随访问对象的变化而变化，而技巧的取得要靠自己去实践。一般提问的问题可分为定性问题、共同性问题、特定性问题、闭锁式问题、开放性问题和指导性问题。每种问题都有各自的优势和特点，访问时可视访问对象交互使用。定性问题是进入真正交流的前奏，它包括受访者的姓名、出生时间、出生地点、家庭成员以及学习经历和生活等方面的基本情况。例如我们希望了解受访者的留学动机，在问问题时有两种方法：一种是简单地问："为什么会考虑出国留学？"另一种是："出国留学时，家人是支持或是反对，后来又怎样？"显然，第二种问题可以获得更多的信息，也可以体会到受访者内心感情的变化。共同性问题，即专题访问的主题，同一个问题同时有多位受访者提出，这样不仅能搜集到来自各方面的更为详细的信息，同时也可以从受访者的口述相互印证叙述的真实性。例如灾变口述史、重大工程建设等主题的访问。特定性问题是为了获得每个受访者的独特信息，访问时需依据每个受访者的具体情况而定，不能千篇一律。因此，访问之前必须针对受访者的背景深加研究。闭锁式问题是指一问一答的访问，这些问题一般是主访者根据自己的背景研究，通过提问由受访者回答他们的看法。最好的口述历史是让受访者唱独角戏，这种独白是经由主访者点头称是、会心微笑、专心倾听、一再鼓励、外加明确地补充和黠慧的题目设计所激励出来的。[10] 开放性问题，以开放性问题引导访谈，可以让受访者在回忆和叙述时享有充分的自主权。查尔斯.莫里斯（Charles Morrissey）主张在自由阐发性问题的基础上设计一种两句式问题，即第一句陈述问题，第二句提出问题。[11] 指导性问题，在访问过程中最忌讳提出的是指导性的问题。例如访问政治人物时提问："你是否支持预算均衡修正案以结束政府的浪费与诈欺行为？"这是含沙射影，有所为而问的；“你支持预算均衡修正案吗？”则是中立不偏的。(4) 尽可能利用所掌握的专业知识，就计划内的某些话题或细节，充分展开询问，增添其他可能有各种价值的内容，以到达意想不到的收获。对受访者一时难以作出正确判断的某些问题，如年月日，人名、地名等等，可以有适当的提示，但切忌对连访谈人自己也不了解的情况作诱导式的提示。(5) 采访中应请受访者提示年代、日期、人名、地名，以及历史事件等专用名词，访谈人应根据提示随时笔录，并经核对无误后留待整理文稿时参考。在采访中如有不明之处，访谈人应将问题即时笔录，一般不要打断受访者的话，等受访者讲完后再作提问。 (6) 尊重对方的隐私。在搜集一些关于个人的较为敏感的话题上，如果受访者不愿多提及，一定要尊重对方隐私，不能执意寻根问底。当受访者出于某种原因拒绝讨论某些话题时,应尊重其个人意愿。如因此而严重影响采访计划的实施，可在许可的范围内采用适当的办法解决。(7) 采访后，应征得受访者的同意，尽量与其合影，或给他单独照相。(8) 每次采访均应有完整的记录。这种记录可由“采访记录表”和“采访记录”两部分组成，“采访记录表”将存档备案。从事口述历史工作，其实也就是一项挖掘历史老人头脑中的记忆宝库的工程。一定要有锐利的目光，一定要讲究技巧，一定要有足够的耐心，一定要有细致的工作态度。

整理阶段。访谈之后要趁热打铁，尽快整理出文字，对有疑问的地方列出清单再次回访。(1) 将录音资料整理出来。包括：采访时间、地点、采访对象（包括对象的基本情况，如为群体、另附如人数、年龄、职业、住址等其他必要情况)、采访人员（包括主访、参访人员)、采访问题、采访内容。整理时，不论是自述法或是一问一答，初步先以逐字稿的方式处理。尤其关键性的问答，逐字稿是最好的处理方式。以逐字稿整理的访问，其致命伤是没有可读性，如受访者讲述的内容颠三倒四，跳跃得非常利害，逐字稿就没有办法适合我们的需求。因此，逐字稿完成后，必须重新斟酌、整理，把相关的主题并在一起，再下标题，使前后相互连贯。整理时，经常会碰到说明性质的内容，如置于正文中，会影响全文脉络，打断读者的思绪，最好以注释式处理。此外，受访者的回忆，除个人的回忆之外，还套有别人的回忆，或者不是他当时的亲身经历，而是后来阅读到的资料，这就牵涉到历史的真实性问题，也要以注释来标示。（2）整理稿与原有文献档案材料核对，确保其真实无误。尤其是对关键的情节、背景、人物、时间等做必要的考证。口述内容与文献不同处，要多作注释，加以说明。有学者提出："口述历史是研究者对口述史料的加工、整理、研究和提升，而不是访谈史料的简单复原，应该有脚注（人物、事件、书目等知识性说明），有旁注（对主述资料的校正或置疑，或其他文献资料的补充），也有尾注（编者评述、图例或附录、参考资料）等。"[12] 著名口述史家唐德刚说："我替胡适之先生写口述历史，胡先生的口述只占百分之五十，另百分之五十要我自己找材料加以印证补充。写'李宗仁口述历史'，更麻烦，因为李先生是军人，他连写信都要秘书，口述时也随便讲讲，我必须细心的找资料去编、去写、去考证，不明白的还要回头和他再商讨。"[13] 故此有人高度评价其《胡适口述自传》："注释文字几乎和口述正文相当。这些补充的资料体现了史学工作者的创造性劳动，使口述不再是简单的回忆，而成为一种有旁征考证的、细节比较清楚准确的历史记忆。"[14]（3）采访记录整理后，务必打印2份，并交口述人审核后签字盖章。访问稿整理之后，必须给受访者再看过、改过，才能定稿，有些受访者对主访者改过的稿子总是不满，老是要自己动手来写。英国口述史家保罗.汤普森（Paul Thompson）是反对把访问纪录稿交由受访者修改的，他认为只要写个信请他们澄清一些比较模糊的问题、不太清楚的名字或被遗漏的重要细节即可。[15] 因为经过受访者改写的稿子，其实与访问纪录已有很大的差距，虽然可能更贴近受访者所想展现的形象，但这也意味着增加了另一个操作的可能。[16] 有的受访者在修改稿子时，会把最关键的地方全部删除，或是全部改头换面。这时应建议受访者，与其材料完全删除，不如受限保留一段时间再做决定。(4) 采访记录整理稿、与受访者的合影照片、录音磁带均交课题组指定的专人存档保管。

使用阶段。对于志书来说，口述历史全篇使用的可能性并不大，通常需要找到一个切入点，或综合、或专题、或片断，在篇、章、节、目之后，以“口述实录”、“访谈录”、“当事人讲述”等名目，经提炼取舍将相关的口述资料载入。有同志提出具体做法可尝试如下几种：(1) 精选口述片断载入，丰富正文记述的细节。志书正文记述某事件的发生、发展和结果，往往因受档案文献资料的局限而缺乏生动的细节。选用口述史料的某些片断，正可以弥补正文细节的不足，增强正文记事细节的丰富性和生动性。(2) 精选口述事件载入，补充正文记述的情节。档案文献特别是文件记录事件，一般会有基本过程，但通常不会展开具体情节。选用口述的事件，可以弥补正文情节的不足。(3) 精选个体口述资料，与综合记述相互印证。(4) 篇幅较长、比较宏观的口述史料，收入全书附录。[17] 当然，丰富的口述历史也可以形成个人专著，或由多篇访谈汇成一本书。

三、口述历史运用于志书中的思考

真实性是志书的生命力和价值所在。有人反对口述历史怀疑其真实性。过去的历史是无法还原的，研究者只能无限逼近“历史的真实”。不能苛求一个人的口述呈现出历史真实的全貌，只能要求他尽量提供他所了解的局部的真实，他所叙述的“历史事实”至少反映了一定的真实性，而且比起文献资料具有“鲜活性”。与档案文献资料相比，不一定白纸黑字地落在纸上的资料其可信度就高。档案造假也是完全可能。无论是文献资料还是口述历史，都应去伪存真。口述历史让历史的见证人面对历史出来作证，尤其是通过访谈者与口述者的问答交流，可以激活记忆、校对事实、补充修正，而现代音像技术又可以原汁原味地保存亲历者口述时的神态、语调，这些都有利于提高并鉴别口述史料的真实性。方志工作者把口述历史同文献档案等史料核对比勘，就可能逐步寻求到历史的真相。唐纳德·里奇提出两种常用的方法，其一是口述与文献资料互相印证："口述历史不应该以孤证自满，研究者必须找出可用的数据来印证文字和口述两种历史证据。"[18] 其二是与其他访问纪录互相对照："在确认事情的真实性之前，至少找出两位目击证人。"[19] 口述历史内容的真实性和方法的规范性是内在相联的，好比法学领域用"程序正义"来保证"实质正义"那样，口述历史工作要以程序的规范，来保证其内容趋近求真的目标。只要我们抱着实事求是的态度，采取严格、规范的程序和方法，是可以使口述史料臻于真实、可信的。

客观性。口述历史为地方志研究开辟了一个重要的史料来源。要做到客观，采访者尽量做到：首先，立场客观。访问者要立于"中性立场"，不被受访者的"主观"色彩所迷惑。其次，手段客观。访问者要采用标准化，流程化的程序来操作；要利用现代声像技术手段访问搜集并保存口述史料，做到不失真又可查。最后，方法客观。要把口述资料与文字资料结合起来对比求证。

运用。方志中运用口述历史自然跟完全的口述历史文章是有区别的。遇到有的志书中暂时不需要的内容，是否有必要访问整理出来。我认为是需要的。正如有学者指出："如果现在就设定禁区，不去做这项资料保留工作，将来或许会遗憾的。很多老人能自己写回忆录，但回忆录基本上是写出来能发表的，很多东西现在还不能发表，应该怎么办呢？当然应该毫不顾忌地将这些东西讲出来，整理出来留给后人，为后人留下一段口述历史资料，为民族留下一份历史记忆。"[20]

毋庸置疑，二轮修志开展口述历史存在诸多的问题和困难。第一，对口述历史重视程度不够。虽然在编纂志书过程中，把口碑资料作为一来源，但实际修志中，运用较少。第二，口述史学理论薄弱，缺乏学术规范和相关标准。我国在口述历史领域还缺乏一个普遍认同的理论框架、法律规范、技术标准以及道德规范， 这将阻碍口述历史的健康成长和扩展普及。二轮修志开展口述历史工作也面临着同样的问题。第三，缺乏正规的口述历史采访培训。第四，口述史学机构少，交流合作少。目前没有全国统一的口述史机构，如口述史协会、地方口述史研究会、地方口述史档案馆、博物馆等。第五，缺乏经费和其他资源。口述历史是一种代价昂贵的资源，购买录音、录像设备要花钱，出去采访要花钱、花时间，前期的准备和后期的整理都需要投入大量的人力。所以，对修志来说有很大的压力，被认为是投入多产出少的一项工作。

针对这些问题，首先要加强口述历史培训；其次，在史志刊物上开辟口述历史专栏。有计划或不定期地发表一些口述历史项目，刊登有关实践和理论文章。再次，在编写志书的同时，开展专题性的口述历史工作，增加抢救、保存地方资料的新途径、新方法和新载体。这是方志工作能够为地方文化建设做出更大贡献的新作为，也是体现社会主义新方志时代特色的新举措。

作为一名地方志工作者，要顺利地做好口述史，一定要做到“四勤”。脑勤：要勤于思考问题；嘴勤：要勤问；手勤：要勤记；腿勤：要经常走出去，要惯于走出办公室，到社会上去，主动出击，迎难而上。最重要的是，要抓紧做，要“大家都来做口述历史”，要像抢救古老剧种、保护古镇、非物质文化遗产那样重视，口述历史从某种意义上讲，就是“非物质遗产”。

注释：

1 唐纳德 · 里齐著，王芝芝译：《大家来做口述历史》，当代中国出版社，2006 年 1 月，第 4 页。

2 同上，第 416—419 页。

3 章学诚:《周筤谷别传》,《章学诚遗书》,文物出版社 1985 年版,第 179 页。

4 梁启超：《梁启超全集》，北京出版社 1999 年版，第 4107 页。

5 朱佳木：《努力建设中国特色的马克思主义口述史学》，《中国地方志》2005年第2期。

6 熊月之：《口述史的价值》，《史林》2000年第3期。

7 同上。

8 同上。

9 [英]保尔·汤普逊：《过去的声音：口述史》（第一版序言），覃方明等译，辽宁教育出版社，第258–265页。

10 唐纳德·里奇（Donald A. Ritchie）著，王芝芝译：《大家来做口述历史：实务指南（第二版）》，当代中国出版社2006年版，第154页。

11 同上，第154–155页。

12 李小江主编：《让女人自己说话：独立的历程》，生活·读书·新知三联书店2003年版，第10页。

13 唐德刚：《史学与文学》，华东师范大学出版社1999年版第2页。

14 闫茂旭：《当代中国史研究中的口述史问题：学科与方法》，《唐山学院学报》2009年第4期。

15 保罗·汤普逊（Paul Thompson）著，覃方明、渠东、张旅平合译：《过去的声音——口述历史》，牛津大学出版社1999年版，第215页。

16 黄克武：《语言、记忆与认同：口述纪录与历史生产》，《当代》第158期，2000年10月，第79页。

17 黄玲：《关于在新编志书中运用口述历史的探讨》，《中国地方志》，2007年第9期。

18 唐纳德·里奇：《大家来做口述历史：实务指南（第二版）》，当代中国出版社2006年版，第113页。

19 同上，第116页。

20 邓小军：《做口述史要有紧迫感和奉献精神——访中华口述历史研究会秘书长左玉河》，《中国档案》2006年第1期。

（作者单位系当代上海研究所，原文为上海市地方史志学会2014年学术年会入选论文）

方志与小城镇建设

戴鞍钢

方志作为中国历史文化资源的宝库，蕴藏着丰富的历史智慧。在大力推进新型城镇化建设的今天，方志亦可提供有益的历史借鉴和启示。上海所在的江南地区，明清以来素以众多小城镇习称江南市镇闻名遐迩，从方志中检阅其发展演变的历史轨迹，当有助于对当代新型城镇化建设的思考[1]。

一

上海所在的江南向以水乡著称，境内江河纵横、湖泖众多，与国内大水系大多有河道相通。舟楫便利的河道水系为内河航运提供了得天独厚的自然地理条件。以上海为例，其西邻的通航干流如娄江，“为太仓、松江、崇明、昆山必由之要道”；福山塘，为输运必经之路，商贾必由之所，舟楫赖以通行[2]。明清时期，上海与江南各地的贸易往来，多经上述航道沟通。如吴淞江北岸的孔泾，又称林道浜，沿浜有江湾、真如、南翔、娄塘诸镇，“嘉（兴）、湖（州）贾贩多从此道以避江潮之险”。又如淀山湖西侧有双塔镇，因地处苏松水路适中之地，客商往返至此时近傍晚，多“住此停榻”，故又称商榻镇[3]。

1843 年开埠后，上海作为近代城市崛起的历程，也是以其为基点的与长江三角洲各地城乡间近代交通方式逐渐拓展的过程。以上海为枢纽的内河航运工具的改进即轮船的运营，连同原先就有的众多大小木帆船的输运，进一步密切了上海与长江三角洲各地的经济联系。1932 年在上海县的实地调查："水路则轮船行驶浦江者，有闵南、平沪、沪张三轮船公司。闵南、平沪两轮船，均自上海起，经王家渡、塘口、杜家行、闵行、洙泾、新埭，至浙江之平湖止，航线长约一百八十里。沪张轮船，自上海起，经闵行、松江，至金山县张捻止，航线长约一百余里，交通最称便利。"[4]

成书于 1936 年的《江苏六十一县志》称："内河小轮则集中于上海、南京、镇江、吴县、无锡、武进诸处，各城市乡镇除偏僻不通水道者外，几于皆有小轮定期开驶。民船尤多，到处可通。"[5] 上海县陈行、题桥、塘口三镇："航船逐日往返上海者，陈行两艘，题桥、塘口各一艘。由周浦往返松江，道出本乡者四艘。光绪季年，闵南公司创办内河小轮，往来上海及松江、平湖等处，道经塘口，初则暂泊浦面，以小舟接载旅客，风涛殊险，后就塘口市北公地建筑轮埠，人始称便。"[6] 1902 年的松江县，"松沪来往小火轮向来止有一艘，间日开往。现（即 1902 年 7 月 3 日——引者）经永利公司商人于本月廿三日添开一艘，逐日往来，从此商旅又增一便"[7]。因客源踊跃，1905 年戴生昌增开上海至闵行、松江、平湖间班轮，"逐日上午十点钟由申开往闵行、松江、平湖等处，午前十点钟由平湖开回上海，特备坚固小轮拖带锡纲式快船，一泊南市永盛码头，一泊铁大桥西堍本局码头"。[8]

浦东南汇县，"浦江轮船停泊王家浜、闸港口者，皆属于闵南轮船局。至光绪二十九年，闸港始有轮船驶入，其航线自浦东第一桥而东，过鲁家汇、航头，以达新场西市，间驶至邑城南门外，终以水浅行缓，不久即止。于是邑城及大团、三墩之趁轮者用民船接送，皆以新场为枢纽。初止新昌公司之新丰船，至宣统三年有协昌公司之吉安船。两公司分双单日开轮赴上海。后新昌又增一艘，与协昌同日竞驶。"[9] 宝山县高桥乡，"僻处浦东，至沪交通全恃舟楫，惟帆船迟缓，行驶多感不便，同兴、和记两轮乃应时开驶轮渡"。后又合并为同济和轮船局，航线自高桥天灯口起至上海铜人码头止。[10]

1913年，杜锦祥、连锦棠等人集资在川沙设立协昌小轮公司，“租新吉利小轮拖带无锡快船，每日上午九时由川沙鼓轮，经由本邑（指川沙县——引者）三王庙、陈推官桥，南邑（指南汇县——引者）徽州店、牛角尖、北蔡，上邑（指上海县——引者）严家桥、六里桥，而至上海，停泊董家渡。下午二时，由上海循原路驶回川沙，停泊西门外吊桥南首，平均载客五六十人”。次年因客流量大，又集股增资扩组大川小轮股份有限公司，添置船舶，“逐日两轮，一由上海驶至南汇，一由南汇驶至上海，皆绕道川沙，而在上海仍泊董家渡，南汇泊于东城外吊桥。其路线所经停船搭客地点，为南汇、四团仓、祝家桥、六团湾（以上均南境）、川沙、三王庙、陈推官桥（以上均川境）、徽州店、牛角尖、北蔡（以上又均南境）、严家桥、六里桥、上海董家渡（以上均上境）。上海上午九时开行，下午七时到南汇。南汇上午七时开行，下午五时到上海”。载客多者400余人，少者100人以下。1915年，又有“南汇凌季潭等在上海以平和公司名义，加入老公茂轮船局，试行大汽油船，继又添驶裕和小轮，逐日轮流来往，其南汇至上海路线与大川同”。[11] 同年11月4日《申报》载：华商裕新号的“裕和”、“裕安”2艘轮船“均起上海迄湖州，经过浦东、川沙、南汇、松江、平湖、嘉兴、硖石、海宁等处”。

二

晚清以来，即使对上海周围众多小城镇来说，河道通塞或交通条件的变革，也是直接影响其发展进程的主要因素。前者如嘉定县纪王庙镇，“在吴淞江南，与青浦接壤，俨傥浦经流镇中，市街南北二里强，东西二里弱，大小商店二百余家，以大街中市及林家巷最热闹，布商、靛商向为各业最，今靛业衰落，布业亦不如昔，以棉花、蚕豆、米、麦、土布、蔬菜为大宗，每日晨昼两市，市况以俨傥浦、吴淞水道之通滞为盛衰”[12]。

具体考察，河道通塞与晚清以来江南小城镇兴衰的关系，主要有以下几种表现。

其一，因河道淤滞而渐趋衰落。青浦县小蒸镇，“自宋、元以来，文人蔚起，为一邑望，铺户毗接，商贩交通。国朝道、咸间，河道淤塞，市廛日衰”。宝山县新兴镇，“又名新镇，在罗店镇之东南十二里，与月浦接壤，光绪初年，只茅屋三、四家。该处跨马路河有木桥一座，一日雷击桥栏，迷信者谓可以医疾，有僧人借以集资，其后建庙造桥，居户渐多，今有小木行一家，南货、布庄、药铺、茶、酒等店十余家，日昃后赶集颇盛，近以路河淤塞，货船渐少，市面稍衰”[13]。其特点是，大多地处上海远郊，又偏离主干河流，河道通塞基本上放任自流，乏人关注。

其二，因航道疏浚或顺畅而日渐兴盛。宝山县大川沙口，“其地向无市面，仅有二、三店铺，以便行人休息，解渴疗饥。光绪元年，浚大川沙河，舟楫往来，交通便利，居民筑室，开张店肆，以有易无。市分南北，北市较胜，南市中有大川沙桥（俗名马桥），东设栏杆焉”。南汇县泥城镇，“自光绪初元有张锦之，朱曾三先后建屋于城中心之横港西岸，于是商贩纷至，蔚成市镇，是为横港镇。后又展拓往北，跨港而东，有陆姓等建里，面西列肆，总计南北延袤二里余，虽间有断续处，而有衙署、旧粮署，有善堂（纯阳堂），有学堂（发蒙小学，以旧义塾改），有工厂，市廛栉比，百业完备。殷实大户多在东西两岸，为泥城菁华所萃”[14]。

其三，因地处水路要冲而繁盛依旧并有新的发展。青浦县练塘镇，“滨湖接荡，四面皆水，为吴越分疆之要点，松沪西北之屏藩。明季之剿倭寇，清季之御粤寇（诬指太平军——引者），盖尝先后鏖兵于此。镇市居民稠密，百货俱备，水栅东、西、北各一，南二，镇东太平桥，左右为米市，上海米舶及杭、湖、常熟之来购米谷者多泊焉。镇东新街至轿子湾，西界桥至湾塘，每早市，乡人咸集，舟楫塞港，街道摩肩，繁盛为一镇之冠”。上海县陈行镇，“塘口地滨黄浦，船厂最多，夏间帆船聚修于此，市面为之一振。舟行候潮，皆寄泊港口，港内有税务分所（前清名抽厘分卡），以征往来商货”[15]。

南汇县苏家桥镇，“地处周浦、召家楼、三林塘之适中，有航船可达松江等处”；太平桥镇，“镇西北有彭家浦轮埠，闵行轮船往来上海，朝夕停泊，故交通尚便”；杜家行镇，“跨王家浜为市，东西横街长约里许，南北街仅四之一，商店约百余家，内以杨恩桥逶南迄南栅口，即景星街，迤西迄土地堂桥，即庆云街，最称热闹。西越黄浦距上海境塘湾镇，西北距上海境塘口镇，南距邑境闸港口镇，均约六里，为沿浦市集之最大者。水陆交通，贸易兴盛，浦口设有轮埠，往来申沪尤便”。奉贤县青村镇，“在泰日乡南，居奉贤县中心，市况极盛。东到四团镇三十里，西到庄行镇三十四里，水运畅通。程伟渔、程伟杰昆仲在此创办实业，颇为蒸蒸日上，尤以程恒昌轧米厂闻名遐迩。每届籴谷时期，晒谷场延长里余，真属罕见”[16]。

此外，清末内河小轮船的运营，推动了一些小城镇的崛起。南汇县闸港镇，“为邑西南境门户，向来商店寥寥，近自轮船通行后，商市大增，百货都有”[17]。地处上海南北两北两翼内河船只进出港要道的闵行、黄渡，客货船过往频繁，如“闵行为沪南通衢，各货以上海为来源，杭、嘉、湖等属为去路，通过居多”[18]，城镇经济活跃，“有小上海之称”[19]。《上海乡土地理志》记述：“闵行为本邑首镇，地当水陆之冲，户口殷阗，商业繁盛，距县治约六十里许。地产棉花多于粳稻。风俗素称朴实，近亦渐趋浮靡。水道有小轮，陆路有汽车，交通颇便。”[20] 1928年的实地调查载：“陆有沪闵长途汽车往来其间，水有轮船行驶浦江，虽无火车、电车等设置，而汽车、汽船、人力车等络绎不绝，交通便利，邮电信件瞬息可达，闵行镇市廛栉比，工业振兴，商贾辐辏。”[21]

浦东杨思的周家渡至浦西的董家渡，“有小轮往来，为南柘公司所设立；距周家渡里许，有白莲泾镇，镇中船埠甚多，缘该镇为入浦之孔道”[22]。位于上海远郊的朱家角镇，也因内河小轮船的开通而闻名遐迩，清末民初时商业之盛已列青浦县之首，为周围四乡八里农副产品集散地。抗日战争前，镇上商贾云集，以北大街、大新街、漕河街为商业中心，从一里桥元号油厂至东市街梢，街长3华里多，店铺林立。[23]

毗邻上海内河港区的曹家渡，先前“地甚荒僻，绝少行人”，自内河轮运开通，得助于便捷的水路运输，“面临吴淞江，帆樯云集，富商巨贾莫不挟重资设厂经商，除蚕丝、面粉两厂外，若洋纱厂、织布厂、鸡毛厂、牛皮厂、榨油厂、电灯厂，不数年间相继成立，市面大为发达，东西长二里，鳞次栉比，烟火万家”。[24]俨然是一个新兴的工业区，并成为上海城区的一部分。潭子湾，“在彭浦镇西南方四里许，地濒吴淞江，又为彭越浦出口处，从前只有村店数家，今则厂栈林立，商铺日增，居屋多系新建，帆樯往来，运输便利，商业之进步，远逾本镇而上之矣”。[25]如海关报告所称，民国初年，“各类工厂象雨后春笋般开设起来，厂址大多在公共租界西北区，沿苏州河的两岸。本省（指当时上海所属的江苏省——引者）的水路运输费用最便宜。可以说，哪里有宽阔的通往江河的水道，哪里就会有工厂”。[26]

三

铁路在1825年创行于英国。十余年后，有关铁路、火车的知识通过来华的外国人传入中国。鸦片战争前后，由林则徐主持编集的《四洲志》和魏源的《海国图志》，都曾提到火轮车和铁路，表现出对它们的兴趣。太平天国期间，洪仁在《资政新篇》中明确提出，在倡设近代工业的同时，推行近代交通运输业，其中包括仿造外国的火轮车，表示了对建设铁路的积极态度。

上海所在的长江三角洲，因其执近代中国经济牛耳的地位，是铁路最先动议和兴建之地。

长江三角洲再见铁路兴筑，是在二十余年后的19世纪末20世纪初，主角是本国资本实业界人士。

1894年的中日甲午战争和次年被迫签订的中日《马关条约》，使得民族危机空前深重，中国朝野“实业救国”呼声高涨，自建淞沪铁路被提上议事日程。1897年，南洋通商大臣刘坤一奏请官费自办吴淞至南京的铁路，后获准先筑淞沪铁路，任命盛宣怀为铁路总办，于当年2月17日动工。1898年8月，通车至蕴藻浜，次年冬筑至吴淞炮台湾，全线通车，长15.87公里。设有宝山路、天通庵、江湾、高境庙、张华浜、蕴藻浜、吴淞镇、炮台湾等车站，主要办理客运。上海始发站原在河南北路塘沽路口，后因扩建马路移至宝山路。[27]

1903年，中英银公司取得沪宁铁路借款权，开始着手筹建。次年动工，至1908年3月29日竣工，4月1日正式通车，大大便利了彼此间的客货往来。上海境内真如、南翔、安亭等车站附近的村镇，商业活动亦呈活跃，真如镇旁的“杨家桥（镇北三里）前本荒村，以邻近车站，且设有商埠、警察派出所，故商铺续增，渐形热闹”[28]；南翔镇，“距沪宁铁路车站两里，宣统初建筑马路，自南街迤西直达车站，交通极便。云翔寺前东街、南街最繁盛，大小商铺四百数十家，晨间午后集市两次，往昔布市绝早，黎明出庄，日出收庄，营业甲于全邑。近年贸布多在昼市，销路又为洋布所夺，所业遂不如前。大宗贸易为棉花、蚕豆、米麦、土布、鲜茧、竹木、油饼、洋纱，鱼腥、虾蟹、蔬笋之属亦饶。自翔沪通轨，贩客往来尤捷，士商之侨寓者又麇至，户口激增，地价房价日贵，日用品价亦转昂，市况较曩时殷盛”[29]；安亭镇，“北距沪宁车站三里，交通便捷，市况较前兴盛”[30]。有的村镇则因铁路开通后，乡村交通格局的变更而趋冷落，上海县江桥镇，“为上海、嘉定水陆交通要道，市面虽不甚旺，而环镇村落实视此为中心点，乃自（沪宁）铁路开行以来，绕越镇东，要道变为僻径，顿失过客买卖之利”[31]。

与此同时，穿梭往来的内河小轮船和木帆船，将上海地区各城镇乡村更便捷地联结起来。即使在有铁路经过的县乡，内河航运也因其价格低廉和招呼方便、停靠点多而继续运营，在松江县“自沪杭铁路开车，小轮船之往来松沪者无法营业，惟因船资取费较廉，乡村中人犹乐就之。凡苏州、杭州、盛泽、张堰、平湖、湖州等班小轮船，经过松江者，必于米市渡得胜港口岸稍停，另有拖船接送上下旅客，再有拖船载客送至竹竿汇、秀野桥两处登岸”。[32]地处上海港南北两翼内河船只进出港要道的闵行、黄渡，客货船过往频繁，市镇经济活跃。

1905 年沪宁铁路通车，途经嘉定南翔，同年当地黄承炳等人集资设立通济轮船局，专驶嘉定至南翔间航线，沿途“并于石冈门镇横沥西岸、马陆镇横沥东岸分设轮步，每日往返嘉翔依火车之班次为准，船价每人钱八十文。继商准上海车务总管英人濮兰德发行沪嘉联票，旅客称便。初仅每日百余人，后乃增至四五百人，罗店、娄塘、太仓、浏河、浮桥各镇乡赴沪者，咸取道嘉定，营业日益发展。”[33]沪宁铁路旁的昆山，“素无轮船，光绪中常熟创办轮船以通申江，路经昆山之东门外，乃辟码头以小泊焉。然船抵东门每至夜分，故附轮者亦绝少。厥后太仓亦有轮船停泊朝阳门外之小马路口，以便附乘火车者，于是常熟亦添设日班轮船专驶昆山车站以便交通”[34]。1926 年，昆山克记青张轮船公司与沪宁铁路订立水陆联运合同，发售由上海至湘城及冶长泾、南桥、吴塔、张家甸等处水陆客运联票[35]。

一些小城镇的商贸活动因邻近铁路或公路，自身又有内河航运之便，交通条件改善而颇为兴盛。上海县朱翟镇，“在吴淞江南，与上海、青浦接壤，距沪宁铁路南翔车站十公里，沪杭铁路樊王渡车站二十里；市街南北约半里，东西一里余，以紫隄街为热闹，大小商肆百余家，有碾米、轧花厂，每日晨昼两市，从前靛商营业与黄渡、纪王、封浜并称盛，今（指民国以来——引者）则以花、布、米、麦、蚕豆、黄豆等为贸易大宗，市况颇旺”[36]。1935年，上海至江苏无锡的公路通车，途经嘉定县马陆镇并设有车站，每天的客货过往明显促进了市镇经济的发展[37]。

嘉定县南翔镇，“南北跨横沥、东西跨走马塘，街路南北长约五里，东西长约六里，距京沪铁路车站约有一里。交通方面，十分便利，商贾很多，物产也富，所以成为各镇中的首镇”[38]。《嘉定县续志》亦载，该镇“自翔沪通轨，贩客往来犹捷，士商之侨寓者又麇至，户口激增，地价、房价日贵，日用品价亦转昂，市况较曩时殷盛”[39]。奉贤县西渡口，“为沪杭公路渡浦处，置有轮渡码头。渡东数十步，又为横沥出口处，车辆船舶往来如织，商店、工厂时有增设，渐成市集”[40]。上海县“虹桥、北新泾二镇，马路通达，渐见兴盛”[41]。南汇周浦镇，自上南公路辟通，与上海的往来大为便利，商业贸易兴盛活跃，有“小上海”之称[42]。

综上所述，左右近代上海地区众多小城镇发展演变的主要因素，大致可以概括为交通、物产和商贸，以及与外部市场尤其是与都市经济的联系。这些因素是在社会经济发展进程中历史形成的，随着社会、经济、地理等条件的演变，它们也会发生相应变化，因而这些小城镇发展演变的基本历史脉络可以从方志中清晰把握，并给我们以有益的启示。

注释：

1 本文论述的地域范围，侧重今上海市行政辖区；时段，侧重晚清至民国。

2 道光《元和唯亭志》卷3，“风俗”；万历《常熟水利全书》。

3 正德《松江府志》卷2，“水”；崇祯《松江府志》卷3，“镇市”。

4 南京图书馆编：《二十世纪三十年代国情调查报告》，凤凰出版社2012年版，第258册，第367、368页。

5 民国《江苏六十一县志》上卷，“江苏省总说”，“交通”。

6 民国《陈行乡土志》，第 37 课，“交通”。

7《中外日报》1902 年 7 月 3 日。

8 聂宝璋等：《中国近代航运史资料》第 2 辑，中国社会科学出版社 2002 年版，第 1353、1354 页。

9 民国《南汇县续志》卷 22，“杂志”，“遗事”。

10 民国《宝山县再续志》卷 6，“实业志”，“工商业”。

11 民国《川沙县志》卷 7，“交通志”，“舟车”。

12 民国《嘉定县续志》卷 1，“疆域志”，“市镇”。

13 宣统《蒸里志略》卷 1，“疆域上”，“镇市”；民国《宝山县续志》卷 1，“舆地志”，“市镇”。

14 民国《盛桥里志》卷 3，“礼俗志”，“风俗”；民国《南汇县续志》卷 1，“疆域志”，“邑镇”。

15 民国《章练小志》卷 1，“形胜”；民国《陈行乡土志》第四课，“市镇”。

16 民国《南汇县续志》卷 1，“疆域志”，“邑镇”；民国《奉贤县志稿》卷 10，“地方区域志”。

17 民国《南汇县续志》卷 1，“疆域志”，“邑镇”。

18《匡凤逵洪锡范厘捐调查报告（1911 年）》，章开沅等：《苏州商会档案丛编》第 1 辑，华中师范大学出版社 1991 年版，第 875 页。

19《上海特别市各区农村概况》，原载《社会月刊》第 2 卷第 5—11 号（1930 年 11 月至 1931 年 5 月），转引自李文海主编：《民国时期社会调查丛编（二编）· 乡村社会卷》，福建教育出版社 2009 年版，第 463 页。

20 民国《上海乡土地理志》第九课，“闵行”。

21《上海特别市各区农村概况》，原载《社会月刊》第 2 卷第 5—11 号（1930 年 11 月至 1931 年 5 月），转引自李文海主编：《民国时期社会调查丛编（二编）· 乡村社会卷》，福建教育出版社 2009 年版，第 463 页。

22《上海特别市各区农村概况》，原载《社会月刊》第 2 卷第 5—11 号（1930 年 11 月至 1931 年 5 月），转引自李文海主编：《民国时期社会调查丛编（二编）· 乡村社会卷》，福建教育出版社 2009 年版，第 452、453 页。

23 上海市档案馆编：《上海古镇记忆》，东方出版中心 2009 年版，第 146、147 页。
24 民国《法华乡志》卷 1，“沿革”。
25 民国《宝山县续志》卷 1，“市镇”。
26 徐雪筠等：《上海近代社会经济发展概况：〈海关十年报告〉译编》，上海社会科学院出版社 1985 年版，第 208 页。
27 上海市档案馆编：《上海古镇记忆》，东方出版中心 2009 年版，第 61 页。
28 民国《真如志》卷 3，“实业志”，“商业”。
29 民国《嘉定县续志》卷 1，“疆域志”，“市镇”。
30 民国《嘉定县续志》卷 1，“疆域志”，“市镇”。
31 李维清编纂：《上海乡土志》，第 17 课，“江桥”。
32 民国《松江志料》，“交通类”。
33 民国《嘉定县续志》卷 2，“营建志”，“交通”，“航业”。
34 民国《昆新两县续补合志》卷 5，“交通”。
35《申报》，1926 年 8 月 2 日。
36 民国《嘉定县续志》卷 1，“疆域志”，“市镇”。
37 上海市档案馆编：《上海古镇记忆》，第 38 页。
38 匡尔济编：《嘉定乡土志》下册，九，“南翔”。
39 民国《嘉定县续志》卷 1，“疆域志”，“市镇”。
40 民国《奉贤县志稿》，奉贤县志料拾掇，疆域。
41 李右之：《上海乡土地理志》第十课，“蒲淞、法华”。
42 上海市档案馆编：《上海古镇记忆》，第 90 页。

（作者单位系复旦大学历史学系，原文为第四届中国地方志学术年会入选论文）

当代新志要重视展现地域的历史文化

——评新编浙江《慈溪市志》的一大特色

郑祖安

二轮新志书是断代志，记述的是上世纪末至本世纪初二十年左右间的地方情况。这一历史时期正是我国改革开放不断深入，全国各地各个方面都进入“旧貌换新颜”的大变革时期。但是，正因为整个国家发展的时代大背景相同，各地的体制格局又基本划一，此外，对广大的民众来说，处于这样的大环境中，改革开放的变化或是亲身经历，或仿佛就是眼前的事情，于是不可否认，对这些新志书，尽管其装帧比以前考究，印刷比以往精美，但对其内容往往反而会因“熟知”、“熟视”而可能产生“无睹”的情况了，也即如有些方志专家所论述的那样：新志内容“一般都为读者所熟知，阅读时就觉得‘没啥看头’。就可读性而言,往往‘吊’不起读者‘胃口’。有的地方将首轮、二轮新志书放在一起评奖，首轮志书易得奖、易得高奖，二轮志书难得奖、难得高奖，一个重要原因就在于可读性问题。”[1]

面对这样现实的情况，二轮修志者必须考虑在全面反映本地区改革开放的伟大成就、充分体现志书的时代特点的同时，也更应注重挖掘和凸显自身地域的个性特色，即能展现出不同于它地的深度差异性。关于后者，虽然也广为修志者所大力提倡，但各自采用的方法却是不相同的。以笔者的想法，在当代新志中如果能加强展现地域的历史文化，是一种很有效的方法。

从理论上来说,二轮新志记述的对象处于新时代、新时期。因此,揭示新时代、新时期的各种新事物、新气象是新志的主要任务，也就是新志要“新”。这是毋容置疑的。问题是任何地区，都是从历史上走过来的，都有其长期凝练而成的历史底蕴和文化积淀，在今天，它们不仅形成为每个地区各种变化根深蒂固的基础，同时，也必然会对每个地区的许多变化产生直接或间接的影响。其次，即使在新时代、新时期，历史文化往往仍在延续、传承、转化、提升为新的内容，它们会以不同的形式充实进我们的现实生活中，活跃于我们的现实生活中，成为我们现实生活中的新事物、新气象中闪耀出奇光异彩的一个部分。也正由于上述原因，如果新方志能独具慧眼，巧妙地将今天仍在发生影响、发挥作用的地域历史文化的这一个部分，提炼出来、强化起来，让它们在新志中占据一定突出的地位，不但不会妨碍和影响新志之“新”，反而会使新志变得滋润、亮眼，使新志变得深刻、厚重，最终可使新志清新、出彩。

在二轮修志中，运用这一做法，让新志走向更大的成功，是有现实的案例的。最近出版的浙江《慈溪市志》（1988–2011），编纂者开动脑筋，精心、独到地挖掘主题，将历史文化方面的内容充分融入到志书中，并赋予其重要地位，从而为该志增光添彩。

慈溪市，地处东海之滨、杭州湾南岸，因治南有溪，由东汉董黯“母慈子孝”的故事而得名。唐代开元二十六年（738 年）设慈溪县，1988 年撤县建慈溪市。独特的自然地理、悠久的人文历史、富饶的山海物产，为这片土地孕育出了丰厚灿烂的地域文化。丰足的历史文化资源，为新志突破一般的构思，能创新性地加大对历史文化内容的揭示提供了条件。新编《慈溪市志》在这方面做出努力。

一、提炼概括出慈溪四大历史文化

《慈溪市志·文化》编，特设“地域文化·节庆活动”为第一章。在这一章中，首先以第一节专节“慈溪地域文化”，清晰提出和高屋建瓴地概括了慈溪由古而来形成的四大地域文化，它们是慈溪人民在长期社会生产与日常生活中锤炼积淀而成的：

（一）围垦文化

慈溪滨海，杭州湾潮汐带来了丰沛的泥沙，使海岸线不断向外推延。在古时，慈溪人就开始筑塘围涂，向海要田。然而土地围垦是一个长期而又艰巨的工程，风潮侵袭、决堤毁塘时有发生，在战天斗地甚至要付出身家性命的万般艰难中，也锻炼出了慈溪人脚踏实地的务实个性和坚忍不拔的奋斗精神。

（二）移民文化

围垦形成了三北平原，生成了大量新的土地，除了因海防前沿建立卫、所留下的外地屯兵及其后代外，更多的是吸引了包括今江浙及中原地区四面八方的移民来此谋生。原始移民开天辟地，具有不畏艰难、吃得起苦、勇于进取的开拓创业精神，同时也相互包容尊重，形成了开放随和的良好风气。慈溪移民既不欺生也不怕生，故也大胆向外移民，特别是近代以来，慈溪人去上海，下南洋、入东洋，他们中出现了许多杰出人物，是世界“宁波帮”中的佼佼者。

（三）青瓷文化

慈溪有上林湖。上林湖周围曾是唐宋越窑青瓷的中心产地，也是海上瓷器之路的重要起点。慈溪人心灵手巧，以创新态度对青瓷产品精工细作，使之具有艺术和新意相结合的完美性。慈溪人还将其拓展为产业，注重商贸、善于经营，使上林湖青瓷源源远销国外，为当地及为国家不断扩大世界性的影响。

（四）慈孝文化

东汉时，董黯因母病思念远方的大隐溪水，特去溪水旁筑庐，以方便母亲饮水。此“母慈子孝”故事遂成慈溪佳话。千百年来，董黯的孝行影响了一代又一代的慈溪人和历代世风，慈溪人不但父母慈和、子女孝顺，形成了勤俭持家、慈孝两全的家风，而且形成了尊老爱幼、睦邻互助的乡风，以及行善仗义、济贫救困的社会风尚。

《慈溪市志》准确而鲜明地总结出了慈溪自古以来的四大历史文化，从而追根溯源地挖掘出了慈溪地域的内核，精准确定了慈溪人的根本特征，亦其基本的精神、个性、风格和能力。我们说，新志主要是要反映改革开放中的巨大变革与成就的，但在“新”之外，一旦获得了这些重大历史文化表述的有力配合，就使人们能非常深刻地明了今天慈溪经济发展与社会进步，是有长期传承的特别的精神支撑和深层动力的。这就是历史文化在新志中起到了巨大的意义。

二、“非遗”成了新志的一道靓丽风景线

我国的非物质文化遗产的开发、保护、传承工作起步较晚，从2006年始，我国才从上到下建立非物质文化遗产名录制度。也正因为这个原因，受制于时间下限，大部分二轮志书，还跟不上或做不到对非物质文化遗产工作的认识和总结。不少志书往往是缺门的，这方面内容基本上被纳入到“民俗”或“民间文化普查”的相关内容中，其重要性被大大降低了。最初时，《慈溪市志》也是这样的做法，后来在评审中，经专家重点分析和特别强调，慈溪志办意识到这方面内容的特别意义，于是立即广收资料，重新布局，不仅全面展开，而且是浓墨重彩地将其写好。

志中专设“非物质文化遗产”章，下设三节：“非物质文化遗产普查”、“非物质文化遗产代表作”、“非物质文化遗产保护”。经过如此梳理排列，慈溪非物质文化遗产内容泱泱大观地集中呈现出来。截至志书下限2011年，国家级的项目有2项（徐福东渡传说、越窑青瓷烧制技艺），浙江省级项目有3项（越窑青瓷瓯乐、水火流星、庵东晒盐技艺），宁波市级项目有14项，慈溪市级的项目有62项。它们的内容广泛，涉及到了民间文学、民间美术、民间音乐、民间舞蹈、民间戏剧、民间曲艺、民间手工技艺、民间游艺、传统医药、民间信仰、岁时节令、生产商贸习俗、消费习俗、人生礼俗

等 17 大类，可谓精彩纷呈。

《慈溪市志》，由于加大了对“非物质文化遗产”这一特别的历史文化领域的集中记述，显然有效灵活了全书、滋润了全书，“一棋出彩、全局皆活”。

伴随着中国逐渐走向现代化、国际化，我们的民族性和地域性也自然地被大力提倡和凸显出来。大量非物质文化遗产项目是可以表演和演示的，因此，它们现今已广泛充实到和活跃在地方的传统节庆和群众文化活动中，以非常别致亮眼的节目形式，在我们的现代生活中闪耀着奇光异彩，受到了社会民众的广泛的欢迎和喜爱。我们的民族个性和地域特性，也借着“非遗”而得到了美妙的阐释和弘扬。

三、对慈溪居民大姓的独特探源

如前所述，慈溪有源远流长的移民文化。这些移民籍贯各异，姓氏不同。《慈溪市志》别出心裁，在“专记”编中特设六篇专文，第一篇“慈溪大姓源流”，将境内 25 个一万人以上的大姓源头和播散途径一一考证叙述，按人数多少为序。对这些大姓考证叙述并不是简单的、单薄的，而是依次详细地记载了 2011 年此姓的人口数及占全市人口的比例，各姓主要分布聚居在境内哪些区域（社区及村落），每姓各支是从何处迁来的、它们的演变情况，以后外迁走向又是如何的，各姓历史上和近现代有什么重要人物，各族曾建有什么重要的宗祠、女祠及设施等等。

这样丰富的记述，其资料大量来自于各姓的族谱和家谱以及广泛深入的田野调查。众所周知，族谱和家谱历经历史上不断的天灾人祸，保留日少，寻找不易，梳理也难，但慈溪的修志者长期坚持对这些族谱和家谱的搜罗、考证，最终集腋成裘，并深入浅出的将这些源流和各项元素都记载得比较清楚。

这一篇专文体现和提高了《慈溪市志》的学术性。而对广大的读者来说，至少对慈溪人（当地人和在外地慈溪人）以及浙江人和有关迁出处的全国各个地区的人来说，也许志书硬性的内容吸引不了他们，但对此文却是会产生浓厚的兴趣的。因为每个人都有自己固有的姓氏，每个人都有自己的根，能了解、追溯到自己的家族来自于何处、又是如何历经变化的，即根之所在、所续，意义重大。这就实现了地方志的特殊的服务意义。

四、徐福东渡传说的研究考证

据称，当年秦始皇为求长生不老，曾命方士徐福出海去蓬莱岛寻访仙人仙草。慈溪有座达蓬山，山上有徐福东渡的遗址和几方摩崖石刻，在长期湮没后，于 1980 年文物普查和地名普查中被重新发现。而后，在全县开展民间文学普查时，又收集到了一批秦始皇命徐福东渡的传说故事。此后，有关这方面的史载遗迹和民间传说在慈溪不断地被发掘整理、研究探讨，形成了丰富的内容。慈溪“徐福东渡传说”先是进入省级，继在 2008 年被列入国家第二批非物质文化遗产代表作名录。

《慈溪市志》专文编中，第二篇特列“达蓬山与徐福东渡传说”的长篇专文。首先，专文从史志记载中挖掘了达蓬山与徐福东渡的关系。这方面最早的记载，见于宋宝庆《四明志》。以后，元代延赫《四明志》、明清《慈溪县志》、明代《观海卫志》、清代《宁波府志》等，都有不同程度的记叙，文中还特别引用了清代浙东大学者黄宗羲的文章。文中称，黄登临达蓬山见到了特别的美景，产生了飘飘欲仙的感觉，由此他体会到方士所言不是凭空捏造，而是有一定的根据的。其次，专文对慈溪的民间传说及对徐福文化的研究工作做了系统梳理。达蓬山与徐福东渡传说在慈溪东部广为流传。每一传说中的核心地名与纪念物，现今尚可找到确切的位置。最重要的是，慈溪的有关部门，如市政协文史研究委员会、市民间文艺研究会、市对外文化交流协会、市风景旅游局等单位，都大力投入了这方面的工作。在1994年，还联合成立了慈溪市徐福研究会。它们先后编印出版了《达蓬之路》《达蓬山与蓬莱仙岛——徐福东渡的故事》《达蓬山·徐福传说故事集》等，拍摄了电视连续剧《徐福东渡传奇》，有关人士则写出了大量的学术论文和普及文章。

当然，徐福东渡之事及遗迹，并不仅仅是慈溪一地专有，在浙江、山东等地也有所流传和发现。最重要的是，由于目前尚缺乏考古材料的有力佐证，徐福东渡从总体上来说，还只能是一种传说，许多情况还只能说是一种假设。这些，在此篇专文中也客观地有所指出。但无论如何，慈溪因有达蓬山，因有一批热心人士和专家学者付出了极大的努力，使这一历史文化被弘扬光大。2009年9月，在慈溪达蓬山大酒店举行了"中国慈溪·徐福文化国际论坛"，来自日本、韩国、中国香港、中国台湾及中国内地的徐福研究人士共170余人与会，在此进行了全面的学术探讨，就是一个最有力的证明，也是慈溪人对徐福文化作出具有历史性标志的的一个重大贡献。

从上述四大方面的历史文化的选题确立、资料挖掘、周详布局和记述中，可见慈溪的修志者独具匠心，将历史文化资源充分而又得当地运用入新志内，让它们构成为新志的别致内容，成为新志中一股散发出古朴、清新的历史气息的扑面春风，这样的做法别开生面，使志书变得滋润、亮眼，最终也就一定程度上使读者产生了浓厚的兴趣，从而使志书变得"有看头"。当然，最重要和最关键的还是，这样的做法，第一，使慈溪的地域个性更加明朗，志书的个性特色也得到了强化、提升；第二，深入挖掘区域文化中蕴藏的精神支撑和深层动力，让社会大众对慈溪的认识更加深入、到位，志书的存史、育人作用进一步强化。

全国各地的二轮修志正在如火如荼地展开着，大家都在探索创新的方法，希望通过一些特别的举措使自己的志书有所突破和获得成功。刚出版的《慈溪市志》就给了我们很大的启发，一些同样具有厚重历史的地区，在修新志时不妨可以向他们借鉴学习。

注释：

1 姚金祥：《试谈二轮新志书的编纂》，《上海地方志》2011 年第 3 期。

（作者单位系上海社会科学院历史研究所，原文载《上海地方志》2016 年第 2 期）

试析家庭成份在地方志中的记载和缺失

——以上海首轮 10 部县志和 21 部乡镇村志为例

褚半农

划分农村家庭的阶级成份，简单说来，是指在土地改革运动中，依据土地占有、是否劳动、有无剥削三大标准，将各个家庭分别划分为地主、富农、贫农等不同的阶级（注：因本文专析农村家庭的阶级成份，城镇、城市中同样实行的家庭阶级成份不涉及）。划定各家庭阶级成份是 1949 年建立新政权后的重大政事，这既是土改中变更地权的理由，更成为确立新政权在乡村中合法性的基础。上海农村则是在 1950 年代初期施行，阶级成份名称有雇农、贫农、下中农、富裕中农（后又称上中农）、富农和地主等。各个家庭就此被分属不同阶级，这也为日后长期开展的阶级斗争提供了依据和对象。

1960 年代，全国农村先后开展了两次同名的社会主义教育运动，前一次后简称“小四清”，没有涉及家庭成份。后一次“四清”中共中央文件明确为“清政治、清经济、清组织、清思想”[1]，后简称“大四清”，其中一个重要内容是重新评定各家庭的阶级成份。简单说有两种评法，一是“向下评”，如土改中评为中农、富裕中农的，这次改评为贫农或下中农。二是“向上评”，如土改中评为中农、富裕中农的，这次改评为富农或地主；这些对象称“漏划地主”或“漏划富农”。家庭阶级成份重新评定后，对此次评上地主、富农家庭的男女主人，则要根据其表现，分为戴地主、富农“帽子”和不戴地主、富农“帽子”两类。戴上“帽子”的称地主分子、富农分子，明确为阶级敌人，属无产阶级专政对象，实施政治管制。

1950年代土改划定的家庭阶级成份，后又经1960年代“大四清”的重新划分而强化，一直到“文革”结束后的1979年全部废除，全国前后实行了近30年。阶级成份对每个家庭、每个成员极为重要，尤其是地主、富农等这些属于剥削阶级的高成份，将直接影响、限制、拦阻其家庭成员的入学、工作、参军、婚姻、入团、入党、提干等。那些年月里，凡个人需要填写表格时，都得如实填写家庭成份，不得隐瞒。农村中连年终分配、家庭造房申请、结婚登记、学生申请学费减免等表格上都得注明各自成份，而后区别对待，这被称之为贯彻阶级路线。

如此重大、重要、时间跨度长且涉及每户家庭、每个成员（包括未成年人）的政事，理应是地方志重点记叙内容。综观1980年代上海首轮10部县志和21部乡镇村志（其中6部是2000年后修纂的），对土改中划分阶级成份和“大四清”中重新划分阶级成份有记载的，也有不记载的，尤其是“大四清”中重新划分阶级成份，大部分县志没有记载，好像上海农村从来没有发生过这样的大事，也从未实行过这项政策。而有记载的，内容也很不完整，没有明确是重新评定阶级成份。当然，也不仅是上海的地方志是这样。

一

1950年代初期进行的土地改革运动，核心任务是划分、评定各家庭阶级成份，没收（征收）地主、富农等的土地并分配给无地或少地的农户，颁发土地证等。上海首轮10部县志都在大事记和正文中，记述了运动中发动群众、培训骨干、宣传动员、没收征收、果实分配等几个阶段，对划分、评定家庭阶级成份，县志又是怎样记载的呢？如：

1、（1950年）12月土改全面展开，至1951年3月结束。全县共划出地主1862户，富农3172户……[2]

2、土改一般分五个阶段进行，即土改思想教育，评议土地赋册，划分阶级成份，没收、征收土地，分配胜利果实。[3]

3、（1950年）7月　全县开始土地改革。至年底，共划定地主900户、工商业占有土地（者）748户、半地主式富农191户、富农224户……[4]

4、土改全过程分5步……第三步，划分阶级，全县共划出地主900户，工商业占有土地（者）748户，半地主式富农191户，富农224户。[5]

5、（1951年）3月，全县土改结束，共有76054个农业户领到土地证，其中地主1111户，占农户数1.46%；富农1666户，占农户数2.19%。[6]

6、按照政策和各户经济状况，划分阶级成份。着重将地主阶级的户划出来，以防遗漏，各户划定的阶级成份，须经村民小组会评议，在村民大会上通过。[7]

7、（1950年）8月，县委在朱泾、新泖两乡进行土改试点；并以5个区的重点乡为县的副点，先后交叉进行阶级教育、归户并册、评议赋册和划分阶级的工作。[8]

上引县志记载有几个特点：一是都提到“划分阶级”或“划分阶级成份”等内容，这表明划分阶级成份是各县土改中必经步骤和取得的成果。在上海首轮10部县志中9部是这样记载，唯有《崇明县志》一字不提划分阶级成份，致使正文“土改中各阶层得益表”中，凭空出现的10种阶级成份让人感到很突兀，不知是怎么来的，逻辑文理也衔接不上。二是具体内容选择性记载，重点全在没收（征收）地主、富农等的土地及将这些土地分配给贫农等。这是土改其中一项内容，但有个前提，只有将地主、富农以及贫农、雇农等的成份划定出来，此项工作才于法有据，才能进行下去。三、土改划分阶级成份不仅仅是划分出地主、富农，而是全部划分，即还有中农、富裕中农、贫农、雇农等其他成份，整个划分家庭成份的过程及全部结果9部县志全付阙如。地方志应全面记载一地之情况，保存第一手资料，仅从这个角度看，上述县志记载都是很不完整的，属重大遗漏，至于1部县志一字不提划分阶级成份，更属重大失误。

划分、评定家庭阶级成份是土地改革法定任务，也是土改工作进程之阶段性标志。只有在划分和明确了各家庭阶级成份后，土改的其他任务，如没收（征收）土地、分配土地等有了对象而才能进行。试问，连地主、富农的家庭成份都尚未划分、确定，没收（征收）他们土地的依据何在？将这些土地分配给无地或少地的农户，依据又何在呢？就是说，地方志中要记载到没收（征收）地主、富农等的土地，以及接着将这些土地分配给无地或少地的农户，其前提必须是先划分并确定好各家的阶级成份，完成这个法定任务。用这个基本要求衡量，上海首轮县志的记载，9部有缺陷，1部有重大缺陷，都没有完整、准确地记载土地改革这场运动。而且，如果这里记载是完整和准确的，十几年后开展的“大四清”重新划分阶级成份也有了依据。

二

1960年代的“四清”运动是在最高领袖直接领导下，根据中共中央部署进行的社会主义教育运动。尤其是“大四清”运动，当时是1949年后规模最大、声势最大、“成果”最大的政治运动。上海的“大四清”是由上海市委直接领导、部署的，市委和各县县委两级为此组成和派出的工作队（组）队伍庞大，人数众多，以至每个生产队都有工作队（组）人员，如浦东的鲁汇公社平均每个大队30人，[9]浦西的莘庄公社平均每个大队33人。[10]工作队（组）的任务就是贯彻中共中央文件精神，确保运动开展深入。运动开展以后，随着对阶级斗争形势估量的越来越严重，重划阶级成份的问题被逐渐提出并确定。[11] 1964年9月10日《中共中央关于农村社会主义教育运动中一些具体政策的规定（修正草案）》，明确提出要重划阶级成份：“经过群众的充分讨论，对每一个家庭的成分进行审查和评定，并且建立阶级档案。凡是过去划错了成分的，都要改正过来。”[12]如此大规模、涉及每户家庭的重新划分家庭成份，上海首轮10部县志的记载情况又是怎样的呢？大致有两种，一种如：

1、（1965年）5月26日中共上海市委派社会主义教育工作团4000余人进驻本县各单位（至1966年7月结束，共清出有“经济问题”干部、群众35469人，合计金额375万余元。清出“漏划”、“漏管”的地主、富农和“暗藏”、“新生”的反革命分子、坏分子1534人，其中被带（戴）上“帽子”的585人。以“阶级异己分子”被清除出干部队伍的有156人，党员受各种党纪处分的有1105人）。[13]（注：运动还涉及其他多类对象，本文因专析家庭成份，引文中如有其他内容也不作分析。以下同）

2、（大四清）运动基本过程是：……4、清政治、清组织、清理阶级成份，开展对敌斗争；……运动中清出地富反坏分子101名，贪污盗窃投机倒把分子192名，资产阶级分子5名，蜕化变质分子8名。全县在对四类分子评审中，摘帽的有415名，不作四类分子和错划改正的有1685名（主要是原定的坏分子），重新戴帽的29名。清出地富反坏706名，已摘帽156名。[14]

3、（1965年）6月下旬　全县全面开展以“清政治、清经济、清思想、清组织”为内容的社会主义教育运动（称“大四清”）……“清政治”，全县原有地、富、反、坏“四类分子”7535人，运动中又查出863人；查出33起“反革命集团”案……[15]

《嘉定县志》卷十九中专设“社会主义教育运动”一节，叙述大小四清运动始末，有“全县查出隐藏的‘四类分子’（地主、富农、反革命分子、坏分子）645名，另有4900人交代了政治历史问题”的内容，但没有重新评定阶级成份的记载。[16]

仅上述4部县志记载有相关内容，运动中“查出”“四类分子”多少人，还有“漏划”、“漏管”的具体人数等，应该就是贯彻重新划分阶级成份政策的成果。但各县志都没有提到是重新划分家庭成份，也没有记载重新划分的其他成份。因为重新划分的不仅是地主、富农家庭，还有中农、下中农等家庭。《青浦县志》大事记中明确记有“并在农民中重新划分阶级成分”[17]，但全志也无重新划分阶级成份的具体内容。

其他6部县志全都一字不提运动中重新划分家庭阶级成份，更没有记载到上述4部县志中的相关内容，基本写法大同小异，如：

1、（1965年）5月25日，南汇县……开展清政治、清经济、清组织、清思想的“四清”运动，至1966年7月结束。对改善农村干部作风和人民公社的经营管理起了一定的作用，但运动中贯彻了“重点整党内走资本主义道当权派”的极左路线，使一大批干部受到打击，直至党的十一届三中全会以后才进行了复查纠错。[18]

2、1963–1965年，市委在金山开展社会主义教育运动（四清运动）试点，工作队进驻县及各个公社，运动从清帐目、清仓库、清财务、清工分逐步升级为清政治、清经济、清组织、清思想。工作队人数达万人。在整顿“三类队”和“大四清”运动中，提出了所谓“民主革命不彻底”“镇反不彻底”，错误地处理了一些党员干部……[19]

记载的都是共性内容。例2《金山县志》大事记中将“小四清”和“大四清”分开记载，第二十编中却没有分清，并不是“运动从清帐目、清仓库、清财务、清工分逐步升级为清政治、清经济、清组织、清思想”的，是前后两次“四清”，故民间就分别称之为“小四清”、“大四清”。运动虽同名，但因有大小之分，贯彻的文件不同，指导思想不同，运动方式不同、清理对象也不同，不能混为一谈。

三

乡镇村志是否能较完整、准确地记载这两件大事呢？现以上海县（1992年同原闵行区“撤二建一”后称闵行区）21部乡镇村志为例，作番探究。

首轮修志时，上海县共有21个乡镇，完成志书15部（以出版或内部印刷本为准）。2000年后，当年尚未完成撰稿任务的乡（已升格为镇）已有2个完稿并出版了志书，还出版了4部行政村志。这21部乡镇村志中，对土改中划分阶级成份记载完整的有11部，占52%。它们分别是《北桥志》《陈行志》《杜行志》《华漕志》《梅陇志》《莘庄乡志》《曹行简志》《陇西志》《纪王镇志》《七宝镇志》《九星村志》，内容也比县志完整、详尽、准确，试看几例：

1、在土改中，北桥地区的北桥、大树、俞箕、黄浦、寿华、莺湖6个乡，共划出地主29户，半地主132户，小土地出租44户，中农980户，贫农1622户，雇农108户。[20]

2、曹行地区（曹行、双溪、关港、净土四乡）共划出地主34户、半地主11户、富农105户、小土地出租134户、中农1325户、贫农1194户、雇农56户。[21]

《漕河泾镇志》《鲁汇志》等8部志书没有记载划分家庭阶级成份，涉及到的地主、富农等成份是在记载、分析他们占地情况时出现的，有的仅记载划分、评定地主、富农家庭成份，而无划分、评定其他家庭成份。试看几例：

1、土地改革全面开展，年底基本完成。经过宣传教育、评成份、分土地等三个阶段，全乡（现乡境内的各村）共评出地主54户，占有土地4146.29亩；评出富农131户，占有土地3472.85亩。[22]

2、土地改革胜利结束，诸翟乡共没收征收地主富农土地4429.915亩，有963户3967人分得了3911.394亩土地，彻底结束了封建土地所有制。[23]

例1只提到评出地主、富农的户数，其他家庭成份呢？没有记载。2个例句都是从占有、没收土地角度记载到地主富农的，但这两种成份是怎么来的？其他家庭的阶级成份有没有划分、评定？这8部志书全无记载。

其中《华一村志》对轰轰烈烈土改运动的记载，大事记中仅10个字："开展土地改革，年底结束"，第十章中也仅一行字："解放后，经土地改革，废除封建土地所有制。"[24]这是我看到的地方志中对土改最漫不经心的记载，这部志书当然不会有任何划分、评定家庭阶级成份的记载。

21部乡镇村志对"大四清"中重新划分阶级成份又是怎样记载的呢？

除《华漕志》既在大事记、又在"政治"篇"历次运动"中记述外，其余都只在大事记中记述，且内容单薄。又可分为两类，一是记载到漏划地主、富农的，共7部，占33.33%，它们是《三林志》《鲁汇志》《华漕志》《莘庄乡志》《曹行简志》《漕河泾镇志》《龙华乡志》，但叙述中都未出现"重新划分阶级成份"等字眼，对重新评定的其他家庭成份也一字未涉及，如：

1、1965年6月……"四清"清出"三漏"对象36人，其中地主10人，富农19人，反革命分子4人，坏分子3人。对四类分子175人进行了评审，其中1人重新戴帽，11人由监督劳动改为候补社员，14人由候补社员改为正式社员，6人摘帽……[25]

2、1966年六月二十九日……运动经过十一个月，经济上定案处理的有204人，政治上处理定案的有"漏划地主、漏划富农、漏划历史反革命分子"59人。[26]

3、1965年 "大四清"……清出认为犯有错误干部304人，占干部总数51%，清出经济总数10.44万元，清出漏划地主、富农34人，反革命分子1人。运动后期，有175人被定性，其中4人戴贪污分子帽子、1人戴投机倒把分子帽子。[27]

二是没有记载重新划分家庭成份，连漏划地主、富农的内容也未记载的乡镇村志有14部，占66.67%，如：

1、1965年1月，公社贯彻中央《农村社会主义教育运动中目前提出的一些问题》(后称“二十三条”)

1966年7月,四清运动持续一年,在经济上定案退赔的有267人,判刑的1人。[28]

2、1965年1月　……开展“清政治、清经济、清组织、清思想”的“大四清”运动,历时十七个月……在“大四清”后期,党员进行了重新登记。[29]

新出版的《七宝镇志》完整记述了土改中划分评定阶级成份的过程及全部结果,但对“大四清”中的重新划分、评定阶级成份及出现的成份变化却也一字未记:

1、1965年1月　七一公社贯彻中共中央《农村社会主义教育运动中目前提出的一些问题》(简称“二十三条”)工作。[30](注:此为病句,本文不作改动)

2、6月22日　中共上海市委上海县委社会主义教育工作团到七一公社开展“清政治、清经济、清思想、清组织”社会主义教育运动(“大四清”)。1966年7月结束。[31]

最新出版的《九星村志》居然有125万多字,本可以充分发挥小志特点,详细记述划分家庭阶级成份的,但它也只完整记载了土改划分成份,同样也没有记载“大四清”重新划分阶级成份,内容简单如下:

1965年6月,中共上海市委“四清”工作队进驻九星大队、李家木桥大队,全面开展以“清政治、清经济、清思想、清组织”(简称“大四清”)的社会主义教育运动。1966年5月基本结束。运动后期,中共党员重新登记。[32]

为什么那么多志书对两次划分农村家庭阶级成份、尤其是对“大四清”重新划分家庭阶级成份的记载,既不同中共中央文件规定的运动内容保持一致,又不同已然发生的事实保持一致,要么完全缺失,要么重大遗漏?首轮修志时是有如“宜粗不宜细”等说法,那主要是指政治敏感性内容,如刚过去没几年的“文革”。但同样是首轮修志，有的志书对更敏感的内容，如湖南道县、北京大兴县发生的群众性杀害“四类分子”（地主、富农、反革命、坏分子）及其子女事件都予以记载，内容也很详尽。划分家庭阶级成份，有的志书对这两项内容也有记载详细的，有的志书已记载了划分阶级成份，只是内容不完整、事实不清楚。到第二轮修志时，第一轮志书中出现的缺失、遗漏等问题，在新修志书中还是一如当初，没有一点改观。看来修纂者或主编总纂对这段历史的不熟悉是主要原因。不管出于何种原因，志书中出现如此重大缺失、遗漏，是对历史的不负责任。

地方志的功能决定了地方志首先是资料性，上述那么多志书记述的都是一般性、表面性的资料，还产生了记述角度偏差，过程性介绍多，重点抓不住而出现重要内容的缺失和遗漏。记述解放后两次划分家庭阶级成份及结果，不仅要有记载，还要让资料来说话。这些资料在哪里？在区县馆藏档案中。我不敢说所有档案馆的资料都完整，但如此多的志书没有出现这类资料，却不能反推出所有档案馆都没有此类资料的。

四

乡镇志以下的志书，可充分发挥小志特点，将上位志书无法载入或无法详细载入的内容，尽多地予以记载，为上位志书补苴罅漏。《褚家塘志》是上海第一部自然村志（亦即生产队志）。这部25万字的小志依据方志写作规范，记载了上位志书、尤其是村镇志应该记载却少记、漏记的很多内容，仅以土改和“大四清”两次划分阶级成份的记载来看，就相当完整，亦同当年法令和中央文件规定内容保持一致，如实再现了当时运动过程和结果，终使乡间具体的自然史变成有记载的历史：

1951年土地改革运动中，根据《城市郊区土地改革工作条例》

和《上海市郊区土地改革实施办法》，对农村家庭划分、评定阶级成份……褚家塘共评出地主3户，半地主4户，富农1户。[33]

到“大四清”运动时，该村地主、富农等家庭结构已有不少变化，如2户富农划属其他生产队，2户地主全家迁往他处等。记载这段历史时，志书一是明确“重新划定家庭阶级成份”，二是如实记载划分情况：

1964年，褚家塘生产队开展“大四清”运动，内容之一是重新划定家庭成份。土改运动中划定的阶级成份业已发生变化，其一是土改时的户主有的已死亡，有的子女分家后一家成数家，但原划定的家庭成份均由其子女继承；二是部分改变土改划定成份，如土改中评定的中农，重新评定为下中农，也由土改中评定的上中农，重新评定为富农的。此时，褚家塘共有地主2户，富农5户；地主分子2人，富农分子2人，坏分子1人，右派分子1人。另有富农成份、不戴富农分子帽子者3人。[34]

志书紧接着列有两张表格，一是“土改运动评定阶级成份情况表”（第15页）；二是“四清运动阶级成份登记情况表”（第16页），表中既有“向下划”、也有“向上划”的家庭成份（资料全部来自区馆藏档案并标明出处），全部记录了全村两次评定的各家庭成份，完整地保存特定时期的特定内容，弥足珍贵，可资作史者参考借鉴。

划分家庭阶级成份后，还涉及到子女问题。到“大四清”重新评定各家阶级成份后，地主、富农、反革命、坏分子等家庭的子女数量增加，《褚家塘志》记载的情况是：

“大四清”后，共有“五类分子”子女31人（男18人，女13人，含第三代8人），其中地主、富农子女24人（男13人，女9人。含第三代男6人，女2人）、反革命子女2人（男1人，女1人）、坏分子子女3人（男1人，女2人）、右派分子子女2人（男1人，女1人）（合计数31人中含结婚外嫁者、在外工作者4人。嫁入者2人和已迁出户不计入）。[35]

可设想，如果家庭阶级成份制度实行至今，这些家庭的子女数量还要继续增加，或会出现第四代、第五代子女。因为家庭成份的不可改变，即使土改中的第一代人员（多数定为戴上“帽子”的阶级敌人）都已死亡，他们的第二代、第三代等还要延续祖上的家庭成份，并继续承担不应由他们承担的责任或苦难。那真叫是世世代代绵延不绝。

资治、教化、存史，其中存史是地方志最主要的功能，资治、教化是在地方志保存大量有价值的史料基础上实现的，所以存史是地方志存在的根本。而对当年长时期内的头等政治大事，在地方志中要么不予记载而出现那么多的缺失，要么因选择性记载而出现那么多的重大遗漏，大量有价值的史料没有收集，更没有让它按照历史面貌在志书中得到反映，存史无从说起，资治、教化更从何说起呢？

说明：

“成份”一词，《现代汉语词典》中有两种规范写法，一是“成份”，二是“成分”。在实际使用中，两种写法都有，本论文引文中也有两种写法。在上海方言中，是读作“成份”而不读“成分”的，拙文统一用“成份”一词，但引文中如写作“成分”，本文也不作统一。特此说明。

注释：

1《农村社会主义教育运动中目前提出的一些问题》（中共中央政治局召集的全国工作会议讨论纪要，一九六五年一月十四日），《中华人民共和国国史通鉴》第二卷第 618 页，当代中国出版社 1993 年 12 月第 1 版。

2《南汇县志》第 27–28 页，上海人民出版社 1992 年 3 月第 1 版。

3《南汇县志》第 259 页，上海人民出版社 1992 年 3 月第 1 版。

4《川沙县志》第 29 页，上海人民出版社 1990 年 11 月第 1 版。

5《川沙县志》第 152 页，上海人民出版社 1990 年 11 月第 1 版。

6《松江县志》第 35 页，上海人民出版社 1991 年 8 月第 1 版。
7《松江县志》第 303 页，上海人民出版社 1991 年 8 月第 1 版。
8《金山县志》第 229 页，上海人民出版社 1990 年 10 月第 1 版。
9《鲁汇志》第 11 页，1998 年内部印刷本。
10《莘庄乡志》第 6 页，1987 年 2 月内部印刷本。
11 郭德宏:《四清运动中重划阶级成分始末》,《安徽史学》2010 年第 3 期。
12《中共中央关于农村社会主义教育运动中一些具体政策的规定（修正草案)》,《中华人民共和国国史通鉴》第二卷第 587 页，当代中国出版社 1993 年 12 月第 1 版。
13《松江县志》第 43 页，上海人民出版社 1991 年 8 月第 1 版。
14《川沙县志》第 555 页，上海人民出版社 1990 年 11 月第 1 版。
15《上海县志》第 55 页，上海人民出版社 1993 年 7 月第 1 版。
16《嘉定县志》第 621 页，上海人民出版社 1992 年 12 月第 1 版。
17《青浦县志》第 37 页，上海人民出版社 1990 年 4 月第 1 版。
18《南汇县志》第 34–35 页，上海人民出版社 1992 年 3 月第 1 版。
19《金山县志》第 568 页，上海人民出版社 1990 年 10 月第 1 版。
20《北桥志》第 73 页，1987 年 8 月内部印刷本。
21《曹行简志》第 53 页，1987 年内部印刷本。
22《颛桥志》第 4 页，1988 年内部印刷本。
23《诸翟乡志》第 5 页，1985 年 5 月内部印刷本。
24《华一村志》，第 3、第 144 页，学林出版社 2003 年 12 月第 1 版。
25《华漕志》第 35 页，1987 年内部印刷本。
26《龙华乡志》第 7 页，1985 年 7 月内部印刷本。
27《鲁汇志》第 11 页，1998 年内部印刷本。
28《陈行志》第 6 页，1985 年 7 月内部印刷本。
29《梅陇志》第 8 页，1986 年 12 月内部印刷本。
30《七宝镇志》第 804 页，上海人民出版社 2010 年 7 月第 1 版。
31《七宝镇志》第 804–805 页，上海人民出版社 2010 年 7 月第 1 版。

32《九星村志》第 6 页，上海人民出版社 2013 年 10 月第 1 版。

33《褚家塘志》第 14–15 页，上海人民出版社 2010 年 12 月第 1 版。

34《褚家塘志》第 15 页，上海人民出版社 2010 年 12 月第 1 版。

35《褚家塘志》第 17 页，上海人民出版社 2010 年 12 月第 1 版。

（作者单位系上海市闵行区莘庄镇镇志办公室，原文为上海市地方史志学会 2015 年学术年会入选论文）

继承创新是海峡两岸方志事业长盛不衰的根本动力

——兼对两岸六部志书的篇目结构作纵横对比

范洪涛

一、海峡两岸地方志在继承创新中不断发展总貌的简短回顾

古代中国地方志其起源可上溯到2500年前，春秋战国时期的列国史、地理书、地图。最早要称《山海经》、《禹贡》。两千多年来，中国地方志在实践和理论上持续地继承和创新中不断获得发展。随着封建大一统国家的建立，由于地方经济的发展，出席了图经、地记这种志书形式。东汉时期已有图经出现。隋炀帝“普招天下诸郡，条其风俗、物产、地图，上于尚书。”[1]爰及唐代，更令全国各州府，按规定报送图经。建中元年（公元780年），“请州图每三年一送职方，……。”[2]宋代方志虽在过去图经基础上发展，但在图与文字比重上，一反过去作法偏重于文字的记载，单纯的绘图属于次要地位，因而名称上都称为“志”。中国旧方志在两宋时期基本定型。至清代为全盛时期。今所存大量旧志中，以文字为主的“志体”占主要地位，绝大部分旧志均称为“志”书，很少再称图经。中国地方志编修源远流长，在普遍的修志实践基础上，逐步形成对方志性质、作用、意义的理性认识。唐初。刘知几论修史、修志时主张以直笔为中心，反对曲笔，即所谓不掩恶，不虚美。刘氏主张：“史有三长：才、学、识。”[3]此观点被后人用于方志编修上。宋代，方志走向定型，

方志理论也在志书序跋中体现出来。司马光序《河南志》时说："凡其废兴迁徙，及宫市城郭、坊市、第舍、县镇、乡里、山川、津梁、亭驿、庙寺、陵墓之数，与古先之遗迹、人物之俊秀、守令之良能、花卉之殊尤、无不备载……开编灿然，如指诸掌，真博物之书也。"[4] 也有主张方志为地理书者，王象之云："世之言地理者尚矣，郡县有志，九域有志，寰宇有记，舆地有记。"[5] 也有认为方志是史书的。元明两代，方志理论有所发展。元代黄潘《东郡志序》云："窃惟昔之言地理者，有图有志，图以知山川形势地之所在，而志以知言语土俗博古久远之事。""小史掌邦国之志，外史掌四方之志。"[6] 明代范嵩以为："郡之有志，犹国之有史也。志与史体虽少殊，而作史者，每于志乘采录焉。"[7] 更有人直接指出："志者史之积，史者志之成。"[8] 清代前期，随着全国统一和经济文化的发展，统治者重视和提倡方志修纂，又有许多著名学者参加全国一统志或府志、县志编纂，因而在地方志编纂、方志理论研究、古方志辑佚等方面出现了前所未有的繁荣局面。在清代以前，我国方志可以说有丰富的方志实践，也有一定的方志理论，但尚无系统条理的方志学，清代方志学者顾炎武在《营平二州史事序》中提出比较系统的修志理论见解、方法及经世致用之意。[9] 考据学派主要代表人物戴震竭力主张方志属地理学性质。戴氏特别注重考证，在《应州续志序》中指出："检寻郡邑志书，其于经史中地名山川，故城废县，以及境内之利病，往往遗而不载，或载之又漫无据证，志之失，大致尽然。"[10] 史志学派主要代表章学诚一再指出："志属信史"[11]"志乃史裁。"[12]"志及史体"[13] 章氏提出立三书（即志、掌故、文征）目的在于"明史学也。""仿纪传正史之体而作志，仿律令典例之体而作掌故，仿《文选》《文苑》之体，而作文征，三书相辅而行，阙一不可。"[14] 章氏比较系统、全面、有条理地阐述了他在方志学术方面的主要见解，使旧志方志理论形成初步系统，起了承前启后、继往开来的重要作用。民国时期，由于战事频仍，方志事业进展虽不及清代，但在江苏、浙江、山东、安徽、河北、河南、四川等省，纂修成志的并不少，“地近则易核，时近则迹真”，这时期的志书仍然保存了不少社会的历史资料和地方文献，反映了部分历史真实和由古代转向近代的时代风貌。其中也有一些精品，如黄炎培主纂的《川沙县志》。民国时期方志学的研究，方志目录学的成立，方志辑佚和旧志的整理等方面，却在清人开创的基础上，有所创新、有所发展。从一定意义上讲，既可以说是中国旧志发展的终结时期，又注入了时代的新元素，为新一代方志事业的建立和发展作了准备。据不完全统计，从秦汉至 1949 年，历代旧志共有八千多种，十万余卷，约占现存全部古籍的十分之一。这是我国历史文化遗产中弥足珍贵的部分，也是人类文明中独具特色的成果。英国著名学者李约瑟曾说过，希腊的古代文化乃至近代英国，都没有留下与中国地方志相似的文献，要了解中国文化，必须了解中国的地方志。大陆于 20 世纪 80 年代初掀起新一代方志编修热潮，至 2008 年 11 月，“编纂了近 6000 种地方志和 4 万多种专志。”[15] 截至 2007 年全国出版了方志理论研究专著 1211 部，其中通论专著 84 部，编纂专著 87 部。[16] 至 2010 年底，仅在《中国地方志》杂志和省级地方志刊物上发表的论文总数就有 6 万篇左右。[17] 近 20 年来，大陆在改革开放和社会转型的大背景下，方志理论研究更加重视创新。无论在地情研究上，在指导思想上，在地方志编纂的篇目设计、体例体裁运用、人物撰写上及方志的应用、管理上既继承了历史上的优良传统，又十分重视采用新的观点、新的方法、新的形式。例如，在方志作为资料性科学文献共识基础上，对著述性的重要性的认识和述体的运用上都有不少创新的见解。方志理论队伍中的大多数，基本上能做到与时俱进。

台湾地区地方志的编修实践和理论研究，大体上可分为三个时期、清康熙前，明郑虽已建立比较完备的建置，但在台湾地区施治时间较短，没有编纂过地方志。清康熙二十三年（1684 年）

政府正式在台湾置府设县，随即开始了地方志的纂修。这一时期台湾纂修的方志，“同中国传统方志体系是统一的，其志书体式基本都是从大陆移植而来。”“可以说，大陆地区流传的各种志体，在台湾地区康熙以来清朝所修志书中，都能找到。”[18] 这一时期的方志理论观点都见志书序跋之中，专门论著很少见到。第二时期为日据时期。清光绪二十一年(1895 年)，中日甲午战争中方战败，被迫割台给日本。由于日本受汉文化影响甚深，也有编纂志书的传统，所以志书编纂没有中断。但也将日本编纂地方史志的做法带到了台湾。深受其本地所修郡志、町、村志影响，所述项目极细，层次结构明确。“编修史志体例，系采取折衷旧志之纪事体及欧美式之史论体、文化史体而订定纲目。”[19] 第三时期为光复后至今。1945 年，第二次世界大战日本战败投降，台湾回归祖国。编纂地方志传统得到恢复和发展。“光复后的修志，承接了中国传统修志方面的优点，但有些方面受西方文化的影响，在体例、方法、内容等方面和清朝时期所修志书已有很大不同，也不同于日据时期日人所修志书。有所创新和突破。”[20] 光复后公开出版的地方志据不完全统计有一百多部。1993 年出版的《中国新方志目录》收录台湾方志共 122 部。其中：省级志书 6 部，市志 17 部，县志 52 部，区志 2 部，镇志 16 部，乡志 29 部。[21] 这一时期台湾方志理论研究多由学者与史志编纂者为之。“老一辈学者多从传统方志学出发，力图将中华优良传统发扬光大。较年轻一辈学者，则多主张将传统方志学与欧美现代地方史学、区域研究、社会科学、地理学等学科之理论与方法相结合，对传统方志学加以较大变革。”“数十年来，散见于各学术刊物的论文数以百计。”“专著有唐祖培著《新方志学》、杜学知著《方志学管窥》、宋晞著《方志学研究论丛》等八种。”[22]

以上是海峡两岸地方志在继承创新中不断发展总貌极简略的回顾，仅是一个大概的轮廓，供方志界学者参考。

二、海峡两岸六部志书篇目结构演变的对比研究

中国地方志事业继承创新的内涵极为丰富，涉及到方方面面。受篇幅的限制，本文特选择两岸不同时期六部志书篇目结构的演变，分三组作纵向或横向对比，提供一些具体的剖析。

（一）乾隆《台湾县志》与嘉庆《台湾县志》篇目结构的演变

乾隆《重修台湾县志》，清乾隆十七年（1752 年）刻本。15 卷。鲁鼎梅修，王必昌纂。嘉庆《续修台湾县志》，嘉庆十二年（1807 年）刻本。8 卷。薛志亮修，谢金銮、郑兼才纂。

现将两志篇目结构对比如下：

志　名	乾隆《重修台湾县志》[23]	嘉庆《续修台湾县志》[24]
出版年份	乾隆十七年（1752 年）刻本	嘉庆十二年（1807 年）刻本
卷　数	15 卷	8 卷
综合类	卷首　序、凡例、目录、图 卷一　疆城志（星野、沿革、封圻、形胜、里社、街市） 卷二　山水志（山、溪潭港陂、澳屿、海道、潮汐） 卷三　建置志（城市、桥渡） 卷四　赋役志（户役） 卷十二　风土志（气候）	卷首　序、跋、图 卷一　地志（建置、疆域、星野、城池、街里、桥渡、山水、海道、风信、潮汐） 卷二　政志（户口）
政治类	卷三　建置志（公署、公馆、仓库） 卷七　礼仪志（公式、祭祀） 卷八　武卫志（营制、汛塘、教场、船政、赏恤） 卷九　职官志(官制、列宪题名、文职、武职)	卷二　政志（庆典、壇庙、衙署、仓库、公廨、政官） 卷四　军志（营制、汛塘、教场、船政、屯番、赏卹、经署）
经济类	卷四　赋役志（田赋、土贡、杂饷、经费、耗羡） 卷十二　风土志（土产）	卷一　地志（物产） 卷二　政志（田赋、集饷、耗羡、经费、屯田、邮信）

志　名	乾隆《重修台湾县志》	嘉庆《续修台湾县志》
文教类	卷五　学校志（学官、崇祀、书籍、泮额、书院、社学、学田） 卷十　送举志（甲科、戎功、封廕） 卷十三　艺文志（著述、书序、赋） 卷十四　艺文志（诗）	卷三　学志（学官、崇祀、泮额、藏书、祭器、书院、学田、社学、选举） 卷六　艺文（著述、奏疏、缴文、书议、序、跋、客问） 卷七　艺文（记、赋） 卷八　艺文（诗词）
社会类	卷三　建置志（坊表、卹政） 卷六　祠宇志（壇庙、祠、寺宇） 卷十二　风土志（风俗） 卷十五　杂记（古绩、宅墓、祥异、兵燹，丛谈）	卷一　地志（风俗） 卷二　政志（宪祀、卹政） 卷三　学志（坊表） 卷五　外纪（古绩、寺观、祥异、逸事、寓贤、方伎、兵燹、丛谈）
人物类	卷九　职官志（列传） 卷十一　人物志（治行、孝义、列女、耆寿、侨富、方技）	卷三　学志（教官、封荫、行谊、列女、耆耈） 第四　军志（军官）
卷　尾	跋	

两志相隔 55 年。嘉庆志较乾隆志在第一层次的总体结构上有较大变化，只有 8 卷，基本上接近大编结构，而前者有 15 卷属中编结构。然后将两志第二层次目按卷首、综合、政治、经济、文教、社会、人物类来分别归属，则可以看出后志在实际内容上还是主要继承前志传统的。但是嘉庆《续修台湾县志》的若干创新还是值得重视的。

其一，嘉庆志的卷一、二、三、四，分别以“地志”、“政志”、“学志”、“军志”命名，已初步显示编纂者以事物大类相同性质归属大编式方志篇目结构的尝试，在大陆旧志中也属较早的。尤其是将“建置”、“疆域”、自然地理、环境等以“地志”来命名，说明编纂者意识到这些重要方面是一地赖以发展的基础。

其二，将“政志”与“军志”作为两个大类平列，突出了武卫的重要性，嘉庆志在“军志”中详细列目记述了“营制、汛塘、教场、船政、屯番、军官、经略”等内容。嘉庆二年（1797 年）台湾县户口二万四千一百七十七户。志中详记了陆军、水师 8 个营数十名军官、数千名士兵，战船、战炮、炮台、战马等军事设施。尤其是“军官传”、“经畧”目中记述了 20 余名军官与敌奋战的战役和事迹。较充分显示军事在当时台湾县的重要地位。[25]

其三，将教育上升到第三卷以“学志”名称与“地志”、“政志”、“军志”平列，这在清代两岸旧志中都很少见。该志“学志”共 103 页。分目很细，记述甚详。加上卷六、七、八“艺文”中的“著述、奏疏、缴文、书汉、序、跋、客问、记、赋、诗、词”276 页，总共 379 页，占全志 702 页的 53.9%，文化教育大类占如此重的分量，在两岸旧志中也属罕见。[26]

两志篇目结构中有一个共同的薄弱处，都忽略了经济类内容。其实这在两岸旧志中是一个通病。在封建统治下的农业社会中，生产力极低，统治者重农轻商，官府只顾向农民收取赋税，不管生产。在官修的志书中就没有经济类事物的地位。多数旧志仅设“赋税”卷记述。至于物产，也仅记述当地生产的农产品、家畜、水产、林木、药材，手工业品主要记棉、麻织品、竹木器等，且缺乏统计数据。在篇目设置上也有随意性，乾隆志放在卷十二风土志中列“土产”目。嘉庆志放在“地志”中列“物产”目。关于社会类事物，两志将“古绩、宅墓、奇观、祥异、兵燹”等内容用“祠宇”、“杂记”、“外纪”卷名记述。但有些内容安置较乱，如乾隆志将“坊志、卹政”放在建置卷，将“风俗”放在“风土卷”与“气候”并列。嘉庆志将“风俗”放在“地志”，将“宪祀、卹政”放在“政志”。

（二）光绪《川沙厅志》与民国《川沙县志》篇目结构的演变

清光绪《川沙厅志》由川沙厅同知陈方瀛修，进士俞樾等纂。同治十一年（1872 年）开始分门采访，至光绪五年（1879 年）刻本刊行，共 6 册。民国《川沙县志》由川沙县知事方鸿铠、县长葛芝严等监修，方鸿铠、陆炳麟修，黄炎培主纂。该志编纂始于 1914 年，1937 年修成，铅印出书，共 12 册。现将两志篇目结构对比如下：

志　名	清光绪《川沙厅志》[27]	民国《川沙县志》[28]
出版年份	光绪五年（1879年）刻本刊行	1937年铅印出版
卷　数	14卷6册	24卷12册
综合类	卷首　序、目录、凡例、图说 卷一　疆域（沿革、界至、形胜、乡保、团路、街巷） 卷二　建置（城池） 卷三　水道（海塘、诸水治绩、桥梁） 卷四　民赋（户口）	卷首　图19幅、目次、例言、导言 卷一　大事年表（概述、明嘉靖、隆庆、万历，清顺治、雍正、乾隆、嘉庆、道光、咸丰、同治、光绪、宣统，民国） 卷二　舆地志（概述、位置、地质、气候、界至、面积、形势、政区、市政、道路、铁路、诸水、沙州、地亩、潮汛） 卷三　户口志（概述、户口统计、族谱）
政治类	卷二　建置（衙署、仓庚） 卷七　职官（官制、职官表） 卷九　选举（选举表）	卷十七　职官志（概述、抚民厅职官、武职官、学务职官、警务职官、司法官、盐务职官） 卷十八　选举志上下（概述、上：科举、学位、任官、封赠、荫袭、勋奖、武职、）（概述、下：咨议局、议员选举、城镇乡自治选举、县省国会议员选举） 卷十九　议会志（概述、县议事会、县参事会、城议事会、乡议事会、议案表） 卷二十　司法志（概述、地方审检厅、审判厅、检察厅、经费、审检所、监狱） 卷二十一　警务志（概述、县警察、水上警察、团防、消防） 卷二十二　兵防志（概述、驻兵、国防布置、调驻防护、拉夫索饷）
经济类	卷四　民赋（田亩、物产、赋额、杂税、蠲缓、积储、义赈）	卷四　物产志（概述、动物、植物） 卷五　实业志（概述、农业、商业、工业、电气、渔业、林业、盐务、国货） 卷六　工程志（概述、城市、公署、监所、仓廪、学校、公所、灯塔、墩汛、海塘、河渠） 卷七　交通志（概述、交通行政、邮电、舟车、道路、桥梁） 卷八　财赋志（概述、田亩、赋额、带征、蠲赋、减赋、免征、特税、杂捐、公款公产管理）

志　名	清光绪《川沙厅志》	民国《川沙县志》
文教类	卷二　建置（书院、义学） 卷十二　艺文	卷九　教育志（概述、教育行政、师范教育、中等教育、小学教育、教育款、教育研究、教育统计、孔子庙筹建） 卷十　卫生志（概述、清道、戒烟、医药、掩埋、公墓） 卷十五　艺文志（概述、著述、金石、书画）
社会类	卷一　疆域（风俗、附岁时、占验、方言） 卷二　建置（坊表、善堂附义冢） 卷五　祠祀（官祀、私祀） 卷十三　名迹（第宅园林、冢墓） 卷十四　杂志（祥异、寺观教堂、方外、遗事）	卷十一　慈善志（概述、官赈、公赈、协赈、积谷、习勤、至元堂、育婴、养老、恤嫠、义冢、施衣米、施钱、施棺） 卷十二　祠祀志（概述、官祀、公祀、家庙、坊墓） 卷十三　宗教志（概述、基督教、道院、佛寺） 卷十四　方俗志（概述、风俗、歌谣、方言）
人物类	卷八　名宦 卷十　人物（附艺术、寿民、游寓） 卷十　列女	卷十六　人物志（概述、统传、医术、工艺、绘画、武术、名宦、游寓、贤妇、孝妇、节妇、烈妇、烈女、耆寿）
尾卷	卷末　补遗、叙录	卷二十三　故实志（概述、民众暴动、党狱、政党、灾变、异闻等） 卷二十四　叙录（概述、案牍、章则表、摄影、募款、跋）

两志相隔 58 年，跨越两个朝代。光绪《川沙厅志》记事起自上古，迄于光绪五年。志中沿袭前志，或采录《松江府志》、《上海县志》、《南汇县志》等有关资料，皆随条注。[29] 从整个篇目看，基本继承前朝志书结构。而民国《川沙县志》由于编纂时，民国已经建立，时代起了极大变化，川沙县地处上海浦东地区，与五口通商时已辟为英、法租界的浦西地区隔江相邻，沿江一带工、商、实业、交通运输、市政建设均有一定发展，且受西方文化影响也较深，近代教育、卫生事业也有发展，因而该志的篇目设置在总体上仍继承旧方志体格局，但在具体篇目设置上有许多创新，与清代其他旧志

相比，面貌一新，是一部精品良志。就是与民国时期大陆其他地方编纂的志书相比也显示出不少近代社会新元素。从一定意义上讲，也是为40多年后，上世纪80年代初大陆掀起新一代志书编纂的一种过渡和准备。该志的变革有不少值得重视。

其一，从前志14卷扩展到24卷，开始从大中编结构向小编结构过渡。在24卷中有一半即12卷是新设的门类，如户口志、议会志、司法志、警务志、物产志、实业志、工程志、交通志、教育志、卫生志、宗教志、方俗志。体现编纂者能跟上时代发展步伐，与时俱进。

其二，每卷前设“概述”，这在旧志中完全是一种创新。主纂黄炎培提出创设“概述”的原由是：“盖重在简略说明本志内容必要，而不尽阐明义例也。将使手此书者，读概述后，进而浏览全文，其繁者可以用志不纷，其简者亦将推阐焉而有得，或竟不及读全文而大致了了。”此观点成为志坛名言，也为以后方志体裁中“述体”的出现作理论先导。[30]

其三，卷首设“大事年表”在旧志虽然早有先例，但将国内外大事与川沙大事对照排列，颇具新意。诚如黄炎培所说：“一般方志，偏于横剖而缺于纵贯，则因果之效不彰。必将若干年间事实串列焉，其同时者，并列焉，以玩其彼此先后间之消息。”“故一县乃至一省之大事表，必取同时国内外大事并列，以广参证。”[31]

其四，将“户口”从前志“民赋”卷中一个目析出，加以升格，单独设置一卷，这在编纂思想上是一个飞跃。千百年来多数旧志只将“户口”与征收赋税联系在一起，作为官府收税的依据，而不明人口实在是一个地方政治、经济、文化发展的最重要的基础。这个变革在方志编纂上是重要的发展。[32]

其五，突破旧志中除政治类中设“税赋”卷和综合类中设“土产”“物产”目的传统，在民国同时期编纂的志书中，较早开创独立设置经济大类的新格局。民国《川沙县志》24卷中有5卷是经济类，即物产、实业、工程、交通、财赋。尤其是“实业志”中，农、林、渔、工、商、能源等产业门类已相当齐全，这在旧志编纂历史中是重大突破，充分反映了当地近现代经济的发展。

其六，在政治类篇目中，变化也是巨大的，出现清庭被推翻后，建立了民国新的政治体制。志书中新设置“议会”、“司法”、“警务”等以前没有的门类。

其七，在文化教育大类中，变化也很突出，旧志对学校都很重视，详记学官、书院、社学、藏书、学田等。而且把“选举”也列入“学志”之中。封建社会中，“科举考试”是学而优则仕，平民做官的唯一途径，入选贡生、举人、进士，既可作为“政治”类也可作为“教育”类。民国《川沙县志》将议员选举、自治选举也列入“选举”志。因而“选举志”归属政治类为宜。该志“教育志”的内容已全面更新，新增了教育行政、师范教育、中等教育、小学教育、教育研究等近现代教育内涵。尤其将近代医药等内容独立设“卫生志”，也属创新。艺文志仍保留旧志传统。[33]

其八，社会类中，新设“宗教志”，从当地民众主要信仰的基督教、道教、佛教设目记述。慈善事业也专设“慈善志”全面记述。对于风俗、歌谣、方言则专设“方俗志”，这些都是变革。

其九，专设“故实志”。是从旧志“杂志”卷中演变而来。黄炎培在该志概述中说：“凡为各志所录，或录之未及详，而其事较重要较殊异者入此。”[34] 此卷共收录民众暴动、兴建铁路、地方自治风潮、政党、争讼灾变、异闻等数十种事件。实为近年来新一代地方志中的“专记”体裁的前身。

（三）新一代《台北县志》《松江县续志》篇目结构的横向对比

台湾 1945 年光复后新编的地方志和大陆于上世纪 80 年代初掀起的编纂新方志热潮与旧志相比，又有许多新的发展。特选两岸二部新一代方志作简要的横向对比。

由台北县文献委员会林兴仁主修，盛清沂总纂的《台北县志》，1960 年排印本，共 303 万字，12 册。由上海市松江区地方史志编纂委员会主修，何惠明主编的《松江县续志》，2007年出版，共239万字，1册。这二部志书分属两地，并无直接传承关系。虽然同属新一代志书，但出版年份相差47年，只能从横向作粗略的对比，以观察其大体趋向。

现将二部志书的篇目结构对比如下：

志　名	《台北县志》[35]	《松江县续志》[36]
出版年份	1960年版 303万字，27卷，12册	2007年版 239.3万字，42卷，1册
综合类	卷一　大事记 卷二　疆域 卷三　地理 卷四　史前 卷五　开辟 卷七　人口	序、凡例、概述、大事记 卷一　建制（建制、区划）地理（地质地貌、水系水文、气候、自然灾害、资源） 卷二　人口（人口数量、分布、人口变动、人口结构、人口控制） 卷四十三　镇
政治类	卷九　行政 卷十　自治 卷十四　警察 卷十五　军事	卷三　中国共产党　卷四　人民代表大会 卷五　人民政府　卷六　政协委员会 卷七　民主党派、工商联 卷八　人民团体 卷九　外事、台港澳事务、侨务 卷十　公安司法 卷十一　人民武装、民防 卷十二　民政　卷十三　劳动人事
经济类	卷十二　土地 卷十三　财政 卷十七　水利 卷十八　农业 卷十九　林业 卷二十　水产 卷二十一　矿业 卷二十二　工业 卷二十三　商业 卷二十四　交通	卷十四　经济管理　卷十五　财政税务 卷十六　工业　卷十七　松江工业区 卷十八　农林业　卷十九　畜牧、水产 卷二十　水利 卷二十一　商贸服务业 卷二十二　对外经济 卷二十三　旅游业 卷二十四　上海佘山国家旅游度假区 卷二十五　私营经济区 卷二十六　上市公司　卷二十七　规划 卷二十八　建设、环保 卷二十九　交通运输 卷三十　邮政电信　卷三十一　金融

志　名	《台北县志》	《松江县续志》
文教类	卷十六　卫生 卷二十五　教育 卷二十六　文艺	卷三十二　精神文明建设 卷三十三　教育 卷三十四　科技 卷三十五　文化广播电视 卷三十六　地方史志、档案 卷三十七　卫生 卷三十八　体育
社会类	卷六　氏族 卷十一　社会	卷三十九　宗教、民族 卷四十　方言 卷四十一　风俗
人物类	卷二十七　人物	卷四十二　人物
卷　尾		专记　松江新城建设述略

与旧志相比，《台北县志》和《松江县续志》都继承了志书的基本传统，总体结构大致相同，但在许多方面随着时代的发展，创建了不少体现近代背景的新门类、新内容，构成新一代志述的基本框架，由于两志相隔近半个世纪，必然既有相同一面，也有相异之处。

其一，篇目总体结构都设置众多门类，形成小编结构。志书文字也愈来愈多。1960版的“台志”达27卷，180章，438节，303万字；2007版的“松志”达42卷，203章，761节，239.3万字。（这个趋向，在大陆新志书中较普遍，门类愈分愈细，字数愈写愈多。）

其二，两志上下限年份相差很大。“台志”属于通志体。该志“凡例”中说：“本县开辟以来，虽仅三百余载，然海上多事，疆域更易，同昔者称繁，因纂成疆域志一卷，以为全志范畴。”志书内容追索至开辟时。[37] 而“松志”为断代志体。该志上接首轮新志《松江县志》的下限1985年，下限至1998年，主体只有13年，大事记延伸至2005年。[38] 因而“台志”的大事记分为（一）开辟时期，（二）清代领台时期，（三）1895年割台的一年，（四）日据时期，（五）光复以来。[39] “台志”还专设“开辟志”，“对全县34个乡镇，设34

章、分章，逐一记述每个乡镇开辟的经过情况[40]，并附有关开辟文契五十种,以资佐证,其中最早的年代是康熙四十八年(1709年)。”[41]而“松志”则严格控制在上下限之间，并未追索。

其三,两志对“人口卷”均十分重视。“台志”从1909—1941年，1950—1955年,(中间有间断)详列人口的各种详细数据。[42]“松志”也从人口数量、分布、变动、结构、控制，详列历年数据。[43]

其四，经济是两志门类最多，占全志比例最大的大类。“台志”设10卷，占全志27卷的37.0%，“松志”设18卷占全志42卷的41.8%。“台志”将“土地”升格为独立卷，下设12章35节，从土地制度、地籍整证、地目调整、规定地价、地权清理、公地放租、耕地三七五减租、公地放领、实施耕者有其田、荒地使用、土地征收、外人地权处理等方面，用了310万字。[44]表明编者对“土地”在本地全面发展的基础性地位有充分认识。其余9个门类也较齐全。“松志”将经济大类分得更细，其中“台志”没有设置的新门类有:“经济管理”、“服务业”、“对外经济”、“旅游业”、“旅游度假区”、“私营经济区”、“上市公司”、“建设环保”、“邮政电信”、“金融”。这表明大陆实施经济体制改革和对外开放后的新变化。[45]

其五，政治是传统的大类。由于两地政治体制的不同，“台志”设“行政”、“自治”、“警察”、“军事”4卷，分类较粗。“松志”设11卷，分得很细。

其六,文化教育类,“台志”比其他旧志增设了“卫生”新门类。教育在旧志中本来较重视，但“台志”的“教育”卷已增添了近现代新的教育事业。“文艺”卷继承了旧志的传统。“松志”文教类设了7卷，其中,“台志”没有设置的新门类有:“精神文明建设”、“科技”、“文化广播电视”、“地方史志、档案”、“体育”。“松志”没有“艺文卷”，这是由于大陆大城市的文艺作品品种多，文字量极大，难以把握选录的量和度，如果大量入志则将超过其他门类，难以处理，故大陆新一代志书大都不再效仿旧志辑录大量艺文作品，最多记重要作品目录，“松志”也然。

其七，社会大类在旧志中一般放在志尾的杂志之中，有些内容又散见“建置”、“风土”、“祠宇”之中，设置较乱。新一代志书已日益重视，两志均有宗教、民族、方言、风俗等内容。“台志”虽然只设“民族”、“社会”二卷，但主要内容均已记述。但“台志”将“人民团体”归于“社会志”中，设一章，与“松志”归于政治类卷七，有很大不同，可以探讨。

其八，“松志”在卷尾，设专记“松江新城建设述略”。[46] 这种专记体裁目前在大陆新一代志书中已较普遍采用。专门记述志书各门类中较难收录，而又十分重要的事件。

三、既有继承又有创新才能确保方志事业长盛不衰

中国方志事业包括领导体制、修志机构和管理、地情研究、志书编纂、志书和地情资料的收藏和开发利用，方志馆、地情馆建设、志书出版数字化和修志网站建设、修志队伍建设和方志学理论建设等诸多方面。方面虽多，但志书编纂及其质量的高低无疑是方志事业之根本，其他方面均围绕这个根本来进行。在志书编纂领域中，志书篇目结构的设置又是中心环节。它体现编纂者的指导思想、理论水平，又成为该志的总体设计蓝图。决定资料搜集的方向和最后成志的内容，也涉及到志书的体裁、形式。本文以志书篇目结构的演变为主题，作重点剖析，目的是借此探索方志事业继承和发展的某些共性轨迹，以便举一反三。

本文第二部分列举的六部志书，自清乾隆十七年（1752 年）始至 21 世纪的 2007 年止。前后为 255 年，分属清乾隆、嘉庆、光绪、民国、20 世纪的台湾地区、21 世纪的大陆。六部志书相隔年份分别为：59 年、72 年、58 年、23 年、47 年。从篇目结构演变的情况看，既有继承，又有创新；既有共同性一面，又有特殊性一面；既有优

点，又有不足之处。经过对比研究，笔者从中得到以下启迪。

（一）随着时代的发展深入掌握地情的变化是方志编纂继承创新的前提

地方志是国情、地情的载体。国情、地情是第一性的决定的方面，志是第二性的，被决定的，是反映记述前者的载体。千百年形成的地方志编纂的质的规定性和形式方法中的合理部分将会得到继承，否则就不叫志书，但志书中记述的客观内容即地情却总是处于运动变化状态，“变”是地情永恒的特点。在生产力低下的封建社会，经济和人文环境变化比较缓慢，因而乾隆《台湾县志》和嘉庆《台湾县志》经济内容形不成独立门类，依附在“政志”或“建置”、“风土”之中就不奇怪了。时至民国，生产力加快发展，《川沙县志》中就出现独立的经济门类，20 世纪中期的《台北县志》经济门类上升到主体地位。21 世纪初的《松江县续志》出现“经济管理”、“规划”、“建设环保”和“金融”、“服务业”、“旅游”等第三产业新门类都是合乎规律性的。政治门类同样如此，经过革命性变革产生不同的政治体制，志书中也必将出现新的政治门类。由于近现代教育、科技、文化、卫生事业的快速发展，新一代志书文教大类中出现不少全新门类也是必然的。由此可见，只有深入掌握好国情、地情这个客体的变化，才能编修好地方志这个主体。不同时代或者同一时代的不同时期，地情变化不会相同，和平时期、稳定时期或革命、战争、改革时期地情变化也不会相同。同一地方的自然环境和人物环境变化速度也不相同。不管是“快”是“慢”，是“显性”是“隐性”，地情始终处于变化之中是绝对的。而地情的载体地方志就不同，不管古代 60 年为一周期，或现代 15 年、20 年为一周期，编纂一部地方志，总是滞后于快速发展的地情，尤其在当今信息化时代，更是如此。何况方志所记述、反映的是已经逝去的成为历史的地情，因此“滞后于经常变化的地情”是方志编纂的常态。要在继承中有所创新，必须努力跟上时代步伐，与时俱进。只有深刻认识这点，才能自觉地、主动地去掌握地情变化，为编纂地方志中有所创新创造最重要的前提。

（二）根据变化了的地情，精心设计篇目结构是方志编纂继承创新的蓝图和落脚点

地方志是代代相传的文化事业，任何一个地方，在首轮修志后继续进行的一代代志书续修工程中，都有一个继承和创新的关系问题。地情内容尽管代代有变化，但变化中仍有继承性和变动性两个方面。千百年来编纂志书首先要吃透首轮志书对地情的认识和记述，加上首轮志书出版后地情变化的研究，拟定出一个新一轮志书的篇目结构，其中既有继承部分，也有创新部分。这个篇目结构并非“一锤定音”而要随着最初篇目指引下搜集资料的增多、积累、消化、加深认识而不断加以调整，经过多次修正，直到正式出版才完全定型。修纂一部志书一般要四五年、七八年或者更长一些。志书篇目结构的拟定、调整将贯穿于修志全过程，而所谓继承与创新也将贯穿于修志全过程，不可能“毕其功于一役”。从以上六部志书篇目结构的演变过程，可以看出，从旧志大都为大中编结构逐步演变到新一代志书大都以小编多门类结构为主；从最初旧志大都为综合类、政治类、文教类、人物类、杂类的总体结构，逐步演变到综合类、政治类、经济类、文教类、社会类、人物类六位一体，并以经济类为主体的总体结构历经 200 多年。说明方志的继承和创新是一个长期积累，逐步变化的过程。每一轮方志的修纂者都要从时代和全局高度深入研究变化了的地情，并在搜集资料过程中加深认识，不断调整篇目，使之成为符合客观实际的最佳志书蓝图，使继承和创新有扎实的落脚点。

（三）扎扎实实的资料工作是实现方志编纂创新的物质基础

从古至今的修志者都明了“资料是志书的血肉”，“一个人没有血肉不能生存，一部志书没有足够的正确的资料，同样不可能有生命力。”续修一部新志书，能拟订出一个既能继承前志好的合理的

传统，又与时俱进富有创新的门类结构，自然是重要的前提，但归根结底，再好的设计蓝图，要靠搜集到的大量的、经过筛选、核实的真实、准确、全面、系统的资料来撰写出志稿，才能使篇目结构成为实实在在的内容丰富的志书。笔者研究了上面列举到的几部不同时代志书篇目结构，凡富有创新意识的新门类，或者从前志传统安排中予以升格独立的门类，进而阅读其相关的篇章，无不有扎实的系统的资料作为支撑。笔者也注意到新一代志书编纂中，有一种倾向，一部市志、县志或一部大城市区志的文字量动辄一、二百万字，甚至二、三百万字。似乎新编志书字数愈多愈好。其实志书质量高低，并不主要决定于文字量的多少。旧志有一个好的传统就是“要言不烦，文约事丰”，这不光是一个文风问题。有些新志的入志资料水份太多，把不该入志的素材也当作入志资料，成为资料汇编，这决不是创新。

（四）在传承体现方志性质和基本属性的体例、表现形式、方法基础上，不断加以改革，以适应新形势、新内容、新要求，以及既传扬同一体制下各地方的共性又充分反映本地的特性、特色是方志编纂继承创新的重要方面

在上述6部志书的实例中，已经提到黄炎培创建的“概述”新体裁的应用。千百年来修志实践的不断创新，到当今新一代志书，已逐渐形成述、志、记、传、图、表、录等7种体裁，诸种体裁中，以志体为主是宋代方志定型后的老传统，但近百年来，特别是新一代志书编纂为适应形势和内容变化的要求，述体和记、传体的应用有很大发展，在新科技新手段的支持下，彩色地图、照片、统计表的应用也有新的发展。在信息化时代，更以保持传统纸介质的同时向数字化发展。但是体裁不管怎样发展变化，有别于以纵为主的“史体”，“志体”仍然继承侧重于从横的方面来表现各种事物的广泛性。因此，“时空界限明确”、“事以类从，类为一志”、“横排竖写，以横为主”，“叙而不议，述而不论”等“志体”的传统特征仍然传承

下来。但也并非凝固不变，例如不少新志书在“总述”、“概述”中已采用“画龙点睛”式的适当议论，也是符合时代发展潮流的。无论旧志、新志，总有一小部分志书地方特色不彰，地情特貌不显，有“千志一面”之感。不仅门类设置相同，如果去掉不同的统计数据和不同的名称，其内容总是“似曾相识”。这种现象，已引起新一代志书编纂者的注意，在门类设置和内容记述上，重视本地地情与其他地方不同的特色，调动各种手段，显示其特有的个性。但笔者认为，少数志书“为特而突”，把不应升格为新门类的“乱升级”，出现“父子、祖孙平辈”这种倾向并不能作为“创新”，反而自乱了方志体例，应于防止。

（五）加强方志理论建设，加快方志理论创新是方志实践继承创新的先导和保证

台湾在光复以后，大陆在上世纪 80 年代初以后，两岸的新方志理论建设在多年的方志实践基础上已经取得可喜成就。两岸方志工作者和专家学者都很重视总结新方志广泛的实践经验，以此为基础，从理论上加以概括、提高，使感性认识上升到理性的规律性认识。注重继承古代方志理论的优秀成果并在新形势下有所创新。并且重视吸收相关学科，特别是历史学、地理学、社会学和市场经济学、传媒学等学科的研究成果。这些理论成就，反过来又促进了新方志实践的快速发展。但是，就大陆来讲，李铁映《在中国地方志指导小组第二届第一次会议上的书面讲话》中指出：“和我们当前所面临的客观需要比起来，方志理论建设存在着明显的滞后性。必须大力加强方志理论研究，把它推上一个新台阶。”[47] 究其原因，有些方志机构领导人在观念上存在“重志书出版，轻理论建设”的倾向，“对即将来临的二十一世纪的续修新志也缺乏超前研究。”[48] 有些地方在体制、机制上对志书的编纂和管理有长远规划和年度计划、有任务目标、有质量标准、有督促、检查、评审、验收制度，而在方志理论建设和学术研究方面，既没有长期规划，也没有年度计划，

更没有具体的任务目标，质量标准和督促、检查。在队伍上，由于有丰富的实践经验和理论修养的老一代修志人员退休，有些地方的方志理论队伍出现“人才断档”，“青黄不接”的情况。有鉴于此，在新世纪中，各级方志领导机构，必须充分认识在新形势下方志事业能否不断继承创新，持续健康发展，必须从思想上真正提高方志理论建设、理论创新重要性的认识，把加强方志理论建设和理论创新作为方志事业基础性工程来抓，并在体制、机制、队伍上加以落实，才能确保新世纪、新形势下中国方志事业更好地持续向前发展，常盛不衰。

注释：

1《隋书·经籍志》。

2《唐会要·职方员外郎》卷五十九。

3《旧唐书·刘知几传》。

4 张国淦：《中国古方志考》，第457页，中华书局，1962年。

5 王象之：《舆地纪胜序》。

6 张国淦：《中国古方志考》，第463页，中华书局，1962年。

7 范嵩：《嘉靖建宁府志序》。

8《汉阳府志序》。

9《亭林文集》，卷二，《顾亭林诗文集》，中华书局，1983年。

10 戴震：《应州续志序》。

11 章学诚：《文史通义外篇·修志十议》。

12 章学诚：《文史通义外篇·书武功志后》。

13 章学诚：《文史通义外篇·答甄秀才论修志序一书》。

14 章学诚：《文史通义外篇·方志立三书议》。

15 朱佳木在第四次全国地方志工作会议上的工作报告。《中国地方志》2008年第11期第22页。

16 根据全国地方志协会提供的数据。

17 朱佳木在中国地方志协会成立30周年座谈会上的讲话。《中国地方志》2011年第6期第7页。

18 柳浪：《台湾方志体例与编纂方法的演变比较研究》。《中国地方志》2003年第2期第58页。

19 同上，第59—60页。

20 同上，第61页。

21《中国新方志目录》。书目文献出版社，1993年版。第635—644页。

22 张仲荧：《台湾的地方史志撰修及理论研究》。《中国地方志》1999年第5期第55页。

23 乾隆《重修台湾县志》目录。《中国地方志集成》台湾府县志辑，第3卷。

24 嘉庆《续修台湾县志》目录。《中国地方志集成》台湾府县志辑，第3卷。

25 嘉庆《续修台湾县志》卷四“军志”。《中国地方志集成》台湾府县志辑，第3卷。

26 嘉庆《续修台湾县志》卷三“学者”，卷六、七、八“艺文”。《中国地方志集成》台湾府县志辑，第3卷。

27 清光绪《川沙厅志》目录。《上海方志提要》第84页，上海社会科学院出版社2005年版。

28 民国《川沙县志》目录。《中国地方志集成》上海府县志辑。

29《上海方志提要》第84页，上海社会科学院出版社2005年版。

30 民国《川沙县志》导言。《中国地方集成》，第25页。

31 民国《川沙县志》导言。《中国地方集成》，第25页。

32 民国《川沙县志》卷三“户口”。《中国地方志》，第49页。

33 民国《川沙县志》卷九“教育志”。《中国地方志集成》，第179页。

34 民国《川沙县志》卷二十三“故实志”。《中国地方志集成》，第386页。

35《台北县志》目录。台北成文出版社影印，第27页。

36《松江县续志》目录。方志出版社2007年版。

37《台北县志》“凡例”，第23页。

38《松江县续志》凡例。

39《台北县志》第 161—296 页。

40《台北县志》第 1265—1434 页。

41《台北县志》第 1378 页。

42《台北县志》第 1889—2006 页。

43《松江县续志》卷二“人口”，第 74—98 页。

44《台北县志》卷十二“土地”，第 2537—2718 页。

45《松江县志》“目录”第 6—13 页。

46《松江县续志》专记。第 1456 页。

47 李铁映:《在中国地方志指导小组第二届第一次会议上的书面讲话》,《中国地方志》1995 年第 5 期。

48 王忍之 :《总结经验，开创方志理论建设的新局面》，《中国地方志》1999 年第 1 期。

（作者单位系上海市黄浦区地方志办公室，原文为第三届中国地方志学术年会入选论文）

30年来我国高校校志编纂之述评

徐　骞

盛世修史、懿年纂志。自周朝开始，我国编修地方志已有三千多年的历史。新中国成立后，新编地方志开始萌芽，进入20世纪80年代初期，随着中国地方史志协会成立、中国地方志指导小组恢复，《国务院办公厅转发中国社会科学院关于加强全国地方志编纂工作领导报告的通知》（国办发[1985]33号）[1]下发，全国进入了前所未有的“盛世修志”时期。校志是地方志的重要组成部分，从教育、学校门类的志书中逐渐发展起来，成为学校在一个较长阶段办学和育人工作的资料性著述。受首轮地方志编修热潮的影响，以及高等学校办学历史亟待梳理总结的内在需求，从1982年起，各地高校纷纷组建机构，培训人员，启动了首轮校志的编修工作。

作为学校的“百科全书”，校志不仅全面地记述了学校创办、发展的历史进程，而且是学校文化建设的一个重要方面，承载了“资治、教化、存史”的重要作用。纵观这30年，校志出版数量和规模空前高涨，但对首轮志书的总结与分析还不多见，如今，首轮修志已呈尾声，第二轮修志又接踵而来，有必要对30年来我国高校校志的编纂进行述评，以此反映出全国高校校志的概况和全貌，从中总结经验、揭示规律，为第二轮修志提供有益借鉴。

一、高校校志的纂修概览

截至目前，根据对中国新方志数据库（万方）、国家图书馆、上海图书馆、读秀学术搜索、各大学图书馆书目检索系统等平台的检索，共搜集到校志297种，涉及高等学校（港澳台除外）263所（部分高校出版了一种以上的校志）。视野所及，尚未发现80年代之前的校志，其中，最早的校志刊印年份是1982年。

（一）校志名称

从校志名称上看，高校校志大概有以下几类：部分高校以“校名+志”为名，例如《清华大学志》《华东理工大学志》《浙江工业大学志》等，名称较为简练；部分高校以“校名+校（院）志”为名，例如《唐山学院校志》《潍坊医学院院志》《蚌埠医学院院志》等；部分高校在校志名称中添加了时间跨度，以“校名+年份志”为名，例如《复旦大学百年志》《云南财经大学60年志》等，突出了学校的重大历史节点，一般多为重要校庆纪念；部分高校以“史志”为名，例如《南京农业大学史志》《烟台工程职业技术学院史志》等。

此外，大部分高校在校志的封面上，会添加起止时间，例如《上海交通大学志（1896—1996）》《北京航空航天大学校志（1952—1992）》《南通大学百年志（1912—2012）》等，都以年为单位，清晰地标注出校志记述的上限和下限。还有少部分高校的起止时间精确到月份，例如《东北大学校志（1923.4—1949.2）》《天津职业大学志2002.3—2008.9》。

总体而言，高校校志名称差异较小，以“校名+志”为名的数量最多，占所有校志的58.9%，而且随着校志的规范化，近年来出版的校志封面都会添加以“年”为单位的起止时间。

（二）高校层次和地区分布

在搜集到的263所高校中，学校层次涉及985高校、211高校、普通本科、专科、高职、成人高等和其他。具体数据如图1所示。

从图1数据可以看出，纂写校志的985高校共9所，占全国所有985高校（39所）的23.1%；211高校（不含985高校）16所，占全国所有211高校(73所)的21.9%；普通本科119所，专科88所，高职院校4所，成人高等院校25所，其他2所。其中，在所有高校中，

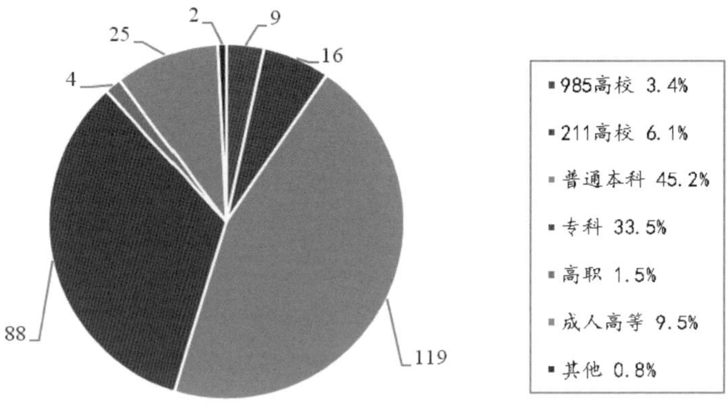

图 1　高校层次差异

有 109 所学校已合并、改建或更名，有 3 所学校停办，即中国新闻学院、共大庐山分校海会师范学校和华东人民革命大学。

从地区差异上看，263 所高校分布在 28 个省、市、自治区。具体数据如图 2 所示。

图 2 的数据显示，北京市和河北省纂修校志的高校数居首，均为 28 所，上海市和浙江省紧随其后，为 27 所和 26 所，接下来是

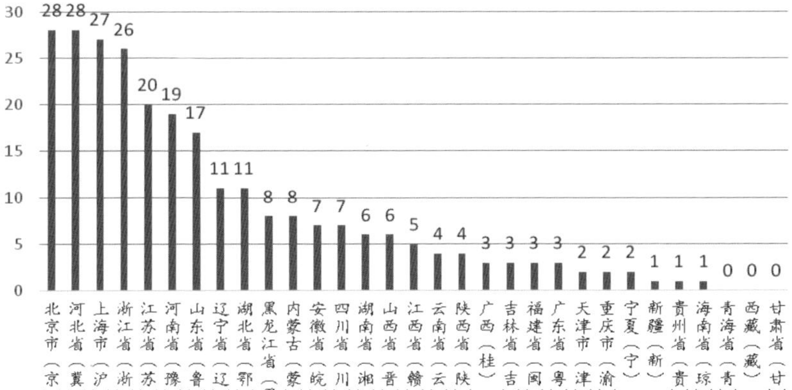

图 2　高校地区差异

江苏省、河南省和山东省，依次为 20 所、19 所和 17 所，其他省、市、自治区纂修校志的高校数量偏低，除辽宁省和河北省为 11 所之外，其他均在 10 所以下，这主要与地区的经济状况、学校经费、领导重视程度等因素有关。

（三）校志刊印年份

在搜集到的 297 种校志中，刊印年份差异如图 3 所示。

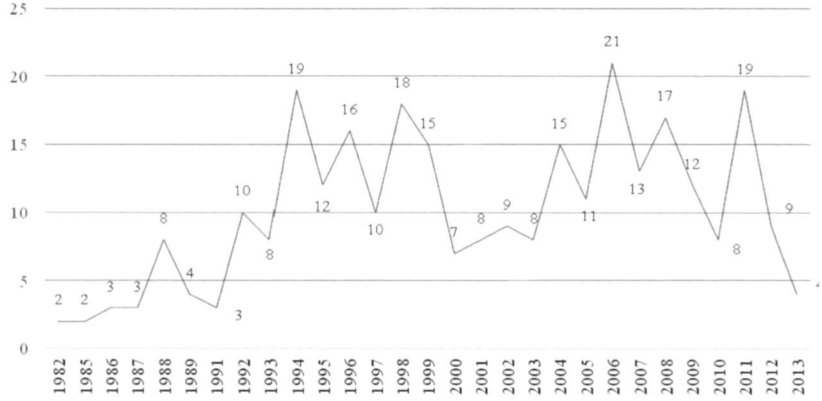

图 3　发行年份差异

80 年代初期，最早的内部刊印的校志是 1982 年《山东省建材学院校志（1942–1982）》、《中南矿冶学院志（1951–1981）》，第一本公开出版的校志是 1985 年《复旦大学志》（1905—1949 年版，第一卷）。如图可见，前 10 年为校志编纂刊印的萌芽时期，校志数量较少，1994–1999 年为校志刊印的第一个高峰时期，共刊印校志 90 种；2000–2003 年进入平缓期，2004–2011 年出现了校志刊印的第二个高峰时期，共刊印校志 116 种。其中，2006 年刊印 21 种校志居首，其次是 1994 年和 2011 年刊印 19 种。之所以校志刊印数量起伏波动，主要与国内高校发展的阶段性和教育部政策的推动有关。

在 297 种校志刊印中，分为两种情况，一种是公开出版，一种是作为内部资料，不公开发行。据统计，公开出版的校志 164 种，占全部校志的 55.2%，内部发行的校志 133 种，占全部校志的 44.8%。众所周知，公开出版发行有利于志书扩大影响、对外宣传，但仍有相当大比例的志书仅作为内部参考，究其原因，大致有两点：一是志书的权威性和影响较大，学校对其公开出版较为谨慎，一般先在内部发行征求意见，待接受了时间检验，才考虑正式出版；二是志书受其性质所限，受众面较窄，发行量小，出版商往往需要学校直接垫付出版成本费用，而学校苦于这笔规模较大经费的筹备，出版事宜只能作罢。

（四）校志时间跨度与体量概况

校志是记述一所学校一段时间内的办学和育人工作，这一段时间便是校志的时间跨度。纵观 297 种校志，其中时间跨度从最短的《江南学院志(1997.7–2000.12)》3 年，到《江苏大学志(1903–2011)》最长 109 年不等，但其中以周年为最多，具体情况见图 4。

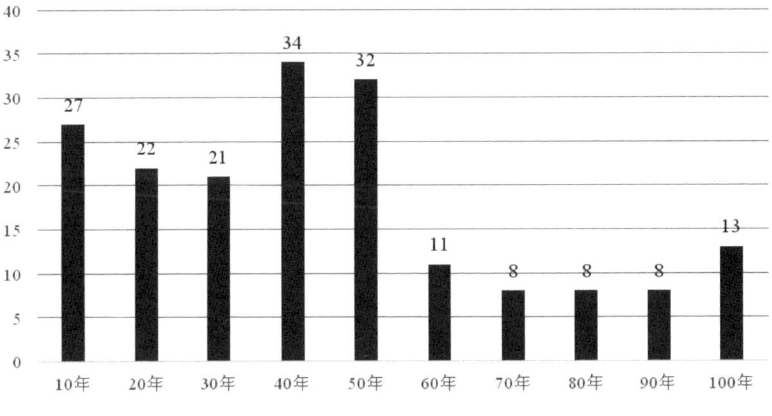

图 4　时间跨度差异

从上图可以看出，跨度为 40 年的校志最多，为 34 种，例如《华东化工学院志(1952–1992)》、《上海中医药大学志(1956–1996)》等；

跨度为50年的校志为32种，例如《杭州电子科技大学志（1956–2005)》、《河北机电职业技术学院志（1956–2006)》;跨度为10年的校志27种，例如《上海大学志（1994–2004)》、《巴音郭楞职业技术学院志（2002–2011)》。近些年，不仅历史悠久的高校编修校志，10年校志和20年校志数量也显著增加，这说明大学文化建设越来越得到普遍重视，校志的编修力度也明显加强。

之所以跨度为周年的校志数量较多，可以从校志编写的起因找到答案。校志的编写大概有几种原因，有些是国家、省市的政策出台，高校为响应政策，纷纷编修校志，例如河南教育学院根据河南省教育厅教教科[2001]135号《关于开展第二届教育志书编修工作的通知》的精神，决定编修《河南教育学院志》[2]；有些是学校停办或改建，为总结和纪念学校的办学历程而编修校志，例如内蒙古农业学校于2008年3月正式并入内蒙古大学，为了弘扬、传承内蒙古农业学校的光荣传统和优良作风，学校决定编撰《内蒙古农业学校志(1924—2008)》[3]；但大部分编修校志的原因是为高校周年庆“献礼”。据统计，在297种校志中，为庆祝建校周年而编写的校志数是158种，占所有校志总量的53.2%，例如《北京外国语大学志》“序”中第一句话就表明：“为迎接北京外国语大学60周年校庆，我们组织编写了这本《北京外国语大学志》”[4]。由此可见，学校周年庆成为编修校志的重要契机。

从校志的规模上看，不同时间跨度的校志，字数也不同，由于297种校志数量较大，笔者以部分985和211高校为例，探讨校志跨度与字数的关系，具体数据如下表所示。

从下表可以看出，校志的字数与时间跨度和刊印年份没有必然的线性关系，而是根据学校的办学内容、特征、校志的记述详细程度等因素而定，但也有一定的趋势，即从《吉林大学史志》160万字到《同济大学百年校志》上下卷的4000万字，随着刊印年份的临近和跨度的增加，校志的体量也有增加的趋势。有些字数较多的

表　部分校志时间跨度与字数（按刊印年份排序）

校志名称	起止时间	跨度（周年）	刊印年份	字数（千）
《吉林大学史志》	1946—1986	40	1986	160
《中国矿业大学志》	1909—1990	81	1992	546
《云南大学志》	1922—1976	55	1993	200
《南京师范大学志》	1902—1992	90	1994	555
《南京农业大学史志》	1914—1988	74	1994	430
《北京理工大学志》	1940—1993	53	1995	1073
《上海交通大学志》	1896—1996	100	1996	2200
《上海外国语大学志》	1949—1994	45	1996	1351
《北京航空航天大学校志》	1952—1992	40	2000	1133
《北京工业大学志》	1960—1998	38	2000	1129
《对外经济贸易大学校志》	1951—2000	49	2001	1324
《清华大学志》上下卷	1911—1993	82	2001	1454
《北方交通大学志》	1909—1997	88	2001	1600
《华东理工大学志》	1992—2002	10	2002	1378
《北京中医药大学校志》	1956　—1992	36	2002	1200
《上海大学志》	1994—2004	10	2004	1650
《复旦大学百年志》上下卷	1905—2005	100	2005	3370
《同济大学百年校志》上下卷	1907—2007	100	2007	4000

校志无法在一本书中呈现，便分为上下卷，例如清华大学、复旦大学、同济大学、东北大学等。

二、高校校志的成果分析

（一）史料价值显著，为学校文化建设打下坚实基础

经过30年的积累，全国高等学校的校志总量已跃升到近300种，

其史料价值不言而喻。与此同时，高校在编写校志的过程中也十分重视资料的收集和整理工作，进行了大规模的走访和调查，这些调研积累了大量丰富的资料。部分高校在已有资料的基础上，进行了资料的筛选、分类整理，编辑成各种专题资料和资料长编，如上海交通大学出版的《上海交通大学纪事》、东北大学出版的《东北工学院大事记》等。此外，校志的史料支撑作用，还为高校文化建设提供了更广阔的平台。如上海交通大学在百年校庆之时出版了校志，时隔十年，工作人员在校志史料的基础上，深度挖掘每一个历史专题，如交大的人物史、建筑史、党史，在 110 周年校庆之际，出版了近 20 本校史书籍，不仅为学校的庆典营造了充满人文精神的文化氛围，更为学校文化的传承创新打下了坚实的基础。因此，丰满、厚重的 297 种校志及其资料和书籍，是高校精神文化薪火相传的根基，为感召、鼓舞广大师生员工的责任感、归属感和荣誉感发挥着凝聚激励的作用。

（二）纂修政策出台推动，各高校普遍重视

从分析可以看出，高校校志分布在 28 个省、市、自治区，覆盖面较为广泛，这与国家和各省市校志纂修政策的出台推动关系颇深。1984 年国家教育部发出通知[5]，要求所有“文革”以前建立的高等学校，着手组织力量编写校史，各省市教育局便纷纷启动史志编修工作。例如，1988 年 12 月，上海市高教局发布了《关于编纂上海市高教志和普通高校志的通知》，1992 年 12 月，北京市高等教育局向各高等院校布置了编写《北京市高等教育志》的任务，并对各校校志的编修工作提出了要求；浙江省教育委员会发布的浙教志字 (89) 第 623 号文件《关于编写本省各级备类教育中一批代表性学校的校史（志）及一批教育优秀人物事迹简介的通知》和江苏教委发出关于编写校史和大事记的通知，这些政策的出台，进一步推动了高校校志的编修工作，为校志的编纂提供了契机。此外，高校校志成果的推出，得到了高校的普遍支持，转变了以往校志边缘化的观念，为校志服务功能的延伸和校志续修提供了保障。

（三）形成纂修一般模式，人员队伍逐步稳定

校志的纂修形成了相对规范的模式，同时也培养了一批业务精湛的修志队伍。各高校在确定启动编修校志工作之时，便会纷纷成立校志领导小组和校志编纂委员会，并在此机构的统筹下，调动力量和人员，开展资料搜集、编写等工作。例如，清华大学在编修志书时，成立了由党委书记任组长的校志领导小组，并由校史研究室人员组成校志编写组，在编纂过程中，有 74 个单位 230 余人参加了工作，962 人次查阅了 8577 卷次档案[6]；上海交通大学也成立了由党委书记任组长的“校志工作领导小组”，先后组织 6 次修志业务培训班，参加者达 400 余人次[7]；上海大学也先后组织队伍，指定专人负责，参加编志的部门 55 个，编采人员二百余人[8]。这支队伍包括在校的青壮年干部，还有一大批退居二线的老同志，他们热心修志事业，对青年同志言传身教，是修志队伍中的重要力量。

三、高校校志的问题分析

（一）校志总量偏低

在校志总量逐步提升、取得一系列可喜成果的同时，也应该看到，297 种校志涉及到的 263 所高校，在全国高等教育学校中，比例还是很小的一部分。据教育部统计，截止 2014 年 7 月 9 日，全国高等学校（不含独立学院）共计 2542 所[9]，263 所编纂校志的高校所占比例还不到总数的 10%，即使去除一些刚刚建立或并校，还不足以修志的高校，其数量也还是九牛一毛。其中的原因大致有以下几个：第一，部分学校领导对校志编纂工作意义认识不足，没有计划组织编修校志工作；第二，编纂校志是一项浩大的工程，经费不足和人员短缺成为校志编纂的主要障碍；第三，部分高校历史较为曲折，资料保存不完整，为修志带来一定的困扰；第四，一些高

校已着手编修校志，但因对部分历史事件产生意见分歧，又无法达成普遍共识，校志便长时间搁置。因此，校志总量虽较以前有了大幅度提升，但如何推动更多高校开展修志编纂，成为今后的重要任务。

（二）各省市比例不均衡

虽然校志覆盖面较广，但从数量上讲，各省市校志分布不均，差异较大。根据教育部2014年全国各省市普通高校数量排名[10]可知，北京市（84所）、河北省（101所）、上海市（66所）和浙江省（104所），这些省市高校数量在全国排名并不靠前，但校志涉及的学校数名列前四，是校志编纂工作较好的省市；高校数量较多的江苏省（134所）、河南省（121所）、山东省（130所），其校志涉及的学校数亦较高；但高校数量同样较多的安徽省（107所）、湖南省（109所）、广东省（125所），其校志涉及的学校数均不足10所；一些内陆省市，如云南省（60所）、陕西省（80所）、贵州省（47所），校志涉及的学校数均在5所以下，青海省（11所）、甘肃省（38所）、西藏自治区（6所）少部分省市，还未搜到有高校校志。影响校志编修的因素包括经济因素、历史因素、政策因素、人员因素和领导观念因素。我国高等教育资源区域分布不均衡，各省市校志数量多寡存在差异在情理之中，但分析中可以看出，校志的数量与高校数量相距甚远，因此各省市要根据实际情况，在校志编修的影响因素上下工夫，发挥优势，弥补劣势，提高校志总量、达到地区均衡。

（三）机构机制有待完善

校志编纂工作是一项全局性、系统性很强的整体工作，涉及到学校的方方面面，据了解，大部分高校都采用了众人修志这一举措。由编纂组进行框架和内容的策划，并将内容分配至相关部门和学院，由各部处、院系的兼职修志人员完成初稿，再由编纂组进行统稿和审稿。由于各部处、学院对自身机构的工作重点较为熟悉，能够准确把握资料的选取和编辑，效率和速度大幅度提高的同时，校志也得到了广泛的宣传。但各部处、院系没有相应的校志编纂机构，编写校志都是兼职人员，这样就会导致志书的体量、规模和质量参差不齐，为以后的统稿工作带来困难。也有部分高校采用专家修志，即抽调一部分学校工作人员，或返聘几位老同志，专门开展校志撰写。但由于部分高校，尤其是把校志作为献礼工程的高校，校志从启动到完成，时间较为紧迫，例如《南京师范大学志》《北方交通大学志》历时 3 年,《上海交通大学志》《复旦大学百年志》历时 2 年，《中国矿业大学志》《华东理工大学志》仅历时 1 年多，这就为专家修志提出了挑战。此外，部分高校校志编纂没有形成长效机制，也没有常设机构，有些是校史研究室承担，有些是宣传部、科研院等部门承担，有些则完全由兼职人员承担，在校志完稿之后，临时机构便随之撤销，兼职人员也回到了原来的岗位上，没有编制的保障，让校志的续修面临更大的阻碍。

四、高校校志的编纂建议

（一）紧扣为现实服务，推进持续发展

校志的功能不仅局限于“存史”，其目的也是为现实服务，辅助高校中心工作的顺利开展。校志中真实丰富的校史资料为学校教育发展、改革提供历史的借鉴和现实的依据，成为对学生进行爱国主义教育和校史校情教育的材料，是大学历史延续和文化传承与创新不可或缺的宝贵财富。因此，校志编纂人员要转变“等、靠、要”的观念，通过细心寻找学校中心工作与校志工作的切入点，积极发挥校志“以史育人、以史资政”的作用，开展史志研究，挖掘精神内涵，推动校志、年鉴、校史、展馆等多项工作的结合，将校志的服务功能延伸到学校人才培养、科学研究和文化创新等各个方面，从而扩大校志弘扬中国文化，培育大学精神等方面的重要意义。

对于校志编修还处于空白阶段的高校来说，要加强学校领导对修志工作的重视程度，并以志书为抓手，推动本校文化精神、校风

学风建设。以地方志工作要坚持“一纳入，五到位”[11]为例，尽快将校志编修工作纳入到学校中心工作和党政议事日程，坚持党委领导下的主编责任制，带领机构人员做好顶层设计和工作规划，保证机构到位、经费到位、队伍到位和条件到位，及时督促和检查他们工作，切实帮助解决修志工作中存在的实际问题。对于已经编修校志的高校来说，要尽快启动新一轮校志的续修工作。校志的编纂不是一次性、临时性工作，而是一项长期延续进行的文化事业，李铁映同志曾指出“一届志书完成之日，就是新一届志书开修之时”，[12]，2006年颁布的《地方志工作条例》也要求“地方志书每20年左右编修一次”[13]。鉴于学校志书兼有部门志和专业志两方面的特点，既“全”又“专”，笔者建议，高校应以10年为一个跨度，对校志进行续修工作，从而保证校志的代代相济、永不断章。

（二）抓住校庆契机，扩大校志宣传

从分析可以看出，大部分高校的校志编纂都与高校校庆有着紧密联系，有些高校为将校志作为校庆献礼，在短时间内，上下一心，众人成志。例如《上海交通大学志（1896–1996）》、《复旦大学百年志（1905–2005）》等都是借助建校100周年的契机来刊印出版。以学校的周年庆为契机，不仅符合校志编修的周年跨度，而且抓住全校师生追溯学校历史、弘扬大学文化、宣扬办学成果的机会，就更容易将校志编纂工作纳入到学校中心工作之中，得到全校师生的关注和重视，从而为编纂校志工作提供保障。

首先，高校的校史研究室、档案馆、宣传部等部门应以建设好本大学文化建设为己任，担负起启动校志编修的工作，提前规划，在学校周年庆之前的3–5年，向学校领导提出编修校志的提议，并撰写方案，以为校庆献礼为契机，对机构设置、人员编制、经费预算、工作计划等进行详细说明，从而争取校领导和相关部门的大力支持。其次，要定期向校领导和相关责任人汇报工作进展和相关为现实服务的阶段性成果，并提出近阶段的工作困难，争取落实解决。在校庆之日，要利用契机大力发挥校志的育人功能，开办内涵丰富、特色鲜明、史料翔实的校史展，教学科研成果展，校友成果展等，召开校志出版发行的座谈会，通过校友返校、师生活动等更大范围地推广校志，从而为学校的悠久历史、良好作风和办学特色的宣传提供平台。最后，要总结校志编修经验，汇报校志系列成果，继续发挥校志“资治、教化、存史”的功能，争取校领导对校志编修工作的认可和支持，形成校志续修的长效机制。

（三）注重队伍建设，规范修志程序

李铁映同志指出：“志书是人修的，所以修志人员的素质决定着志书的质量。”[14]志书是官书，学校修志是自上而下，众手成志，由于涉及人数多，人员覆盖面广，修志队伍建设面临着极大的挑战。因此，高校在编修校志时，学校党委要与行政领导合作组建“校志工作领导小组”，协助推动校志机构的建立和专兼职人员队伍的素质养成。

首先，在领导小组的统筹安排下，建立主要领导负责的“校志编纂委员会”，包括校史研究室在职人员，以及曾经在领导位置、人文社科院系部门、图书馆、出版社等单位工作过的老同志，由这支老中青相结合的专职队伍负责校志的组织、协调、统稿工作，实施全程管理。校志编纂委员会是决定校志质量的核心，要选择政治素质高、有丰富的史志纂修经验和广博学识修养的人员担当，并在校志启动前，进行系统地理论学习和实践走访，为校志的编修提供智力支撑和保障。其次，领导层面向全校宣布编修校志的任务，校志框架和分工建议由校志编纂委员会起草，下发至各院系、机关、部门，并建立两支队伍，一是以各单位责任领导为成员的领导队伍，二是以编纂为责的兼职编纂人员队伍。校史编纂委员会要不断给编辑提供“充电”机会，定期组织培训和业务学习交流，聘请修志专家和具有丰富修志经验的一线工作者亲临学校，有针对性地进行辅导。此外，校志编纂委员会的人员要定期印发《校志简报》，汇报校志工作动态，表彰优秀工作单位，提供模板，以供其他人员参考。最后，修志结束后，校志编纂委员会不应立即解散，一方面这支队伍已有了丰富的修志经验，确保人员的稳定性可为续修校志、编纂校史提供极大便利；另一方面在培养更多年轻的修志工作者方面，他们担负着重要角色，学校应提供充足的条件，保障这支队伍作用的持续性发挥。

总而言之，30 年来，我国高校校志的编纂工作取得了一系列可喜的成果，但仍处于蓬勃发展期，还有很长的路要走，各高校应抓住学校文化建设的重要契机，汲取经验，凝聚力量，加强校志编纂工作的力度，为高等教育事业承前启后、继往开来提供更广阔的平台。

注释：

1 国务院办公厅：《国务院办公厅转发中国社会科学院关于加强全国地方志编纂工作领导报告的通知》（国办发 [1985]33 号），载中国地方志指导小组办公室编《中国方志文献汇编（上册）》，方志出版社 1999 年版，第 238 页。

2 刘金海：《河南教育学院志：1955—2001》，中州古籍出版社 2009 年版，第 723 页。

3 李永义，卢剑：《内蒙古农业学校志（1924—2008）》，中国农业出版社 2008 年版，第 1 页。

4 唐利群等：《北京外国语大学志》，内部出版，2001 年版，第 1 页。

5 薛世孝：《学校志的编纂与研究》，河南理工大学学报（社会科学版），2007 年第 2 期第 172–189 页。

6 方惠坚，张思敬：《清华大学志》，清华大学出版社 2001 年版，第 940 页。

7 上海交通大学志编纂委员会：《上海交通大学志》，上海交通大学出版社 1996 年版，第 1134 页。

8 《上海大学志》编纂委员会：《上海大学志》，上海大学出版社 2004 年版，第 1143 页。
9 教育部：《2014 年全国高等学校名单》，http://www.moe.gov.cn/publicfiles/business/htmlfiles/moe/moe_634/201408/173611.html
10 同上。
11 李铁映：《求真存实 修志资治 服务当代 垂鉴后世——在全国地方志第二次工作会议上的讲话》，载中国地方志指导小组办公室编《中国方志文献汇编（上册）》，方志出版社 1999 年版，第 49 页。
12 同上，第 51 页。
13 国务院办公厅：《地方志工作条例》，《人民日报》，2006–5–31(016).
14 李铁映：《在全国地方志第三次工作会议上的讲话》，中国地方志，2002 年第 1 期，第 6–11 页。

（作者单位系上海交通大学党史校史研究室，原文为上海市地方史志学会 2015 年学术年会入选论文）

民国时期上海方志编纂述略

朱敏彦

编修地方志是中华民族特有的优秀历史文化传统。早在西汉时期就开始了编纂地方志，经过魏晋南北朝的充实、发展，隋唐时期初步成型，到两宋基本定型，在我国编修地方志已经有 2000 多年的发展历史。从隋炀帝大业年间始，历代封建帝王多次发布有关修志诏令，从清雍正帝始，颁令各省府州县 60 年一修志，地方志的编修成为各级政府的一项定期的文化工程，有力地推动了地方志编修。

民国时期无论是北洋政府还是南京国民政府都下令各地设立修志机构方志馆、方志局，组织编修各省市通志和县志。北洋政府统治的十余年间，1914 年浙江通志局率先成立，直至 1927 年，包括山东、河南、江苏、浙江、福建、黑龙江、贵州、四川等省都设立了通志局。[1] 各省修志机构的成立，推动了民国时期方志的编纂。

1927 年 4 月，南京国民政府成立，翌年张学良易帜，民国政府统一局面形成，这就为全国各地修志机构的成立提供了有利条件。1928 年 10 月，时任国民政府文官长古应芬向国民政府主席呈文，提出各省通志“应令行各省设局修理”的建议；随后古应芬的这一建议在第 11 次国务会议上得到了赞同；是年 12 月，国民政府行政院训令内政部和各省、特别市政府，要求各自设置通志馆，决定由行政院向各省市政府下达训令，要求全国各地推进地方志编修工作。[2] 1929 年国民政府内政部颁布了《修志事例概要》，直接推动了全国大规模创设通志馆的热潮。各省市通志馆在延聘人才、筹措经费、组织编纂、校订出版等方面做了长期、不懈的努力，修成了一批高水平的地方志。

由于种种原因，上个世纪下半叶无论是官方还是民间对民国时期的方志编纂成就都没有引起应有的重视，近年来，广大方志工作者摒弃了僵化的思维方式重新审视民国时期编纂的各级地方志，认识到民国时期方志编纂之所以取得不俗的成绩，除了政府的积极推动之外，一大批知名学者的倾力参与，以及这些学者倾注心血成就了一批精品佳志，终究使得民国时期编修的地方志成为中华民族方志传统中不可或缺、难以磨灭的篇章。

本文仅就民国时期上海地区方志编纂情况，包括时任上海市通志馆馆长的著名民主人士柳亚子主编的民国《上海市通志》、著名民主人士黄炎培主纂的民国《川沙县志》和目前隶属于上海地区的民国时期各县县志编纂情况作一初步考察，旨在勾勒出民国时期上海地区地方志编纂的概貌，为研究民国时期地方志编纂和近代方志转型提供一个新的视角。

一、上海市通志馆和柳亚子主编的民国《上海市通志》

柳亚子，江苏吴江人。早年加入光复会、同盟会，参加旧民主主义革命，参与创办清末文学团体南社并主持南社。民国后曾任孙中山总统府秘书、中国国民党中央监察委员。旧民主主义革命失败后，继续参加新民主主义革命，与宋庆龄、何香凝等同是著名的国民党左派。1948 年 1 月 1 日，柳亚子与李济深、宋庆龄、何香凝、谭平山等在香港发起成立中国国民党革命委员会，任秘书长。1949 年 9 月，柳亚子出席中国人民政治协商会议第一届全体会议。中华人民共和国成立后，任中央人民政府委员、全国人大常委会委员、政务院文教委员、中央文史馆副馆长。1932 年 7 月，时任上海市通志馆馆长柳亚子主编《上海市通志》，堪称民国时期上海地区乃至全国方志修纂史上的大事，《上海市通志》也成为民国时期上海地区乃至全国地方志的经典之作。

1927年7月上海成立特别市，并于1928年7月初步完成与江苏省的治权划分。国民政府内政部下发了《修志事例概要》后，1930年1月，上海特别市政府市政会议决定设立上海市通志馆筹备委员会，准备在当年7月正式成立上海市通志馆[3]。但筹备工作进展缓慢，1931年初，时任南京国民党中央政治会议委员兼陆海空军总司令部秘书长的邵力子与南社旧友、国民党左派元老柳亚子联系，准备聘任柳亚子担任上海市通志馆馆长[4]。1932年1月，吴铁城担任上海市市长，同月26日，市政府发布训令，宣布聘任柳亚子为上海市通志馆馆长、朱少屏为副馆长。1932年7月14日，筹备了两年半之久的上海市通志馆正式宣告成立[5]。柳亚子、朱少屏聘任徐蔚南担任编纂主任，徐蔚南招揽胡怀琛、吴静山、蒯世勋、席涤尘、胡道静、蒋慎吾、郭孝先、李纯康等著名学者和青年才俊任编纂馆员[6]。向各方征集史料，积极开展编纂工作，各项工作走上正轨。

由柳亚子出任馆长的上海市通志馆是1927年上海特别市成立以后上海市地方政府建立的第一个官方修志机构，主要任务是编纂《上海市通志》。该志记载的时间跨度从上海的溯源到1933年，内容范围从自然地理到经济文化社会。该志书初时计划编纂二十五编，各编编目依次为：上海历史（上）：沿革、上海历史（中）：公共租界、上海历史（下）：法租界、上海概势、上海地文、法制、政治、党务、外交、军备、教育、财政、交通、金融、商业、工业、农林牧渔、宗教、学艺、社会事业、风土、人物、大事记、沿革写真、历史地图等。各编下设二百余总目，六百余子目，每编计划编纂十万字，预计全稿二百五十万字以上。

上海市通志馆建馆之初，正值"一·二八"淞沪抗战爆发不久，通过当时的地方政府在全市各机构征集资料难度很大，那时的上海还存在着公共租界和法租界，日本在虹口一带也有很大的势力，这一切都给新成立的上海市通志馆编纂《上海市通志》所需的资料征集工作带来相当大的困难。面对重重困难，白手起家的上海市通志馆全体成员在柳亚子的带领下，千方百计收集各方面资料，包括中外古今图书资料、教会图书馆收藏的大量旧报刊，上海的衙门、商业会馆、同乡会馆成立或建造时的碑刻，以及同业公会的商业资料等，仅仅同业公会的年度报告就达好几千本之多。通过 5 年的艰辛努力，到 1937 年抗日战争全面爆发，上海市通志馆停办，人员解散，《上海市通志》编纂中断。过去一直认为，《上海市通志》稿现存 24 编文稿及资料，原计划中的第 25 编即上海历史地图集有部分资料无存稿。其中已经完全成稿并排出二校稿的 3 编，70 万字；已经完全成稿的 11 编，277 万字；尚未完全成稿的 10 编，存有志稿 203 万字。合计该志稿共存有文字稿 550 万字。另有各种资料共 17 纸箱，文字 6030 页，表格 358 张。各种资料 500 万字以上，两项合计 1000 多万字[7]。

《上海市通志》虽未修成，然而始于战端、毁于战乱的上海市通志馆，依然是上海方志史中一朵盛开的奇葩，长在祸乱频繁的多事之秋，却绽放出绚烂夺目的瑰丽光芒。短短 5 年间，上海市通志馆还完成一系列上海地方资料的整理、汇编和出版工作。1933 年 6 月以后，上海市通志馆出刊《上海市通志馆期刊》共八期，内容甚广，包括上海市的历史沿革、政治、外文、租界、金融、教育、学术团体、出版刊物等。1934 年 12 月，组织上海市年鉴委员会，徐蔚南任主席。柳亚子直接参与筹备出版《上海市年鉴》，从 1934 年开始，每年一本、共出三本，柳亚子参与撰写部分年鉴稿件。徐蔚南又与吴静山等发起成立上海通社，该社编辑《上海研究资料》正、续两集，其中有《公共租界沿革》、《上海法租界沿革》、《苏报案始末》、《近代名人在上海》等许多珍贵资料。这些资料曾汇编成《上海通丛书》三集。1935 年 8 月之后，上海通社又辑刊《上海掌故丛书》十册，精印出版。上海市通志馆的学者们在短短的 5 年内，在战乱中白手起家，条件之艰苦简陋，经费之捉襟见肘自不待言，但是工作效率之高，成果之卓著，令人叹为观止。至今许多学术成果依旧是研究上海地方史志的第一手资料，为方志工作的开展树立起垂直向度的标杆。

1937年8月八一三淞沪抗战爆发,《上海市通志》编纂只得中止。在日军占领上海的情况下，柳亚子将未完成的《上海市通志》和重要资料转移到家中，1940年柳亚子撤离上海后，这些资料由胡道静安排转入教会办的震旦大学图书馆保管，后几经辗转数度密藏，侥幸没有受到严重损失。1945年8月抗战胜利后，上海市通志馆恢复，是年10月31日，上海市市长钱大钧聘胡朴安任上海市通志馆馆长，徐蔚南任副馆长[8]。1946年12月，根据国民政府内政部的规定和上海市政府的命令，上海市通志馆着手改组为上海市文献委员会，其职责由编纂《上海市通志》外，增加了调查征集、收藏保管上海市文献资料的任务。1947年7月1日上海市文献委员会宣告成立，胡朴安任主任委员，徐蔚南任副主任委员。但7月9日胡朴安即因病去世,8月11日上海市政府改聘徐蔚南代理主任委员，主持一切[9]。1948年12月，上海市政府正式聘任徐蔚南为主任委员，沈祖德为副主任委员[10]。上海市通志馆恢复及改组为上海市文献委员会的三、四年间，编纂出版《上海市年鉴》（民国三十五年、三十六年、三十七年）三本,编纂出版《上海市重要法令汇刊初编》，整理《上海市通志》旧稿，继续征集、收藏了相当数量的日伪时期和40年代中后期的重要资料。

1949年5月上海解放后，柳亚子主编的《上海市通志》文稿和上海市文献委员会留存的文献资料移交上海市文物管理委员会；20世纪80年代又划归上海市历史博物馆收藏至今。根据档案资料反映，建国初期整理《上海市通志》稿时，发现抗战爆发前完成的15编稿件中，第七编：政治、第九编：外交、第二十一编：风土等3编散失；第一编：沿革、第二编：公共租界、第三编：法租界、第五编：地文、第八编：党务、第十一编：教育、第十四编：金融、

第十六编：工业（部分存稿）、第十八编：宗教、第十九编：学艺、第二十编：社会事业、第二十三编：大事记等12编仍然保存[11]。

民国《上海市通志稿》历经战乱，经无数学者先贤呕心沥血得以幸存，上海解放后，该志稿作为历史文物保存在上海市历史博物馆。上世纪80年代新方志编修之初，许多学者多次呼吁整理出版该志稿，由于种种原因未能如愿。2012年7月，在上海市通志馆建馆80周年之际，在中共上海市委宣传部副部长朱咏雷的极力促成下，时任上海市地方志办公室副主任、上海通志馆馆长朱敏彦与上海市历史博物馆馆长张岚签署了合作整理出版柳亚子主编《上海市通志稿》的协议，为该巨著的整理出版研究消除了重要的障碍。70多年前先贤的成果终于有了公开出版、呈现给世人的可能性。2013年4月，上海市地方志办公室、上海通志馆与上海市历史博物馆、上海古籍出版社协商，成立了由市委宣传部、市文物局、市地方志办公室、市历史博物馆、上海通志馆、当代上海研究所、上海古籍出版社等单位和有关专家学者组成的《民国上海市通志稿》整理出版委员会和整理出版工作小组，正式启动《民国上海市通志稿》整理出版工作。整理出版工作的基本设想是：总体规划，分步落实。总的设想是将柳亚子主编的《民国上海市通志》成文稿及民国上海市通志馆收藏的资料全部整理出版。具体工作打算分为两个阶段：第一阶段整理出版已经成稿的全部《民国上海市通志稿》，计划在2014年年底前完成第一阶段任务；第二阶段整理出版民国上海市通志馆收藏的《民国上海市通志稿》相关资料，第二阶段工作需要花费2–3年时间。

2013年8月，上海市历史博物馆清点《民国上海市通志》存稿时发现，当年以为散失的政治、外交、风土编，现在仍然存在；认为仍然存在的12编中，工业编已经散失，实际存稿14编，约355.3万字，其余11编仅存目录和21箱资料。需要指出的是，现有存稿的字数是根据抗战之前编纂者的估算统计，当时未将注释和标点统计在内，按照现在通行的方法统计，现有存稿的实际字数比较过去的统计，将大幅增加。例如前三编的字数，当年估计为 70 万字，但是这次整理出版时，前三编版面统计已经达到 140 万字。考虑到 2013 年 11 月为上海开埠 170 周年，首先将相对比较成熟且具有相对独立性的《民国上海市通志稿》前三编即上海历史(上)(中)(下）作为该志第一册率先整理，并于 2013 年 11 月出版。

二、黄炎培主纂的民国《川沙县志》

黄炎培，江苏川沙（今属上海市）人。清末举人。1905 年经蔡元培介绍加入同盟会。1911 年辛亥革命成功，协助江苏巡抚程德全改组省政府，任江苏省第一任教育司长、江苏省议会议员。1914 年 2 月辞官，深入考察皖、赣、浙、鲁、冀 5 省教育。1915 年 4 月，随农商部“游美实业团”考察教育。1917 年 5 月，黄炎培和蔡元培、马相伯、张元济等教育界、实业界知名人士在上海发起创立中华职业教育社，任理事长。1931 年“九一八”事变后，黄炎培积极投入抗日救亡运动，创办《救国通讯》，宣传爱国主义；组织上海地方协会，任秘书长，支援淞沪抗战。1945 年 12 月，黄炎培与胡厥文、章乃器、孙起孟、施复亮等在重庆发起成立中国民主建国会。同年 7 月应邀访问延安，与毛泽东有著名的“窑洞对”，写成《延安归来》一书，如实介绍延安。1949 年 9 月，黄炎培出席中国人民政治协商会议第一届全体会议。中华人民共和国成立后，历任中央人民政府委员、政务院副总理兼轻工业部部长、全国人大常委会副委员长、全国政协副主席等职，长期担任中国民主建国会中央委员会主任委员。

民国三年（1914 年）二月，川沙县成立修志局，启动《川沙县志》编修工作，由川沙县知事方鸿铠、川沙县修志局局长陆炳麟主修。翌年四月，黄炎培赴美国考察回国，即被聘任《川沙县志》

主纂，“游美初归，被聘主纂”。“三年后因困难中缀”，民国十七年（1928 年）“重开会议续行修举，又因外界形势一度迁延”，一直到民国二十四年（1935 年）十二月才全面完成该志编修，“至二十四年十二月，甫告脱稿”[12]。民国二十五年（1936 年）一月五日、六日、七日，黄炎培“邀集地方长官父老兄弟，公开阅览，以乞纠评，既毕付印”[13]。是志编纂“前后历时二十四年之久”[14]，民国二十六年（1937 年）由上海国光书局铅印成书，共十二册。20 世纪 80 年代，上海书店出版社等影印出版的《中国地方志集成》将该志收入。2008 年 5 月，上海市地方志办公室启动整理出版《上海府县旧志丛书》，川沙县卷将该志收入，2011 年 11 月由上海古籍出版社出版。

《川沙县志》全志共二十四卷，内容上溯清光绪五年(1879 年)，下迄民国十五年(1926 年)。全志分别为卷首：序文一（方鸿铠）、序文二（李泠）、序文三（王任民）、序文四（陆炳麟）、编纂人员名录、例言、导言、图目。正文二十四卷，依次为:大事年表、舆地、户口、物产、实业、工程、交通、财赋、教育、卫生、慈善、祠祀、宗教、方俗、艺文、人物、职官、选举、议会、司法、警务、兵防、故实、叙录等。全志有随文表格一百二十多张，并有黑白串文照入志。黄炎培主纂的《川沙县志》从思想内容到编纂体例有诸多创新：

第一，在开卷之首专设大事年表一部，取国内外大事并列，以广参证，以明因果，改变旧志偏于横剖而缺于纵贯之弊病，达到纵读识其进退，横读察其系联。黄炎培在《导言》中批评了当时修志不重视用表的弊端，“治方志者仅仅局限于所在一隅，而不驰神全国乃至全世界，则所窥见之因果关系，必失之偏隘，而莫能真确”。黄炎培强调每部方志必须立大事表，与国内外有关大事相互联系起来，以便了解一县、一省发生某件大事时与国内外之形势有否影响，这些观点都是很有见地的。[15]在《川沙县志》编修中，凡是能够以表来表达者尽可能都用了表，如《舆地志》中就有《政区名沿革表》、《行政区划表》、《各乡区镇集表》、《诸水表》和《民国十年川沙县农场温度月计平均表》等五种。又如《户口志》中则有《清宣统二年川沙户口统计表》、《民国十五年川沙户口统计表》、《民国十七年川沙户口统计表》、《民国二十四年川沙户口统计表》。特别是后二表中，所分类别十分详细，有户、口、现住、他住、壮丁、残废、本籍、客籍、识字、不识字、有职业、无职业等。每类又分列男、女。此外，在《户口志》中还有《民国四年耆男统计表》，对民国四年（1915 年）川沙县全境 80 岁以上的高龄男子作了调查统计，共有 234 人，其中 90 岁以上者 25 人，80 岁者最多，得 60 人，次为 82 岁，得 39 人，又次为 81 岁，得 28 人，98 岁者 1 人，99 岁者 1 人，百岁以上者未有。还如《实业志》中，有《农会职名表》、《川沙县校农场历年收支盈亏表》、《川沙县立农场历年经营费收支对照表》、《农具一览表》、《肥料一览表》、《农家种植管理收获方法一览表》、《农家预防病虫害方法一览表》、《川沙农民耕获状况一览表》、《商会职名表》、《典业一览表》、《出品得奖一览表》、《布业一览表》、《毛巾厂调查表》、《花边业调查表》、《渔具一览表》、《民国十五年后逐年官盐销额表》，共计十六种，一种志中就用了这么多表，从来各地所修县志也是不多见的，特别是有许多表格，都要经过实地调查方能制作出的。如《川沙农民耕获状况一览表》，分乡别、户名、总亩数、己田、分种田、租田、副业、一年净得数八项，这些内容，自然都要经过实地调查。又如《花边业调查表》，分地名、厂名、组织及开始期、经理人姓名、女工人数、出品、全年出品价额、工资额、备注等九项。这些内容，不仅对研究历史有重要价值，而且对社会学的研究，可以提供非常丰富的资料和数据。

第二，各志目下均首列 200 字至 500 字不等的“概述”，提纲挈领，使阅者先略后详，推阐有得。这一做法，虽不是其所独创，许多方志却很少这样做。黄炎培在《导言》中指明：“本书各志，皆先以‘概述’，有类实斋所为序例，而实则不同。盖重在简略说明本志内容之大要，而不尽阐明义例也。将使手此书者，读概述后，进而浏览全文，其繁者可以用志不纷，其简者亦将推阐焉而有得，或竟不及读全文而大致了了，此亦余所期期以为不可无者。”[16]这种概述，实际上就是宋代以来有些方志各志所作的无题小序，当然，这种无题小序的用途是并不相同，有的是用来“说明本志内容之大要”，有的则在于“阐明义例”。这种概述或无题小序很有必要，即使在今天编修新志中仍普遍采用。

第三，循名责实，与时俱进，既突破旧志重政治轻经济的旧例，为各经济部类设专志，又根据社会发展的实际情况，增设新的门类。黄炎培主纂的《川沙县志》记述的内容一定程度上反映了近代中国经济社会的发展情况、近代社会的时代精神，摆脱了封建时代一些陈旧的门类，增加了如《户口志》、《物产志》、《实业志》、《工程志》、《卫生志》、《慈善志》、《司法志》、《警务志》等新的专志或新的门类，删除了名宦、列女等印有旧时代烙印的门类，是志具有近代社会的时代气息。不仅如此，是志记载的内容也有了明显变化，更多地注意到人们的生活住行方面的内容。如《实业志》中就分农业、商业、工业、电气事业、渔业及林业、盐务、国货等目。在农业目里，又分农会、农场、农具表、肥料表、种植管理收获方法表、预防病虫害方法表、省令预防蝗蝻、农民耕获状况表等。在商业目里，又分商会、历次办理赛会出品情形、典业表、出品得奖表等。

第四，大量运用档案、文件、章程、公函、报表等一次文献，极大地提高了志书的存史价值。黄炎培主纂的《川沙县志》特别注重档案、文件、章程、公函、报表等一次文献，如仅在《工程志》中就达六十多份一次文献。在“城池目”中就有修城保城拆城经过的江苏督军训令拆城拨地充教育费文、县知事呈督军文、县教育会教育局至元堂会呈县文、教育局局长呈县动工拆城文、县知事饬文、县交通局局长呈县文、县知事公署指令等七份文献；在“仓厫目”中就有义仓管理委员会呈县文、川沙县政府指令第六五五号、节录改建川沙县仓库计划书、改建川沙县仓房屋说明、川沙县政府公函第二五四号、川沙县食粮管理委员会公函（民国二十一年六月）、川沙县食粮管理委员会公函（民国二十二年一月）等七份公函等；在"学校目"中就有历届毕业生纪念建筑物表、续历届毕业生纪念建筑物表、各初级小学校校舍建筑一览表、续各初级小学校校舍建筑一览表等四份表格；又如在"海塘目"的"外捍海塘子目"中就有江南总督杨超曾奏请免征海塘废田租息文、江南水利局为调查钦塘废田免征田赋情形呈覆文、塘工水利协会为取缔侵占钦塘呈县文、又至县公署函、盐田协会为保留钦塘界址原宽度呈县文、县公署指令等六份文献。

总之，黄炎培主纂的《川沙县志》是民国年间所修著名方志之一，对于后世乃至当代修志，仍有许多借鉴启示作用，诸多创见泽被后人。

三、民国时期上海地区各县编修的县志

民国时期北洋政府和南京国民政府令饬各地设立修志机构，组织编修各省市通志和县志，原属江苏省现属上海市的各县在此情况下，都纷纷启动县志的编修工作。1912 年上海县率先启动，紧接着宝山县、松江县、青浦县、崇明县、嘉定县、南汇县也都在 1923 年之前陆陆续续启动县志编修工作，1948 年 2 月奉贤县也开始编修县志。至此，除金山县之外，现属上海地区的各县全都启动县志编修工作。

（一）上海县：民国《上海县续志》、民国《上海县志》

民国《上海县续志》。民国元年（1912 年），上海县成立修志局，启动编修《上海县续志》，上海县知事吴馨和洪锡范、沈宝昌、景崧修，姚文楠等纂。总阅修定王庆平，参阅李钟珏等 4 人，专阅李宗邺。总编纂姚文楠，纂修员莫锡纶、秦锡田等人，采访员钱福田等 133 人。是志前后六年终告工峻，民国七年（1918 年）五月文

庙南园上海县修志局刻印。卷首有沈宝昌、洪锡范、吴馨序文 3 篇，有续修人员名录，并有例言 6 则。是志首列图照。正文共分 30 卷，依次为疆域、建置上、建置下、水道上、水道下、田赋上、田赋下、物产、学校上、学校中、学校下、祠祀、兵防、职官、名宦、选举上、选举下、人物一、人物二、艺术、游寓、列女一、列女二、列女三、列女四、艺文、名迹、杂记一、杂记二、杂记三等，以叙录殿后。卷末有姚文楠所撰跋文一篇。是志断限，上起同治十年（ 1871 年 ），下迄宣统三年（1911 年 ）。是志体例，一循前志，但新增二十四个子目。全志三十卷，分为二十门。北京图书馆、北京大学图书馆、上海图书馆、上海博物馆、复旦大学、华东师范大学、上海辞书出版社等 74 家单位收藏此志。2008 年 5 月，上海市地方志办公室启动整理出版《上海府县旧志丛书》，其中上海县卷将该志收入，计划 2014 年 12 月由上海古籍出版社出版。

民国《上海县志》。民国十四年（1925 年）始修，吴馨、汪家嵋、洪锡范、潘忠甲等 10 人修，姚文楠等纂，两年后草稿粗具，而姚文楠逝世，并逢民国十七年（1928 年）七月上海特别市、上海县市县分设，遂停顿。民国二十年（1931 年）复修。复修的是志，民国十四年（1925 年）之前，依姚文楠所纂志稿；民国十四年（1925 年）至民国十七年（1928 年），由秦锡田、黄艺锡等续纂。民国二十四年（1935 年）成书，民国二十五年（1936 年）铅印。民国二十六年（1937 年）“八一三淞沪抗战”爆发，是志书尚存于装订所，后来大部分毁失，以致预约购买者大半没领到是志，流传本不多。卷首有潘忠甲、秦锡田序文两篇，有县志题名，并有凡例六则。正文共分二十卷，依次为疆域、川流、田赋、纪年，政治上、政治下，财用、负担，农工；商务上，商务下，教育，教育行政，教育，宗教、祀典，教育，学校上、学校下，慈善，工程，交通，防卫，外交，人物，艺术，游寓，列女，名位，人瑞等。北京图书馆、上海图书馆、上海博物馆、复旦大学、华东师范大学、上海辞书出版社等 43 家单位收藏此志。2008 年 5 月，上海市地方志办公室启动整理出版《上海府县旧志丛书》，其中上海县卷将该志收入，计划 2014 年 12 月由上海古籍出版社出版。

（二）宝山县：民国《宝山县续志》、民国《宝山县再续志》、民国《宝山县新志备稿》

民国《宝山县续志》。民国元年（1912 年），潘铸禹、陈绮霞等就续修县志之事，“函请县公署，拟具办法大纲，提交县议会公决。时以对方自治，凡百草创，筹款孔艰，县预算无从支配，搁置未果”。民国五年（1916 年），“省中有续修通志之议，令饬各县修志”。袁观澜“力促其成，乃重定规程预算，交由阖邑市乡经董联合会公决”，[17] 研究决定续修《宝山县续志》，公推知事钱淦任总纂，王钟琦、金其堡（后由施赞唐、王钟瓒续任）任协纂，王钟瓒、陶庆丰、邵曾模、侯庚吉、钱衡同、陆曾绥、赵家栋、洪复章等 16 人任分纂，另有调查员、采访员 9 人，名誉采访员 52 人，历任县知事张允高、章同、欧暑春、孙凤一、冯成为监修。民国六年（1917 年）4 月开始采访，民国七年（1918 年）1 月着手编纂，民国九年（1920 年）12 月完成编纂，民国十年（1921 年）刊行。是志上限为光绪八年（1882 年）接光绪《宝山县志》，下限至民国六年（1917 年）止。是志卷首有县知事冯成、总纂钱淦撰序各一篇，凡例，编写人员名录，图 18 幅。正文十七卷，依次为舆地、水利、营缮、财赋、礼俗、实业、教育、交通、兵防、警务、救恤、职官、选举、人物、艺文、名胜、杂志等。卷末附前志校勘记，对光绪《宝山县志》勘误 80 多处。上海图书馆等 68 家单位收藏此志。1984 年，宝山县地方志办公室组织整理标点是志，1984 年 7 月印制，16 开本，内部发行。2008 年 5 月，上海市地方志办公室启动整理出版《上海府县旧志丛书》，其中宝山县卷收入是志，2012 年 12 月，上海古籍出版社出版。

民国《宝山县再续志》。民国十七年（1928 年）12 月 26 日，“江苏省政府通令各县同时修纂县志。当时据《宝山县续志》修纂时间虽仅十年余，但因正当上海改组为特别市，直隶国民政府，市、县划界，区域有较大变化，且十年来制度改革、时势变迁，仍有继续修纂之必要”。[18] 决定组织《宝山县再续志》修志委员会，袁希涛任主席委员，王钟琦等 4 人任常务委员。王钟琦兼任主任编纂，吴邦珍等 18 人任总纂，袁希涛、吴邦珍兼任审查会主任审查，王钟琦等 8 人兼任审查员，李宗道等 6 人为专任采访员，各机关、团体领袖或代表 43 人为兼任采访员，县长吴葭、邱铭九先后为监修。民国十八年（1929 年）7 月开始采访，10 月着手编纂，民国十九年（1930 年）6 月完稿，民国二十年（1931 年）8 月付印。是志上限为民国六年（1917 年）7 月，与《宝山县续志》相衔接，下限为民国十七年（1928 年）6 月市、县划界止。民国十七年（1928 年）7 月以后至民国二十年（1931 年）6 月的全县状况，另编《宝山县新志备稿》，为今后续修新志作材料准备。《宝山县再续志》共十七卷，分别为舆地、水利、营缮、财赋、礼俗、实业、教育、交通、兵防、警务、救恤、职官、选举、人物、艺文、名胜、杂志等。与《宝山县续志》序列完全相同，要求“有者续之、无者缺之、不合于时势潮流者不续”。[19] 卷首有县长吴葭所撰《宝山县再续志》《宝山县新志备稿》总序一篇，高燮、王钟琦所撰序两篇和凡例，另有专记党务记一篇，记录国民党在境内发展概况，卷末设《宝山县续志》校勘记和编纂始末、修志人员名录。全志 2 册 250 页，约 16 万字。上海图书馆、华东师范大学等 34 家单位收藏此志。2008 年 5 月，上海市地方志办公室启动整理出版《上海府县旧志丛书》，其中宝山县卷收入是志，2012 年 12 月，上海古籍出版社出版。

民国《宝山县新志备稿》。民国二十年（1931 年）6 月《宝山县再续志》修成时，《宝山县新志备稿》也在同年完成并付印。民国十七年（1928 年）上海设市，宝山县的真如、彭浦、闸北、江湾、殷行、吴淞、高桥等 7 乡归属市区。是志稿十三编，记事起自民国十七年（1928 年）7 月，迄止民国二十年（1931 年）6 月。县长赵恩钜主修，王钟琦总纂。卷首有市县划界后宝山县境新图一幅，名胜古迹、名人遗像、书画石刻等黑白图照60余幅，为旧志所少见。正文十三卷，分别为分别为舆地、水利、营缮、财赋、实业、教育、交通、警务、救恤、职官、选举、人物、杂志等。全志一册95页，约6万字。上海图书馆、上海博物馆等37家单位收藏此志。2008年5月，上海市地方志办公室启动整理出版《上海府县旧志丛书》，其中宝山县卷收入是志，2012年12月，上海古籍出版社出版。

（三）松江县：民国《华娄续志残稿》

民国《华娄续志残稿》。民国六年（1917年）5月12日，松江官绅议决续修华亭、娄县志，由县长李恩露延聘谢宰平为修志主任，雷谱桐、沈思齐为总纂，朱拟石、吴叔子、吴伯扬、张廉侯、姜揆勋、李芑香、张叔通、叶桐叔、张少眉、吴伯庚、闵瑞之、郑子松、雷君曜、杜振华、姚鹓雏、钱小斋、顾荃荪、张琢成等19人为分纂。既而谢宰平让主任于雷君彦，正在谦让间，遂为闵瑞之所得，而谢宰平改为办事处主任。修志经费由县财政拨款落实。开局后，由于闵瑞之与谢宰平之争，互不负责，坐耗巨资，遂撤局停办，剩余之款存入松江银行。1926年6月11日，松江县议会议决续修。时闵谢争夺松江银行，已公然成讼，雷谱桐遂函辞总纂。1936年7月3日，松江县知事李子韩邀邑中38人在“云间第一楼”第三次重议修志。因以前带征的修志经费已被松江银行倒账，决议各尽义务，不复支薪，当场分门议定。是年8月2日，县政府下列各人为松江文献委员会委员：沈思齐为修志总纂；吴存甫、张敬垣、张炳扬、倪伯英、于仲迟、王支林、陆规亮、雷君曜8人为分纂。纂成志稿的有雷谱桐《人物》、雷君曜《艺文》、杜振华《海塘》等3门，保存在松江博物馆。其余吴伯扬《田赋》、吴伯庚《祠祀》、李芑香《军警》、张叔通《疆域》、钱小斋《选举》、《职官》等6门据说均已完成，但无保存。后找到《学校》、《祠祀》两门，杜雅言又辑成《金石》。松江解放后，尚存人物、天文、金石、海塘、选举、艺文、方外、祠祀、学校等9门志稿。1963年11月，由松江县副县长柯德琼主持，委托上海市参事室朱叔建、上海市文史馆杜诗庭、松江图书馆原馆长雷君彦以及张公愈、周迪良、张寿甫、雷凤威、张兰森重新整理志稿。1966年由于“文化大革命”开始，整理工作停止，9门志稿藏于松江博物馆。1994年松江区地方志办公室以1963年整理后的清稿为底本予以点校整理，名《华娄续志残稿》，为32开平装本，1994年10月由松江县华亭印刷厂印刷，30万字篇幅，印数3000册。卷首有朱叔建1964年2月所作《华娄续志残稿序》和松江县地方志办公室的《编者按》。正文设天文志、海塘志、选举志、学校志、祠祀志、方外志、人物志、艺文志、金石志9门，卷末有点校后记。2008年5月，上海市地方志办公室启动整理出版《上海府县旧志丛书》，其中松江县卷将该志收入，2011年10月，由上海古籍出版社出版。

（四）青浦县：民国《青浦县续志》

民国《青浦县续志》。民国六年（1917年），青浦县知事张仁静“创议续修县志，设立筹备处，延聘吴江钱崇威主持纂修，然不久中辍”。越十年，民国十六年（1927年），“青浦人沈京、曹彭年二人任总纂，明经陈龙章、曹维帧辅助之，接续编修，始具大体，又复缀笔”。民国十九年（1930年），“金坛于定赴任青浦县县长时，下车伊始即问邑志，念光绪五年熊其英等所纂《青浦县志》之后文献无征，且恐已成志稿年久散佚，经咨明县政会，聘请本邑孝廉金咏榴为总纂，明经戴克宽、茂才沈其光为协纂”，[20]“厘剔润色，订正舛错，裁量增损”。[21]是志卷首有于定和钱家骥所撰序文两篇，并有释凡、编纂人员名录、图目及图（地图23幅）。正文二十四卷，依次为疆域上、疆域下、建置、山川上、山川下、田赋上、田赋下、学校上、学校下、兵防、名迹、职宫、选举上、选举下、人物一、人物二、人物三、人物四、列女上、列女下、艺文上、艺文下、杂记上、艺文下等。卷末有陈海泉所撰附编和金咏榴所撰跋，纂人殁于民国七年(1918年)以前人物二十六人。是志所记始自光绪二年(1877年),迄于宣统三年(1911年),承熊其英之志而续其后。其体例类目完全依照光绪《青浦县志》,略增删子目若干。民国二十三年(1934年)修成刊印,分六册装订。北京图书馆、上海图书馆、青浦博物馆等50多家图书馆、博物馆均藏此志。2008年5月,上海市地方志办公室启动整理出版《上海府县旧志丛书》,其中青浦县卷将该志收入,2014年1月,由上海古籍出版社出版。

(五)崇明县:民国《崇明县志》

民国《崇明县志》。民国八年(1919年),“适有续修《江南通志》之举”,“议定重修县志”[22]王清穆主修,曹炳麟总纂,驻局分纂王春林,分纂严师孟、陆燦昕、施祖恒、祝燮纲。是志编修前后六载,至民国十三年(1924年)基本成稿,共二十二册。是志记事上续光绪《崇明县志》,上限光绪六年(1880年),下限宣统三年(1911年)。辛亥以后至民国十五年(1926年)的史料,另为一卷,作为《附编》。民国十九年(1930年)付梓刊行,十三册,上海图书馆有藏本。1960年,上海古籍出版社据1930年本重印12册。是志卷首有曹炳麟序文一篇,次为县志重修人员名录,继之为目录。正文共十八卷,依次为卷一凡例、图说,卷二至卷四地理志,卷五河渠志,卷六至卷七经政志,卷八学校志,卷九武备志,卷十职官志,卷十一至卷十三人物志,卷十四至卷十五列女志,卷十六艺文志,卷十七杂事志,卷十八志原。末有附编一卷。北京图书馆、上海图书馆、上海博物馆、北京大学、清华大学、复旦大学、华东师范大学、上海辞书出版社等43家单位均藏此志。20世纪80年代,上海书店出版社等影印出版的《中国地方志集成》将该志收入。2008年5月,上海市地方志办公室启动整理出版《上海府县旧志丛书》,其中崇明县卷将该志收入,以1930年刻本为底本,参校上海图书馆所藏稿本,2011年4月,由上海古籍出版社出版。

(六)嘉定县:民国《嘉定县续志》

民国《嘉定县续志》。民国十年（1921 年）6 月，嘉定县始修《嘉定县续志》，“由前知事林瓛桢呈奉省署核准，筹款设局，延订总协纂，拟具条例，开始征访，从事编辑。人事之不常，地方之多故，八易寒暑，三易总纂，迄未成书”。[23] 县长陈传德到任后，主修县志，黄世祚主纂，黄守孚、金念祖、王焘曾、周承忠、黄天白、黄世法、潘昌豫、章钦亮分纂。继续督修，前后历时十年，至民国十九年（1930 年）成稿并付印，线装本八册并附“图说”一封。卷首一卷，有陈传德序文一篇，有凡例二十则，并有图一组，共三十七幅图。正文共设十五卷，依次为疆域、营建、赋役、水利、风土、自治、教育、兵防、职官、选举、人物、艺文、金石、名迹、杂志等。卷末改革纪略。另附前志补遗、前志考证、叙录一卷。是志断限，上限光绪七年（1881 年），下限宣统三年（1911 年）。北京图书馆、上海图书馆、上海博物馆、复旦大学、华东师范大学、上海辞书出版社等 65 家单位收藏此志。1987 年 5 月，嘉定县地方志办公室将该志译为语体文，60 万字，16 开本，内部印行。卷首有时任嘉定县县长逄树春所撰写序言，并有出版说明。1991 年，上海书店出版社影印出版的《中国地方志集成》将该志收入。2008 年 5 月，上海市地方志办公室启动整理出版《上海府县旧志丛书》，其中嘉定县卷将该志收入，2012 年 12 月，由上海古籍出版社出版。

（七）南汇县：民国《南汇县志》

民国《南汇县志》。“民国甫立，县名流顾忠宣、秦始基、黄炳奎等即议续修县志”[24]。民国四年（1915 年）3 月，南汇名流朱子灏以修志事拜访《上海县续志》纂修秦锡田，商量并征求修志人才。“于时南邑筹备修志，聘黄丈月波、顾丈旬侯为主任，黄丈旋归道山，顾丈独任其事。十二年八月，修志局成立”[25]，知事严伟、县长刘芷芬领修，秦锡田、黄协埙、黄炳奎、顾忠宣、黄报廷、徐守清、叶寿祺、朱贻翼、马文尧、顾云章、胡祥清、盛鸿泽、王化南、叶时茂等 70 余人参与其事，各任纂修、调查、采访之责，全志由秦锡田总纂。至民国十七年（1928 年）修成，民国十八年（1929 年）印行，历六载而工峻。是志仿《松江府续志》，起自光绪四年（1878 年），断至宣统三年（1911 年）。志首有严伟、秦锡田所撰序文各一篇，凡例，续修县志人员名录；卷首有二十二幅黑白地图。正文共二十二卷，依次为疆域、水利、建置、田赋、户口、学校上、学校下、祠祀、兵防、官司、选举、艺文、人物一、人物二、人物三、人物四、名迹、风俗一、风俗二、风俗三、方外、杂志等。北京图书馆、上海图书馆等 35 家单位收藏此志。2008 年 5 月，上海市地方志办公室启动整理出版《上海府县旧志丛书》，其中南汇县卷将该志收入，以 1928 年刻本为底本予以整理标点，2009 年 12 月，由上海古籍出版社出版。

（八）奉贤县：民国《奉贤县志稿》、民国《增修奉贤县（志）草卷》

民国《奉贤县志稿》。“民国以来，地方人士，屡倡续修县志，以经费无着，旋作旋止”。民国三十五年（1946 年）8 月，“县临时参议会决议组织修志委员会，旋奉省府转发内政部颁布各省市县文献委员会组织规程暨地方志书纂修办法，经县长奚永之将修志经费编列三十七年度地方预算，提出县参议会通过，呈准作正开支，爰於本年二月间，经奉县政府聘请有关机关主管及地方人士奚永之、何尚时、程贤、陶家麟、王承伯、林葆恒、陈士琦……吴江雄、王宗汤等十五人为委员，遵照规定，正式成立奉贤县文献委员会。互推林葆恒为主任委员，县府教育科科长王承伯为副主任委员，会址暂坿设于教育科，由王宗汤、吴江雄二人常日驻会，处理会务”。[26]奉贤县文献委员会成立后，即着手搜集志料，部分内容在《奉贤民众》报上刊载，同年九月，将修志草稿及采访资料略加整理成稿。是志稿卷首有前言一篇，全志原设二十卷七十四门。依次为疆域、建置、川流、田赋、政治、财用、教育、交通、农工商、慈善救济、风土、名迹、艺文、人物、列女、名位、兵燹、纪年、党务、杂志等。现仅存卷一疆域、卷二建置、卷三川流，原稿存奉贤区档案馆。

民国《增修奉贤县（志）草卷》。是志原稿存奉贤区档案馆。序码标至二十八卷，存有二十四卷。卷一佚、卷二县署及县任、卷三学校史、卷四教堂、卷五乡先贤事迹、卷六沦陷时期民国损失调查、卷七佚、卷八公益事业之沿革、卷九实业建设之沿革、卷十实业（另有卷十地方区域志）、卷十一实业组织、卷十二体育发展史、卷十三童子军发展史、卷十四忠烈及殉难者、卷十五佚、卷十六土地、卷十七胜迹、卷十八司法行政之沿革、卷十九警政之沿革、卷二十财政之沿革、卷二十一佚、卷二十二场境拾缀（掇）、卷二十三场境史略、卷二十四清季武备实录、卷二十五畜牧史、卷二十六农产史料、卷二十七佚、卷二十八农民生活之演进等。原稿存奉贤区档案馆。

1988 年，奉贤县地方志办公室为编修新的《奉贤县志》查阅资料并防止旧志稿散失，组织力量整理《民国〈奉贤县志稿〉》《民国〈增修奉贤县（志）草卷〉》存稿，重新剪裁、调整结构、归并重复、统一排序，印制为《民国奉贤县志稿》，内部使用。2008 年 5 月，上海市地方志办公室启动整理出版《上海府县旧志丛书》，其中奉贤县卷将该志收入，以 1988 年整理本为底本予以标点，2009 年 10 月由上海古籍出版社出版。

注释：

1 曾荣：《民国通志馆述略》，《中国地方志》2013 年第 2 期。

2 《国民政府行政院训令第 199 号》（1928 年 12 月 19 日），《内政公报》，第 1 卷第 9 期。

3 上海特别市政府政府委任令第 348 号（1930 年 1 月 28 日），《上海市政府公报》第 44 期。

4 柳亚子：《关于上海市通志馆的话》，《柳亚子文集 · 磨剑室文录》，上海人民出版社 1993 年 12 月版，第 1099 页。

5 上海市通志馆筹备委员会呈文（1932 年 7 月 26 日），《上海市政府公报》

第 124 期。
6 柳亚子：《柳亚子自述：1887—1958》，人民日报出版社 2012 年 1 月版，第 30 页。
7 上海市地方志办公室编：《上海方志提要》，上海社会科学院出版社 2005 年 7 月版，第 10—15 页
8 [民国]上海市政府人事处：市通志馆任免迁调档。聘函字第 1064 号、1065 号。上海市档案馆藏：卷宗号：Q1—2—64，全宗号：065—2—64。
9 [民国]上海市文献委员会编：《上海市年鉴：民国三十七年》，上海市文献委员会年鉴委员会，民国三十七年十二月（1948 年 12 月）出版发行。
10 [民国]上海市文献委员会市文字第 101 号公函：为到职视事函请察照由。上海市档案馆藏：全宗号：C1—432—3—180。
11 上海市文化局：《关于上海市文献委员会概况：文献委员会工作报告（原文留底）（1950 年 3 月）》，上海市档案馆藏，B172—1—25—10。
12 《民国川沙县志导言》，《上海府县旧志丛书 · 川沙县卷》，上海古籍出版社 2011 年 10 月版，第 427 页。
13 《民国川沙县志导言》，《上海府县旧志丛书 · 川沙县卷》，上海古籍出版社 2011 年 10 月版，第 427 页。
14 《民国川沙县志整理说明》，《上海府县旧志丛书 · 川沙县卷》，上海古籍出版社 2011 年 10 月版，第 415 页。
15 《民国川沙县志导言》，《上海府县旧志丛书 · 川沙县卷》，上海古籍出版社 2011 年 10 月版，第 428 页。
16 《民国川沙县志导言》，《上海府县旧志丛书 · 川沙县卷》，上海古籍出版社 2011 年 10 月版，第 428 页。
17 《民国宝山县续志序》，《上海府县旧志丛书 · 宝山县卷》，上海古籍出版社 2012 年 12 月版。
18 《民国宝山县再续志序》，《上海府县旧志丛书 · 宝山县卷》，上海古籍出版社 2012 年 12 月版。
19 《民国宝山县再续志序》，《上海府县旧志丛书 · 宝山县卷》，上海古籍

出版社 2012 年 12 月版。

20《民国青浦县续志整理说明》,《上海府县旧志丛书 · 青浦县卷》,上海古籍出版社 2014 年 1 月版。

21《民国青浦县续志序》,《上海府县旧志丛书 · 青浦县卷》,上海古籍出版社 2014 年 1 月版。

22《民国崇明县志整理说明》,《上海府县旧志丛书 · 崇明县卷》,上海古籍出版社 2011 年 4 月版。

23《民国嘉定县续志序》,《上海府县旧志丛书 · 嘉定县卷》,上海古籍出版社 2012 年 12 月版。

24《民国南汇县续志整理说明》,《上海府县旧志丛书 · 南汇县卷》,上海古籍出版社 2009 年 12 月版。

25《民国南汇县续志序》,《上海府县旧志丛书 · 南汇县卷》,上海古籍出版社 2009 年 12 月版。

26《民国奉贤县志稿前言》,《上海府县旧志丛书 · 奉贤县卷》,上海古籍出版社 2009 年 10 月版。

(作者单位系上海市地方志办公室,原文为第四届中国地方志学术年会入选论文)

《民国上海市通志稿》整理偶得

胡训珉

由上海市地方志办公室、上海市历史博物馆和上海古籍出版社联合整理出版的《民国上海市通志稿（第一册）》已经在 2013 年 11 月问世，其余部分的整理校勘工作正在进行。本来在这时候把正在进行中的某些工作公诸于众似乎并不很合适，但是考虑到民国时期的上海通志馆及其编纂的《上海市通志》影响很大，过去某些名人的回忆和情况说明又不太准确，致使一些并不准确的说法至今仍然被很多人引用。听之任之，似也不妥。同时，把某些情况及我们工作中的某些判断适时公开，也便于请教群贤，在全书全部正式出版之前，得到及时的指正。

一、关于民国上海市通志馆的基本情况

（一）民国上海市通志馆的沿革

现在公开的材料和有关研究，大多侧重介绍 30 年代初期通志馆的成立到抗战初期通志馆中止时的情况，对于后来的情况，基本语焉不详。

在这次整理出版《民国上海市通志稿》的过程中，我们对民国时期的上海市通志馆的历史，做了比较系统的梳理。综合档案和各种文献资料，民国上海通志馆的存在大致经历了筹备、成立至中止、恢复、接收并撤销等四个阶段。大致情况如下：

第一阶段：筹备阶段，时间从 1930 年 1 月至 1932 年 1 月。

收到国民政府内政部下发的《修志事例概要》后，上海特别

市政府市政会议于1930年1月决定设立上海市通志馆筹备委员会，由市教育局局长陈德征、市府参事唐乃康、市社会局局长潘公展作为委员负责“筹备市通志馆事宜”。[1] 1931年4月，上海市政府宣布上海市通志馆筹备委员会改组，特聘汤济沧、赵正平、瞿宣颖等三人为专任委员，具体负责筹备工作。[2]期间的主要工作是拟订各种规章制度，包括《上海特别市通志馆筹备委员会简则》、《上海特别市通志馆组织规程》、《上海特别市通志馆编纂人选标准》等；同时开始向社会征集资料，编制《上海史表长编》，向上海市政府提出编辑《上海年鉴》的建议等。

第二阶段：成立至中止阶段，时间从1932年1月至1937年11月。

在上海特别市通志馆筹备期间，1931年初，时任南京国民党中央政治会议委员兼陆海空军总司令部秘书长的邵力子已经与当时投闲置散的南社旧友、国民党左派元老柳亚子联系，动员他出任上海市通志馆馆长。[3] 1932年1月26日，上海市市长发布训令，宣布聘定柳亚子、朱少屏为上海市通志馆正、副馆长。1932年7月14日，上海市通志馆正式成立。[4]原筹备委员会人员自然离职。

上海市通志馆成立后，柳亚子和徐蔚南广泛招揽著名学者，聘任胡怀琛、吴静山、蒯世勋、席涤尘、郭孝先、胡道静、李纯康、蒋慎吾等任编纂馆员；董枢、乐嗣炳、钟贵阳、沈家诒等为特约编纂。[5]向各方征集史料，由于工作细致周全，收录的资料非常翔实，为《上海市通志》的编纂打下坚实的基础。

到1937年抗日战争初期，短短5年时间内，《上海市通志》部分专编基本成稿，还完成一系列上海地方资料的整理、汇编和出版工作。1933年6月，上海市通志馆创办《上海市通志馆期刊》，先后出版八期，刊载通志馆成员撰写的相关稿件。同时，在柳亚子的领导和直接参与下，《上海市年鉴》从1934年开始，每年一本、共出三本。通志馆同仁组成的上海通社编辑《上海研究资料》正、续两集，其中有《公共租界沿革》、《上海法租界沿革》、《苏报案始末》、

《近代名人在上海》等许多珍贵资料。这些资料曾汇编成《上海通丛书》三集。

1937 年 11 月上海沦陷。通志馆因经费无着而中止。通志馆的重要资料转移至柳亚子家中。1940 年柳亚子撤退离沪后，“旧时集存的书报和资料，经过几次的迁移和密藏，幸而没有遭到重大损失。”[6] 汪伪政权一度准备重新筹办上海市通志馆，结果无疾而终。

第三阶段：恢复阶段，时间从 1945 年 9 月至 1949 年 5 月。

抗日战争胜利后，上海市通志馆恢复，1945 年 10 月 31 日，上海市市长钱大钧聘胡朴安任上海市通志馆馆长，徐蔚南任副馆长。[7] 1946 年 12 月，根据国民政府内政部的规定和上海市政府的命令，上海市通志馆着手改组为上海市文献委员会，其职责由编纂《上海市通志》外，增加了调查征集、保管编印上海市文献资料的任务。1947 年 7 月 1 日上海市文献委员会宣告成立，胡朴安任主任委员，徐蔚南任副主任委员。但是 7 月 9 日胡朴安即因病去世，8 月 11 日，上海市政府改聘徐蔚南代理主任委员，主持一切。[8] 1948 年 12 月，上海市政府正式聘任徐蔚南为主任委员，沈祖德为副主任委员。[9] 到南京国民政府崩溃之前，上海市通志馆及上海市文献委员会出版《上海市年鉴》（民国三十五年、三十六年、三十七年）三本，编纂出版《上海市重要法令汇刊初编》，整理《上海市通志》旧稿，继续征集、收藏了相当数量的日伪时期和 1940 年代中后期的重要资料。

第四阶段：接收至撤销阶段。时间从 1949 年 5 月至 1952 年年初。

新中国成立后，1950 年 6 月陈毅市长下令上海市文献委员会划归市文化局管辖。[10] 9 月任命李青崖担任文献委员会主任委员。1951 年 2 月，根据柳亚子和邵力子先生的联名推荐，上海市人民政府批准市文化局录用、任命徐蔚南担任上海市文献委员会副主任委员。[11] 1951 年年底，文化局向中共上海市委报告，要求把文献委员会等若干单位人员调整改组为“社会文化事业管理处”；[12] 馆藏文献资料分别移交上海市图书馆和上海市文物管理委员会，上海市文献委员会即行中止。至于1993年立项、1997年7月建立开馆的上海通志馆，则是后话。

20世纪80年代，上海市通志馆及上海市文献委员会留存的《上海市通志》稿划归上海市历史博物馆收藏至今。

仔细回味以上过程，可以发现，档案和文献揭示的过程，与过去一些回忆材料反映的情况有所不同。

（二）若干疑问的梳理

第一，通志馆成立的起因与背景问题。

有一种说法，认为上海通志馆的设置，是国民党中央为了安抚左派人士柳亚子，专门设置的闲职。原通志馆编纂员胡道静回忆：

“上海通志馆是国民党洛阳会议的产物。……洛阳会议中团结党内力量的原则下，考虑了柳公的出处，决定设立上海市通志馆，兴修上海第一部市志，聘任柳公为馆长。其实这不过是为所谓团结做表面文章，只打算为柳公作一安排，让他管个单位，并不真的要柳公做出什么成绩来。”但是柳亚子不愿尸位素餐，于是当局委托邵力子促驾，柳亚子提出“约法三章”作为就职条件，即“（一）编辑方针和志馆人事，须全权处理，不受外界干涉。（二）志稿必须突破惯例，用语体文撰写。（三）志书纪年一律以公元为主，传统的年号纪年作注为辅。”经邵力子力排众议，柳亚子方得顺利就职。[13]

这些说法已经广为流传，几乎成为定论。上述回忆，虽然是围绕上海市通志馆的设置问题，实际涉及两件事，一件事是上海市通志馆设置的起因问题。另一件事是“约法三章”是否存在的问题。但是，笔者在参加《民国上海市通志稿》整理工作的过程中发现，这些说法，难以确信。

关于民国上海市通志馆设置的起因，回忆者认为是洛阳会议招抚的结果。但是此说不能成立。

其一，全国各地设置通志馆，编修省市地方志，是中央政府统一部署的结果，不是专为上海而设。民国建元未久，即有不少省份的前清方志编修机构改换名称，开始筹备编修各地方志。1927 年 4 月南京国民政府成立，南京国民政府继续修志工作。1928 年 10 月，时任国民政府文官长的古应芬即建议各省、各县开始修志。12 月，国民政府行政院训令内政部和各省、特别市政府，要求各自设置通志馆，地方志的编修工作开始在全国推进。[14] 全国各地在这一时期，或前或后陆续成立了若干通志馆。1929 年 12 月，南京国民政府内政部发布《修志事例概要》，明确了基本修志规范。[15] 上海市通志馆的设置，基本按照民国政府的统一部署。从 1930 年年初开始，便开始设立筹备委员会，开始筹备工作。所谓临时动议，专门为上海设置一个闲职之说并无依据。

其二，柳亚子先生本人在回忆通志馆创建过程时，亦未提及洛阳会议。约 1932 年 9 月底、10 月初，柳亚子在《关于上海市通志的话》回忆文章中明确说道：

“关于市通志，最初和我接洽的是力子（即邵力子——笔者注）。大概在去年底阳历年头吧，他特地从南京到上海来找我，要我担任市通志馆的馆长。我说：‘馆长不成问题，编辑主任怕不容易找吧，除非是请教徐蔚南先生。’他也表示着极端的同意。后来事情生了波折，一搁年余。……市通志本来有一个筹备委员会，……成功过渡到形势，维持了一年有余。到今年七月十四日，我们把筹备委员会接收下来，便正式成立了市通志馆。”[16]

柳亚子在这段话清楚地表明，早在 1931 年元旦前后，邵力子已经征求柳亚子的意见，准备任命柳亚子为上海市通志馆馆长。柳亚子当即慨然应允，只是后来因故变化，耽搁了年余，柳亚子才正式就任。所谓洛阳会议，柳亚子只字未提。

其三，柳亚子被任命为上海市通志馆馆长在前，洛阳会议召开在后。查史载，1931 年“九一八事变”之后，日军又于 1932 年 1 月 28 日在上海制造“一·二八事变”，民国政府首都南京受到严重威胁。南京政府于1月30日下令迁都洛阳，直到事变平息之后于12月1日正式还都南京。国民党中央及国民政府在洛阳期间召开过两次重要会议，一次是3月1日至6日召开的国民党中央四届二中全会；另一次是4月7日至12日由国民政府召集各民主党派、各地区、各行业人士共商国是的“国难会议”。胡道静所说的“洛阳会议”，应该是指前者。但是查柳亚子的任命时间，却是在1932年1月26日，即“一·二八事变”爆发之前的2天。洛阳会议在柳亚子任命之后的两个多月才召开，所谓按照洛阳会议的临时动议而专门设置，对柳亚子反复动员迁就等等，看来是想当然耳。

第二，关于“约法三章”问题。

为了强调这一说法的可信度，胡道静举出一个旁证，即原通志馆成员，新中国成立后曾经担任上海文艺出版社和译文出版社主编的蒯斯曛[17]的一段文字，以证明其言不虚。有关文字引用如下：

“蒯斯壎同志在《〈上海通志馆〉重印说明》中写道：‘柳亚子先生在应允就任馆长之前，提出过三个条件：（一）人员任用和编纂方针不受外界干扰；（二）通志稿须用语体文编写，且是系统研究的成果，不能像旧的地方志那样仅仅堆砌材料；（三）古今纪年一律使用公元，而以我国当时通用的纪年附注中公元之下。’斯壎同志接着写：‘这三条体现了亚子先生对照当时形势下编纂通志的革命性见解。’真正是这样。‘亚子先生的条件得到同意后，上海市通志馆于一九三二年七月十五日开馆。’”[18]

蒯斯曛的原文出处笔者没有查到，仅从胡道静转引的文字来看，与他的说法基本一致，两相印证，似乎胡道静的说法并非孤证。但是细读之下，胡道静的说法仍然存在一些经不起推敲的地方。

其一，两段回忆，都是以亲历者的口气直接陈述。但是我们知道，蒯斯曛和胡道静先生当时都只是通志稿的普通编纂人员，且都受聘于通志馆成立之后，决不可能直接参与柳亚子与邵力子之间的谈话。他们对这些情况的了解，只能出之于他人的转述或者回忆。

但是，值得注意的是，蒯、胡两人的回忆，都没有提及这些情况的原始叙述者及叙述场合。

其二，“约法三章”本身有凑数之嫌。按照胡道静的说法，“约法三章”第一条是通志馆的人事与编纂方针，柳亚子可以全权处理。如果真的有这个“约法三章”的话，后面的两条，只是编纂工作中的具体格式和叙述方式问题，甚至算不上是大的“编纂方针”。为了说明后两条的必要性与重要性，胡道静先生又反复解释了当时使用白话文（即语体文）和公元纪年的重要意义和主张者的胆魄，但是这些说辞，怎么看都有点勉强。从现在出版的前三编稿件及其他稿件来看，虽然不能说是使用文言文，但是也决不是当时流行的白话文。严格的说，大多还是比较浅显简明的文言文。纪年方式也是根据行文需要，传统纪年与公元纪年互相标注。

至于通志馆的人事和编纂方针问题，应该说，从来都是主事者独断。在筹备阶段由筹委会制定的《上海特别市通志馆组织规程》第 2 条明确规定：“本馆设馆长 1 人，总理本馆一切事务”；第 8 条规定：“本馆职员除馆长、副馆长、编纂由市政府聘任，分纂由本馆聘任外，其余人员由本馆委任或雇用之。”[19] 这些规定，已经赋予馆长全权，柳亚子再提同样的要求，完全是多此一举。如果硬要争辩说柳亚子争得“编纂”一职的聘任权，那么按照“约法三章”的意思，他应该争取的是副馆长的聘任权。但是事实上，从 1932 年至 1949 年间，上海市通志馆正副馆长的聘任权，始终是由上海市市长、上海市市政府履行。关于存在人事处置权的争议和承诺事件，显然无法证实。而且在实际运行期间，市政府当局及其他人很少干预通志馆的具体事务。柳亚子时期自不必说；抗战胜利，通志馆复员后，虽然历任馆长都对柳亚子非常尊重，把柳亚子奉为《上海市年鉴》和《上海市通志》的奠基人，但是柳亚子对于通志馆的具体人事安排也不能直接干预。他希望通志馆帮助安排抗战中牺牲的原副馆长朱少屏烈士的后人，亦只能写信恳请时任馆长予以照顾。

特别强调主事人的独断权，在民国政府时期的上海市通志馆中似乎并无必要。

其三，同样重要的是，柳亚子本人并未提及所谓“约法三章”。柳亚子本人在 1940 年撰写的《自撰年谱》1932 年项中记述：

“是岁，上海市通志馆成立，被聘任馆长，朱少屏副之。徐蔚南任编纂主任，胡寄尘、吴静山、蒯斯曛、席涤尘、胡道静、蒋慎吾、郭孝先、李纯康任编纂。通志文字，悉用白话，小夫多咋舌者。后以八·一三之变中顿。”[20]

这段话中，甚至提及了使用白话文编纂通志，招致守旧人士的反对，但是对于更加重要的“约法三章”却只字未提，岂不奇怪?

因此，笔者以为，“约法三章”的说法，难以确信。

第三，上海沦陷后通志馆资料的保管和收藏问题。

最早谈及上海市通志馆有关资料的保管和收藏情况的是柳亚子先生。柳亚子 1942 年撰文回忆称：“直到我离开上海以前，他（指胡道静—整理者注）还替市通志馆做了一件很重要的事情。就是把一部分的藏书，由道静经手，运到了一个比较安全的地方去。”[21]

胡道静后曾多次回忆称，上海市通志馆的资料是由他委托震旦大学图书馆密藏。20 世纪 80 年代后期，胡道静先生回忆：

“及至一九四〇年底，柳公因上海租界的环境亦极恶劣，不能再耽下去，于是离沪去港。行前考虑到沪寓所存通志馆重要文卷的安全问题，找我商量，联系一个妥当的地方代管保存。我想到自己与法国耶稣会中从事学术文化方面的教士有联系，就去恳托震旦大学图书馆法籍馆长夏之时司铎（Pore Richard）和中国副馆长景培元先生，得到他们慨允，于是这批文卷由柳宅密移至震旦大学托管。柳宅距震旦较近，且都在法租界，所以转移工作很顺利，一点没有外泄。……日本投降后，上海市通志馆复员。以后，我也从内地回到上海，接受志馆任务，以原来的代表身份，去震旦大学图书馆把志馆托管的文卷取回。在接受托管和交还原主的过程中，景培元副馆长都帮了很大的忙。”[22] 1988年胡道静回忆："（柳亚子）出走前，柳先生找到我，商量资料继续保存问题。我提出，把资料转入由法国人办的震旦大学图书馆中隐藏，此图书馆馆长夏神甫与我私交甚厚。一九四五年抗战胜利后，上海成立了文献委员会，就把资料从震旦图书馆中取出。”[23] 后来又回忆，“（柳亚子）行前嘱我商得震旦大学法国校长及图书馆长的同意，将他家中所藏的通志馆志稿和资料，密运震大图书馆保藏，约定至上海光复之日收回。”[24]

之所以长篇累牍引用这些材料，是这些材料中多少存在一些疑问。首先，胡道静先生第一次的回忆最为详尽，后面的回忆越来越简略了。其次，这些回忆，每次在关键节点上都有所不同。胡道静的第一次回忆中，明白说明，他与震旦大学方面没有直接关系，是通过其他方面的熟人（法国耶稣会某教士）转介，才认识震旦大学图书馆馆长、副馆长。但是第二次的回忆，就变成震旦大学图书馆馆长夏神甫“与我私交甚厚”；第三次回忆中，一直无关的震旦大学法国校长也参予其事。如此多变，如何信得？再次，胡道静先生本人毕业于持志大学，家学渊源亦以旧学为主，与教会大学素无关系。读胡先生的回忆文章，他常常念及当年收集教会方面的资料如何的困难，如何的转托他人。然而，上海市通志馆副馆长朱少屏从1906年起先后担任寰球中国学生会总干事、干事长、会长，任职长达20年。他是波及全国的留法勤工俭学运动的主要推动者，为帮助中国学生赴法国学习，发挥了极大的作用。陈毅、邓小平等人都是经朱少屏之手，完成赴法手续。他与法国领事当局、法国教育界、包括法租界教会大学的熟悉程度自然无人能及；上海通志馆第三把手编辑主任徐蔚南本人是震旦大学的毕业生，通志馆中震旦大学的毕业生还有多人。朱少屏和徐蔚南与震旦大学的熟悉程度、人脉关系，本人的社会影响力，包括对于通志馆的责任、与柳亚子的关系等等，都远在胡道静之上，柳亚子何必舍近求远，将这样重要的事情独独托付给一个与震旦大学毫无关系、也是通志馆当时最年轻的普通成员之一？

那么如何解释柳亚子本人提出的胡道静为上海通志馆“做了一件很重要的事情”？笔者以为，柳亚子先生的文章，是在特殊情况下所写，就是他得到消息，以为胡道静先生已经在日寇轰炸中遇难，所以文章中颇多过誉之辞。例如，他在文章中写道：在通志馆同仁编纂出版四本《上海市通志馆期刊》、三本《上海市年鉴》、两本《上海研究资料》等文献过程中，“中间执笔的，在质在量，道静也都占据着很重要的地位”，虽属过誉，不过仍然还有分寸；而断言“通志还没有办成功，积稿累累，道静的成就最多”，[25] 就明显不是事实。同时，不能不指出的是，柳亚子在文章中提到通志馆资料的转移时，说的是“把一部分的藏书，由道静经手，”但是在胡道静先生的回忆中，“经手”却变成全部资料由他全权“代表”，独力承办，中间的差异，不可不辨。

此外还必须提到的是，胡道静关于其独力承办通志馆资料转移密藏事宜的说法，没有得到其他通志馆人员和后人的认同。1950 年上海市文献委员会主任委员李青崖署名的给上海市人民政府的报告：《上海市人民政府文化局文献委员会的历史》中谈到抗战期间通志馆资料的转移密藏事情时，并未涉及胡道静，而是明确说明：“旧时集存的书报和资料，经过几次的迁移和密藏，幸而没有遭到重大损失。”[26] 报告中指出，“转移密藏”实际上经历过多次。根据这些资料，笔者认为，推断转移密藏工作全部由胡道静独力负责，于情于理，还不能让人完全信服，其中仍然有些重要环节未能交代清楚。因此，在整理出版《民国上海市通志稿（第一册）》“前言”中，没有采用胡道静先生的说法，而是采用档案文献中新中国成立以后官方的表述。

二、民国《上海市通志》稿遗存情况

柳亚子在 1932 年 9 月谈到上海市通志的编纂设想时明确表示，

“全书假定二十五个门类，二百几十个总目，六百几十个子目；字数至少在二百五十万言以上。”争取三年左右出版。[27]但到1937年11月上海沦陷时,《上海市通志》仍未完成,而已经成稿者究竟几何?柳亚子再未提及。

关于民国时期《上海市通志》的存稿情况，现在有多种说法。一种说法认为，到1937年11月上海市通志馆中止时为止，留下稿件约1千万字。代表性的是胡道静先生刊载在1987年出版的《上海文史资料选辑》第五七辑上的《柳亚子与上海市通志馆》一文中所说：“适值全面抗战爆发，上海沦于敌手，市通志馆解散，以致未能全部出版。但是留下一千多万字的原稿，至今保存在上海博物馆。”同时,胡道静进一步说明,“其中一百万字的初稿曾刊印成《上海市通志馆期刊》八册，另有上海史文稿《上海研究资料》正、续二集，约九十万字”;还有《上海市年鉴》三种，影印出版《(弘治)上海县志》、出版《上海掌故丛书》十册等等。[28]胡道静的说法影响极大，后人多数沿袭其说。但是后人大多数以为，胡道静所说的1千万字原稿，都是民国《上海市通志》的稿子。可是细读胡道静的原话，他所说的“原稿”，实际上是指当时通志馆人员留下的所有稿件，当中既有《上海市通志》的稿子，也包含《上海市通志馆期刊》等刊载的文章的稿件，甚至影印出版的旧志，也作为存留稿件统计在内。即便把影印出版的旧志扣除，把通志稿的存稿同《上海市通志馆期刊》等资料的原稿一并统计，则相当于把一部著作的初稿和后面的二、三稿直至定稿稿件一并统计一样，属于重复统计。所以，我们把胡道静的说法理解为民国《上海市通志》留下1千万字的原稿，实际上是对其原话的误读。

另一种说法指出，“《上海通志》全志25编，已经完全成稿的14编，347万字；尚未完成全稿的11编，有志稿203万字，以及各种资料6030页，表格358张。全志有文字稿550万字，各种资料折合约500万字，合计为1000万字左右。”[29]该说同时逐编列举民国《上海市通志》25 编中各编的篇目结构和各部分的存稿情况。根据作者行文分析，该文系根据上海市历史博物馆馆藏《上海市通志》整理目录编辑而成，显然依据更加充实、严谨，但此说知之者甚少。同时此说存在的一个问题是，作者显然没有仔细翻检过原稿，是根据别人的目录编辑的，所以对于各编存稿的实际情况缺乏准确的把握。

在今次整理民国《上海市通志》稿工作中，负责保管民国《上海市通志》上海市历史博物馆馆长张岚和资料室主任徐亚芳领衔对《上海市通志》存稿情况进行全面整理。同时笔者也与其他整理工作人员一起对现存稿件及资料进行翻检。翻检结果发现，民国《上海市通志》原定各编编目为："第一编：上海历史（上）：沿革"、"第二编：上海历史（中）：第一特区公共租界"、"第三编：上海历史（下）：第二特区法租界"、"第四编：上海概势"、"第五编：上海地文"、"第六编：法制"、"第七编：政治"、"第八编：党务"、"第九编：外交"、"第十编：军备"、"第十一编：教育"、"第十二编：财政"、"第十三编：交通"、"第十四编：金融"、"第十五编：商业"、"第十六编：工业"、"第十七编：农林牧渔"、"第十八编：宗教"、"第十九编：学艺"、"第二十编：社会事业"、"第二十一编：风土"、"第二十二编：人物"、"第二十三编：大事记"、"第二十四编：沿革写真"、"第二十五编：历史地图"。现在留存下来相对比较完整的稿件实际只有 14 编，其余 11 编中，第二十四编沿革写真（照片）当时尚未收全，现在仅余目录；第二十五编历史地图原来缺失；另外的 9 编，大多仍是原始资料，手稿仅占其中很少部分，而且这些手稿大多或者缺头断尾，或者册页破损，只能算是残稿。现有相对完整的 14 编存稿，包括：沿革（第一编）、公共租界（第二编）、法租界（第三编）、地文（第五编）、政治（第七编）、党务（第八编）、外交（第九编）、教育（第十一编）、金融（第十四编）、宗教（第十八编）、学艺（第十九编）、社会事业（第二十编）、风土（第二十一编）、大事记（第二十三编）

等编。[30]根据早期整理者的统计，这些稿件字数约360万字。其中大部分是钢笔誊清稿，一部分是《上海市通志馆期刊》及其他出版物的剪报。

至于《上海市通志馆期刊》、《上海研究资料》及《上海研究资料续集》中刊载的相关稿件以及当时通志馆的学者在上海许多刊物上发表的关于上海市通志的大量研究成果，整理者的一致意见，认为不能直接认定为《上海市通志》的稿件。理由是柳亚子当时虽然非常重视通过《上海市通志馆期刊》刊载的稿件宣传《上海市通志》和上海市通志馆，也是希望通过此举了解社会各界对已有成果的反应。事实上，柳亚子当时对已经公开发表的相关文章，已经做了一定的处理，有的直接插入《上海市通志》的相关章节，有的做了较大的修改和调整，有的已被放弃。如第三编（法租界）原由董枢编纂，但是由于开篇部分存在立论错误，即被其他编纂人员重新编纂。直接把发表在其他公开刊物上的稿件认定为《上海市通志》的遗稿，显然不够慎重。

同时，需要指出的是，现有存稿的字数是根据抗战之前编纂者的估算统计，当时未将注释和标点统计在内，按照现在通行的方法统计，现有存稿的实际字数比较过去的统计，将大幅增加。例如前三编的字数，当年估计为70余万字，但是这次整理出版时，前三编版面统计已经达到150万字。按照同样比例推断，其余11编在正式付排后，可能达到版面字数550万字的篇幅。

三、《民国上海市通志稿》的学术价值

《民国上海市通志稿》的学术价值是毋庸置疑的。

第一，民国《上海市通志》稿和上海市通志馆馆藏资料是研究上海近代史以及中国近代史的重要文献和资料宝库。20世纪20—30年代是近代上海乃至近代中国发展过程中的重要阶段。1932年

“一·二八”事变及1937年“八一三”事变中日寇的蓄意破坏，彻底摧毁了上海商务印书馆、东方图书馆等上海最重要的文献及图书资料收藏机构。日寇侵华战争的全面爆发，不仅打断了上海发展的历史进程，也造成上海近代史研究资料的严重散失和湮灭。成为当代上海乃至于中国近代史研究的严重障碍。《上海市通志》稿中不仅收集保存了大量经过整理的资料，尤其难得的是，上海市通志馆当年由各方面学者、专家征集、收藏的珍贵资料，其价值又非一般可比。《上海市通志》稿及民国上海市通志馆馆藏资料的重见天日，或许可以给我们深化近代上海史的研究提供新的资料和视角。

从方志学的角度来看，《民国上海市通志稿》本身也具有很高的学术价值。笼统地说，《民国上海市通志稿》的学术价值至少表现在两个方面。第一，它继承了传统方志全面记载地方情况、保存第一手资料的传统，它的假定篇目和各个专题的设计，努力做到全面覆盖。第二，它努力运用现代史学的科学方法，特别注重收录资料的考订、验证，严格区分历史记载和编纂者的个人判断。可以毫不夸张地说，《民国上海市通志稿》在新旧方志学之间，树立起一个特征鲜明的标杆。它的问世，可以为当代新方志的编纂工作提供一个参照和借鉴的范本。

具体而言，笔者认为，《民国上海市通志稿》的某些编纂方法尤其值得当代方志编纂人员借鉴。

《民国上海市通志稿》的编纂工作采取编纂人员分工各自编纂某一专篇，形成初稿后再由徐蔚南、朱少屏和柳亚子等人校阅审核并编辑调整，最后交付排印的办法。由于编纂人员资历、学养各不相同，难免成稿质量参差不齐。但是其第一编“上海历史（上）：沿革”部分的编纂质量却堪称精品佳志。第一编由上海市通志馆编纂部主任徐蔚南执笔。除了体裁合理，疏而不漏；史料选择精当，重大事件的争端条分缕析、清清楚楚；表述精炼、文笔优美，要言不烦等特点之外，与传统旧志最大的区别就是它严格按照现代史学研究规范，所有采信的资料，或者在行文中说明来源，或者在注释中标明出处。编纂者本人的判断如何，依据何在，采信、取舍的原由等等，均一一明确说明，各种情况一目了然。徐蔚南的编纂方法，给我们强烈的震撼和启示。

新中国成立以后，我国政府先后组织了两轮修志，现在第二轮修志的成果已经陆续问世，第三轮修志已经提上了议事日程。在这个时候，客观评价两轮修志的质量，思考提高编纂质量的方法和路径，实在是非常有必要的。

从整体上评价两轮修志的质量，不是三言两语能够说清楚的，但是如果说，前两轮修志的质量总体而言尚未达到预期，恐怕不能算是诋毁。其原因应该主要存在于两个方面。一个是编纂人员本身的素质问题。大多数编纂人员只是奉上级之命参加修志工作，其中稍好些的，可能原来是单位的“笔杆子”。至于是否受过史学训练，是否具备基本素养，往往不在考虑之列；稍差些的，可能只是为了安排老弱病残或者冗余人员。如果编纂人员本身的专业能力得不到保证，提高编纂质量无疑是缘木求鱼。另一个方面，就是编纂规范制定方面的问题。国务院颁布的《地方志工作条例》（2006 年）第三条规定，地方志书是“资料性文献”。资料的来源、鉴别、考证、采信以及利用方式，对于志书质量来说，就是关键性的因素。但是，《地方志工作条例》中并未予以规范。为了弥补这一缺憾，2007 年、2008 年中指组两次发文予以说明。2007 年 11 月 28 日中指组字[2007]1 号文第五章第（十二）条规定，“对重要资料来源注明出处，对具有时代特征和地方特点的词汇作准确、简明、规范的注释。”[31] 2008 年中指组下发《地方志书质量规定》，其中专设第六章“资料”。规定了资料的真实、准确、全面、系统化，代表性、权威性，要求“注重使用原始资料。”其第七章“行文”的第四十条明确要求：“注释符合学术规范，便于查找原文。注释形式全书统一。引文和重要资料注明出处。”[32] 这样的规定，显然是把引文和注释限制在“重要资料”部分，而不是对全志体例的要求。这就给各地的执行，留下巨大的空间。以上海为例。2010 年上海市地方志编纂委员会颁发的《上海市志（1978—2010）编纂实施方案》第八章“引文注释与索引”中第三十三条规定：“本志是原始资料的重铸（本志原始资料出处主要通过资料长编解决），尽量少用引文，必须引用时，注明转引自何书、何文，要以最新版本为准。”第三十四条规定：“重要文献选、辑、录必须引用原文，并要加引号；转述大义（笔者注：原文如此）的内容不加引号。”[33] 一面强调“重铸”原始资料，一面又规定“尽量少用引文”，这就意味着编纂人员可以随意处理原始资料，不但不必承担任何责任，甚至完全不留痕迹。难怪史学界不少学者反映，“不敢”使用志书材料。读者既不知道志书的观点、资料依据何在？又不知道编纂者对于原始资料的解读是否准确？这样的“资料性文献”的可信度究竟如何？恐怕是不能不大打折扣的了。

因此，笔者以为，设置编纂人员聘用标准，修订志书编纂规范，实在是方志学界及国家地方志工作领导机关的当务之急。整理、研究民国时期编纂出版的高质量志书，对于我们正确继承地方志书编修传统，可以提供有益的启示。

注释：

1 上海特别市政府委任令第 348 号（1930 年 1 月 28 日），《上海特别市政府公报》第 44 期，第 1—2 页。

2《市通志馆筹委会成立：昨开大会》，《申报》1931 年 4 月 2 日第九版。

3 柳亚子：《关于上海市通志馆的话》，柳亚子文集编辑委员会主编《柳亚子文集 · 磨剑室文录》，上海人民出版社 1993 年版，第 1099 页。

4 上海市通志馆筹备委员会呈文（1932 年 7 月 26 日），《上海市政府公报》第 124 期。

5 柳亚子：《柳亚子自述：1887—1958》，人民日报出版社 2012 年版，第

30 页；[民国] 上海市年鉴委员会：《民国二十四年：上海市年鉴》。张研、孙燕京主编：《民国史料丛刊 · 史地 · 年鉴》（第 995 册），大象出版社 2009 年版，第 176—177 页。

6 上海市人民政府训令：《关于文献委员会划归上海市文化局领导的指示》。附件：李青崖：《上海市人民政府文化局文献委员会的历史》。上海市档案馆藏档，全宗号：B172—1—25。

7 [民国] 上海市政府人事处：市通志馆任免迁调档。聘函字第 1064 号、1065 号。上海市档案馆藏档：全宗号：Q1—2—64。

8 [民国] 上海市文献委员会编：《上海市年鉴：民国三十七年》，上海市文献委员会年鉴委员会，民国三十七年十二月（1948 年 12 月）出版发行。

9 [民国] 上海市文献委员会市文字第 101 号公函：为到职视事函请察照由。上海市档案馆藏档：全宗号：C1—432—3—180。

10 上海市人民政府训令：关于文献委员会划归上海市文化局领导的指示，市秘字特 6 号，1950 年 6 月 9 日发。上海市档案馆藏档，全宗号：B172—1—25。

11 上海市人民政府（市人一字〔51〕六五五号）指示：关于同意徐蔚南为文化局文献委员会副主任委员的批复。上海市档案馆藏档，全宗号：B172—1—716—6。

12 上海市文化局：关于将文献委员会改组为社会文化事业管理处的请示报告（1951 年 12 月 19 日）。上海市档案馆藏档：全宗号：B172—1—713—5。

13 胡道静：《柳亚子与上海市通志馆》，虞信棠、金良年编：《胡道静文集·序跋题记·学事杂忆》，上海人民出版社 2011 年 12 月版。第 284—285 页。胡道静还在其他回忆文章中多次提及此事。

14 国民政府行政院训令第 199 号（1928 年 12 月 19 日），《内政公报》第 1 卷第 9 期。

15 内政部：《咨各省省政府、特别市政府：咨送修志事例概要，请查照并饬属遵照由》，《内政部内政公报》（1930 年 12 月出版）

16 柳亚子文集编辑委员会主编：《柳亚子文集 · 磨剑室文录》，上海人民出版社 1993 年 12 月版。第 1099–1100 页。

17 蒯斯曛，原名蒯世勋，抗战期间参加新四军之后改名蒯斯曛。胡道静的回忆文章中将其名字“斯曛”误为“斯壎”。

18 胡道静：《淡南回忆录——上海市通志馆旧事》，同上书。第 296 页。

19《上海特别市通志馆组织规程》（上海特别市政府令第 167 号（1930 年 6 月 12 日）），见《上海市政府公报》第 58 期；《申报》1930 年 6 月 13 日。

20 柳亚子：《柳亚子自述：1887–1958》，人民日报出版社 2012 年版，第 30 页。

21 柳亚子：《怀念胡道静兄》，《柳亚子文集 · 磨剑室文录》，上海人民出版社 1993 年版，第 1367 页。

22 胡道静：《柳亚子与上海市通志馆》，《胡道静文集 · 序跋题记 学事杂忆》，上海人民出版社 2011 年 12 月版，第 287–288 页。

23 胡道静：《上海通志馆及上海通志稿》，同上书，第 303 页。

24 胡道静：《上海市通志馆、〈上海市通志〉及上海史料之搜集保存者》，同上书第 307 页。

25 柳亚子：《怀念胡道静兄》，《柳亚子文集 · 磨剑室文录》，上海人民出版社 1993 年 12 月版，第 1367 页。

26 同注 6。

27 柳亚子：《关于上海市通志的话》，《柳亚子文集 · 磨剑室文录》，上海人民出版社 1993 年 12 月版，第 1100 页。

28 胡道静：《柳亚子与上海市通志馆》，《胡道静文集 · 序跋题记 学事杂忆》，第 283 页。

29 方知：民国《上海通志稿》，收入上海市地方志办公室编《上海方志提要》，上海社会科学院出版社 2005 年 7 月版，第 10–15 页。

30 上海市文化局：关于上海市文献委员会概况：文献委员会工作报告（原文留底）（1950 年 3 月）。上海市档案馆藏档，全宗号：B172–1–25–10。

31 中国地方志指导小组：《关于第二轮地方志书编纂的若干意见》，中指组字 [2007]1 号，转引自：上海市地方志办公室编：《上海市第二轮市级志书编纂手册》（2010 年 11 月）版（内部发行）。第 21 页。

32 中国地方志指导小组：《地方志书质量规定》，中指组字 [2008]3 号，转引同上，第 28–30 页。

33 附件二：《上海市志（1978–2010）编纂行文规范》，上海市地方志编纂委员会：《上海市志（1978–2010）编纂实施方案》，沪志委 [2010] 1 号文。转引同上，第 83 页。

（作者单位系当代上海研究所，原文为上海市地方史志学会 2014 年学术年会、第四届中国地方志学术年会入选论文）

民国时期上海修志人收集志料的方法

——以上海市通志馆为例

吕志伟

上海市通志馆是民国时期负责编修《上海市通志》的市政府机构。关于上海市通志馆的研究成果，主要由两方面组成：

一是对上海市通志馆机构沿革和学术成果的介绍。如《上海方志通考》、《上海方志提要》、《上海通史》等简单介绍了上海市通志馆。《上海地方志》（前身为《上海志鉴》、《上海修志向导》）上亦有登载一些介绍上海市通志馆的文章，如陶俊的《通志旧闻一则亦可温故知新》、[1] 2012年《纪念上海市通志馆成立80周年特刊》。2002年，上海市社科院研究员袁燮铭撰写的《上海市通志馆筹备始末》[2]，运用了《上海市政府公报》、《申报》及其他相关著作，较为具体系统地研究了上海市通志馆在成立之前的筹备始末。

二是原上海市通志馆馆员的回忆。上海市通志馆编纂胡道静生前，发表了数篇关于上海市通志馆的回忆及论述的文章，如：《柳亚子与上海市通志馆》，回忆了柳亚子先生在上海市通志馆所做的事情及所起的作用，并论及了通志馆的主要组织运作状况[3]；《关于上海通志馆的回忆》，由胡道静口述，袁燮铭整理注释[4]；《邵公与上海通志馆的建立》，回忆了邵力子对上海市通志馆建立所做的贡献[5]。还有柳无忌在《我们的父亲柳亚子》中记述的柳亚子与上海市通志馆的回忆文章。

本文主要关注上海市通志馆在收集志书资料的方法，以期能为当今上海市编修志书的资料收集工作提供一点借鉴。

一

1927 年 4 月，南京国民政府成立，全国的统一大势为方志的编纂提供了客观条件。1929 年 12 月，内政部颁布了《修志事例概要》，要求“各省应于省会所在地设立省通志馆，由省政府聘请馆长一人，副馆长一人，编纂若干人组织之……各特别市兴修志书，准用本概要之规定。”[6] 1929 年 12 月底，上海特别市政府将《修志事例概要》转发给下属的社会局和教育局。1930 年 1 月，市教育局向市政府呈请设立上海市通志馆，兴修《上海市通志》。[7] 1 月 24 日，市政府在第一百四十八次市政会议上决定：“自十九年度 (1930) 七月起成立市通志馆，由市府指派委员筹备”。[8] 2 月 4 日，通志馆筹备委员会召开第一次会议，根据通志馆的性质，决定该委员会暂设于市教育局。[9] 市通志馆筹备工作由此开始。1931 年 4 月 1 日，上海市政府在市府礼堂召开大会。会上，新任市长张群从多方面论述了编修上海市通志的重要性，并希望筹委会能如期完成工作，尽快成立上海市通志馆。[10] 1932 年 7 月 14 日，上海市通志馆正式宣告成立。柳亚子担任馆长。馆址位于萨坡赛路 291 号。

上海市通志馆成立的目的是编修《上海市通志》。地方志是资料性文献。编修《上海市通志》需要大量的资料。通志馆馆员们原本打算用两个月时间来搜集史料，但付诸行动后才知道工作的艰辛，计划的制订与实施有着很大的落差：

“本馆同人，本此种意志，试从事于上海市通志的编纂，但以心有余而力不足，荏苒数月，成就殊少，当全志编目、各编总目、子目拟定后，即由本馆同人各任一编，分别编纂，初时以为十万字一编的标准，用两个月时间搜求志料，用三个月时间整理考证并加编制，预计初稿的完成，当不出五个月以外；中途即使遭遇困难，不妨加工力作，以资弥补。不料着手工作以后，发见志料采集的困难，远非预想所及。原来志料的来源，不外参考采访及征求：有图可考的故事，自可翻检而得；不见于记录的事件，势须亲自调查访问，或制定表格分送各处，请求注寄回；无法查考的志料，乃用公开征求的方法。本馆因经费及事件关系书报、图志、史乘、杂记以及与上海有关的各项记录文件，未能大体具备；更因工作人数有限，不克多设专员广采，加以社会人士对当地文献尚少重视，不但应征志料可称绝无仅有，即本馆寄发各种调查表格，未见寄回的颇多，因此在搜求方面，工作进行，不能如预期的顺利，并以数月来，所得志料，或则前后不接，或则残缺不完，或则次矛彼盾。”[11]

二

种种现实中遇到的困难和挫折并没有让上海市通志馆馆员们退缩，相反地，他们日夕孜孜，搜集志料。

通志馆在筹备期间，就制订了《市通志馆征求参考图书办法案》、《上海市通志馆采访员征集细则》[12]，规定了采访员的职责包括有“公私记载之征集”、“文献掌故之调查”、“数目之排比调制”、“重要古迹之摄绘”、“著名碑刻之抚拓”、“遗闻轶事之访问”等。

1931 年 3 月 28 日，由通志馆筹备委员会修订的《上海市通志馆筹备委员会简则》经上海市政府核准公布规定：改组后的筹备委员会筹备期为一年。它的任务主要是为通志的编纂准备资料。[13] 为了做好资料收集工作，1931 年 5 月，奉命负责通志馆日常筹备事宜的汤济沧、赵正平、瞿宣颖等 3 名专任委员即对资料收集方案作了认真的研究和部署。

首先，他们将应行征集的资料分成疆理、物产、经政、民物、风俗、货殖、建置、人物、艺文 9 类，由各专任委员以“闻见所近”，分工负责。其中，汤济沧负责疆理、货殖、建置，赵正平负责物产、经政、人物，瞿宣颖负责民物、风俗、艺文，并规定，“其有就便发见之史料，仍可不分畛域，互相交换。”为了使应行征集的史料“片言必录，一物不遗”，筹备委员会采纳瞿宣颖的建议，决定在征集史料时先从官厅档案、商家簿籍、西文记载入手，兼及家乘、私史、古物、照片、图表，对于有关系的社会团体和个人，也分头派员采访，“以期赅洽”[14]。

然而，筹备委员会同时也明白，上海的史事浩如烟海，相关的资料十分散漫，倘若对它的因果起伏事先没有一个总体的了解，即使广征博求也难免事倍功半，挂一漏万。为此，他们决定在征集史料的同时，编制了一份《上海年表》，以便“总摄一切”。根据当时筹备委员会给市政府的报告，他们“先将元明二史及清代官书并历修上海各志中所载关于上海各史事按年编入”。至于清代同光以后的资料，因官书记载不详，私史又难征信，他们另外派员逐日至《申报》馆摘抄旧报，然后“取其大纲，实诸年表”。此外，西人的记载中如有“较公正翔实者”也一并摘入。[15] 1931 年 9 月，《上海年表》粗略清稿，分正、续稿各四卷。从其年表目录上看，尚有 1913–1931 年之间的史事未及辑录，所以年表实则并未完成。整本《年表》为编年体，光绪以前，按年由各史志摘引关于上海的大事编入；光绪以后，史料较为丰富，则详至月日。[16]

鉴于“通志之勒定暂难悬日以计，而最近之史料则已移步换形，假定通志以三年成书，则今日所得最近之史料届时又将陈迹”，1931 年 8 月，筹备委员会又向市府提出编辑《上海年鉴》的建议，认为其既可“供留心现势者之需要”，又可“备勒成通志之采撷”。[17]

三

公开征集史料，对于史料的搜集来说，能补其他方式的不足。为了得到社会各界的“通力匡襄”，上海市通志馆将《征集史料启事》登诸报端，广而告之，并承诺：“凡承捐赠史料，当于参考完毕后移送公共图书馆保存。”“凡史料之只能借抄或用他法移写者，承示后当托妥员前来接洽办理，以最短期间移写完毕并不损伤原件为度。”“凡珍异之史料须有相当报酬方能移写者，承示后即当商洽办理”。[18] 启事刊登后，由于社会人士对于当地文献甚少重视，直到 1933 年 4 月，应征的志料仍然“可称绝无仅有”，其志料征集之难可见一斑。关于人物史料之征集，其后还有征求“上海各界名士之自传照片”的启事等。抗战胜利后，通志馆仍在报上刊登了《上海市通志馆征求史料启事》[19]，主要是征求抗战八年间的史料——上海抗战史料、上海忠贞义烈事迹、敌遣暴行实录等。对于抗战八年间的人物事迹史料的征求，持续到通志馆结束为止。

作为一个修志机构，通志馆欲求材料，不能只靠公开征求而得充足材料，亦无法寄望于外界主动奉上，因此，自己动手去征集、调查是获取材料的主要手段。上海市通志馆成立后不久，即向上海市各个机关团体广发信函，调查各个机关团体的详细状况，包括其组织成立发展历史及具体工作情况等。一般来说，征求通志资料时随信附有调查表，而年鉴则会附上计划书或说明书等。对于调查表，分类极细，据通志馆自己统计，共有二十八种，主要是根据通志的编目来划分，其中，单单学校的调查表，就有小学、中学、职业学校、民众学校等八类，还有学艺团体、中外公司、报社、医院、上海名人等类别，务求精确明了。当然，通志馆向各机关团体征求的资料里，还包括有其内部印刷、出版的章程、期刊、书籍等刊物，如向上海市商会请求惠赐《上海国货厂商名录》、《上海进出口贸易商行名录》，请海军部寄予《海军杂志》、《第六周年纪念刊》等刊物，诸如此类，不可胜数。而在战后初期，通志馆则多向各处征询复业、复员情形及采取的措施等。

当时的上海，国民市政府之外，另有两个特区公共租界和法租界，租界在通志馆编纂通志时不会也不大可能提供多少材料，所以除了通函征询外，通志馆也有派员前往各处搜求资料，其中向私人索要材料的也不在少数。抗战胜利前，资料的收藏整理花费了通志馆的很大精力，他们把搜集史料的工作看做是和编纂通志一样重要，在馆中经济不充裕、时间不够用的情况下，有些编纂是利用业余时间来为通志馆搜集史料的。编纂们直接去往上海甚至浙江等地的图书馆找寻材料，徐家汇藏书楼、宁波天一阁及旧书店、书摊等亦常常留下他们的足迹。他们搜集的史料范围也很宽广，包括史志、中外年鉴、乡贤著作、地方文献、报纸杂志等。他们更注重原始资料的搜集，如家乘、碑帖、清代县档和各业行规以及于旧书摊搜购来的会馆公所征信录、新式的图表、照片等。1935–1936 年间，通志馆的编纂们还曾多次往上海郊县地区实地考查，如龙华镇、北桥镇、法华镇等，而在考察前他们总会事先翻阅大量的史志记载，一方面了解历史以便考证，一方面更是为了考订历史记载，改正讹误之处。[20]

四

在收集资料的基础上，上海市通志馆还对资料进行了系统整理。如，1936 年，为了征求和检索的方便，通志馆根据搜集到的征信录，分市县行政、学校、公司等十二类编写了《上海市通志馆收藏图书目录第一号：征信录目录》、[21] 第二号——《三个收藏记述上海的西文书籍的目录》、第三号——《杂志的创刊号目录》（收创刊号杂志目录 1131 种，分为 96 类），第四、五、六号分别为《上海地图目录》、《清代上海县署档案目录》和《上海市政府出版图书目录》[22]。为了编纂方便，通志馆以通志各编目为准分类编制报纸索引卡四万多张，按学科分类编制杂志索引卡 2500 张。[23]

通过上海市通志馆全体馆员的努力，截至 1936 年底，通志馆收藏了一万多种文献：史志 1500 种，杂志创刊号 1400 种，报纸 2814 本，年鉴 50 种，碑帖 143 种，家乘 35 本，图表 70 种，照片162种，行规35种，征信录950本，机关刊物272种，单行小册203本，乡贤著作131种，其他的有2532种。通志馆还收藏了1632件从清咸丰五年至宣统三年的县档，并按行政、民事、刑事三大类划分。[24]

回首民国时期上海修志人乱世修志，收集志料攻坚克难，不能不对先贤们的敬业精神表示崇高的敬意，格外感到今天修志条件的优越，格外感到一个修志工作者责任的重大和勤勉敬业的必要。

注释：

1《上海地方志》，1998年第3期。

2《档案与史学》，2002年第6期。

3 中国人民政治协商会议上海市委员会文史资料工作委员会编《上海文史资料选辑》，第57辑，1987年2月。

4《史林》，2001年第4期。

5 中国人民政治协商会议全国委员会文史资料研究委员会办公室编：《和平老人邵力子》，文史资料出版社1985年。

6《修志事例概要》，刘哲民编《近现代出版新闻法规汇编》，学林出版社1992年，第404、405页。

7 上海特别市政府指令，第4010号（1930年1月28日），《上海特别市政府公报》第44期，1930年2月10日。

8 第一百四十八次市政会议决议录（1930年1月24日），《上海特别市政府公报》第45期，1930年2月20日。

9 上海特别市教育局第一三一次局务会议记录（1930年2月4日），上海市档案馆档案，档案号：Q235－1－27。

10《申报》，1931年4月2日。

11《发刊词》，上海市通志馆编：《上海市通志馆期刊》，第1卷第1期，1933年6月。

12《上海市通志馆采访员征集细则》，《上海市政府公报》，第62期，1930

年8月10日。

13 上海市政府指令第237号（1931年3月28日），《上海市政府公报》第86期。

14 上海市政府指令第11416号（1931年8月10日），《上海市政府公报》第99期。

15 同上。

16 上海市通志馆筹备委员会编，瞿宣颖等辑：《上海年表》八卷，手稿本，上海市图书馆古籍室藏。该年表后四卷为《续稿》，又称《上海史表》，《续稿》卷三中，自道光元年至同治五年所辑稿本已散佚。

17 上海市政府指令第11416号（1931年8月10日），《上海市政府公报》第99期。

18《上海市通志馆筹备委员会征集史料启事》，《申报》，1931年9月2日。

19《上海市通志馆征求史料启事》，《大晚报·上海通》，第151期，1945年12月15日。

20 上海市年鉴委员会编：《民国二十六年上海市年鉴》，1937年，第56–57页。

21 上海市通志馆编：《上海市通志馆收藏征信录目录·序言和凡例》，1936年，第1–4页。

22 上海师范大学图书馆编：《上海方志资料考录》，上海书店出版社1987年，第387年。

23 上海市年鉴委员会编：《民国二十六年上海市年鉴》，1937年，第56–64页。

24 同上。

（作者单位系上海通志馆，原文载《中国地方志》2015年第6期）

论旧志夹注

——以明正德《松江府志》、清光绪《青浦县志》为例

赵　峰

注释是我国传统文献中基本的标引和解释方式，传统方志（旧志）也不例外。传统文献一般采用小字夹注。小字夹注即夹在正文中间的小字注解。古人刻书竖排，夹注多双行并排夹于正文中间，称为“双行夹注”[1]。为避免字体偏差，古人注释小字印成两行，两行行字宽与正文大字相等[2]。

根据注释者不同，注释可分为自注、他注。自注，即编纂者在成书过程中所作的注释。自注又叫子注。章学诚云：“史家自注之例，或谓始于班氏诸志，其实史迁诸表已有子注矣。”[3]

历代志家大都十分重视注释问题，编纂者自注形成优良传统。章学诚在《答甄秀才论修志第二书》中说“班史自注，于十志尤多，以后史家文字，每用自注。”[4]到明代，自注渐成修志规范。民国以前的地方志书，注释的内容丰富多彩。韩章训指出，有一学者曾把新旧志书作这样对比：“民国《平阳县志》卷的《舆第志二·沿革表》中，资料出处的注释约有70多处，所引注的书籍有《汉书·地理志》、《后汉书·郡国志》、《方舆纪要》、《宋书·州郡志》、《元和郡县志》等约40多种书”[5]。

分析明正德《松江府志》[6]、清光绪《青浦县志》[7]，两志小字夹注相当多。每页[8]有小字夹注，少则4条，多则20多条，平均分别有小字夹注8.1条533.6字、12.7条634.2字。统计全书文字，两书夹注文字均超过50%，相当可观。其中，明正德《松江府

志》全书小字夹注有3897条258270字，夹注文字字数占全志文字的52.9%；清光绪《青浦县志》全书小字夹注有9572条478162字，夹注文字字数占全志文字的63.6%。

明李贤等撰《大明一统志》小字夹注更多，发展至极致。笔者从电子版《四库全书·史部·地理类》中摘录记述松江府的《卷九》，全卷22页12478字，小字夹注有558条11421字，字数占全志文字的91.5%，平均每页小字夹注25.4条519.1字。这种注释形式，正文相当于大纲，其后小字夹注为细目详加说明，正是典型的大纲细目[9]式注释。清《江南通志》也类似。

显然，注释是旧志重要组成部分，是旧志的重要体例。

注释在史书中的作用，《钦定四库全书总目·卷四十五》认为，"约有六端：一曰引诸家之论以辨是非；一曰参诸书之说以核讹异；一曰传所有之事详其委曲；一曰传所无之事补其阙佚；一曰传所有之人详其生平；一曰传所无之人附以同类。"章学诚认为史书自注有"存先世藏书之大概"、"标所去取"。李绍平认为，"还有疏通文义、训释典故、考辨史料、补充正文、导引史事本末以及阐明作者编撰意图等作用[10]，从而方便读者，使之更全面、更深刻、更准确地理解正文。刘治立则认为在自注中容纳正文因体例要求而未能完全保留的材料[11]，减轻正文压力，将有碍正文文气贯通的文字作为补助材料置于小字自注之中，使全书详略有致通畅晓然（即可以避免枝蔓）。笔者进一步认为，注释有助于增强志书的资料性，尤其是附文献、注出处、考辨史料、解释类注释在志书中的灵活、广泛使用，保存了大量资料，使志书资料更丰富、广泛、可靠。

古籍注释分成词义、章句、义理、史传、音义五类[12]。根据对明正德《松江府志》、清光绪《青浦县志》（以下简称两志）小字夹注的分析，注释大体有标引类、互见类、解释类、附文献类、考辨类、附以同类类、评论类、序论类等。

下面仅以两志为例，考察旧志夹注的内容和作用，分析夹注的意义和价值。

一、标　引

标引类注释，即注出处，在注释中标明文献出处，标明资料来源，为旧志注释中常见用法，两志中最为常见。

注释资料出处，增强了志书的资料性，表明志书资料来源可信、可靠，非虚构捏造，体现编者采用资料的审慎、严格态度；表明资料的可证、可考，为读者进一步研究提供线索；可免除剽窃之嫌，体现编者尊重原作者的劳动成果态度；体现编者学术功力，体现学术继承关系，“在一定程度上能够反映和体现地方志编纂及研究上进步的一种继承、递进关系”[13]。正如章学诚所云，“自注以标所去取，而闻见之广狭，功力之疏密，心术之诚伪，灼然可见于开卷之顷，而风气可以渐复于质古，是又为益之尤大者也”[14]。

标明文献出处的形式，两志有直接列出文献名称、出某文献、见某文献、详见某文献、参某文献、参考某文献等。

直接列出文献名称、出某文献，所注释的正文多数直接引用原文。例如，正德《松江府志·卷之三十二．祥异》491页，“秦始皇时，长水县有童谣曰：‘城门当有血，城陷没为湖。’有老妪闻之，旦旦往窥城门……见血走去不敢顾。忽有大水至，沦陷为谷矣，因目曰谷水。长水即由拳县，由拳亦曰囚倦（出《神异传》）”，注释中指出了资料出处，方便读者进一步考证，而这段正文内容与《水经注·二十九·沔水》引用三国时代的《神异传》基本一致（《神异传》已佚）。

又如，光绪《青浦县志·卷六．田赋上》1186页，“国朝顺治二年，以平定江南蠲免本年税粮十之七，兵饷十之四。明末无艺之征，尽永除之。（《江南通志》）”，注释中指出了资料出处，据此查阅《江南通志·卷八十四》，可以读到“国朝世祖章皇帝平定江南，顺治二年奉旨蠲免本年税粮十分之七，兵饷十分之四。其明末无艺之征，尽永除之”，内容一致，表明资料是可信、可靠的。又如“三年，户部覆准江南各府漕米折价用免三分之一（《大清会典则例》）”，查阅《钦定大清会典则例卷五十三》则记载，户部“三年，覆准江南各府漕米折价于恩诏外再免三分之一”。

见某文献、详见某文献。例如，正德《松江府志·卷之二．水上》32页，“白龙潭……岁旱祷之得雨。（详见《西禅寺记》）”。光绪《青浦县志·卷二．疆域下》1108页，“电谓之霍闪。（见顾云诗）……檐冰谓之澤。（见《楚辞》）”。

参某文献、参考某文献。如，正德《松江府志·卷之三．水下》50页，“唐开元元年筑捍海塘，起杭州盐官，抵吴松江，长一百五十里。（参《前志》《唐书·地理志》）”，注释中提供了文献参考来源。《青浦县志·卷三十·杂记下》《补遗》目1729页，“韩蕲王旗椿石，在旧青浦，一在杨林寺前后，人倒卧作桥。（参《黄渡志》）”。

混合形式。如，《青浦县志·卷三十·杂记下》1725页，在探讨月亮盈虚与海潮潮汐变动关系后，小字夹注“宋《府志》，参考《黄渡志》”，指出文献直接来源和参考来源，为读者进一步研究提供线索。

余者不再一一细述。

二、互　见

互见类注释，即在注释中对内容相关、交叉的论述采用前后互见的方法。内容相关、交叉者，分主记之处与旁涉之处，在旁涉之处注详见主记之处[15]。采用互见既节省了笔墨，同时又使内容融会联贯，方便读者阅读，也体现了编纂者的严谨编辑风格。两志中，互见类注释多用“详见”某文献、“互见”某文献等形式。

例如，正德《松江府志·卷之三十一·人物九》《游寓》目下465页，“杨维祯，字廉夫……升江西等处儒学提举……寓华亭，筑室百花潭上，号小蓬台。洪武庚戌卒，年七十五，松守林公庆葬之天马山。（详见《第宅》及《冢墓》。)”，注释中将有关小蓬台、所葬之处的内容指向本志相关卷目。在卷之十六《第宅》267页，详细记载“小蓬台。杨铁崖寓所楼名，在百花潭上。别有拄颊楼、草玄阁，皆为东吴胜概。阁在迎仙桥西北，成化间犹存，今其地为张氏所有。”后面还小字夹注收录贝琼《小蓬台志》(全文567字)、詹同《饮拄颊楼》诗(全文64字)、孙衍《草玄阁》诗。(全文64字)。卷之十七《冢墓》284页，记载“三高士墓。在干山东麓。三高者，杨维祯、陆居仁、钱惟善也。”后面小字夹注收录由金华宋濂为杨维祯撰写的墓志铭《江西等处儒学提举杨君墓志铭》(全文2649字)。这样多处交互，避免重复记述，节省了笔墨，又不影响内容的融会连贯，方便了读者阅读，也确保了重要资料的不缺失。

又如，《青浦县志·卷七．田赋中》解支目下1224—1225页，“皆以抵充兵饷恤。一曰恤孤口粮。(数见前)”，指出兵饷数额见前文。而前文(1221页)记载“今存恤孤口粮米九十二石四斗三升二合八勺”，两处内容用互见之法，避免了重复记载。

《青浦县志·卷三．建置》《坛庙》目1129页，“会灵仙祠。(在淀山，乾隆二十年淀山司巡检马锦重建。祠久远，亦名三姑庙，宋何松年有记，见《艺文》)”。而在卷三十《艺文》1741页全文收录何松年的《三姑祠记》)(725字)，记载了有关三姑祠的历史，两处互见，内容不重复，又不遗漏相关信息。

还有一种情况，指出见某参考文献，后面又收录该文献全文。《青浦县志·卷九．学校》《学宫》目1253页，在“学宫在县治东南，明万历元年建。先是县治，龙已建学(见徐阶《察院记》)”。而徐阶《察院记》一文在卷三《旧署》目下(全文644字)。

三、解　释

解释类注释，是在注释中对正文内容进行适当补充、阐释和发挥，以加深读者对正文记述事物的理解，体现了编纂者的研究水平。解释是旧志注释中最常见用法。

补充主要内容有二类，一为“传所有之事详其委曲”，正文简要记述，在注释中详细补充说明，即补详情；二为“传所无之事补其阙佚”，对事情没有记述部分的进行补充说明，即补遗缺。根据对两志的分析，解释类注释还有释词语、释标题、释编撰情况等类型。

（一）补详情

补详情，交代事情详情。例如，正德《松江府志·卷之五．土产》68页，六十日稻。（三月种，五月熟，米色白小）。百日赤。（三月种，六月熟，芒赤米白）。小籼。（一名早籼，三月种，七月熟）。香粳。（七月熟，米粒小，而性柔类糯。有红芒、白芒二种。又一种曰香子，色斑粒小，以三、五十粒入他米数升炊之，芬芳可爱，然不宜多，亦谓之香达）。

在注释中对正文详情进行补充，充实了资料细节。

又如，《青浦县志卷·二十七．艺文上》《书目》目，为艺文目录，收录1046篇，分诗、礼、易、传纪、政书等34类，采用目录学题解形式，即正文“题名”后小字收录文献卷数、著者姓名、著者情况、提要、评语等相关信息，补充了详情。这种书目类注释，为后人搜集整理前代文献提供便利。例如该卷1608页：

《天下书院总志》（二十卷。清王昶著，自序。取各省志及州县志所载书院，汇而录之。后主浙江敷文书院，课士之暇，与同志参校成书。凡规条之详密，议论之纯正，所以发明圣贤之教，无所不具。此书道光二十六年国史馆征取著撰以凭立传，昶孙绍基录副与已刻诸书同呈。）《海运备采》（十四卷，嘉庆时两江总督勒保、江苏巡抚章煦钦奉谕旨筹办海运，以此书所载海运本末事宜甚为详备，进呈）。《增订河防纂要》（八卷）《海防备考》（八卷，清高培源著）。《莆田水利志》（陆我嵩著）。《溃痈流毒》（四卷，王清亮著，辑道光时禁烟奏疏，并及海疆扰乱事，略加评赞。自称六极鲜民，乃清亮别

号也。其名盖取林则徐疏“鸦片之流毒内地犹痈疽之流毒人身”语。以上政书类）

值得注意的是，补详情注释多数正文简略，夹注详细。正文为词组，其后的注释是完整资料信息，是对正文的详细说明。这是以正文为大纲，小字夹注为细目详加说明的形式。章学诚云，“班《书》年表十篇，与《地理》《艺文》二志皆自注，则又大纲细目之规矩也”[16]。这种大纲细目式注释出现在正德《松江府志》的土产、桥梁、官署等卷目，光绪《青浦县志》的土产、桥梁、艺文等卷目。

（二）补遗缺

补遗缺，即在注释中补充正文没有记述的情况。

例如，正德《松江府志 · 卷之八 . 田赋下》《土贡》目 110 页， 今制。岁进野味三百只。（华亭县二百四只，内鹚鸰二十九，雁一十二，野鸡四十，鹑一百二十三。上海县九十六只，内鹚鸰一十，雁六，野鸡二十五，鹑五十五）……透甲箭四万枝，本府造。别有盔甲、弓箭、刀牌等器一万八百五十件，金山卫造。（盔甲、腰刀各二百八十，斩马刀七十，长牌七十，圆牌七十，弓及袋各二百八十，弦如弓之数而倍之，箭八千四百，袋如弓之数）。五年一造胖袄、袴、鞋一千七百五十副，本府造。（已上料价并于义役米内支给，系金山造者，支与七分）。

正文列出进贡土产品种数量，在小字注释中补充了正文中没有记述的内容，补充了相关资料，加深了读者对正文记述事物的理解，还可避免读者阅读正文时受到次要细节的干扰。

又如，光绪《青浦县志 · 卷九 . 学校》《学宫》目 1253 页，有关学宫的记述：

东西有庑殿，后为明伦堂。（继移殿左），东西有斋。（后废）。斋西南为敬一亭堂，之东为启圣祠，（继移西斋之北），庙左仪门为师生出入之所，仪门内为训导署。（继移堂后）

值得注意的是，补遗缺类注释一般不是大纲细目式注释，前面的正文为句子，资料信息完整；后面小字注释补充相关细节，内容丰富。没有这些注释不影响正文内容的完整性，它们在正文后面，既补充了相关资料，又可以加深读者对正文内容的理解。同时，以小字形式出现，还可避免读者阅读正文时受到细节的干扰。

（三）释词语

释词语，即阐释词语含义，包括释术语、释旧词语、释地名等。例如，释地名。例如，正德《松江府志·卷之九．坊巷》125页，“丰储坊。（俗呼仓桥巷，今废）德胜坊。（旧名天驎，元水军张万户征福建，罗天驎一矢中其额，遂改今名。）”《青浦县志·卷四．水下》1144页，“薛淀湖。（一名淀山湖）在县西”。

释物产名。例如，正德《松江府志·卷之五．土产》69页，“苦瓜（俗名锦荔枝，初生可入酱食）”。

释词语。《青浦县志·卷四．水下》1144页：“薛淀湖”后，小字夹注“《说文》：‘淀，水中泥也。’”，引用文献对“淀”字作解释。同页，“谷、璿琘”后，小字夹注“璿琘即陆琘，陆、璿同音以致误耳”。

（四）释标题

释标题，即对标题进行注解，类似当今文献中的副标题。如，正德《松江府志·卷之三．水中》39页，在“水中”标题后小字夹注“治策”；50页，在“水下”标题后小字夹注“治绩”。如此，注释对本目内容进行了界定。但光绪《青浦县志》没有此做法。

（五）释编撰情况

释编撰情况，出现在正文中间。例如，《青浦县志·卷六．田赋上》《户口》目1189页，记载同治四年人口数据后，小字夹注“按三年以前，兵燹后人民未归，无从造报。道、咸间档册无征，故阙载。”说明同治三年以前人口数据缺载的原因。

又如，《青浦县志·卷三十．杂记下》《补遗》目1726页，引用卓《志·赋法》（即万历《青浦县志》）记述青浦县各保、区、图田赋折粮改银的大体情况，后面小字夹注“案，折粮诸图于此可见原委，刻志将竣，觅得卓志，略录数条附此”，说明资料选用情况。

四、附文献

附文献类注释，即小字收录原始文献于相关正文中。原始文献包括诗歌、散文、碑记、墓志、序以及官方文献等，多数为艺文。收录原始文献不但可以精简正文篇幅，而且可以保存史料，考证艺文和其他文献的正伪，校正艺文和其他文献著录之得失，还增强了志书的趣味性、可读性，反映一地学术文化发展状况。正如章学诚云，“使自注之例得行，则因援引所及，而得存先世藏书之大概，因以校正艺文著录之得失，是亦史法之一助也。”[17]

两志中，附文献类注释出现于不同地方，其中艺文志中最多。

明正德《松江府志》不专设艺文志，艺文和其他原始文献分散在各卷相关内容中。例如，《松江府志 · 卷之一 . 山》19 页，在“细林山。在卢山南，本名‘神山’，唐天宝间易今名”后，小字夹注收录前人记述细林山、神山的诗文 4 篇，分别是《凌岩诗》（全诗 32 字）、《钱惟善》（全诗 32 字）、《钱溥细林八咏序略》（全文 220 字）、《八咏》（全诗 512 字）。这样既保存了历史文献，又不影响读者对正文的阅读，避免读者在阅读正文中有节外生枝之感。

《松江府志·卷之十三 . 学校下》215 页，在“横溪义塾。在唐行镇”后，小字收录《金华戴良记》（全文 758 字），保存了有关横溪义塾（在今青浦城区）筹建经过的史料。

《松江府志 · 卷之三 . 水中》52 页，“干道二年，转运副使姜诜开通波大港。（港即顾会浦）置张泾堰闸”后，夹注中收录许克昌《浚河置闸碑》（全文 1504 字）。

清光绪《青浦县志》设艺文志，原始文献出现于各卷中，但在艺文卷中收录最为集中。例如，《青浦县志 · 卷八 · 田赋下》《荒政》

目 1246 页，“道光三年，大雨为灾，田庐淹没。知县李宗颖、县丞武自新查勘灾分，酌给口粮，动碾仓谷……邑人捐米助赈有差”后，小字夹注收录《署布政司林则徐劝捐赈谕》（全文 1534 字）。

《青浦县志 · 卷二十八 . 艺文下》收录艺文全文。形式是“姓名 + 题名”后小字收录原文全文。也是以正文为大纲，注释为细目加解释的形式。该卷分《集诗》《集文》二目。《集诗》目下收集原始文献 317 篇。例如，1621 页“晋陆机《赠从兄车骑士光》”后，小字夹注收录该诗（全文 96 字）；在“陆云《答兄机》”后，小字收录该诗（全文 60 字）；“张翰《秋风歌》”后，小字收录该诗（全文 32 字）。

《集文》目下收集原始文献 106 篇，例如，在“晋陆机《怀土赋并序》后，小字夹注收录该文全文 242 字（1644 页）；在“王昶《天下书院总志序》”后，小字夹注收录该文全文 853 字（1669 页）；在“林则徐《挑浚泖湖奏》”后，小字收录该文全文 253 字（1676 页）。

两志中还常见一情形，就是引用文献部分内容。例如，光绪《青浦县志 · 卷二 . 疆域下》《土产》目 1114 页，“鳧。（《吴地记》：石首鱼，冬化为鳧。顾志：出华亭湖泖间。）”

五、考 辨

考辨类注释，即在注释中考证正文史实。旧志对有争议、有疑问的事物、事件，正文中记其一说，并以小字夹注形式保留其他无法证伪的史料，或在注文中载其考证过程。如此存疑、存异、多说并存，让读者进一步考证。“对史实有争议或与前志记载有较大变异者都运用‘案’、‘查’、‘按’等作考证说明”（范洪涛[18]）。这样做注，比妄取一说为妥，体现了编纂者的谨慎治学态度，使内容有相当的可靠性。

例如，正德《松江府志 · 卷之十 . 桥梁》146 页，“对坊桥。（见新《县志》，恐‘确坊’误)”，在夹注中指出了错误，为读者留下进一步考证的启示。

《松江府志 · 卷十 . 桥梁》139 页，“东阳桥。(在过军北。按今东阳之南为广明桥，疑即旧过军桥也)”，在夹注中指出了怀疑。

《青浦县志 · 卷二 . 疆域下》《街市》目 1097 页，“小蒸镇，在四十一保一区四十四图，县治西南三十里，一名贞溪。其西十里名大蒸，有汉濮阳王墓，甚高大，不生蝼蚁，相传筑墓时蒸土为之，小蒸亦因以得名。(按“蒸土”二字见《十六国春秋》，余未见。前后《汉书》亦无濮阳王之封，旧志所载恐未确。)”，在夹注表示了对“蒸土”之说的怀疑，又保存了相关资料。

《青浦县志·卷三 . 建置》《坊表》1125 页，“学仓同建刘猛将军庙，在骆驼墩西北……(案《会典》，神姓刘名承忠，元时官指挥，能驱蝗。元亡，自沈于河，世称刘猛将军。前志及《府志》作宋刘锐，误)”，在夹注中经过考证，指出了错误。

《青浦县志 · 卷四 . 山川上》《水目》1144 页，“所谓马腾、谷、璠瑁相去五十里间。(《嘉禾志》、顾志作五七里)”，在夹注中提出两地距离的另一说法及其资料出处。

六、附以同类

附以同类类注释，出现在人物卷中。旧志人物卷经常将相关人物以附于某一人物后（传主)，在卷首人物名单中将此相关人物姓名以小字夹注形式附在传主后。如光绪《青浦县志·卷十七人物一》《列传》目 1380 页，在人物名单中，“陆树声（彦章)；陆树德（彦桢)”。彦章、彦桢分别是陆树声、陆树德的儿子，将二人以小字夹注附在父亲后面。后面正文中，记述陆树声事迹后，以与正文同样字体。接着记述陆彦章事迹，在记述陆树德事迹后记述陆彦桢事迹。卷十四《职官下》卷首人物名单中也有附以同类类注释。与光绪《青浦县志》同时代的光绪《松江府续志》[19] 也有类似做法。

但明正德《松江府志》人物卷、目下无人物名单，没有这种附以同类的小字夹注形式，同朝代的崇祯《松江府志》[20] 也同样。

七、议　论

议论类注释，在注释中对所记述正文内容进行分析评论。这种夹注在两志中使用不多。

光绪《青浦县志 · 卷九．学校》《学宫》目下，（1259 页）名宦祠一条下，小字夹注“右名宦位次，仿贤良祠同代序官之制，依次列之。案吴江叶燮曰：邑中名宦祠当祀官，于本邑之贤者不当上。援京朝之官侈以为盛，巡抚法当祀于驻节之府。督学当祀于省城府学。今考青浦祀典，名宦不皆知县，与吴江同。盖当时奉文通祀，故各学沿之尔”。对无青浦县任职经历的官员入选名宦祠中的原因进行一番分析评论。

《青浦县志·卷七．田赋中》《科则》目 1203 页，“崇祯十二年，杨嗣昌剿寇，计亩骤增一分，旋行蠲免。民困已极矣。”，后面在夹注中引用《郭志》进一步分析评论明代田赋沉重情形，“虽饷额屡增，而民困稍宽。至启、祯之际，搜粟搜金，几无余术。虽欲变通，而无所措手。民之不幸，亦时会使然也”。

八、序　论

序论类注释，即卷、目下的序论以小字夹注形式出现，是对全书各篇的提要与说明，或言其大旨来由，或述其沿革，或辩其利弊，或多或少有评论性质。

视序论为注释，是章学诚的看法，“太史《自叙》之作，其自注之权舆乎？明述作之本旨，见去取之从来，已似恐后人不知其所云，而特笔以标之。所谓不离古文，乃考信六艺云云者，皆百三十篇之宗旨，或殿卷末，或冠篇端，未尝不反复自明也。”[21] 李绍平也如此认为，《史记·太史公自序》可以看作是对全书各篇的提要与说明；每篇文章前面的序与篇末的论赞可以看作是对该篇文章的注脚。但这类文字本身就是正文，故历史学家大多不认为它们是自注[22]。

两志中，明正德《松江府志》各卷、目下序论文字以正文形式存在，没有小字注形式，同朝代的崇祯《松江府志》也同样。但光绪《青浦县志》各卷、目下序论文字以小字夹注形式存在。例如，《青浦县志·卷二．疆域下》《镇市》目1096页，镇市标题下小字夹注“王志云：‘诠次先后，遵《一统志》例。四正四隅，以东南西北为次。’今仍之”。《青浦县志·卷二．疆域上》《界至》目1086页，界至标题下小字夹注“同治四年测绘全境舆图，遵照工部营造尺，每一百八十丈为一里，计丈合里，核举成数，详载于篇”。《青浦县志·卷九．学校》《学宫》目1254页，小字夹注序论“学而曰宫，遵判官之旧也。夫学者，学为圣贤也。三代之学皆所以明人伦，人伦明而贤圣可希，况邑本圣迹留遗之地哉。国家尊儒重道，修建日新，凡列圣谟训昭回，成功底告，宸翰流辉，皆敬录焉。其学署、学籍之制与夫礼乐经籍，亦备详之，而以学田、书院、义学并列于篇，庶几下共知学云。”光绪《松江府续志》也有类似做法（章学诚提出视序论为注释观点，与清代后期方志将序论文字改为小字夹注的做法是否有关，有待考证）。

结论：根据对明正德《松江府志》、清光绪《青浦县志》注释的分析，注释是旧志的重要组成部分，起着相当重要的作用，能够容纳正文因体例要求而未能完全保留的材料，增强了方志的资料性（尤其是注出处、附文献、解释、注考辨等类注释），使读者能够全面、深刻、准确地理解正文，又方便了后人查考，可以说注释是方志的一重要体例，对今天修志工作有极大的借鉴意义。

注释：

1 王春林:《科技编辑大辞典》,上海第二军医大学出版社2001年版,第9页。

2 笔者认为,“双行夹注”可能应该称为“双列夹注”,因为古书文字竖排,注释小字与正文一样竖排印成两列,但《科技编辑大辞典》等文献只有“双行夹注”说法,没有“双列夹注”说法。

3［清］章学诚撰,吕思勉评:《文史通义》,上海古籍出版社2008年12月版,第72页。

4［清］章学诚撰,吕思勉评:《文史通义》,上海古籍出版社2008年12月版,第281页。

5 韩章训:《解释,注释和征引——谈志书行文的三种技法》,《上海地方志》,2007年第4期。

6 上海市地方志办公室、松江区地方志办公室：《上海府县旧志丛书·松江府卷·正德松江府志》,上海古籍出版社2011年10月版。参考旧籍影印本：《中国方志丛书·青浦县志》(光绪五年刊本),成文出版社有限公司1970年5月版。

7 上海市地方志办公室、青浦区地方志办公室：《上海府县旧志丛书·青浦县卷·光绪青浦县志》,上海古籍出版社2014年2月版。参考旧籍影印本：《中国方志丛书·松江府志》(正德七年刊本),成文出版社有限公司1983年4月版。

8 本文中,正德《松江府志》和光绪《青浦县志》的页码、页数取自上海古籍出版社点校版本。摘录的内容中,括号中文字为原旧志中小字夹注;摘录内容有节省时用省略号。书中表格内文字后有小字夹注,分别计入全书的正文、夹注。

9［清］章学诚撰,吕思勉评:《文史通义》,上海古籍出版社2008年12月版,第72页。

10 李绍平、杨华文：《历史文献注释论述赘言》,《湖南师范大学社会科学学报》,2003年第6期。

11 刘治立：《史书自注的发展历程及其影响》,《宁夏社会科学》,2005年第 7 期。
12 杨马胜：《古籍注释学基础》，甘肃教育出版社 1995 年 2 月版。
13 张凤雨：《关于地方志资料出处问题的探讨》，《广西地方志》，2012 年第 5 期。
14 [清]章学诚撰，吕思勉评：《文史通义》，上海古籍出版社 2008 年 12 月版，第 73 页。
15 参考赵心田《新方志注释论》，《中国地方志》，1995 年第 1 期。
16 [清]章学诚撰，吕思勉评：《文史通义》，上海古籍出版社 2008 年 12 月版，第 72 页。
17 同上，第 73 页。
18 范洪涛：《重视“按”，“注”的应用，提高方志可信度——读《云翔寺志》得到的启示》，《中国地方志》，2010 年第 7 期。
19 参考旧籍影印本：《中国方志丛书 · 松江府续志》（光绪九年刊本），成文出版社有限公司。
20 参考旧籍影印本：《日本藏中国罕见地方志丛刊·（崇祯）松江府志（上、下册）》，书目文献出版社 1991 年 10 月版。
21 [清]章学诚撰，吕思勉评：《文史通义》，上海古籍出版社 2008 年 12 月版，第 72 页。
22 李绍平，杨华文：《历史文献注释论述赘言》，《湖南师范大学社会科学学报》，2003 年第 6 期。

（作者单位系上海市青浦区地方志办公室，原文为第四届中国地方志学术年会入选论文）

复旦藏《清一统志》抄本的成书年代及价值

傅林祥

复旦大学图书馆收藏有四册《清一统志》的抄本，常见的古籍善本书目将其著录为乾隆年间的内府抄本。这个著录是否存在问题？它的体例和内容对今天方志学和地方史的研究有何种价值？本文试就这些问题进行初步探讨。

一、抄本概貌

复旦大学图书馆收藏的四册《清一统志》抄本为朱印，阔 14.8 厘米，高 22.5 厘米，每半页 9 行 21 字，白口，四周双边。版心上镌书名，中镌“卷”（卷下无数字）及府县政区名，下镌页数，单鱼尾。内容分别是云南省大理府、姚安府、武定府、景东府、顺宁府、蒙化府、永昌府、永宁军民府、沅江军民府、楚雄府。除大理府为两卷外，其余均为一府一卷，各卷均无卷数。页面整洁，无明显修改之处，当是抄清本，而不是纂修过程中的草稿本。在大理府册首页右下角盖有“孙毓修印”、“小绿天藏书”、“星如”等印章。孙星如是清末民国时期藏书家，曾为商务印书馆从事善本古籍的搜集和鉴定。同时粘有清人章梫所书之跋：“上海友人孙星如君购得钞本《一统志》云南省大理府等十府四巨册，则嘉庆二十五年本也，字迹绝类馆中供事所写。”[1] 章梫曾在京师史馆供职，见过嘉庆《清一统志》进呈本及副本，因而从书法的角度认为是嘉庆《清一统志》的抄本。但是，该抄本记载的政区沿革只言及康熙前期发生之变化，而嘉庆《清一统志》采用的资料以嘉庆二十五年为下限，因而章梫所说纯属推测。《中国古籍善本书目》著录为："大清一统志不分卷，清蒋廷锡、王安国等纂修，章梫跋，清乾隆内府抄本，存云南"[2]。《中国古籍总目·史部》的著录相同[3]。

二、康熙《清一统志》的修纂过程与体例

康熙《清一统志》的纂修历经多年，数修数停，过程较为漫长复杂。该志创修于康熙十一年（1672年），次年十二月就因三藩之乱爆发而自然停止。随着三藩之乱的平定，康熙二十二年（1683年）四月，大学士明珠认为《清一统志》关系国家典制，奏请从速纂修。康熙二十五年（1686年），朝廷任命大学士勒德洪等为总裁官，以徐元文、徐乾学等为副总裁，并由陈廷敬、徐乾学专理馆务[4]。《清一统志》馆总裁、副总裁大多为大臣兼职，实际纂修之事由徐乾学主持，纂修凡例亦由其制订。康熙二十八年（1689年）十一月，徐乾学因事被劾，被迫奏请归乡，并请求将《清一统志》稿本及相关书籍携带回家，继续编辑。康熙特旨准许。康熙三十三年（1694年），徐乾学去世，所遗《清一统志》稿本送归京城。康熙令韩菼继任《一统志》馆总裁。韩菼主事后，认为徐乾学所修稿本过于烦琐，因而大为删削。康熙四十三年，韩菼去死，《清一统志》纂修之事再次停止。雍正三年（1725年），朝廷重新设立《清一统志》馆，由蒋廷锡任总裁并主持事务。至乾隆五年（1740年）十一月，全书纂修完成。乾隆八年（1743年），全书刊刻完成，即目前各书目著录的蒋廷锡、王安国等纂修的《清一统志》刊本，习称康熙《清一统志》。

如上所述，康熙《清一统志》的修纂过程前后长达70多年，先后由徐乾学、韩菼、蒋廷锡三位总裁主持其事。在漫长复杂的编纂过程中，有可能形成多个内容、体例有所差异的抄稿本。如何判断这些抄稿本的形成年代，首先需要根据各志稿的体例和断限进行分析。

乾隆五年成书的康熙《清一统志》，有刊本传世。如果抄本的体例、文字与刊本相同，即可确定为该志的抄本。康熙年间，徐乾学、韩菼先后任总裁时编纂的抄稿本较为稀见，今人只是偶尔有所介绍[5]，因而需要通过对清人文献中有关记载的梳理，才能了解徐、韩、蒋三位主修的《清一统志》各种本子之间体例的差异和变迁。杨椿在雍正年间任《明史》《一统志》《国史》三馆纂修时[6]，曾上书《清一统志》馆总裁，对徐乾学、韩菼所遗稿本的体例有所评论：

承阁下问馆中旧时志稿，徐本太繁，韩本太简，何者为优？……今《一统志》虽与史志不同，然奉敕为本朝作则，前代事见于古书者，仿《元和郡县图志》，仅书其大概。关于本朝者，内则稽之《实录》《起居注》《方略》《会典》、部院八旗档案，外考之史册，及府州县所咨送，下逮名人文集传记，详而不冗，简而不漏为宜。……抑椿更有请焉。志之户口，职方氏五男二女；田赋，《禹贡》之"厥赋惟上上错，厥田惟中中"也。明天顺间纂修《一统志》，史官聚讼，为名人所讥。今闻有以徐本户口、田赋为多事，韩本删之为是者，是《禹贡》《职方》不若天顺《一统志》之为当矣。[7]

由此可见，韩本与徐本在体例上有着明显的差异：徐本有户口、田赋等目，被人视为烦琐；韩本为求简洁，因而仿效《明一统志》体例将户口、田赋等目删去。蒋廷锡任总裁时，馆中仍有人主张沿袭韩菼的体例，也将户口、田赋等目删去，被杨椿所讥讽。刊本康熙《清一统志》中设有户口、田赋两目，显然是蒋廷锡等总裁官听取了杨椿建议后所保留。清人齐召南也明确记载有徐乾学、韩菼两种抄本："昨承手教，属考明初俞行人德惠死节事迹有无载入志书。此自《明一统志》及本朝徐乾学、韩菼二本皆缺不录，即南省《通志》亦逸其名。"[8]由此可知，在雍正末、乾隆初蒋廷锡纂修《清一统志》时，徐、韩两氏在康熙年间所修的稿本还存在；徐氏、韩氏稿本之间的差异，可以是否有户口、田赋两目为参照。徐本的详细体例，因徐乾学制订的《大清一统志凡例》保存至今，稿本应该与《凡例》基本相符。因此，判断复旦大学图书馆所藏《清一统志》抄稿本是否是徐本的主要依据，就是体例和资料下限。

三、抄本体例与徐乾学《凡例》契合

徐乾学制订的《大清一统志凡例》，设有分野、部辖、图经、建置沿革、城池、形势、里至、议论、设官、户口、田赋、风俗、山川、古迹、旧都宫阙、考订、陵墓祠庙、关隘、桥梁、土产、人物、人物二、仙释等子目。这个体例与乾隆八年刊本及此后的乾隆、嘉庆两志之体例，有着极为明显的区别。他在"部辖"一目中说：

《禹贡》九州，分统万国，延至周末，并为七雄。秦废封建，分天下为三十六郡，以统诸县，是为部辖之始。……明改南北二直隶、十三布政司，以统府县，而诸州参列其间，与县略等。此历代部辖之大概也。要而论之，明之直隶，则秦之内史，汉晋之司隶，唐宋之京畿，元之中书省也。明之十三布政使司，则汉晋之诸州，唐之诸道，宋之诸路，元之行中书省也。明之诸府州，则汉隋之郡，元之诸路也。唯县制，则自汉迄明未改。本朝改南直为江南布政使司，余仍明旧。今自京师直隶各府而外，应书某布政使司，领府州若干，先为总论，撮其大要。其封疆重臣及布按诸司，设官关系一方者，先载于此。每府有建置沿革，有总叙，有古人议论，有附论，有设官，有户口、田赋总数。县又加详焉（每县先里至，次建置沿革，次城池，次形势，无可指则阙；次风俗，次设官，次户口，次田赋，次山川，次古迹，次关隘，次桥梁，次陵墓祠庙，次名宦，次人物，次流寓，汉唐以前人难定某邑者，标出共考之）。[9]

由此可见，按照徐乾学的设想，是先设"部辖"，以布政使司辖区为单位，记载省级政区沿革和相关职官等内容；次以府为单位，子目包括总叙、古人议论等，内容较"部辖"为丰富；最后以县为单位，内容比府目所载还要详细，列有里至、建置沿革等十余个子目。

同时主持馆务的陈廷敬基本同意这个体例："户口、田赋皆昔之所略，今详焉"，并建议户口、田赋的数据不能用明代或顺治年间的，应以新编《赋役全书》为准；府级正区内各县内容为"逐县分记"[10]。

明朝所修《明一统志》，是以府为单位，记载政区沿革、形胜、山川等，各项要素是按府为单位统一编排；同时在首府之前简要记载布政使司辖区内，从汉到明的高层政区沿革。因此，徐乾学是从两个方面改变了《明一统志》的体例：一是设立部辖，增加省级政区相关内容的记载，可以单独成卷；二是在各府之中，"县又加详焉"，分别以府、县政区为单位分两个层级进行叙述。也就是说，按照徐乾学的设想，《清一统志》是按照部辖（省级政区）—府—县三个行政层级为纲进行编纂，每个层级按照内容的差异分别设立不同的子目。部辖的设立，是一项创新，成为乾隆八年刊本中"统部"的前身。"县又加详焉"，则是复古，是仿照《元和郡县志》、《太平寰宇记》的旧例。

在基本明确徐乾学任总裁官时制订的《清一统志》纂修体例后，下面试比较《明一统志》、复旦大学图书馆藏抄本《清一统志》和康熙《清一统志》刊本的子目设置差异。

《明一统志》卷86《大理府》：疆域（即四至，含至京师里距），建置沿革（含分野），形胜，风俗，山川，土产，公署（包括五井盐课提举司、大理卫、洱海卫），学校，宫室，关梁，寺观，祠庙，陵墓，古迹，名宦，人物，仙释[11]。

抄本《清一统志》大理府：图说（含地图），大理府表，疆域（即四至八到，含距布政司方位、距京师里距），分野，建置沿革，形势，风俗，户口，田赋，土产，名宦，流寓，"臣按"，府级政区的相关内容到此结束。北胜州：疆域（即四至八到，含距府方位和里距），建置沿革，城池，形势，风俗，户口，田赋，山川，古迹，关隘，桥梁；太和县子目比北胜州少形势、风俗，多陵墓祠庙、名宦、人物、流寓、列女；赵州比北胜州多名宦、人物、列女；云南县、邓川州子目同赵州；浪穹县：疆域（即四至八到，含距州方位和里距），建置沿革，城池，户口，田赋，山川，古迹，关隘，桥梁，名宦，人物，流寓等；宾川州、云龙州子目比北胜州多名宦、人物；十二关长官司：疆域（即四至，含距府方位和里距），建置沿革，户口，田赋，山川。

刊本《清一统志》卷首所载总目：图、表、疆域、分野、建置沿革、形势、风俗、城池、学校、田赋、职官（见直省统部）、山川、古迹、关隘、津梁、堤堰、陵墓、祠庙、名宦、人物、流寓、列女、仙释、土产。在云南省诸卷中，首先是统部，叙述该省级行政区域层面的内容。其次是以府级政区为单位，分列各子目，各州县的相关内容分散载入。

由此可见，复旦大学图书馆藏《清一统志》抄本的体例，在每卷各府之中分府县两级进行叙述，与徐乾学的《凡例》相契合，与刊本康熙《清一统志》的体例有着明显的区别。康熙《清一统志》刊本是以省级政区、府级政区为纲，分两级进行记载，吸收了《明一统志》和徐乾学《凡例》各自所长。

四、抄本、刊本之间的内容差异

从康熙二十五年（1686年）徐乾学主持《清一统志》馆事务起，至《清一统志》在蒋廷锡主持下于乾隆五年修成，时间长达50多年。在这50多年中，清代的行政区划，尤其是府级行政区划发生了很大变动。这些变动必然会造成《清一统志》政区立目、建置沿革、统计数据的差异。主事的总裁官和具体的修纂者各不相同，也会造成抄本与刊本在文字表述方面的不同。

1. 政区立目。两者都是以府级政区为单位分卷，抄本有“永宁军民府”一卷，为刊本所无；刊本卷325为永北府，又为抄本所无。永宁军民府为土府，清初直隶于云南布政使司，故而在抄本中单独成卷。康熙三十七年（1698 年），永宁军民府改隶永北府，刊本不再单独立卷。刊本中的永北府，清初为北胜州，属大理府，故在抄本中见之于大理府卷。康熙三十一年(1692 年),北胜州复为直隶州，康熙三十七年又升为永北府,故在刊本中单独立卷。政区层级变迁、改隶，使得两者立目各不相同。

2. 建置沿革。行政区划建置沿革的下限，是了解志书成书年代的重要判断依据之一。修志者一般都会以开纂前或修纂中的某一年为标准，如乾隆《清一统志》明确记载“各项册档以（乾隆）四十九年送核者为断”[12]。抄本《清一统志》的建置沿革下限为康熙初年。如大理府卷“建置沿革”:“明洪武十五年，改为大理府。本朝因之。领州五县三长官司一:北胜州，太和县，赵州，云南县，邓川州，浪穹县，宾川州，云龙州，十二关长官司。”刊本《清一统志》卷 319 大理府“建置沿革”目下载 :“明洪武十五年，改为大理府，属云南布政使司。本朝因之，领州四县三长官司一。”与抄本相比，此处少了北胜州。抄本大理府北胜州“建置沿革”:“正统六年，改隶云南布政司。本朝因之。康熙七年改属大理府。”刊本卷 325 永北府“建置沿革”:“正统七年，以州直隶云南布政使司。本朝因之。康熙五年，改隶大理府。二十六年，裁卫入州。三十一年，仍为直隶州。三十七年，升为永北府，属云南布政使司。领土府一。”又抄本大理府澜沧卫“建置沿革”:“卫初领北胜、蒗蕖、永宁三州。永乐四年，升永宁为府。正统六年，各北胜为直隶州，卫领州一，隶云南都指挥使司。”将抄本和刊本的内容进行比较可以发现，抄本的建置沿革下限为康熙初年，则纂修时间最晚为康熙中叶。康熙二十六年裁澜沧卫入永北州、康熙三十一年升北胜州为直隶州之事，发生在修志者制订的记事时间下限之外，故而抄本不予记载。康熙后期、雍正年间的政区设置只见于刊本，如卷 309 武定府在各州县之后有“撒甸同知”的沿革 :“本撒甸土酋地，康熙五十七年，土酋常应运叛伏诛，以其地属武定府，移同知治之。”

卷312元江府有“他郎通判”的沿革：“在府西南一百六十里，东西距一百七十五里，南北距二百三十里。东至本府界十五里，西至镇沅府界一百六十里，南至普洱府界一百二十里，北至新平县界一百一十里，东南至本府界六百三十里，西南至镇府界二百五十里，东北至本府界二十五里，西北至新平县界一百五十里。本恭顺州地。明为他郎寨。本朝顺治十八年省入府，雍正十年添设通判驻之。”卷320楚雄府有“[石咢]嘉州判”的沿革：“明置[石咢]嘉县。本朝康熙八年省入南安州，雍正十年又添设南安州判驻其地。”全部是康熙末年、雍正年间发生的变化，未见抄本记载。

3. 统计数据。抄本与刊本的统计数据差异，主要是户口数和田赋数。以大理府为例，抄本户口数为“实在人丁四万九千四百一十六丁，共征银七千”；田赋数为“实在田地勋庄共一万九千八百六两七钱八分零，共米三万四千三十一石六斗七升零。内本府经征银一千一百五十二两四钱零。”刊本户口数为“原额军民人丁共五万二千四百一十一。滋生不加赋丁共一万三千六百六十二。”田赋数为“田地九千六百三十九顷六十四亩七分九厘零，屯田地一千四百七十五顷七十二亩九分四厘零，共额征银二万六千二百二十七两一分三厘零，夏税秋粮麦米豆谷三万二千五百二十石三斗一升零。”

4. 文字差异。抄本与刊本的内容相似，但文字有异。如顺宁府之《形势》，抄本为“众山环绕于西南，二江襟带于东北。地虽弹丸，有建瓶之势。至于三甸鼎足，形如犄角，南鄙藩篱，防御宜密（旧《志》）。”刊本为“众山绕于西南，两江襟带于东北。云州有建瓴之势，三甸分犄角之形，南鄙籓篱，防御宜密（《府志》）。二水交缠，尤山围峙，神舟渡天堑之雄，永镇关扼吭之险（《云州志》）。”再如永昌府之《形势》，抄本为“北接大理，东界澜沧（《元志》）。近郭诸山，环拱左右，藩屏边索，控驭群蛮（《通志》）。”刊本为“北接大理，东界澜沧（《明统志》）。沧江怒水，为襟带于东西；

九隆三崇，作屏藩于前后。据八关三堡之形胜，扼三宣六慰之咽喉(《通志》)。”同府《风俗》,抄本为“衣冠礼义,悉仿中土（旧《志》)。士知向学，科第相仍，男务农桑，女勤织纴（郡志)》”刊本为“风俗敦直（汉诸葛亮《表》)。衣冠礼仪，悉仿中土（《明统志》)。男务农桑，女勤织纴（《府志》)。”由此可见，两者引用的资料来源基本相似，但在文字表述上存在着一定差异。

五、抄本的价值

综上所述，复旦大学图书馆所藏四册《清一统志》抄本，无论是其纂修体例，还是政区立目、沿革下限、文字内容等诸方面，都与蒋廷锡、王安国等人在雍正末、乾隆初纂修的《清一统志》(乾隆八年刊本)存在着根本性的不同,而与康熙年间徐乾学任《一统志》馆总裁时制订的《大清一统志凡例》相契合，因而是康熙年间修撰的《清一统志》抄稿本。由于康熙年间《清一统志》并未全部修成，后又有流散，目前见之于著录的康熙年间抄本相当稀少，仅见国家图书馆和天津图书馆收藏 10 多册。

《清一统志》康熙抄本的价值，首先是书中记载的户口与田赋数量、建置沿革,是研究康熙朝历史和云南地方史的重要史料。其次，为研究明清两代官修一统志编纂思想和体例的发展，特别是为研究徐乾学的修志理论和具体实践提供了重要史料。通过对徐乾学制订的《大清一统志凡例》和抄本内容的对比，发现徐乾学制订的体例在纂修过程中略有调整,如“图经”改为“图说”,各府均有“臣按”。由于这两个子目在刊本康熙《清一统志》刊本中未见设立，本文选载数条，以示这些子目的概貌[13]。

“图说”一目位于一府之首，包括文字与地图两部分，文字排在地图的前后[14]。内容多为山川形势和险要，如《顺宁府图说》：

府境西南皆山，冈峦纠纷，而澜沧、黑惠二江襟带于东北。澜沧江自永昌东南流入府境，过泮山下与黑惠江合，号为泮江。山因江以名。黑惠江，即样备江也，亦名墨惠江，自蒙化流入，至府东北百十里注澜沧江，又西南过云州入景东府境，历镇沅，达沅江府车里土司，乃入交趾为富良江而注于南海。其在府境者，石齿磷峋，波涛汹涌，实称险阻。江干有三台山，至陡峻，明沐英筑垒以备寇。云州控澜沧之险，西出则顺宁永东，东指则景东威远，疆场有事，斯为必争之地。

“臣按”不列目，每府均有，排列在各府“列女”之后、各州县之前。徐乾学在《凡例》中设有《议论》一目，认为“前人名论之后，亦当附以末议，参酌曩今，指说利病，以备异时之采择云”。“臣按”可能是“议论”的变异，内容多为该地区变迁大势，如蒙化府之末的“臣按”：

臣按：府山溪险固，控扼南涧诸蛮，即蒙舍诏之故国也。蒙诏之先，有细奴逻者，耕于巍山（即府境巍宝山），数见祥异，众以为天意所属。白国主张乐进求因心国让之，于是白国绝而蒙氏兴。蛮语以王为诏，谓之蒙舍诏。蒙诏者，六诏之一也。唐高宗时，细奴逻遣子入朝，授奴逻为巍州刺史（巍州，即蒙化府）。传至皮罗阁，浸以强大，因并五诏为一，谓之南诏。始筑太和城，自蒙舍徙居之，而以蒙舍为旧都焉。考蒙氏立国，起自细奴逻，绝于舜化贞，传十三世，历三百十年。而荜路启疆，闻鞞告瑞，则自蒙化始也。《志》称江内诸蛮，柔而守法，江外数枝，以勇悍每应征调，多野战而无行伍。是在牧圉者之善为抚绥而已。

个别州后也附有“臣按”。如永昌府腾越州：

臣按：州为诸蛮出入要地。明洪武中，麓川蛮入寇，自腾冲屠永昌，沐英讨平之。正统中，麓川酋思任发作乱，搅南甸突干崖，径犯腾越，屠其城栅。守潞江督臣王骥等进讨，复腾冲，然后直捣贼巢。盖番汉之冲也。《志》云：州与孟养缅甸诸蛮接境，出州之镇彝关，即南甸干崖二宣抚司；渡金沙江，则大孟艮之地，其为控扼之要也允矣。

综上所述，复旦大学图书馆收藏的四册《清一统志》抄本，是康熙年间徐乾学任《一统志馆》总裁时纂修的《清一统志》抄稿本，而非雍正末、乾隆初蒋廷锡任总裁时的产物。抄本形成时间的确定，有助于加深对徐乾学修志理论的理解，也有助于深入了解康熙《清一统志》的修纂过程，对康熙中前期云南历史地理地深入研究也有所帮助。至目前所知，康熙年间所修《清一统志》遗留的抄稿本分藏于三家图书馆，也缺少必要的介绍，因而为方志学界所忽视。如果有出版单位能将其合并影印出版，必然有益于方志学和历史地理的研究。

注释：

1 此文亦见章梫《一山文存》卷10，题为《题钞本道光重修大清一统志序（乙卯）》，文字略有差异。

2 中国古籍善本书目编辑委员会编：《中国古籍善本书目·史部》，第736页，上海古籍出版社1993年版。

3 中国古籍总目编纂委员会编：《中国古籍总目·史部》，第7册，第3722页，中华书局、上海古籍出版社2009年版。

4《圣祖实录》卷125康熙二十五年三月己未，《清实录》，第5册，第324页，中华书局1985年版。

5 秦丽娜、季秋华：《弥足珍贵的康熙本〈大清一统志〉》，《图书馆建设》，2001年第6期。

6《清史列传》卷71《文苑传二·杨椿传》，第71册，第36页，中华书局1928年版。

7 杨椿：《孟邻堂文钞》卷2《上一统志馆总裁书》，《续修四库全书》影印本，第1423册，第21页。

8 齐召南：《宝纶堂文钞》卷6《答陈星斋书》，《续修四库全书》影印本，第1428册，第552页。。

9 徐乾学：《憺园文集》卷35《大清一统志凡例》，康熙冠山堂刻本，《四库存目丛书》影印本，集部，第243册，第325页。

10 陈廷敬:《午亭文编》卷39《与徐少宗伯论〈一统志〉书》，《四库全书》本，第1316册，第576页。

11 李贤等:《明一统志》卷86《大理府》，第1316—1319页，明天顺五年刻本，三秦出版社1990年影印本。

12 乾隆《清一统志》卷首《凡例》，《四库全书》本，第474册，第12页。

13 徐乾学《凡例》中有“议论”一目，在这四册抄本中未见。姜宸英《湛园未定稿》卷一收录有为《清一统志》专写的《江防总论拟稿》、《海防总论拟稿》，当是“议论”一目的内容。

14 抄本每府级政区均有一幅地图，位置在各卷之首的“图说”中。刊本将各府级政区的地图集中在一起，放在“统部”之前。

（作者单位系复旦大学历史地理研究所，原文载《中国地方志》2014年第3期）

试述《大明一统志》的刊本及其历史贡献

巴兆祥

自元代开始我国有了编纂出版“一统志”的优良传统。《大明一统志》是现存最早的全本“一统志”，体现了明代中国大一统的盛况，是研究明代历史的必备文献。有关《大明一统志》的研究，在中国地理学史、方志学著作中以及各影印本的前言中多有简要概述，较详尽的探讨有：傅贵九《读〈大明一统志〉札记》阐述了《大明一统志》的成书经过、后人增补、入清被限制流通等情况，并重新评价了《大明一统志》[1]。王剑英《明代总志评述》重点探讨了《大明一统志》对《寰宇通志》的修订表现，并对前人有关该书评述的不实之处进行了辨析[2]。张英聘《论〈大明一统志〉的编修》主要通过对编修情况的阐述，论述了《大明一统志》体例、史料价值及其对方志的影响[3]。巴兆祥《〈大明一统志〉的出版及其东传对日本地志编纂的影响》主要在勾勒《大明一统志》编纂三阶段的基础上，探讨明清时期《大明一统志》的东传及其影响[4]。此外，陈蔚松《元明清一统志馆及其修志成就》论及明一统志馆及其对地方志的作用[5]，杜锡建《元、明、清〈一统志〉比较研究》提到《大明一统志》与元、清《一统志》的异同之处[6]。《大明一统志》出版后传播甚广，有较多的版本，如天顺五年（1461）内府刻本、弘治十八年（1505）福建建阳慎独斋刻本、嘉靖三十八年（1559）归仁斋刻本、万历十六年（1588）归仁斋重刻本、万历中万寿堂刻本、清初积秀堂刻本、清文渊阁四库全书本、康熙三十八年（日元禄十二年，1699）日本弘章堂刻本、康熙五十二年（日正德三年，1713）弘章堂重刻本，1990年三秦出版社影印天顺五年刻本，等等。各版本间的关系如何，仅见傅贵九论文中有稍微的提及，本文选取天顺五年初刻本与明代最后一个本子万寿堂刻本进行比较，全面考察两个刊本的异同，并论述其历史贡献。

一、初刻内府刊本的特点

《大明一统志》编成后，李贤等于天顺五年（1461）四月十六日上了《进大明一统志表》，五月十六日，英宗作序，“既藏之秘府，复命工锓梓以传。”是年，内府刻本颁行。内府刊本的特点是：

1. 版刻美观大方。《大明一统志》版框高 26.7 厘米，宽 18 厘米。每半叶 10 行，行 22 字，注文双行小字，字数相同。大黑口，双黑对鱼尾，四周双边。中书口鱼尾内上记“大明一统志”、卷第，下书页码。每卷首行顶格书“大明一统志卷之 ×”，京师、南京、中都于次行顶格题“京师”、“南京”、“中都”，各布政司于次行空三格题布政司之名，各府、直隶州亦空三格题名。卷之首多钤有“广运之宝”大方朱文印。卷之末页末行，顶格题“大明一统志卷之 ×”。正文遇庙讳，如“太宗文皇帝”以及“本朝”提行顶格，注文则空抬。文中如城池、坛庙、山陵、苑囿、文职公署、武职公署等小目以及朝代名，均墨盖子白文标识。卷首有署天顺五年五月十六日《御制大明一统志序》，每半叶 7 行，行 13 字，时间落款上钤有“广运之宝”朱文大方印；次为由“资政大夫吏部尚书兼翰林院学士李贤、中宪大夫太常寺少卿兼翰林院学士彭时、翰林院学士奉政大夫吕原”领衔的《进大明一统志表》，每半叶 10 行，行 21 字；再次《奉勅修〈大明一统志〉官员职名》。刘若愚《酌中志·内版经书纪略》称：“《大明一统志》四十本，三千一百五十叶。”[7] 全书版框宽大，行格疏朗，“字大如钱，赵体字写刻，……，典型的明内府皇家刻本本风范。”[8]

2. 三级纲目体，体例有所创新。《大明一统志》属于总志范畴，总志的体例滥觞于《汉书·地理志》，至唐李吉甫《元和郡县图志》、宋乐史《太平寰宇记》已形成定例：以政区或准政区为纲，下系沿革、户口、山川、城邑、风俗、人物、土产、四夷等目。如《太平寰宇记》先设道，道下置府，各府则先分沿革、府境、四至八到、户、风俗、姓氏、人物、土产等目记述，再按县叙沿革、古迹、山川、风俗，等等。《大元一统志》被后人广为赞誉，从金毓黼、赵万里所辑残本、辑本看，也以元代行省为纲，路州为目，分叙建置沿革、坊郭、乡镇、里至、山川、土产、风俗，等等。关于《大明一统志》的体例，李贤等《进大明一统志表》载明："表京师为四方之极，列方岳为诸郡之纲。疆域必系于九州，分野悉稽乎列宿，形胜、风俗录奚远迩之分，物产、山川载靡小大之间，藩封著维城之固，公署严御侮之威。书学校、书院以重育贤，书宫室、关梁以昭资世。信方来则寺观、祠庙之兼录，鉴已往则陵墓、古迹之并存。述宦迹备举夫诸司，取人才不遗于一善，列女彰节行之异，仙释见方技之奇。"[9]《大明一统志》基本继承了《大元一统志》的体式，第一层级以两京、十三布政司以及外夷为纲，但京师前有《大明一统志图叙》、《大明一统志之图》、《京师畿内地理之图》，各布政司前有一幅《××地理之图》，两京、十三布政司题名后直叙其建置沿革；第二层级以府、直隶州、宣慰使司等为目，在府、直隶州、宣慰使司题名下双行夹注四至；第三层级为建置沿革、郡名、形胜、风俗、山川、土产、藩封、公署、学校、书院、宫室、关梁、寺观、祠庙、陵墓、古迹、名宦、流寓、人物、列女、仙释等小目。各小目中郡名、形胜、风俗、土产等总述，建置沿革、山川、公署、学校、书院、宫室、关梁、寺观、祠庙、陵墓、古迹等先府城（或直隶州）后属县，名宦、流寓、人物、列女、仙释以朝代为序。《大明一统志》要较《太平寰宇记》醒目，较《大元一统志》少了坊郭、乡镇，增加学校、书院，宦迹改名宦，改里至为夹注，古迹相关的分类更细致。

3. 记述简洁。《大元一统志》以详瞻著称，《四库全书总目提要》："考舆地之书出自官撰者，自唐《元和郡县志》、宋《元丰九域志》外，惟元岳璘等所修《大元一统志》最称繁博。”[10]《大明一统志》编纂主旨就是立足全而简，明英宗御制序明确宣示：“俾繁简适宜，去取惟当，务臻精要，用底全书，……朕于万几之暇试览阅之，则海宇之广、古今之迹，了然尽在胸中矣。”[11] 总裁李贤等《进大明一统志表》也有阐明：“自炎汉下逮有胡元，志地理者数百家，纪方舆者累千卷，若非泛而弗切，则或略而未明，”是书“文须省而意则该，实足征而名不爽。欲使宇宙数万里之外，不出户而可知，庶几上下千百年之间，一举目而毕见。”[12] 实际也如此。以顺天府为例，涉及的内容有建置沿革、郡名、形胜、风俗、山川、土产、公署、学校、书院、宫室、关梁、寺观、祠庙、陵墓、古迹、名宦、流寓、人物、列女、仙释等 20 方面，如山记有天寿山、西山、香山、玉泉山、金山、庐师山、平坡山、觉山、棋盘山等 100 座以及岭、岗、岩、峡、崖、洞、峪，水记有湖、河、淀、港、井、泉、池、沟、堰等，土产记有黍、稷、稻、盐、铁、藁本香、银鱼、频婆、金桃、玉桃、绵梨、煤炭、石炭、琉璃、画眉石，公署记有署通州卫、兴州中屯卫、密云中卫、密云后卫等 26 座，学校记有顺天府学等 26 座，书院记有太极书院、文靖书院等 4 座，宫室记有鼓楼、钓鱼台、玉泉亭等 40 座，关梁记有居庸关、天津关、卢沟桥等 23 座，寺观记有弘庆寺、玄宁观等 89 座，祠庙记有三皇庙、都城隍庙等 12 座，陵墓记有孙膑墓、朱能墓等 21 座，古迹记有蓟丘、渔阳城等 46 处，流寓记有关羽等 6 人，名宦、人物始于周止于明，其中明朝名宦有徐达、刘崧等 16 人、人物有有董伦、刘英等 22 人，记载可谓较全，然具体到某个事或物则多寥寥数语。整部《大明一统志》90 卷，不仅较《大元一统志》的卷帙大大减少，而且对相同的单个事或物的记载也大大简单了。如陕西吴堡县沿革，《大元一统志》：“宋《九域志》、金《大定职方志》并云：本石州定胡县寨地，属西河郡。宋景德以来屡陷于羌，元丰五年尽复其地。爰因险阻，筑起城壁，东临汾晋，西接鄜延，实为要冲，颛任武将以屯守焉。时与米脂、葭芦二寨并兴。

既成，以米脂属鄜延路，葭芦、吴堡则属汾晋。元祐二年，以米脂、葭芦给赐夏人，而吴堡等不系，可予地分委官画定界至，开立壕堠。金时定胡为夏人所夺，以吴堡隶通秦寨。厥后又升为县，属葭州。国朝收附后，至元元年省之，二年复置，仍来属。”[13]《大明一统志》：“吴堡县，在州城南八十里。本唐石州定胡县地，宋置吴堡寨。金改为吴堡县。元初省，寻复置。本朝因之，编户三里。”[14]《大明一统志》明显简洁。

4．史料援引较丰富。史料是编辑史书的基础，朝廷以及《大明一统志》的编者主观上早已意识到资料的重要性。在该书编纂的起步阶段，明太宗就在永乐十六年“命礼部遣官遍诣郡县，博采事迹及旧志书。”[15]明英宗“听治暇，命文臣纂修《一统志》以颁行海内，先取郡邑志以备采录。”[16]总裁李贤也称：“凡经书所载，咸在网罗。至若子史所传，举当收采，宜加参考，以正信疑是非。”[17]从《大明一统志》所征引的资料看，大致有以下几类：一是历代总志，如《元和郡县志》、《太平寰宇记》、《舆地纪胜》、《大元一统志》，以《太平寰宇记》、《大元一统志》为多；二是历代方志，如《古雄图经》、《莫州图经》、《（广平）旧图经》、《清州志》、《（河间）旧郡志》、《献州记》、《景州旧郡志》、《浚州志》、《滑州旧经》、《祥符江宁图经》、《寿州图经》、《宿州志》、《颍州旧志》、《广陵志》、《真州图经》、《高邮志》、《吴陵志》、《江阴图经》、《（吴郡）旧图经》、《常熟州志》、晋周处《风土记》、《旧毗陵志》、《庐州旧志》、《长寿县志》、《江津县志》、《大足县志》、《垫江志》、《涪州旧图经》、《黔州旧经》、《应州图经》、《浑源州图经》、《平阳志》、《绛州志》、《霍州志》、《平定州志》、《忻州志》、《岢岚州志》、《石州旧志》、《忻州志》、《保德州志》等；三为图册，如《泗州图册》、《宜兴州图册》、《无为图策》、《宁州图册》、《常宁图册》等；四为正史、政书、类书，如《史记》、《汉书》、《隋书》、《金史》、《宋史》、《元史》、《通典》、《文献通考》、《艺文类聚》等；五乃题记、诗词、文集等，如唐韩愈《送董邵南序》、宋范镇《幽都赋》、沈括《尧山县厅壁记》、朱熹《新安道院记》、元程文《临溪石桥记》、唐《杜牧集》、宋《苏轼集》、《胡安定文集》等。由于《大明一统志》文中所引资料的注记十分简单和欠规范，常以旧志、图经、郡志、地志名之，给考证具体准确的书名带来了困难。且众多的题记、诗赋、序文，是直接引自某原书，还是转引而来，尚待进一步考证。

二、万寿堂本的变化与缺憾

万寿堂刊本是《大明一统志》中比较流行的一个本子，国内有国家图书馆、上海图书馆、天津图书馆、山东图书馆、南京图书馆、辽宁图书馆等，日本有国会图书馆、公文书馆、爱知大学图书馆、蓬左文库、大垣市立图书馆等收藏。清文渊阁四库全书本《明一统志》、清初积秀堂《天下一统志》以及刻本《大明一统志》多脱胎于此本。对比初刻本，万寿堂本有了不少变化：

1. 版式的调整。万寿堂本版框高 21.5 厘米，宽 15 厘米。每半叶 10 行，行 22 字，注文双行，字同。字形改宋体。白口，四周单边，上单黑鱼尾。上书口题“大明一统志”，中书口题“× 卷”，下书口镌页码、万寿堂刊。卷之末页末行，多顶格书“大明一统志卷之 × 终”，如书“大明一统志卷之一终”、“大明一统志卷之二终”，但也有一些无“终”字，如卷 38、39、71。卷首《御制大明一统志序》时间落款上无钤印，《进大明一统志表》改每半叶 10 行，行 22 字。《大明一统志图叙》也改每半叶 10 行，行 22 字。

2. 体例的微调。万寿堂本的体例仍然是三级纲目体，但也与时俱进进行了局部的更张。首先在目录上，如将京师所属的隆庆州改为延庆州，河南布政司所属开封府后增加归德府、汝宁府后增加汝州，陕西布政司所属省去文县守御军民千户所，湖广布政司所属增加兴都、承天府、郧阳府、容美宣抚司、五寨长官司、湖广行都指挥使司，省去沔阳州，广西布政司所属增加上隆州、果化州、恩城州、归德州、归顺州、程县、五屯守御千户所，将思明府、思恩军民府、镇安府移至田州之前。其次增加第二层级府、直隶州夹注中记事事项。在编纂《大明一统志》时曾经就是否记载户口、赋税问题发生争议。“窃闻国朝集诸儒臣修《一统志》时，两人相诮。其一人欲载科目之数，则曰此非进士录也。其一人欲载户口、田赋之数，则曰此非黄白册也。”[18]“《大明一统志》即景泰间修而未成者，天顺间始成之。初修时，学士钱原溥为副总裁，尝欲志户口，而李文达以户口户部自有数，虑伤繁而止。……文达既自用，而彭、吕诸公又皆务为简重，不相可否。”[19]书中没有载入户口、赋税。时人对此有异议，唐顺之嘉靖间即称：“科目则别有录矣，不载宜也。户口、田亩固天下之大命，而经国者所必稽也。且若彼之说，则《禹贡》、《周职方》其亦黄白册也哉？彼固以是为琐细俚俗焉而不载也。”[20]有鉴于此，万寿堂本在不动体式的情况下于府、直隶州夹注中四至之后增记税粮。如顺天府增“粮一万四千石零”，保定府增“粮一万一千石零”，应天府“粮二十万五千六百石零”。再次部分调整建置沿革、山川、公署、学校、书院等小目下事物的编排次序。如初刻本山东布政司东昌府以聊城县、堂邑县、博平县、茌平县、丘县、莘县、清平县、冠县、临清县、馆陶县、高唐州、恩县、夏津县、武城县、濮州、范县、观城县、朝城县顺序记述，万寿堂本因临清县升州，领馆陶、丘二县，将各项有关丘县的事物移至馆陶县之后。又次地图注记符号调整。初刻本，政区、地名以墨盖子白文标识、图中有“× 卷一二前图 ×”（如《大明一统之图》“一卷一二前图三”，《南京畿内地理之图》“六卷一二前图一”），万寿堂本改用墨围黑文标识政区、地名，删除图中有“× 卷一二前图 ×”，图中山均不同程度减少。此外，个别图中内容也略有变化，如《湖广地理之图》襄阳府之西增加郧阳府，之东增加承天府，《山东地理之图》增东岳。

3. 时间断限的下延。尽管《大明一统志》在《寰宇通志》基础上的重编工作起始于天顺二年（1458），然叙事期限还是适当顺延。初刻本中涉及天顺三年（1459）事有3条：卷89安定卫、阿端卫记载："鞑靼别部，……其地广袤千里，本朝洪武……八年立为安定、阿端二卫，俱遣使入贡。天顺三年，安定王复遣使来贡。"[21] 卷90又记载天顺三年（1459）满剌加国、锡兰山国来贡。涉及天顺五年事（1461）有6条，均属藩封方面的内容。卷20平阳府：山阴王府、襄垣王府俱在蒲州，灵丘王府在绛州，怀仁王府在霍州，"以上四府，天顺五年自大同迁于此。"[22] 卷21泽州藩封：宣宁王府、隰川王府俱在泽州城内，"天顺五年自大同迁于此。"[23] 万寿堂本将叙事时间下延到万历朝。傅贵九认为，"增补部分的叙事下限最晚到万历十五年"[24]。经考，万寿堂本记万历十五年（1536）事有3条：卷8崇明县学迁址，卷49南昌府祠庙澹台祠重修、黄司空庙重建。万历十六年（1537）记事有1条：卷28卫辉府藩封："潞府在府城内，万历十六年建。"可见，万寿堂本记事截止时间为万历十六年（1537），较初刻本多记载了77年明代史事。

4. 内容的增补。从纵向上看，万寿堂本不仅补天顺五年（1461）以前的人事物，如苏州府嘉定县学，在沿袭初刻本"在县治南，宋嘉定间建。本朝洪武六年重建"之后，新增"天顺四年俱重建"[25]。太原府宫室新增："博趣亭在府城内冀宁中道后园，本朝天顺四年建。"[26] 而且较多地增补成化、弘治、正德、嘉靖、万历朝的内容，如太平府繁昌县学，在"在县治西，宋建于旧县南，再迁东北。元毁。本朝洪武初重建"基础上，增加"天顺元年，徙县治，因徙治东。成化间，再迁于此。"芜湖县学"万历十三年，改建于城隍庙故基。"于湖书院"在芜湖县升平桥西状元坊内，即张孝祥读书处，正德间建。"[27] 从横向看，除郡名、形胜、风俗等外，其余各项间或有程度不等的增补。以应天府为例，建置沿革增高淳县，学校增高淳县学，陵墓新增周瑄墓、倪谦墓、张瑄墓、金绅墓、吴文度墓、王广墓等，名宦新增周忱、吴雄、王恕、张升、王安定、熊达、罗信一、胡谧、陈选、彭烈、戴珊、燕寿、陈琳、于凤等，流寓新增周瑄、童轩、陈镐、蒋达、王銮、何遵等，人物新增倪谦、张瑄、金绅、卢雍、倪岳、李旻、凌傅、庄昺、吴文度、张琮、丁沂、黄宏、梁材景等，列女新增花山节妇、吴复妻杨氏、石氏、刘彦阳妻女、陈忠妻王氏、倪氏、魏氏、郑瓘妻袁氏、赵和妻孙氏、凌氏女、倪夫人卢氏、任忱妻焦氏、俞氏江氏等。

5. 内容的修改与删减。对各政区下的相同人事物，经对勘，发现有两个方面的变化：一是修改。如卷 8 苏州府山川，将初刻本“大海在嘉定县东四十五里，俗谓之海洋，渺无涯际，昆山、常熟、嘉定亦皆滨海。”改为“大海在崇明县海中，潮汐所通，俗谓之海洋，渺无涯际，昆山、常熟、嘉定亦皆滨海。”修改最普遍的要数县学改州学、州学改府学以及编户问题。如卷 6 应天府，初刻本：上元县“编户二百三里”，江宁县“编户三十六坊厢、七十四里”，句容县“编户二百五十一里”，溧阳县“编户二百二百二十六里”，溧水县“编户二百五十二里”，江浦县“编户二十四里半”，六合县“编户一十七里”；万寿堂本改上元县“编户一百九十四里”，江宁县“编户一百三十四里”，句容县“编户二百一十三里”，溧阳县“编户二百七里”，溧水县“编户一百十里”，江浦县“编户三十七里”，六合县“编户一十九里”。二是删减，如卷 72 嘉定州名宦减少门仲昌 1 人，流寓减少司马相如、刘环 2 人，列女、仙释也各减少了 1 人。卷 85 泗城州山川删除了布柳水。出现这种情况原因，主要是行政区划调整与增补者见识的改变。

6. 取材集中于方志。建置沿革、山川、公署、藩封、学校、书院等的增补、增订基本没有注明资料来源。寺观、名宦、流寓、人物、列女、仙释多注明取材于省志、郡志、志略、言行录等。从当时的修志情况看，应多利用弘治、正德、嘉靖、隆庆、万历的方志，当然主要是《南畿志》等通志以及部分府志。

当然，可能是增补刊刻时人手少、时间紧的关系，万寿堂本也留下一些缺憾：

一为个别地方目录与正文不一。如目录卷 71 为龙安府、镇雄府、潼川州、眉州，而正文中龙安府、镇雄府却在卷 70 马湖府之后。卷 72 目录中的播州宣慰使司，正文却为遵义府。

二为政区发生变化而原来的内容没有随之调整。卷 70 龙州宣抚司正德中升龙安府时领县二，其建置沿革属县在石泉县后又有“平武县附郭，万历中新设”，则龙安府在万历时有三属县，但府沿革未调整为三县，应为失当。卷 72 邛州已从嘉定州属县升为州，所属的古城山、白鹤山、铜官山、相台山、七盘山当载为在州何处多少里，但文中仍写在卬县何处多少里（如“古城山在卬县西七里”）。遵义府领播州长官司、遵义县、桐梓县、白泥长官司、容山长官司、真州长官司、重安长官司、草塘安抚司、真安州、绥阳县、仁怀县，其山川所记拱辰山（在余庆长官司南一百五十里，山势北向，因名。）、小乌江（在余庆长官司南六十五里，源出椒溪，南流入涪江。）、笔架山（在黄平安抚司治南，形如笔架。）、两岔江（在黄平安抚司西南十五里，其源一出于上塘，一出于大原，流转三波合而为一。）照录初刻本，然此时遵义府已无余庆长官司、黄平安抚司，应当更改。

三是增补的不平衡。从行政区上考察，中东部经济文化相对发达的地方增补较普遍，而较落后、开发较晚的地方增补就较少，或者照录初刻本。如广西布政司所属思恩军民府、镇安府、泗城州、利州、奉议州记载的内容简单，基本与初刻本相同。从府、州下的各项小目上考察，建置沿革、学校、流寓、名宦、人物、列女等增补较为常见，而本应、甚至有条件增补的风俗却没有增补。文中有不少地方应记的内容空白，墨钉常见。如卷 21 汾州府汾阳县缺编户数，卷 73 思曩日安抚司建置沿革、卷 85 五屯守御千户所建置沿革缺，卷 85、87 归顺州、底马撒八宣慰使司空白。

此外，文中尚能发现一些错字，如卷 1 京师顺天府之学校将“嘉靖”刻成“加靖”(其他的地方均用“嘉靖”),卷2保定府之人物张玉、焦用把“以玉为第一将”、“未尝妄杀一人”误为“以之士为第一将”、“未尝忘杀一人”，卷8南京苏州府之宫室将“宋朱长文题其阜曰”刻成“宋宋长文题其阜曰”，卷73四川布政司天全六番招讨使司之形胜将《司志》错为《西志》。如刊刻时再细致些，这些错字应当能避免。

三、《大明一统志》的历史贡献

《大明一统志》成书后，赞誉者有之，异议者也有之。明末清初后，学者对其错误与缺陷的指摘趋多，有的甚至有点苛刻。1900年代傅贵九、王剑英提出要重新评价，应当说是比较公允的。我们认为,《大明一统志》除了作为一种文化遗产价值及其保存明代史料、传播中华文化等贡献以外，还应当有如下几方面的价值与贡献。

1．明代总志编纂工作的总结。为“昭同轨同文之盛”，使“功业永垂”，是我国历朝历代编纂总志的基本动机。《大明一统志》的刊刻从两方面体现了明代官修总志工程的收尾：一方面，从总志项目的设置考察。洪武三年（1370）命儒臣魏俊民、黄篪等编《大明志》，凡12省、120府、108州、887县、3按抚司、1长官司，东至大海，南到琼崖，西至临洮，北到北平，都在记载范围之内，主要内容为“类编天下州郡地理形势，降附颠末。”[28]洪武十七年（1384），刘基等撰《大明清类天文分野书》24卷，专叙郡县建置沿革。二十七年（1394），又由刘基领衔纂《寰宇通衢书》，主记交通道里。永乐十六年（1418），明成祖诏令户部尚书夏原吉、翰林学士杨荣、金幼孜负责纂修《天下郡县志》，虽未修成，但为《大明一统志》的编纂奠定了较好的基础。景泰七年（1456），陈循等人奉代宗谕旨编成《寰宇通志》119卷，次年春正月正当准备颁行，适逢英宗复辟，遂已。天顺二年（1458）八月，英宗以“《寰宇通志》

多泛滥”[29]下令重编成《大明一统志》。自此后，明代再未编有官修的总志。另一方面，从体式、内容上考察，洪武间的几部总志都是记一方面的事情，永乐《天下郡县志》扩展了内容，然未成书。《寰宇通志》尽管内容较全面，惜遭毁版，传世稀少，利用者寥寥。《大明一统志》先两京十三布政使司，次依府、直隶州等，再列建置沿革、四至、郡名、形胜、风俗、山川、土产、藩封、公署、学校、书院、宫室、关梁、寺观、祠庙、陵墓、古迹、名宦、流寓、列女、仙释等，自然成了明后期私修总志的样板。万历中陆应阳编《广舆记》，其《凡例》明言："是编大要仿《一统志》，而参以列省郡乘、历代史官。"[30]冯时可序也称："余友陆伯生氏……乃搜访群籍，旁及列省郡乘，即《一统志》所载而衷之元元本本，研精汰浊，斥陈引新，盖历十寒暑而书成，计卷二十有四，命曰《广舆记》。"[31]万历二十八年(1610),程白二以"《一统志》葺于近日,而义例猥繁,……删繁就简"[32]，纂成《方舆胜略》18卷附外夷6卷。

2. 支配修志话语，提高修志质量。地方志是地方历史文化的记忆，自其诞生之时起就存在着国家话语与地方话语的平衡问题。到隋朝大业年间建立官修史书的制度，地方志的编纂也逐渐纳入官修体系中。唐德宗建中元年（780）令各地三年一造送图经，宋太祖开宝四年（971）诏修天下图经，真宗景德四年（1007）敕修诸道图经,等等,都是朝廷强化修志话语的体现。到明代,朝廷趁修《一统志》之机,进一步垄断了全国的修志话语权:其一、朝廷下令修志,"分遣礼部职员,遍行诸司,搜访寰宇文献,缮写进呈,爰备述作。"[33]通过行政体系展现中央权利话语的畅通。其二、《大明一统志》御制序:"惟我太祖高皇帝，受天明命，混一天下，薄海内外悉入版图。盖自唐虞三代下及汉唐以来，一统之盛蔑以加矣。……我太宗文皇帝……特命儒臣大加修纂，必欲成书贻谋子孙，以嘉惠天下后世。惜乎书未就绪,而龙驭上宾。朕念祖宗之志有未成者,谨当记述,……继成文祖之志，用昭我朝一统之盛。……是书之传也，不独使我子孙世世相承者，知祖宗开创之功广大如是，思所以保守之惟谨。而凡天下之士，亦因得以考求古今故实，增其闻见，广其知识，有所感发兴起，出为世用，以辅成维熙泰和之治，相与维持我国家一统之盛于无穷。”[34]《大明一统志》及各地方志的编纂动机就是宣扬大一统的盛况，支配维护朱明统治的舆论话语。其三、为编纂《一统志》，永乐年间曾两次颁布《修志凡例》，规定志书设置的类目应当包括建置沿革、分野、疆域、城池、里至、山川、坊郭、乡镇、土产、贡赋、风俗形势、户口、学校、军卫、廨舍、寺观、祠庙、桥梁、古迹、宦绩、人物、仙释、杂志、诗文等，对各类目的编纂方法与注意事项，《永乐修志凡例》也有要求。并“敕内臣分行天下，颁降《凡例》，监督郡邑纂修志书，要在详悉，以成一代之令典，”[35]从而把修志的“学术话语”统一在朝廷的轨道上来。只要对比一下，大致可以得出这样的结论：《永乐修志凡例》大致上就是事先草拟的《一统志》编纂细则。正由于朝廷修志话语权的把握，保证了各地为《大明一统志》提供素材的志书类目与叙事方式的一致性，便于《大明一统志》取材。在《大明一统志》成书之前，各地修志多以《永乐修志凡例》为规范，如（永乐）《乐清县志》、（永乐）《普安州志》、（永乐）《潮阳县志》、（正统）《上虞县志》等“悉依今降条例书之”[36]。《一统志》成书后，《大明一统志》便成了各地志书效法的对象，如陈道纂修（弘治）《八闽通志》，“纂修事目俱仿《大明一统志》立例。”[37]何纪纂（弘治）《衡山县志》，“凡纲目次第，则一遵《一统志》而加详焉”。[38]唐交修（嘉靖）《霸州志》，其凡例云：“州志谨依《大明一统志》规式，尊制也。余并考群书，略加损益。”[39]《大明一统志》对促进明代志书质量的提高是显而易见的。

3. 促进朝廷方志图书收藏及方志学术地位的提升。重视方志等图书的收藏是我国历朝历代的优良传统。因编《大明一统志》之需，朝廷不断下令各地修志，上呈方志，派员收集方志。（正统）《上虞县志》郭南序云：“明永乐戊戌岁，朝廷颁《凡例》，命郡县儒生采搜山川、人物、古今事迹、户口、田粮等目，编纂以进。”[40]（永乐）《南雄府志》陈赐序记载："永乐己亥春，特命儒臣纂修郡志，以嘉惠天下。”[41] 即使是在《大明一统志》成书后，为其重修，朝廷还继续下旨修志、征集方志。“正德庚辰冬十月，有命征天下郡县志。”[42]“嘉靖壬午岁，适圣天子御极之初，分遣进士徃天下藩臬，采取民风节义，凡诸《一统志》所关者莫不广求慱载。”[43] 由于朝代的三令五申，并将修志纳入行政管理体系中，一方面促使了各地修志工作的快速发展，如《萧山县志》在万历之前就于永乐、宣德、弘治、正德、嘉靖连修五次，同时也促使朝廷收藏的地方志大增。现在最早记录明朝廷前期藏书的目录为正统中杨士奇等编的《文渊阁书目》。该目录反映正统时朝廷文渊阁收藏的宋至明洪武间编纂志书达 593 部，永乐至正统所修志书达 568 部，有《顺天府志》、《湖州府志》、《杭州府志》、《于潜县志》、《临安县志》、《余杭县志》、《仁和县志》、《富阳县志》、《海宁县志》、《嘉兴县志》、《顺义县志》、《大兴县志》、《良乡县志》、《昌平县志》、《房山县志》、《宛平县志》等，远远多于《宋志·艺文志》著录北宋、南宋内府所藏包含方志在内的地理书 407 部[44]。到万历三十年（1602），又约有《宁波府志》、《孝丰县志》、《安吉州志》、《武康县志》、《德清县志》、《归安县志》、《桐乡县志》、《昌化县志》等 864 部正统到万历所编志书入藏朝廷[45]。另一方面，还扩大了修志活动影响，吸引许多学者参与修志，从而在一定程度上有助方志学术地位的提升。在传统目录学中，地方志一般隶属于史部地理类，但到了嘉靖万历间这一情况发生了一些变化，如晁瑮《晁氏宝文堂书目》置“图志”类，与御制、史、子、集、类书、政书诸类平列；陈第《世善堂藏书目录》于史部设置“方州各志”类，独立与地理；孙能传《内阁藏书目录》，于经、史、子、集外，别立“志乘”一类。方志在公私目录归类上的变化，说明时人对方志重要性、独立性的认识提高了。

5. 展现明代政区的动态变化。政区是国家有效统治所施行的行政管理制度，政区的变化一般反映了统治者的政治导向、施政管理需要以及地方的开发状况，同时也在某种程度上体现统治的盛衰、疆域的伸缩。考察明代政区的设置状况一般依据《明史·地理志》，但《明史·地理志》反映的是明末的政区。如就整个明代政区而言，《明史·地理志》记载："终明之世，为直隶者二：曰京师，曰南京。为布政使司者十三：曰山东，曰山西，曰河南，曰陕西，曰四川，曰湖广，曰浙江，曰江西，曰福建，曰广东，曰广西，曰云南，曰贵州。其分统之府百有四十，州百九十有三，县千一百三十有八。羁縻之府十有九，州四十有七，县六。"而初刻本《大明一统志》所记："疆理之制，则以京畿府州直隶六部，天下分为十三布政司：曰山西，曰山东，曰河南，曰陕西，曰浙江，曰江西，曰湖广，曰四川，曰福建，曰广东，曰广西，曰云南，曰贵州，以统诸府州县。而都司卫所则错置其间，以为防御。总之为府一百四十九，为州二百一十八，为县一千一百五。而边陲之地，都司卫所及宣慰、招讨、宣抚、安抚等司与夫四夷受官封执臣礼者，皆以次具载于志焉。"[46] 万寿堂本："总之为府一百六十，为州二百三十四，为县一千一百一十六。"[47] 显然三者并不太一致。再以云南布政司为例，《明史·地理志》：领府十九，御夷府二，州四十，御夷州三，县三十，宣慰司八，宣抚司四，安抚司五，长官司三十三，御夷长官司二；初刻本《大明一统志》："领云南、大理、临安、楚雄、澄江、广西、广南、镇沅、蒙化、景东、永宁、顺宁一十二府，曲靖、姚安、鹤庆、武定、寻甸、丽江、元江七军民府，北胜一州，者乐甸、马龙他郎甸二长官司，御夷孟定、孟艮二府，孟养军民指挥使司、车里、木邦、老挝、缅甸、八百大甸五宣慰使司，干崖、南甸、陇川三宣抚司，镇康、湾甸、大侯、威远四州，芒市、钮兀长官司。"[48] 万寿堂本领府同，其他有变："曲靖、姚安、鹤庆、武定、寻甸、丽江、元江、永昌八军民府，北胜、新化二州，者乐甸一长官司，御夷孟定、孟艮二府，孟养军民指挥使司、车里、木邦、老挝、缅甸、八百大甸、大苦剌、麓川平缅、底马撒八宣慰使司，干崖、南甸、陇川三宣抚司，镇康、湾甸、大侯、威远四州，芒市、钮兀、孟琏、茶山、麻里五长官司。”[49]可见，三者所记载的云南政区设置也是不一样的。这至少说明，《明史 · 地理志》的政区是《大明一统志》初刻本、万寿堂本政区发展演变的结果，《大明一统志》的这两个版本在展现明代天顺、万历时政区设置变迁方面具有重要贡献。

[本文得到国家社科基金、上海社科基金、复旦大学“985 工程”、复旦人文基金的资助]

注释：

1《史学史研究》1993 年第 1 期，第 78—80 页。

2《中国历史地理论丛》1997 年第 2 期，第 177—188 页。

3《史学史研究》2004 年第 4 期，第 48—56 页。

4 复旦大学历史系、出版博物馆编：《历史上的中国出版与东亚文化交流》，上海百家出版社 2009 年，第 3—14 页。

5《华中师范大学学报》2002 年第 5 期，第 93—97 页。

6《中国地方志》2009 年第 7 期，第 32—38 页。

7 [明] 刘若愚：《酌中志》卷十八，清《海山仙馆丛书》本。

8 陆三强、陈根远：《古籍碑帖的鉴藏与市场》，山东美术出版社 2008 年，第 47 页。

9 [明] 李贤:《大明一统志》卷首《进大明一统志表》,三秦出版社 1990 年。

10 [清] 纪昀：《. 四库全书总目提要》卷六十八，海南出版社 1999 年。

11 同注 9。

12 同上。

13 金毓黻辑：《大元一统志残本》卷五，《辽海丛书》第 5 册，辽沈书社 1985 年。

14 [清] 李贤：《大明一统志》卷三十六,三秦出版社 1990 年。

15《明太宗实录》卷二〇一，台北“中研院”历史语言研究所，1983 年。

16 [明] 刘启东等纂修:(嘉靖)《高淳县志》卷首顿锐《高淳县志序》,《天一阁藏明代地方志选刊》本。

17 同注 9。

18 [明] 赵锦等纂修:(嘉靖)《江阴县志》卷首唐顺之《重修江阴县志序》,《天一阁藏明代地方志选刊》本。

19 [明] 陆容 :《菽园杂记》卷十,清文渊阁《四库全书》本。

20 [明] 赵锦等纂修:(嘉靖)《江阴县志》卷首唐顺之《重修江阴县志序》,《天一阁藏明代地方志选刊》本。

21 [明] 李贤 :《大明一统志》卷八十九,三秦出版社 1990 年。

22 [明] 李贤 :《大明一统志》卷二十,三秦出版社 1990 年。

23 [明] 李贤 :《大明一统志》卷二十一,三秦出版社 1990 年。

24 傅贵九 :《读〈大明一统志〉札记》,《史学史研究》1993 年第 1 期,第 79 页。

25 [明] 李贤 :《大明一统志》卷八,明万历中万寿堂刻本。

26 [明] 李贤 :《大明一统志》卷十九,明万历中万寿堂刻本。

27 [明] 李贤 :《大明一统志》卷十五,明万历中万寿堂刻本。

28《明史 · 艺文志》。

29 [明] 黄佐 :《翰林记》卷十三,文渊阁《四库全书》本。

30 [明] 陆应阳 :《广舆记》卷首《凡例》,清初增订本,京都府立综合资料馆藏。

31 [明] 陆应阳 :《广舆记》卷首冯时可《广舆记序》,清初增订本,京都府立综合资料馆藏。

32 [明] 焦竑《焦氏澹园续集》卷九,明万历三十九年朱汝鳌刻本。

33 [明] 高廷榆等纂修:(嘉靖)《普安州志》卷首沈勖《(永乐)普安州志序》,《天一阁藏明代地方志选刊》本。

34 [明]李贤:《大明一统志》卷首《御制大明一统志序》,三秦出版社 1990 年。

35 [明] 林大春等纂修 :(隆庆)《潮阳县志》卷首郑义《永乐十七年潮阳县志序》,《天一阁藏明代地方志选刊》本。

36 [明] 高廷榆等纂修:(嘉靖)《普安州志》卷首沈勖《(永乐)普安州志序》,《天一阁藏明代地方志选刊》本。
37 [明] 陈道等纂修:(弘治)《八闽通志》卷首《凡例》,明弘治三年刻本。
38 [明] 何纪等纂修 :(弘治)《衡山县志》卷首刘熙《衡山县志序》,1924 年铅印本。
39 [明] 唐交等纂修 :(嘉靖)《霸州志》卷首《凡例》,《天一阁藏明代地方志选刊》本。
40 [清] 郑侨等纂修 :(康熙)《上虞县志》卷首郭南《上虞县志序》,清康熙十年刻本。
41 [明] 谭大初等纂修 :(嘉靖)《南雄府志》卷末陈赐《南雄府志序》,明嘉靖三十二年刻本。
42 [清] 冯鼎高等纂修:(乾隆)《华亭县志志》卷首孙承恩《华亭县志序》,清乾隆五十六年刻本。
43 [明] 余坤等纂修:(嘉靖)《淳安县志》卷首姚鸣峦《重修淳安县志引》,《天一阁藏明代地方志选刊》本。
44 李秋艳 :《明文渊阁收藏地方志述略》,《图书与情报》1998 年第 2 期,第 28–30 页。
45 [明] 孙能传 :《内阁藏书目录》卷六,清迟云楼钞本。
46 [明]李贤:《大明一统志》卷首《大明一统志舆图叙》,三秦出版社 1990 年。
47 [明] 李贤 :《大明一统志》卷首《大明一统志舆图叙》,明万历中万寿堂刻本。
48 [明] 李贤 :《大明一统志》卷八十六,三秦出版社 1990 年。
49 [明] 李贤 :《大明一统志》卷八十六,明万历中万寿堂刻本。

(作者单位系复旦大学历史系,原文载《中国地方志》2015 年第 1 期)

清·江南名镇志——《紫隄村志》价值探析

沈永清

一、清代乡镇志书为今人提供最基本的史料基础

地方志书的发展在我国具有悠久的历史，在经过汉魏南北朝的地记以及隋唐五代的图经这两个历史发展阶段后，到了宋元时期，方志的基本体例最终趋于定型。自宋代开始，我国编修各类地方志书的记载不绝于书，并形成了定期编修地方志书的优良传统。数量众多的各类地方志书文献，是中国历史文献资源的重要组成部分，对于我们研究传统社会的特征及其变化发展的规律，具有重要的史料价值和意义。地方志书发展到了明清时期，因为中央政府的重视以及制度性规定的形成，定期修编地方志书成为一种基本的政治和文化制度，为后来的统治者所奉行，因此明清时期的地方志书数量和品种规模大增。据不完全统计，在现存各类 11 万余卷地方志书中，明清时期的志书有 5800 多种，其中以清代志书的数量最多，居全部志书总量的三分之二有余。[1]

乡镇志书作为地方志书中的一个重要类别，在清代各类地方志书中的位置十分显眼，特色也十分鲜明。所谓乡镇志书，即为记载县以下的乡、都、保、图、圩、村、里、镇、堡、场等综合情况的志书，主要包括有乡志、镇志、村志、里志、场志、巷志等。现存最早的乡镇志书是宋代常棠的《澉水志》。到了清代，乡镇志书高度发展，这与明清以来江南地区市镇经济的发展和江南人文的繁盛密切相关，所以清代的乡镇志书，具有非常浓厚的时代特征，生动

地反映出明清以来江南市镇鲜明的商品经济与人文风俗的特色。清代乡镇志书编纂的基本体例与记载的主要内容，同各类地方志书一样，具有自己鲜明的地方性特色。一般而言，清代乡镇志书记载的主要内容和篇目有疆域、政区、山川、沿革、建置、四至、乡里、物产、财赋、户口、职官、风俗、掌故、选举、人物、艺文、名胜、古迹、琐事、异闻等方面，涉及一地举凡政治、经济、文化、社会、历史、风俗、文献等各方面的情况，具有一地之百科全书的功用，并按照一定的编纂体例和篇目安排，将各种文献资料归属不同的门类，是了解一地基本情况的重要资料途径。据不完全统计，明代有乡镇志书 52 种，现存 15 种；清代有乡镇志书 323 种，现存 213 种[2]。

在上海地区 397 种旧方志中乡镇村里志有 110 种，占 27%。110 中乡镇村里志中已佚 67 部，其中宋 2 部、明 5 部、清 60 部；今存 43 部，其中明 1 部、清 42 部[3]。旧乡镇村里绝大多数为私人所撰，是地方上的一些有识之士为保留乡土历史而进行的个人壮举，为今人研究明清以来江南社会的经济文化提供了最基本的史料基础。

二、从清康熙五十七年（1718 年）《紫隄（堤）村小志》到咸丰六年（1856 年）增补纂成《紫隄村志》

紫隄村，即今上海市闵行区华漕镇诸翟集镇，为今华漕镇人民政府所在地。其历史上名称之多，在上海地区乡镇中甚为少见。叫"诸翟"，则是诸姓、翟姓始居于此。称"诸地"，因地处两郡（松江、苏州两府）、三邑（上海、青浦、嘉定三县），既而在清代有统管三县交界地的巡检司设立，故地又叫"三界司"。镇河蟠龙江多飒飒芦苇，又名"诸荻"。镇西沿江种紫薇，故有"紫薇村"、"紫薇江"的美名。其地又名"白鹤村"，盖地有白鹤。紫隄地名是历史的产物，饱含丰富的历史信息，今之观之，可见一地之人文景观。当今的紫隄已是一个别墅成群，外国人学校群集，百业兴旺之地。

（一）《紫隄（堤）村小志》

清汪永安纂。“汪永安，字存夜，号叟否，祖籍休宁、入籍为华亭增生，平生谨言惇行，喜于老成人交，所著有《建文纪年》、《七书转借录》、《历朝改元录》、《村阀汇编》、《紫隄村志》、《凝古乐府》、《怡云集》、《吟匏诗余》、《古文草》。”[4] 成于清康熙五十七年（1718 年）。后经侯棠、秦立补辑，记事延至雍正二年（1724 年）。侯棠，“字悦舟，号南荫。居瞟城。庠生……晚年游历四方，恒籍画为资斧。”[5] 秦立，“字与参、号云津，一号芝齐。居瞟城。好古文，通史学，纂辑邑乘，……名《练川野录》，乾隆七年，嘉邑修志，大半取资焉……。工著述有《芝齐文集》六卷、《诗集》二卷、《见闻杂志》十二卷、《淞南志》八卷。其授梓者惟《淞南志》，钱大昕题其序。”[6]

《紫隄（堤）村小志》分前、中、后三卷：前卷设各志、称名、本郡邑沿革、方里、紫隄名义、各邑疆域、田亩字号、户籍、近村、水巷（附疏浚）、神庙、桥梁、坟墓、旧迹、人物（附流寓）；中卷设国朝人物、内则、诗文、古文；后卷设人物续录、国朝文学姓名、江村杂言、古文附录，共 3 卷 21 目、约 10 万字。是志对抗清志士侯峒曾家世记之甚详。上海图书馆和上海博物馆等 21 家均有抄本收藏。1962 年此志作为《上海史料丛编》本，由上海市文物保管委员会内部印行，供研究地方史志者用。是志编者卷端署名：平阳汪永安（叟否）辑录，同里侯棠（南荫）、秦立（云津）摘参。卷前有康熙戊戌岁嘉平月立春前二日，补亭王晦弁言，凡例六则。卷末有汪文学（莱陈）后序。[7] 据志中汪永安所引自撰诗文有成于“乙酉”者（康熙四十四年，即 1705 年）和王晦序于康熙戊戌（1718 年）之情况，是志当成于康熙五十七年（1718 年）。《中国地方志联合目录》[8] 第 10 页记为“康熙十七年（1678 年）纂”有误。志中有延至雍正二年（1724 年）之资料，应是为后人所补。

（二）《紫隄村志》

清汪永安纂，侯承庆、朱孔阳续纂。侯承庆，“字燦东、号云巘、庠生……。修《上谷东西族谱》，皆同里朱孔阳续辑《紫隄村志》、《淞南诗钞》”。[9] 朱孔阳，“字寅谷，号邠棠，庠生，著有《书经串解》、《历朝陵寝考》、《朱氏族谱》”。[10] 咸丰六年（1856 年）寓居诸翟之东阳沈葵，“字钦阳，居新嘉里、庠生、岁贡”，[11] 增补纂成《紫隄村志》，以抄本行世。卷首有王晦序文 1 篇、汪永安原后序文 1 篇、沈葵增修自序文 1 篇，增修凡例 12 则。继之，有紫隄村图、盘龙塘南、北水道图地图 3 幅。正文共分 8 卷：卷一志紫隄名义、各志称名、郡邑建置沿革、各邑疆界、村巷、田赋 6 目；卷二水道、疏浚、桥梁、风俗、节序、土产、灾异 7 目；卷三志官署、营汛、古迹、乡塾、祠宇、坊额 6 目；卷四志庙院、园宅、坟墓 3 目；卷五志元明人物；卷六志国朝（清朝——编者注）人物；卷七志烈女、流寓、方外 3 目；卷八志杂志、里绅、文籍、叙录 4 目。其志将《紫隄（堤）村小志》扩为 8 卷 42 目，20 万字，内容除增补雍、乾、嘉、道、咸 5 朝遗事、人物外，另就前志冗杂琐屑处修削润色，并调整篇目结构，成为翔实完备之一方全史。南京图书馆藏有清咸丰六年（1856 年）稿本，上海图书馆等 4 家藏有抄本。1961 年作为《上海史料丛编》本，由上海市文物保管委员会内部印行，上海图书馆等 21 家有 1961 年铅印本。20 世纪 80 年代，上海县志办公室（今闵行区地方志办公室）在主持编纂《上海县志》时，从华漕觅得沈葵《紫隄村志》原本及张氏抄本。本世纪初，闵行区志办公室主任王孝俭先生与上海古籍出版社张君晓敏策划辑刊《江南名镇志》丛书时，将沈葵《紫隄村志》列入，2008 年 3 月由上海古籍出版社出版问世[12]。江南名镇志《紫隄村志》整理本的出版面世，为新方志研究旧乡镇村里提供范本，其学术价值不可低估。

从清康熙五十七年（1718 年）草创《紫隄（堤）村小志》到咸丰六年（1856 年）增补纂成《紫隄村志》历三代人之手，前后连续138年之久，前赴后继，矢志不渝。草创者汪永安、增修者沈葵，均为流离诸翟之外姓耆老，在一无经费可资，二无修志机构支持下，全凭儒者良知，毫无私利之欲，勤于公益之志，其古君子之风范，令当代志人肃然敬佩。

三、体例结构不断完善，为研究旧乡镇村里志编纂体例提供有学术研究价值的个案

“我国乡镇村里志的纂修，始于明而盛于清。明末清初，其体例尚属草创，内容多为辑录府、县志有关记事，汇编成志。乡镇遗事，则往往随闻记录，冗杂繁屑、编次无序。就保存原始文献而言，已初具乡镇村里志的存史功能，然而就编纂体例而言，毕竟条理杂乱、篇目不够周全。清代乾嘉以来，志学大兴，修志成风，私家纂修乡镇里志，亦随之日趋成熟。成书于清康熙五十七年（1718年）的《紫隄（堤）村小志》和续修于咸丰六年（1856年）的《紫隄村志》，可作为考察乡镇志编纂草创到逐渐成熟的一例个案。”[13]

从上文两志的篇目可知，草创时期的《紫隄（堤）村小志》分卷粗略、仅为3卷，卷目之间有明显交叉，其卷前一编，包括志书中地理形胜、建置方位、田亩户籍、桥梁旧迹等事项，却又掺入人物一目。卷中则将人物、诗文混为一编。卷后又是人物续录补传等，成为卷中之补编，显示出随闻随录、纲目紊乱的特点。由此说明草创时期乡镇村里志纂修，尚处于自为而非自觉的阶段，体例不严，因而搜集资料不全，编次不得其法。故增补者沈葵自序中，既肯定《紫隄（堤）村小志》“网罗旧闻，条列体例，考之志乘，询之村耆。大而忠孝节烈，小而事物细微，凡水道之利，物产之宜，以及民生休戚，风俗盛衰，靡不毕具，洵足为考镜之资备、乡邦之典故矣”，又指出其“第经营草创，随得随录，未免有冗杂琐屑处”，[14]评论亦为中肯。

自雍正初年起，朝廷为加快《大清一统志》纂修，屡发诏令严谕各省限期完成省府州县方志的编修，甚至有每60年修志一次的规定。乾隆十一年又颁诏令，督促各地修志。自此，修志纳入政府规定，历久不衰。其间章学诚在总结历代修志实践后，首创方志之学，提出“方志乃一方全史”、“志为史载、全书自有体例”，创“三书”、“四体”之说，详论“方志辨体”之要。章学诚方志之学修志渐有规范。成书于咸丰六年（1856年）的《紫隄村志》正逢其时，在体例上已基本合乎章学诚之言之体，与草创时期的《紫隄（堤）村小志》明显不同，全志分为8卷42目，设卷立目得宜、纲举目张，掌故、文征全齐。一村之自然、政治、经济、文化、社会、人物尽收眼底，可谓是一村之资料性文献。

据此，沈渭滨先生认为：“私家纂修之村镇志，在嘉、道、咸三朝六十余年，深受章氏志学理论影响，并在修志成风氛围中，已蜕出明末清初之草创阶段，进入成熟期。表现为体裁上已明确史与志关系，与‘志为史载’说渐趋合度、体例上逐渐定型，与‘三书’之体相类而有所变通……。若此说可以成立，则村镇志纂修史之历史阶段当可划出。就此而言，《紫隄村志》出版，对研究村镇志纂修史自不无意义。”[15]从《紫隄（堤）村小志》到《紫隄村志》体例不断完善，其编纂实践为今人研究旧乡镇村里志的编纂体例提供有价值的个案。

四、体裁运用为研究旧乡镇村里志提供有学术价值的编纂实践

《紫隄村志》将《紫隄（堤）村小志》的凡例由6条增至12条，其指导思想是“志以示劝惩，宜善恶并著，然善者可见，恶者难言，故每称善而不及恶”。并规定了风俗、水道、坟墓、故迹、人物等的入志原则。并说明“镇名诸翟已镌巡检司篆刻于缙绅录，仍称紫隄村从旧志也”。《紫隄村志》体裁有：地图、无题小序、按、附（附

录)、传、志：

（一）地图

方志从它出现之时，就与图结下不解之缘，不少学者认为图是方志的鼻祖；方志由图演变而来，“无图不成书、有志必有图”。《紫隄村志》继承方志设图的传统体例，在其卷首设有手绘的《紫隄村全境图》一幅，其图以蟠龙塘为经，标明嘉定、上海、青浦3县之界，嘉定县字字号三图、上海县三十保二图、青浦县三十四保一区，是该村各邑疆界的形象再现。并标有诸翟（三界司）司署、至远堂、永福禅寺、武庙、太初院、聚龙桥在村中之位置，其图将紫隄一村之全境尽收眼底。蟠龙塘南、北水道图各一幅，二幅图上展现的是环绕紫隄村域的长短不同的蟠龙塘等60条河流，是其志卷二水道的文字佐证，亦是紫隄地域特点的形象再现，显现的是江南水乡风貌。

（二）无题小序

是志书中著述性最强的体裁。最早出现小序的是咸淳四年（1268年）潜说友重修《临安志》，每门设立“序”。[16] 其志继承传统体例，设卷目二个层次的无题序，（1）除卷一、六外，其余6卷之首均设有10—150字的无题“小序”。例一，卷二水道：“本村水道以蟠龙塘为经。在塘北者，以方亭浦、虬江为大。在塘南者，以洋泾、小涞、郭浦、庄家泾为大。至村西南之夏皮泾，东南之横沥、许浦，村北之高菘塘，则皆环绕乎村之境，而不可遗者也，故并及之。”[17] 例二，卷四庙院：“乡俗信鬼神，庵、观、寺、庙叠叠相望。想神设教、报赛士谷，亦一方资保障焉。志之由本村及四境，以近远为次。”[18]（2）在大部目之首设有10—150字的无题“小序”，例一，本村各邑疆界：“凡郡邑接壤，多以水为界，紫隄村独否。”[19] 例二，疏濬：“水乃地之脉，为民生所系，旱涝之蓄泄资焉。本村诸水，其小者开濬莫考者，衹就蟠龙塘及略可记录之。”[20] 其志卷、目二层次无题“小序”，说明一卷之内容，或阐明一目之特色，或说详略之原由，或表明撰者之观点为一卷一目的点睛之笔。无题小序是其志的著述之体。

（三）按

亦是旧志体裁的组成之一，其价值主要是补体例之缺失、释内容之隐晦、评历代的得失和抒现实之情等。《紫隄村志》用“按”共有21处，散见于各卷、目之中。例一，紫隄名义：“诸、翟二姓多散居村落，至翟按：原文狄姓犹微。”[21]例二，蟠龙塘……“按：松府图经，惟江口称蟠龙浦，余俱称蟠龙塘，其入口处曰蟠龙汇，长共80里。”[22]例三，钱遵义钱鹤皋子。“按：时又有钱皋者，亦吴越王裔，居小涞聚，晚葺纯白窝。杨维桢为之记。见《松江志·遗事》。”[23]其按是对志文的注释、说明或注明资料出处，由此提升志书的资料性文献价值。

（四）附（附录）

为方志传统体裁之一。《紫隄村志》卷八杂识，其无题“小序”曰“零星琐闻，亦有足见前型，考遗事，补正传所不及，附录之”[24]。由此可知，卷八杂识，实为其志卷末附录，所附录内容有宋元明清各朝轶事传闻、里绅、文籍等。另有随文附录10多篇。例一，田赋：“附：陈瞻甫《控复荒区折漕各图贴费议单》。”[25]例二，疏濬：“附，道光七年十月，江苏巡抚陶澍开浚吴淞江。”[26]卷五人物“附，义仆。”[27]其志设全志、卷、目3层次之附，以志文或原始文献佐证，补充志文内容，由此提升其资料性文献价值。

（五）传

即人物传，历来是方志的重要组成部分，这在旧志中尤为突出。清章学诚曾说：“邑志尤重人物”，把人物志看作“志中之志”、“书中之髓，随手翻阅一部旧志，都会发现人物卷篇幅一般要占到整部志书的一半，所以常有“古来方志半人物”之说。《紫隄村志》卷五、卷六人物、卷七烈女，均为记人之卷，8万字，为全志20万字的40%。其志12条凡例，其中3条为人物志例：“旧志人物不分名目，以地僻鲜故，止略分时代。今仍之。里绅兼庠生、监生、武生，以属村志，故不嫌琐细。传必称名，史例也。故虽尊亲贤达亦概从临文不讳之例。”[28]是志遵循“生不立传”之志例，以详今略古的原则立传人物172人，其中元朝5人、明朝65人、清朝102人，再现紫隄一地浓厚的人文氛围，展示一方之人物风采。

（六）志

是志书的体裁之一，用于各专志、分志（篇、卷），是地方志书的主体。“横排竖写”记叙各事类的历史与现状。《紫隄村志》卷一至卷七的7卷38目记载各事类情况，其记载方法以记述为主，辑录为辅。例一，方里：“村在苏郡东南偶，距城180公里。松郡之北，距城六十里。嘉定西南偶，上海西偶，青浦东北偶，距城各五十里。东南可一里，南北约半里。负吴淞，踞龙江，连属两郡三邑之交，诚奥区也。”[29]方里目用记述体将紫隄集镇具体位置作了清晰地记录。例二，各志名称：“《苏州府志》载‘嘉定五村，其四曰诸获巷’。自乾隆间设立巡检司，定名曰‘诸翟镇’。《松江府志》首卷乡保市镇图称‘诸翟巷’。后载镇市六十六所，第三十二曰‘诸翟巷’，注曰：属上海三十保，俗呼‘诸地上’。……《青浦县志》称‘蟠龙塘’，系三十四保一区东六、八图。新志又称‘梓地’。雍正间，分属福泉，后仍并属青浦。”[30]各志名称目则辑录《苏州府志》、《松江府志》、《上海县志》、《嘉定县志》、《青浦县志》的记载，明晰其地所属为二府三县之地。

由此可知，《紫隄村志》的体裁是以志为主，辅以图（地图）、述（小序）、按（述、注）、附（附录）、传，诸体并用。用记注、纂辑之法，全面、系统地实录紫隄（诸翟）自然、政治、经济、文化、社会之全貌。是一部体例结构不断完善、体裁运用多元的符合咸丰时代的纲目结构合理、纲举目张的江南名镇志。

《紫隄村志》体裁之运用，为今人研究旧乡镇村里志提供有学术价值的范本，对编纂社会主义乡镇村志亦有借鉴价值。

五、资料丰富、历史文献价值贯穿全志

《紫隄村志》记事上限始于唐，卷七 · 方外 · 释 · 唐“僧慧，开元中，募建永寿寺。有大悲殿在方亭里东北，今废”，[31] 记事上限主体则为元末，下限至咸丰六年（1856 年）。

本志虽名《紫隄村志》，但记述的地域远大于紫隄村本身，形成志名和记述地域的不对称。用历史上的紫隄村对照今诸翟集镇，地域变化不大，东西约里许，南北半里。而村志所记述的地域，大致相当于今华漕镇的四分之一、新虹街道地区和青浦区徐泾镇部分地区，以及虹桥交通枢纽部分。东至吴淞江，南至今吴家巷村界牌桥自然村，西至青浦区蟠龙集镇地区，北至华漕镇石皮衖等行政村，方圆 20 多平方公里。其志依据资料，以记元末至晚清 500 年之村事最为翔实，具有较高的可信度。

沈葵“《增修紫隄村志自序》曰：村之有志，所以著一方文献，备郡邑志之采择也。……爰溯原本，自雍正以续修之。……慈姑就童时所闻诸故考，且采诸各家遗编为之，略分世次，缀辑成帙。于是所见则详之，於所闻则略之，於传闻则尤略之，非敢苟简，隔於时也。谨按前志所载，凡于村巷、水道、桥梁，多详于蟠龙塘以北，而略于南，兹就前志所及之境，一一补之。且人物别其流寓，诗文附于本条，亦就前志所未及者，特为著明。”[32] 从其自序可知，纂辑者将此志作为紫隄一地之资料性文献，其资料源于原始文献、就地采集，详所见、略所闻、简所传，力求资料准确无误。

地方志为记载一地自然、政治、经济、文化、社会的资料性文献，资料性当为第一属性，就其资料性文献而言，存史则为第一要义。《紫隄村志》除供府县志采摘外，主要是为后人留可信的史料，供今人修志参考，供学者研究地方历史提供史料，就此而言，其志“洵足为考镜之资备，乡邦之典故”。

《紫隄村志》资料翔实、丰富，历史文献价值贯于全志。兹择其要者略述之：

（一）卷一村巷记“村东北诸村属嘉定者：凌家宅、池圈、潘家桥，字字号三图……。村东北诸村属上海县者：新嘉里、西管巷、夏家桥、秦家桥、徐家厍，三十保二图……。村西南诸村之属青浦者：徐泾圈、小涞庙、罗家巷、王家巷、庄里、姜家厍，三十四保一区东六……”，[33]共计村巷155个，其中嘉定县30个、上海县96个、青浦县29个。其目系统翔实记录各村巷名称，与之相应的图保。笔者在撰写《闵行区志（1992—2011）·建置》稿时，有关今华漕镇的境域范围沿革时就将其原始文献一一辑录，实现其“备郡邑志之采择”的编纂意图。旧乡镇志文献为新方志编修提供历史文献的价值应引起新方志编纂者的高度关注。

（二）卷二水道，则以蟠龙塘为经翔实列出60条环村河道，不分大小，将其流向、出入处及流经之主要村落一一标出，辅以卷首蟠龙塘北、南水道图，相互对照，图文并茂。对后人研究吴淞江水系的变化极具参考比对价值，又可为研究蟠龙塘附近地区生态环境变迁，起到按图索骥的作用。上海市地质矿产研究院1997年12月编写的《上海市闵行区水文地质调查报告》指出：自1921—2011年今诸翟地区累计地面沉降在200—600毫米，局部地区达600—1000毫米，为今闵行区地面沉降最大的区域。笔者认为，160年之前该地区是河道纵横，现今已是一个别墅成群、百业兴旺之地，地面沉降量大亦在情理之中。此水道史料是今人研究诸翟地区地面沉降原因的必不可少的历史文献，具有一定的科学研究价值。

（三）桥梁是江南水乡的一道独特的风景线。卷二桥梁记载126座桥梁，其内容包括名称、方位、修建年代、捐募出资者、质材、塌圮后重建者以及相关掌故、刻石、桥记等内容。例，“龙蟠桥，在本村关帝庙侧。跨小泾口，系蟠龙江故道。……东堍属嘉定，西堍属上海。桥名刻石，崇祯年建。此本村诸桥之最古者。侯尧封

《送刘筠乔山人还楚诗》：龙蟠桥上新月明，龙蟠江中春水生。自怜赠别无他物，醉把清光送尔行。”[34] 为今人研究江南水乡的桥文化提供了翔实的历史文献资料。

（四）关注社会民生。卷二土产目记有“今则花、米腾贵，布价日落，生计微矣。”[35] 呈现其明的物价与民生情况。卷二风俗目记“往时筵席甚为菲薄，十碗只吃其四，惟酒无算。故婚姻洽比，情甚亲而财不贵，今则竞尚奢华，若流之戒，当为节之”、“鸦片洋烟……本村嘉庆末年始有一、二人吸食，近则烟墩甚多（开设洋烟铺谓之烟墩），地方官利其规而不禁，人家子弟有破家亡身而痴迷不悟，良可概也。”[36] 其志对于鸦片流入紫隄村的时间、蔓延、危害、官僚之腐败作了真实记录。从中可窥视其资料的可信与完整。其志所记社会民生史料，为今人研究其时的社会风貌、人民生活提供真实可信的微观资料，具有存史、教化的历史文献价值。

（五）重视对人之记载。卷五、卷六则按元、明、清顺序，以名录（简介）形式记述村籍人物 172 人，收“阅之自可以得其人品概焉”[37] 之效。列女记载自明至清末 128 人。流寓记载自元至清 54 人。方外自唐至清 21 人。另有进士、贡生均作了记述。

“诸翟地区素有反抗民族压迫的历史传统。元末，村中望族钱鹤皋及子遵义，参加张士诚反元起义。士诚降元后，开府平江，鹤皋被授行省右丞。明将徐达攻苏州，‘鹤皋因民不堪’，散尽家财聚众反抗，兵败被俘杀于金陵。子遵义，与徐达部将葛俊战于苏州郊外莲湖，亦死之。这段史事，以往研究元末群雄割据、朱元璋统一江南之专著均未见记载，则《村志 · 钱鹤皋传》足见补其不足。明末，清军入关后经略江南，杀戮过甚，激起江南抗清烽火。《村志》侯峒曾、侯岐曾、侯玄演、侯玄洁等传，均有记之。其中《侯峒曾传》记之特详。虽然侯峒曾抗清斗争，明、清史著作均有提及，但对其家庭如弟岐曾、子玄演、玄洁、仆杨恕、龚元、刘驯等一门忠烈则皆付阙。至于明末疏劾阉宦当政、弹纠广宁失守逃臣，‘直声动天下’

之侯震旸；清初‘不愿薙发易服’之沈芳彦；不愿仕清，弃诸生服，‘遍游楚越名山’之侯艮旸等传，其傲骨特行，均可入史。”[38] 翔实之人物史料，可补正史之不足。这些人物足以教育后人，激发其民族精神与爱国主义情操，其育人的历史文献价值高矣。

（六）人物寿命记载资料翔实丰富。卷五人物，立元、明人物传 70 人，其中元 5 人、明 65 人。记载人物寿命的传主有 21 人，其中元 1 人、明 20 人。21 明传主的平均寿命 68.1 岁，其中 80 岁以上的有 7 人，占 21 人的 33%。卷六人物，立国朝代人物传 102 人。记载传主寿命的有 54 人，传主平均寿命 63 岁，其中 80 岁至 97 岁的有 10 人，占 54 人的 18.5%。

例，长寿传主，侯允义：“性宽和恬淡，喜花卉及碁。万年虔心诵经，暇则游行乡里，每以杖擔花卉而行。道光二十七年，寿登大耋。子士骥，亦年及古稀。……寿至九十七而终。”[39]

明清时期紫隄村志是诸水环绕的江南水乡，鸟语花香，人文环境优美，生态环境优良，正如汪永安《紫隄村赋》所言“横川委折，矗宇缠绵。岸以紫薇而荻悴，沼以芙蓉而香联，浦则飞鹤杳渺，塘则蟠龙蜿蜒。花红树绿，景物鲜研。”[40] 江南水乡紫隄良好的生态环境，人文自然良性互动，造就了人的健康和长寿。其志记载部分传主的寿命则是紫隄生态环境良好的佐证，为今人研究人的健康与环境如何互动提供丰富的历史文献资料。

据此，笔者认定《紫隄村志》是一部史料生动、鲜活、丰富、翔实、历史文献价值多元的的江南名镇志，是一部值得志界研读、探求其历史文献价值的旧乡镇村里志。

总之，清代修纂的大量乡镇志书，为我们研究明清以来江南社会的经济文化提供了最基本的史料基础。有学者认为“关于清代乡镇志书的研究，目前仍显薄弱，这或许是因为清代乡镇志书的数量在庞大旧志文献中并非举足轻重，且多数研究者对于乡镇志书的价值缺乏足够的认识。如何将其纳入到明清史学史以及方志学史的视角中进行探索，不仅仅是就‘文献论文献’，而且从更高的角度挖掘其中的资料特色以及历史价值，需要研究者们进一步深入探讨。”[41]

六、余　论

从《紫隄（堤）村小志》到《紫隄村志》历时138年，历经汪永安草创，侯承庆、朱孔阳续纂，沈葵增补，今成为江南名镇志。由此说明，“方志精品是锤炼出来的，都是建立在前人成果基础之上的，成为名志佳作者均为通贯古今之作。”[42] 其志草创、续纂、增补者均为村儒，具有良好的文史功力，文能流畅通达，史则遵循法度。他们前赴后继、赓续不绝、不计功利、矢志不渝的古君子之风，让今天志界看到了中国士绅文人修志的传统，也看到了编修一部传世良志的漫长过程，更看到了三代修志人的付出与努力，即便是编修一部乡镇里村志也是如此。《紫隄村志》的编纂实践提醒志界，社会主义新方志的编修任重而道远。

注释：

1 参阅黄苇等著：《方志学》，复旦大学出版社1993年版，第34页。

2 参阅陈凯：《清代乡镇志研究综述》，《宁夏史志》2013年第5期。

3 参阅上海市地方志办公室：《上海方志提要》，上海社会科学院出版社2005年7月版，第5、380—497、579—590页。

4 闵行区地方志办公室整理：江南名镇志《紫隄村志》，上海古籍出版社2008年3月版，第157页，以下《紫隄村志》引文均出自该整理本。

5《紫隄村志》第158页。

6《紫隄村志》第157页。

7 上海市地方志办公室：《上海方志提要》，上海社会科学院出版社2005年7月版，第435—436页。

8 中国科学院北京天文台：《中国地方志联合目录》，中华书局，1985年版。

9《紫隄村志》第172—173页。

10《紫隄村志》第173页。

11《紫隄村志》第240页。

12《上海方志提要》第437—438页;参阅沈渭滨:江南名镇志《紫隄村志·前言》。

13 沈渭滨:江南名镇志《紫隄村志·前言》。

14 沈葵:《紫隄村志》第5页。

15 沈渭滨:江南名镇志《紫隄村志·前言》。

16 中国方志大辞典编委会:《中国方志大辞典》,浙江人民出版社1988年版,第221页。

17《紫隄村志》第15页。

18《紫隄村志》第78页。

19《紫隄村志》第2页。

20《紫隄村志》第22页。

21《紫隄村志》第1页。

22《紫隄村志》第15页。

23《紫隄村志》第117页。

24《紫隄村志》第216页。

25《紫隄村志》第13页。

26《紫隄村志》第22页。

27《紫隄村志》第145—147页。

28《紫隄村志》第7页。

29《紫隄村志》第2页。

30《紫隄村志》第112页。

31《紫隄村志》第212页。

32《紫隄村志》第5、6页。

33《紫隄村志》第5、6页。

34《紫隄村志》第33页。

35《紫隄村志》第 53 页。
36《紫隄村志》第 47、53 页。
37《紫隄村志》第 115 页。
38 沈渭滨：江南名镇志《紫隄村志·前言》。
39《紫隄村志》第 171 页。
40《紫隄村志》第 3 页。
41 陈凯：《清代乡镇志研究综述》，《宁夏史志》2013 年第 5 期。
42 仓修良：《千锤百炼著佳章》，《中国地方志》2001 年第 4 期。

（作者单位系上海市闵行区地方志办公室，原文为第四届中国地方志学术年会入选论文）

《鹤沙志》辑佚

柴志光

《鹤沙志》是明末清初浦东新场人朱之屏偕其友黄仲若编写的一部地方志书，主要记载上海县十九保区域的地方历史，共十卷。当时，南汇县尚未设立，现在的浦东地区除高桥镇外全属于上海县。可惜该志后佚，故今人未能知其全部内容，但在相关志书和族谱中有《鹤沙志》的内容。

一、清雍正《分建南汇县志》对《鹤沙志》的记载

在清以前历代艺文志中，未见《鹤沙志》的记录。目前所见到的最早记录该志的是在清雍正《分建南汇县志》钦琏的自序中，其文曰："索考旧志，既茫然无可据。爰博稗乘，得《鹤沙志》十卷，载十九保故实甚详，他保阙如也；又得蒋生思永缉，《新分县志稿》，摭拾回升备，惜未精覈，不足传信。"

钦琏是南汇县第一任知县，他在修南汇县第一部县志时，得到了《鹤沙志》，并作修志的参考史料。但不知《分建南汇县志》采纳了多少《鹤沙志》的内容。《分建南汇县志》除序文中提到《鹤沙志》外，只在第二卷《疆土志中》"乡保"条目时有一按语云："浦东全隶上海时，地属荒远，旧志每事从略，惟《鹤沙志》详于十九保地，亦不备。"该志第三卷《疆土志下》"海浦"条目记载云："旧志但言某时浚某浦，某人开某港，而不详其通境曲折之道。《鹤沙志》详矣，然止十九保地。"其余卷中均未提到《鹤沙志》，也未讲到朱之屏和黄仲若这两个人物。

二、清乾隆《南汇县新志》对《鹤沙志》的记载

清乾隆五十八年二月十六日，工部右侍郎南汇人吴省钦在《南汇县新志序》中说："吾邑从雍正二年割上海分建，时邑侯长兴钦公琏，据《上海志》、《鹤沙志》，撰县志十六卷。"钦琏据《上海志》和《鹤沙志》修《分建南汇县志》，《分建南汇县志》中理应有《鹤沙志》的一些内容，然由于其未标明史料的出处，故未能看出《鹤沙志》的影子。

在《南汇县新志》第十三卷《人物志》中记到了《鹤沙志》编者朱之屏和黄仲若，但仅仅二十余字，而且是附在陆学渊的传记中，其文曰："陆学渊，字环川，文旺裔孙。教授乡里，所至必留心文献，尝葺《副志》十六卷，以补原志所不逮。先是未分县前，新场朱之屏偕其友黄仲若，辑《鹤沙志》十卷。分县时，闸港蒋思永著《分邑志》十二卷。皆有功桑梓，而学渊所著较详。"从这一记载可知《鹤沙志》编写于南汇县设立之前，即清雍正二年（1724 年）前，具体时间未知。

三、清嘉庆《鹤沙瞿氏族谱》对《鹤沙志》的记载

该族谱由瞿中溶撰于清嘉庆年间，嘉庆十一年（1806 年）刊刻印行，该谱第三卷《旧德录》中引用《鹤沙志》较多，现摘录如下：

1、"□□晋华亭侯别业也，在下沙镇，此地出鹤，故名。"《鹤沙志》

2、"鹤坡在南下沙镇即今新场也。"《鹤沙志》

3、"下沙之沙，旧从水傍，以连年多水灾，故更石傍，亦犹松江之凇去水旁而存松也。"《鹤沙志》

4、"云间申浦之东，相传有三沙焉。华亭十五保曰白沙，上海十七保曰川沙，十九保曰下沙，然据三沙之中□□不通，为滨海沙

涂，鹤巢之地耳，故又名鹤沙。宋□□□设盐课司于下沙镇，因名下沙场，商贾咸集，□□□会，因以鹤沙名里。迨后避兵南渡者俱目三沙□□□地相聚而庐舍焉。下沙镇之南镜贾贩尤盛。□□南鹤沙或有谓之鹤坡者，元初迁下沙场于此，改名新场，然本石笱滩故地，而又易里名石笱。新场以东，一团镇至南汇所、四团仓，西自闸港□杜家行、拨赐庄，南自叶家行、秦家行、行头镇，北则沈庄、陆家行、北庄，虽各为市镇，总之皆长人乡十九保鹤沙地也。嘉靖丁未，倭寇初平，新场有建城立县之议事，将垂成而为川沙豪有力者所夺，故第称为雄镇云”《鹤沙志》

5、“两浙都转运盐使司松江分司衙宇，宋建炎中建于下沙镇。国朝正统二年迁于南鹤沙，在瞿家桥南，俗称大衙也”《鹤沙志》

在《鹤沙瞿氏族谱》第三卷《旧德录 · 菴寺中》：

6、“观堂在永宁寺内东侧，旧名九品观堂，僧众讲诵之所。倾废已久，所存有观堂东南石界碑。”《鹤沙志》

7、“蓬池在永宁寺大殿前。”《鹤沙志》

8、“放生台在永宁寺前台，虽废而基尚存，旧有亭，以待檀越作放生功德处，今荒芜不复建。岂近时人心好杀欤，告朔羊存以俟好生者。”《鹤沙志》

《旧德录 · 园第》中：

9、“瞿公故园，在下沙镇，为鹤沙八景诗之一，今废。”《鹤沙志》

《旧德录 · 故蹟》中：

10、“洗马池，瞿远使霆发浴马之处，一在下沙镇，一在新场镇。”《鹤沙志》

《旧德录 · 路桥》中：

11、“瞿家桥，在七灶港。”《鹤沙志》

《旧德录·碑刻》中，单引《鹤沙志》一条，合引《鹤沙志》、《天下金石志》一条。

12、“子昂碑有二，其一为报恩忏院记，此碑石已无影迹；一

为铁佛铭，碑石虽在永宁寺，以岁久而字多残缺。”《鹤沙志》

《旧德录 · 诗文》中 ：

13、“鹤沙八景之一，瞿公故园诗云 ：瞿公门第久驰名，此日经过怆我情。海燕子成家已废，山猿声怨月空月。春风落地花无主，夜雨闲庭草自生。闻说当时豪侠处，云东头角独峥嵘。”《鹤沙志》

14、“《松江鹤沙报恩忏院古铁佛铭并序》：闻优昙花一现者，盖示祥应焉。昔泗洲僧伽梅长者，贺跋氏牀下有宝珠，发地获普光三如来铜像，遂捨所居宅为伽蓝，良有自来矣。今鹤沙云岩长者瞿公霆发，至元辛卯建报恩忏院，开土得铁佛，高尺许，相好殊特，土蚀固久，而眉目宛然。众咸惊异，以为祥应之兆。时营缮方殷，安奉不克。越三十年，延祐庚申，往山沙门宝乘，布金设像，拥莲花座，崇于杰阁，缁素瞻仰，曾不虚，优昙花之嘉征也。乞铭于西天目山幻住道人明本，乃为铭曰：凿开混沌兮，现莲池；优昙应瑞兮，花一枝 ；后三十年兮，采彰施 ；奉之高明号，光陆离 ；大众瞻向兮，奇愈奇 ；海神耸敬兮，仰慈威 ；六时讲贯兮，光四垂 ；象教倏张兮，昌永其。至治二年正月望，翰林学士、承旨荣禄大夫、知制诰兼修国史赵孟頫书。”《鹤沙志》

15、“《中峰和尚撰观音菩萨端相偈序》：圣人无体，随念斯彰，念光则诸圣同参，念泯则一直绝诗。以吾庄严善功德心，即观世音之宝冠缨络也。以吾确乎不可拔之正念，即观世音所坐之盘陀岩石也。以吾慈悲利物深广之誓愿，即观世音所居之大海也。以吾亲近圣贤参随不倦，即观世音之善财童子也。以吾宽厚仁慈以恭以敬，即奉观世音之月？长者也。以吾一切处不违菩萨愿不捨大悲心，即观世音三十二应之妙身也。以吾居一切处遇顺遇逆了无畏怯，即观世音十四无畏法也。昔丞相史公躬诣海岸不获瞻覩，方生慢易，回首惟见碧芙蓉花万朵，芬披随浪而现，遂勒石以记其事，非现宰官身说法而何。至大四年，两浙运使瞿公霆发按部鄞郡放舟直驾岩下，首覩圣像毛发不遗，即命工造其所覩之像者二，一奉之鹤沙普福院，一奉之天目大觉正宗禅寺，皆公施心所见之伽蓝也。复以诚心所见之观世音归之，得不宜乎？公自述记一篇，以示无穷之信，此又非现宰官身说法而何。公尝嘱余序之。后五年，为延祐乙卯，公之子时学刻其记文，随大士像置之可观楼上。复俾予笔以记之，既不得辞，赘之以偈，偈曰：心镜光明皎如月，圣人智体无生灭。一念？兴即现前，古今凡圣相融摄。海岸人招海岸人，不知谁现宰官身。紫金光聚圆通体，应见何曾隔一尘。万峰围绕莲花国，龙象倚阑看不足。鼓钟镗？间灯香，出生世代光明福。"《鹤沙志》

16、"《中峰和尚放生偈》：红芍药边方舞蝶，碧梧桐里正啼莺。目前大道无遮障，自是众生没路行。今日药师如来与，近故少中大夫两浙都运瞿公于一毫端上起大道场，作百宝庄严佛事。本上座因齐庆讚普为诸含识指箇路头去也。教中道三界无法，何处求心，心不可求，法将安寄，便见十方世界。是清净法身，十方世界是药师十二愿海。审如是有羽者，听其高飞；有足者，不放举；带甲者，潜于深渊；负鳞者，纵于巨壑；无一众生不成正觉，无一众生不入圆明。虽然如是，只是右如人道，门里出身易，身里出门难。且道不涉易难，如何是超然独脱底句。乃放生云，冲开尽是通霄路，透出无非解脱门。"《鹤沙志》

17、"《中峰禅师祭瞿霆发公文》：于戏。公福德人也，而知道焉。吾西竺圣人谓三界无别法，惟是一心作。惟公之福本乎自心，而道亦岂外成自心哉？知公之施田，施心田也，建寺建心寺也。不达卑心而滞物者，吾道之所不取也。苟会于心，则心无施不施之异，心无建不建之殊。即寺与田皆公心外之影事，而我住不住者，又影外之影耳。知公必不以此二其心也。虽曰心外无田，尽大地一围也；必外无寺，遍十方一刹也。此田不待别有所施，而檀波罗蜜念念出生；此寺不待别有所建，而大圆觉海处处成就。于此虽弥勒释迦无住持方，况其他乎。审如是，则知公于不思议解脱。心中宴坐丈室，获正住持三昧现前，入未来际种种受用，如是具足，是谓因该果海，果因源者也。某赖公知道之详，故匍匐千里，敬持是说以告之，非巧辩以惑公之听也。《又设药师道场对灵小参》：大道只在目前要，且目前难覩，欲识大道真体，不离色声言语，只如都运相公捐馆至今其一百日内鼓螺互应，金石交宣，岂非声耶。花果委陈，香灯罗列，岂非色耶；遍演金经，广宣玉偈，岂非言语耶。我都运相公与药师如来握手共游于一十二重清净愿海，以众宝光明而作佛事，俾尽大地众生不越一念，俱成正觉。到这里既无声色可求，有何言语可取，总只是箇大老明藏，如其不委，更为下箇注脚云：天共白云晓，水和明月流。”《鹤沙志》

18、“予与黄仲石辑里志，而予名之曰鹤沙里志，仲石谓下沙为鹤沙，若新场非鹤沙也，而欲以石笱为里志名。予考之纪载，瞿霆发墓志云，公卒于下沙之里第，何不云鹤沙而云下沙也。报德忏院即今之永宁寺，在新场，其记云鹤沙距云间三舍。铁佛铭亦云松江鹤沙，何不云石笱而云鹤沙也。若以院有迁徙，则记中又云卜地得吉于考妣佳城之侧，墓现在寺后之右也。然通谓之鹤沙，又何疑焉。按郡邑志载，石笱一在捍海塘外三十余里，每二三丈有石如笱植沙中，湖汐至此遂分，本名分水港，好事者易以今名，即分水墩以东地也。故新场之名笱里，以此若以笱里名志，不识别有考据而可以合十九保各村市镇总之否。仲石云，此考极有征据，在宋时事耳，今地已易名，志亦易事，岂得卒以新场仍称下沙乎？假如松郡元时尚属嘉兴路，岂得仍以嘉兴郡作松江志耶？予曰按宋时嘉兴府华亭县，至元升华亭为府，后更名松江，盖吴淞江为三江之一，界于姑苏隶金陵，嘉兴隶浙江，则嘉兴松江分而为二者也。请问新场之新字如何解？乃未迁场之先则称南下沙，既迁场之后始名新场。且鹤沙为三沙之一，而新场、下沙又非分属两县，今合而为一者也。分之固难，仍称合之，名宜从古。当时取名松江者，以其源西出太湖东注海，包含广也。予之取名鹤沙，亦以西自黄浦东至海，可以包含之耳。若拘拘笱里，则置各村市镇于何处？幸再考之，而仲石仍以为不然。嗟乎！

志犹国史，其名岂敢草率，议论不合，乃不相谋，而各自纂辑矣。越五六年，而觅得鹤沙八景涛，内有海岳晴岚一首，若云新场非鹤沙，则新场岂在海外者耶。予乃定志名曰鹤沙，然不敢必其是，尚当质之博雅君子，以为何如。乙酉仲春朱之屏鹤沙志序。”

19、“中峰禅师，讳明本，号中峰，杭之钱塘人，俗姓孙。生而神仪挺异，才离襁褓便跏趺坐，能言便歌讚梵呗，凡嬉戏必有佛事。年十五，决志出家礼佛，已而往参天目，高峰和尚妙公一见，驩然欲为祝发。至元丁亥，年二十有五，从高峰薙染于师子院。壬辰，松江瞿公霆发施田二百七十顷，即莲花峰建大觉正宗禅寺，高峰将迁化，以大觉属师。师辞后游松江鹤沙，瞿公以报恩忏院留师住寺，又辞。时翰林赵公孟頫叩师心要，师为说防情复性之旨，瞿公求为院记与铁佛铭，赵公为之手书。师复游皖山、金陵、庐州、弁山、平江。丙午还院，至大戊戌仁宗赐号法慧禅师，癸丑，瞿公以两浙运使终，师吊之其祭文略云云。（已录于前）瞿公之子时学复留师，师曰夫住持者，须具三种力，庶不败事，一道力，二缘力，三智力，道体也，缘智用也，有其体而阙其用，尚可为之。但化权不周，事仪不备耳，使道体既亏，便神异无算，虽缘与智亦奚为哉。体用并阙而冒焉居之，曰因曰果，宁无慊于中乎？某无其实，故不尸其名。戊午九月，钦赐佛慈圆照广慧禅师，并锡金襕袈裟。至治壬戌八月十四日，作写偈辞众，置笔而逝，世寿六十有一，僧腊三十有七，葬于寺之西冈而塔焉。师随处结茅以居，皆曰幻住，又因以自号。天历己巳，天子赐谥曰智觉禅师，塔曰法云，名翰林学士虞集为之铭。元统二年，天子赐号普应因师。所著书曰《天目中峰和尚广录三十卷》，赐之入藏。其徒善达密的理表请也。”《鹤沙志》

四、清光绪《南汇县志》对《鹤沙志》的记载

光绪四年春二月，抚吴使者吴元炳在《南汇县新志序》中说：“长

兴钦公首宰是邑，以分邑应有专志，得朱之屏《鹤沙志》及蒋思永《分县志》而纂辑之，是南邑有志之始。”光绪戊寅六月，江苏布政使勒方锜在为《南汇县志》作序时说：“南汇以雍正二年割上海分建，时长兴钦公琏首宰是邑，因据《上海志》、《鹤沙志》，成《县志》十六卷。”光绪《南汇县凡例》云：“南邑析自上海，雍正三年，长光钦公首任是邑，即创修邑志，六阅岁而始成。盖本朱之屏、黄仲若所辑《鹤沙志》及蒋思永《新分县志》而增修之。”“《鹤沙志》、《新分县志》，据胡志其时似尚存，今已失传。”这里的胡志是指乾隆《南汇县新志》。在对朱之屏的记载上，光绪《南汇县志》比前志较为详细，但仍附在陆学渊的传记中，其文云：“新场朱之屏，字晓岳，号君藩，多闻博学，偕其友黄仲若辑《鹤沙志》十卷。”

五、民国《南汇县续志》对《鹤沙志》的记载

民国《南汇县续志》第十二卷《艺文志·史部补遗》记录有《鹤沙志》，其依据为光绪《南汇县志》的陆学渊传记。

《鹤沙志》的版本情况不明，除稿本以外，是否有钞本或刻本流传，也不详。从清代雍正至光绪，南汇县三次修县志。《鹤沙志》均被提及，雍正时修《南汇县志》，《鹤沙志》是一份重要的参考资料，但由于《分建南汇县志》未注明资料出处，故《分建南汇县志》究竟保存了多少《鹤沙志》的内容很难知晓。乾隆时修《南汇县志》，《鹤沙志》似还在。但到光绪时修南汇县志，《鹤沙志》已不见踪影。光绪《南汇县志》凡例云：“《鹤沙志》《新分县志》，据胡志其时似尚存，今已失传。”

但是，民国修《南汇县续志》时却出现了《鹤沙志》的影子。该志第八卷《祠祀志》中有26处标明出自《鹤沙志》。该志第二十一卷《方外志》在《寺院补遗》中有18处标注出自《鹤沙志》。

民国《南汇县续志》中这44处标明出于《鹤沙志》的史料是

从何而来？是否《鹤沙志》重新被发现？还是转录于另外的书籍？查《续修南汇县志题名》,可知《南汇县续志》中的《祠祀志》和《方外志》由黄报廷担任纂修员。黄报廷对于浦东地方史料十分注意收集，其编有《南沙杂钞》，笔者认为，黄报廷极可能收藏有《鹤沙志》的钞录残本。《南汇县续志》的其他卷中均未见标注《鹤沙志》。

（一）《南汇县续志》第八卷《祠祀志》中有关《鹤沙志》的记述辑录如下：

1、关帝庙，《鹤沙志》云，帝未加封时，《金山卫志》称义勇武安王庙。

2、天后宫，光绪志作乾隆年建。据《鹤沙志》在县城北门内，明洪武二十八年千户陈斌建。

3、土地祠，《鹤沙志》：下沙场大门右亦有土地祠。

4、忠勇祠，《光绪志》注李日章记，《鹤沙志》作日华。

5、季王庙，在南汇，《鹤沙志》。今废。

6、王圣庙，别庙，一在新场义济桥南，名白虎庙，岁久倾圮，明万历癸未年，里人金熙春捨地迁建于义和桥南。一在新场镇包家桥东。一在新场镇福生庵侧。一在航头镇北。一在一团蟠龙桥南。以上均见《鹤沙志》。

7、三官堂，在新场永宁教寺后，元大德年建，堂后为陈氏墓。堂基亦陈氏所捨，故称陈坟庵。《鹤沙志》。今废。

8、三官堂，别庙一在鲁家汇西；一在七灶港瞿家桥，崇祯丁丑年里人陶爱溪等建，见《鹤沙志》。

9、江东六王庙，在新场镇义顺桥北，明洪武年建，万历四十六年修，崇祯十一年增塑夫人像。《鹤沙志》。

10、西岳庙，俗名聂家庙，在十九保八十二图，西圩基地为聂同知墓，因无嗣建庙，又捐田赡僧，岁久碑毁，明嘉靖间庙毁，万历甲辰重建。《鹤沙志》。

11、老君殿，在下沙镇众安桥乐。《鹤沙志》。

12、尚场庙，又名观音庙，在下沙镇北。《鹤沙志》。

13、倪家庙，原名益善庙，见《鹤沙志》。

14、牛郎庙，即咸水庙，在一团镇南奉南交界。按《鹤沙志》云，万历十年建，是时有数十牧童放牛草荡，泥捏大士圣像，高不盈尺，置土龛中，群呼罗拜，俄有土人或征梦寐，或验疾病，祷无不应，众遂建庙，重塑圣像，而牛郎手制，仍供殿樑，以志异。

15、尖口庙，在一团镇西二灶港口，见《鹤沙志》。

16、真圣堂，在二团四灶港口，元至正六十年道士彭盟朴建，《鹤沙志》。

17、晏公祠，在县城，明洪武二十四年副千户陈盟建，《鹤沙志》。今废。

18、晏公祠别祠，在新场北市，明建，嘉靖间毁于倭，万历壬子，闻元声撰疏募建，见《鹤沙志》。

19、四贤祠，在浚河墩倪公祠前，《鹤沙志》。今废。

20、新场城隍庙，《光绪志》不详其自始；据《鹤沙志》，在仗义桥东，万历乙巳里人金皋、钱盛合捨基地，羽士叶景降募建。崇祯十一年，川沙陆瑞之募造捲轩并两庑，砌石阶。叶羽生捨基地，道士季伯纯募建后殿、寝宫。里人陆昌叔铸铁鼎。

21、一团城隍庙，《鹤沙志》：叶公祠在东禅庵西偏，明万历时陆树声撰《去思碑记》。

22、下沙镇西东岳行宫，《鹤沙志》：旧为节使堂，祀刘五节使之神，宋延祐七年，道士潘度原建。《光绪志》注初名洞无道院，宋延祐年里人瞿养浩为法官薛伯载建，殆未见《鹤沙志》，故有此误。

23、新场镇东郭家庙，明成弘年建，在江东庙南。嘉靖间倭毁，万历十七年朱梧泉捨墓侧地重建鹤坡塘东，又以塘西亦有墓，建联旺山桥，以通往来。见《鹤沙志》。

24、青龙庙，《鹤沙志》：明隆庆六年建。

25、萧王庙，《鹤沙志》：在咸塘东者为南萧王庙；在北三灶者为北萧王庙，又称邱家庙；又坦直桥四灶港北及沈庄西皆有是庙。光绪志失载。

26、倪公祠，在十九保浚河墩，为华溪家祠，见《鹤沙志》。未详建置年代及人名。

（二）《南汇县续志》第二十一卷《方外志》中有关《鹤沙志》的记述辑录如下：

1、东林庵，在县城南码头，元大德壬辰，邑人毛义甫建，僧智开山，明万历八年刘维东、张桥募资重建。《鹤沙志》。今废。

2、圆修庵，在县城，元至顺间建，僧别山开山。《鹤沙志》。今废。

3、梵音庵，在县城西门内。《鹤沙志》。今废。

4、龙珠庵，在王家桥东。（按《光绪志》“疆域”，在十九保九十四图。）明天启丙寅迁于二、三、四灶港交会沙尖，若龙形，故名龙珠。《鹤沙志》。

5、石林庵，在杜家行，杜云楼建。《鹤沙志》。

6、于庆庵，俗呼钱家庙，在六灶港大缺口东。明隆庆二年建。《鹤沙志》。

7、太清庵，元至正间道士张静雲建，岁久圮废。明初重建，嘉靖间毁于倭，万历间僧大中募建水仙塘北。是庵大中建时，其功难就，梦神云“当出手”，大中以斧断其左手，众感其诚，捨者云集，遂不日而成。里中康彝主其事，故俗呼康家庙。据《鹤沙志》。

8、藏息庵，在十九保八十六图七灶港北，里人徐信斋募建，顺治四年邑侯高维乾题额。《鹤沙志》。康熙四十二年住僧成瑄立碑。道光四年尼心传置碑记。历有修葺，有香积田十八亩零。

9、福生庵，在新场镇郑家衖西，顺治初尼妙良募建，为静修之处，时与里中老女子辈作念佛会。顺治四年，邑侯高维乾题额。《鹤沙志》。今废。

10、小普陀庵，在一团备唐外。《鹤沙志》。

11、鹤坡道院，在鹤坡塘玉皇阁桥侧，宋潘德刚建。《鹤沙志》。

今废。

12、洞玄道院，元延祐七年道士潘度原建。祥宁道院，在南汇，元至正二十四年，里人施道良建。甘泽道院，在南汇。以上均见《鹤沙志》。今废。

13、福泉寺，初名甘霖院，明永乐十二年，以其中井泉甘洌，改名福泉庵。据此，则今称寺，又有改矣。南山禅寺，俗名南庵。雷音寺，原名雷坛庙，盖道院也。明嘉靖间倭毁。有翠峰禅师重行募建，始为禅院。旧有明伦记、乔懋书，唐文献记、董其昌书，又朱襄额记。上并《鹤沙志》。

14、永宁教寺，《鹤沙志》：元至元辛卯建，基地六十余亩。明嘉靖间毁于倭，侍御宋贤捨建佛阁，万历二十四年复募构大殿，修葺完美。崇祯十一年，乡绅叶震隐捐修。

15、仁寿庵，王价建三层高亭，故称尖顶庙。资福禅院，一称资福庵。潮音禅院，僧性开山。以上据《鹤沙志》。

16、崇福禅院，《鹤沙志》称庵张之象题额，明天启四年僧静渊重修。

17、东禅寺，寺旧称庵，元至正初邑人潘荆州建，僧智福开山。旧在三灶，岁久圮。明正德间，里人唐廉倡建于一团镇东偏，万历时唐银、唐文宇重修。见《鹤沙志》。

18、弥陀寺，《鹤沙志》云里人周姓因无子，好行善果，常进香茅山，梦佛示"汝处自有佛地。"告以起止丈尺，归而辟地，下有柱础，排列如人为，固建寺。今周像塑寺中。明万历庚申闻元声重修。

《鹤沙志》在修《分建南汇县志》时是明确在世并在修志中是引用的，而到150多年后的光绪年间修《南汇县志》时，《鹤沙志》已不见，但民国所修的《南汇县续志》中出现了《鹤沙志》，这说明《鹤沙志》还留在世间，至少有残本留存，或者是有《鹤沙志》的内容被保存于其他书籍之中。这事可作进一步的挖掘和考查。

《分建南汇县志》引用了《鹤沙志》的内容，因未标明，只能感觉到《鹤沙志》的影子在《分建南汇县志》中。而乾隆《南汇县新志》、光绪《南汇县志》是在继承前志的基础编纂的,应该也有《鹤沙志》的影子。由于这个影子是无法看清楚的,所以也不知《鹤沙志》的具体内容。民国《南汇县续志》标出 44 处引用《鹤沙志》,也只能使我们见到《鹤沙志》的一斑。

修志最重要的是要有正确的史料,离开了这一点无法修志。以对东禅寺的记载为例,乾隆《南汇县新志》第十五卷记载云:"东禅寺,俗名钟楼庙,在一团北市。天启间,唐西村建,为官民朝贺圣诞处。"光绪《南汇县志》第二十一卷记载云:"东禅寺,俗名钟楼庙,在一团镇北市。明天启间,唐西村建。今为官民朝贺圣诞处。"光绪志几乎抄录乾隆志,仅加上三字。再看民国《南汇县续志》第二十一卷记载云:"东禅寺,《光绪志》称俗名钟楼庙。今按东为东禅寺,西有钟楼庙,即城隍庙。旧有佛殿两进,毁于匪。光绪三十三年,僧清亮募建前殿三楹,有田六亩。"乾隆志和光绪志的记载,都没有记录东禅寺在清代的情况,而其始建也仅在明天启年间,其修志时,东禅寺的状况没有记录。民国志则内容较丰富。民国志对东禅寺又作了考证,把东禅寺的建寺时间往前推至元代,考证所依据的史料是"见《鹤沙志》"。从上可以看出,民国《南汇县续志》第二十一卷《方外志》的编纂者黄报廷在史料的收集上是下了功夫的。

笔者有一点疑惑,从民国《南汇县续志》所标注出的《鹤沙志》来看,该志对庙宇的记载是较详细的,但雍正年间钦琏修《分建南汇县志》竟没有记载宗教寺庙,而钦琏在修县志时是见到过《鹤沙志》的。

六、《鹤沙志》编者的生活年代及成稿时间

关于朱之屏的生活年代和《鹤沙志》的成稿时间,所见到的史

料并没有明确的记载。但从有关地方志书和族谱中辑佚出来的资料来分析，我们还是可以知道朱之屏大致的生活年代和《鹤沙志》成稿的时间。

（一）有关朱之屏的史料附于清代人物陆学渊传记中

有关记载朱之屏和黄仲若的史料所见很少，《鹤沙志》肯定编写于清雍正年以前，因为钦琏修《南汇县志》时，访得《鹤沙志》，但编者朱之屏在钦琏所修的志书中未见其名。在乾隆《南汇县新志》和光绪《南汇县志》中没有朱之屏单独的传记，只是附于陆学渊的传记中，而陆学渊是列在清代人物传之中。

（二）光绪《南汇县志》记载朱之屏为康熙年间的岁贡生

浦东新场朱氏是世家，朱氏一族著称里中，如朱国盛。明万年三十八年（1610 年）得中进士，官至山东市政使、太常寺卿。又如朱绍凤，清顺治六年（1649 年）考中进士，任临县知县；其子朱廷献为康熙十八年（1679 年）进士，其孙朱之栋（朱廷源之子）为桃源县训导。朱之屏与上述的朱国盛和朱绍凤是否一脉所传现未见史料证实。据光绪《南汇县志》第十一卷《选举志·贡生》记载，朱之屏为康熙年间的岁贡生。

（三）瞿中溶对《鹤沙志》编写年代的推算

瞿中溶在编写《鹤沙瞿氏族谱》第三卷《旧德录》，碑刻“众安桥石刻”时曾有一段按语云：“中溶于嘉庆癸亥九月，访公遗迹于新场之永宁寺，于此桥下见石刻一中题‘至正二十四年仲冬吉日建造’，左右两旁题姓名六，右曰瞿子善、瞿行简、瞿伯成，左曰瞿子静、瞿子宜，吕国祯，皆正书。吕君事迹既无表见，诸瞿亦不载于家谱。以意度之，当亦是运使公昆季之子姓耳。子昂二碑，其报恩忏院记当朱氏撰志时已云已无影迹。先是万历间宗人润为奸僧作践家祠赴府控告，其词有云‘子昂碑？砌垫井旁。’此碑或因是毁坏亦未可定。自朱氏讫今又隔一百六十年。并铁佛铭碑亦杳不可得，未知又毁于何时。抑岂因子昂名迹见重于世，为识者负之而去，遂流转他所欤。附识于此，以待后之好事者。”

此段按语中的“子昂二碑，其报恩忏院记当朱氏撰志时已云已无影迹。先是万历间宗人润为奸僧作践家祠赴府控告，其词有云‘子昂碑？砌垫井旁。’此碑或因是毁坏亦未可定。自朱氏讫今又隔一百六十年。”

瞿中溶于嘉庆十一年（1806 年）刊刻《鹤沙瞿氏族谱》,从“自朱氏讫今又隔一百六十年。”来计算，当为 1646 年即清顺治二年，农历为乙酉年，这与《鹤沙瞿氏族谱》中记载的朱之屏《鹤沙志序》所落款的“乙酉仲春朱之屏鹤沙志序”时间年代相吻合。

（四）笔者的推测

如果朱之屏《鹤沙志序》所落款的“乙酉仲春”是指明万历十三年（农历乙酉年 1586 年），即清顺治二年（乙酉年 1645 年）前 60 年的一个乙酉年，朱之屏《鹤沙志》的成书年代在万历十三年前后。那么，《鹤沙志》所记载的内容不可能有万历后期、天启和崇祯年间的事。但是，从民国《南汇县续志》所引用的《鹤沙志》内容来看，有多条涉及到明万历后期和崇祯年间的事，如《南汇县续志》第八卷《祠祀志》中“江东六王庙，在新场镇义顺桥北，明洪武年建，万历四十六年修，崇祯十一年增塑夫人像。《鹤沙志》。”“三官堂，别庙一在鲁家汇西；一在七灶港瞿家桥，崇祯丁丑年里人陶爱溪等建，见《鹤沙志》。”如《南汇县续志》第二十一卷《方外志》中“崇福禅院，《鹤沙志》称庵张之象题额，明天启四年僧静渊重修。”

从上述记载来看，朱之屏《鹤沙志序》所落款的“乙酉仲春”不可能是明万历十三年（农历乙酉年 1586 年）。

如果朱之屏《鹤沙志序》所落款的“乙酉仲春”是指清康熙四十四年（农历乙酉年 1705 年），即清顺治二年（乙酉年 1645 年）后 60 年的一个乙酉年，朱之屏《鹤沙志》的成书年代在清康熙四十四年前后。那么，瞿中溶在《鹤沙瞿氏族谱》中“自朱氏讫今又隔一百六十年”的推算是个错误。

瞿中溶是乾嘉学派著名学者钱大昕的女婿，瞿中溶在金石学考据上是一位重要人物。他在编写《鹤沙瞿氏族谱》时是亲眼目睹《鹤沙志》并引用志中的许多资料，当然他所看到的《鹤沙志》是什么版本现不得而知。笔者认为瞿中溶推算的“自朱氏讫今又隔一百六十年”没有错。

从现有的资料分析，笔者认为朱之屏生活的年代在明代末年和清代初年，他编写《鹤沙志》的时间在清顺治二年（乙酉年 1645 年）前后，他撰鹤沙志序的时间为清顺治二年（乙酉年 1645 年）。

参考文献：

1 [清] 钦琏编修 :《分建南汇县志》（雍正年版本）。
2 [清] 吴省钦总纂 :《南汇县新志》（乾隆年版本）。
3 [清] 瞿中溶编写 :《鹤沙瞿氏族谱》（嘉庆十一年 · 1806 年版本　松江博物馆藏本）。
4 [清] 张文虎总纂 :《南汇县志》（光绪年版本）。
5 民国秦锡田总纂 :《南汇县续志》（民国十九年 · 1930 年版本）。
6 许洪新:《〈鹤沙志〉初探兼涉〈下沙志〉》,1995 年第四期《上海地方志》。

（作者单位系上海市浦东新区地方志办公室，原文为上海市地方史志学会 2015 年学术年会入选论文）

从引文分析看上海地方志书学术影响力

——基于 CSSCI 和 CNKI 引文索引数据库的分析

马亦男

地方志书是一种独特的著作体裁。我国的地方志种类繁多，体量庞大，据粗略估计，留存至今的旧方志有近万种，占现存古籍的10%。新中国成立之后，党和政府高度重视修志工作，先后成立了中国地方志小组、中国地方志指导小组，统一全国的修志工作，一大批新方志出版。在修志事业面临发展机遇，也面临挑战的今天，如何评价这批体量庞大的特殊文献并进一步认识志书的价值显得格外重要。本文拟选取上海地区的所有志书为研究对象，利用 CSSCI 和 CNKI 两大引文搜索引擎，统计上海地方志书在学术文献中被引用的频次，及其学术贡献较大的学科领域和研究方向，用统计数据一窥上海地方志书的整体学术价值。

一、样本选择与数据处理[1]

根据上海市地方志办公室编纂的《上海方志提要》（以下简称《提要》），截止 2004 年，上海地区编纂的志书共 1261 种，尚存世的 1105 种，其中新中国成立之前 241 种，新中国成立之后 864 种[2]。这一千多种志书是本文要统计分析的对象，从被引频次的高低来看，府志、市志、区县志是重点，其他的专志、乡镇村里志、杂志等也做简单的分析，04 年之后新修的志书未能做完全的统计，已经散佚的志书也不在本文的讨论范围之内。

本文的分析是基于CSSCI（中文社会科学引文索引）和CNKI（中国知识基础实施工程）两大数据库开展的。两个数据库的特点各不相同。CSSCI的期刊库体量较小,但收录的期刊经过仔细筛选，都是相关学科领域内最权威的期刊杂志，文章学术水平较高，而且引文标注严谨精确，因此权威性较高。CNKI引文数据库收录的期刊种类要远多于前者，而且扩展至学术论文及硕博士学位论文库，但其引文标注方法不够准确，遗漏较多。所以在使用的时候，如果是对某个研究个体进行微观的引文研究，将CSSCI的被引用次数作为研究依据更为客观和科学，如果是对研究对象整体和宏观的引文研究，用CNKI的被引文献作为研究对象是准确的可信的，误差几乎可以忽略不计[3]，本文基本遵循这一规则。

二、上海地方志书被引情况分析

被引用的文献一般是受后来研究者所关注的有一定学术影响力的文献。从引文分析看，分析学术影响力最基本的手段是统计目标文献的被引频次，在本文中即统计对比不同种类的上海地方志书被相关学术文章引用、参考的次数。

在选择统计工具的时候，本文作者考虑到，CSSCI收录的所有期刊文章均对其参考文献进行手工录入，CNKI引文数据库则采用计算机录入的方法，对于其引文库中未曾标记的文献则被引频次显示为零，比如历代编修的几种《上海县志》、民国《上海县续志》等11种志书都是被引频次很高的文献，但在CNKI引文数据库中因其未被标注，导致被引频次均显示为零，但在CSSCI中则有较准确客观的统计显示。所以，尽管CSSCI的期刊库体量小于CNKI引文数据库，但综合考量，其精确性更高，因而对各文献被引频次的比较更具有说服力，所以这里使用CSSCI作为统计工具，得出的数据因其精确性较高也一一予以列出。

（一）府志、市志、县志、区志被引用情况

上海地区新中国成立前编纂的府志、厅志、县志等共78种，单本志书平均被引频次为11.7。其中松江府、上海县、嘉定县、宝山县的志书利用率相对较高，与其历史悠久、志书种类繁多、史料价值突出有关系。同时，得益于近现代史、民国史研究的兴盛，

表1　旧方志（府志、市志、县志）被引频次统计表

类别		志书名称	被引频次	合计
府志、市志		松江府志（明正德、明崇祯三年、明崇四年、清康熙二年，清康熙二十年、清嘉庆）[4]	161	261
		松江府续志（光绪）	34	
		云间志略（雍正）	5	
		上海市自治志（民国）	20	
		上海小志（民国）	41	
县（厅）志	上海县	上海县志（明弘治、明嘉靖、明万历、清康熙、清乾隆十五年、清乾隆四十九年、清嘉庆、清同志、民国）	146	223
		上海县续志（民国）	77	
	嘉定县	嘉定县志（明嘉靖、明万历、清康熙、清乾隆、清嘉庆、清光绪）	88	133
		嘉定县续志（清康熙、民国）	45	
	宝山县	宝山县志（清乾隆、清光绪、同治）	23	61
		宝山县续志（民国）	30	
		宝山县再续志（民国）	8	
	松江县	云间志（南宋绍熙）	38	85
		华亭县志（明正德、清乾隆）	27	
		娄县志（乾隆）	6	
		重修华亭县志（光绪）	12	
		娄县续志（光绪）	2	

类别		志书名称	被引频次	合计
县（厅）志	青浦县	青浦县志（明万历、清康熙、清乾隆、清光绪）	32	51
		青浦县续志（民国）	19	
	金山县	金山县志（清乾隆、清光绪）	11	11
	川沙县	川沙厅志（清光绪）	5	34
		川沙县志（民国）	29	
	崇明县	崇明县志（清康熙、清雍正、清乾隆、清光绪、民国）	35	35
	南汇县	分建南汇县志（雍正）	2	13
		南汇县新志（乾隆）	2	
		南汇县志（光绪）	8	
		南汇县续志（民国）	1	
	奉贤县	奉贤县志（乾隆）	1	5
		重修奉贤县志（光绪）	3	
		民国奉贤县志稿	1	
总被引频次				912
平均被引频次				11.7

注：被引频次为零的志书均未列出。

民国时期编修的《上海小志》、续修的上海县志、嘉定县志、宝山县志等都属于高被引志书。

新中国成立后新修的方志中，市级综合志只有《上海通志》一部，被引次数为36，考虑到其出版时间为2005年，年份较近，利用率高出绝大部分志书。新修的区县志被引用频次均相对较低，平均次数为6.7，低于《上海通志》，也低于旧方志的利用率，但这批志书成书年代较晚，基本在20世纪90年代，其学术价值还有待进一步显现。第二轮修志启动后，部分区县的续志陆续出版，但引用频次接近于零，这里不再列表赘述。

表 2　新修方志被引频次统计表

志书名称		被引频次	志书名称	被引频次
上海通志（2005）				35
区（县）志	奉贤县志（1987）	7	杨浦区志（1995）	9
	崇明县志（1989）	5	吴淞区志（1996）	2
	青浦县志（1990）	11	黄浦区志（1996）	7
	金山县志（1990）	8	闵行区志（1996）	0
	川沙县志（1990）	7	静安区志（1996）	4
	松江县志（1991）	20（含松江县志资料 1 份）	南市区志（1996）	7
	宝山县志（1991）	10	徐汇区志（1997）	3
	嘉定县志（1992）	9	卢湾区志（1998）	6
	南汇县志（1992）	8（包含南汇县志资料两份）	闸北区志（1998）	5
	上海县志（1993）	9	长宁区志（1999）	2
	普陀区志（1994）	2	虹口区志（1999）	8
	区（县）志总被引频次			149
	区（县）志平均被引频次			6.7

（二）专业志被引用情况

1994 年至 2004 年，上海社会科学院出版社陆续出版了一批市级专志。本文纳入统计的上海市级专志 150 种，总被引频次 618，每种志书平均被引频次为 4。其中相当一部分专志利用率为 0 或 1，但是也不乏一些专业志书的学科利用价值较高，比如 2001 年出版的《上海租界志》，几乎成为研究近代上海租界发展变化的必参书目；《上海市区方言志》是研究吴语、上海话的音韵、语音等内容的重要工具书，参引率也较高。

除了市级专业志外，新中国成立后还有各种公司志、工厂志、

表 3　高被引频次市级专志表

志书名称	被引频次
上海租界志（2001）	73
上海市区方言志（1988）	47
上海电影志（1999）	40
上海房地产志（1999）	28
上海出版志（2000）	24
上海城市规划志（1999）	17
上海新闻志（2000）	16
上海图书馆事业志（1996）	15
上海越剧志（1997）	15
上海工商社团志（2001）	14

学校志、医院志以及区县专志大量出版，但被引频次基本为零。上海市以及各区县陆续出版了《上海地名志》以及区县地名志，其中《上海南市区地名志》的参引率较高，其他平均为 1–2 次。旧方志当中的人物志、山水志、寺庙志、园林志利用率也相对较低。除明万历年间成书的《云间人物志》、明代《南吴旧话录》两种，其对社事人物记载详细，利用率较高。

（三）乡镇村里志被引情况

新中国成立前的乡镇村里志 68 种，平均被引频次为每种 4 次，其中《法华乡志》《南翔镇志》《罗店镇志》比大部分旧县志利用率还高。前些年，关于要不要编纂乡镇志曾经在全国引起过争论，有关人士还对乡镇志的编纂提出过异议。从本文统计来看，结果已经不言而喻。

新中国成立后新修的乡镇村里志，包括街道志、各种农场志等共 279 种，到目前为止平均被引频次接近于 0，新修的基层志书还没有展现出它应有的学术价值。但是随着学术研究的更加深入，对贴近社会底层的资料的需要会增加，这些基层志书的价值将慢慢得

表 4　高被引乡镇村里志统计表

志书名称	被引频次
《法华乡志》（民国）	28
《南翔镇志》（乾隆）	21
《罗店镇志》（光绪）	19
《真如志》（民国）	17
《续外冈志》（乾隆	15
《珠里志》（嘉庆）	14
《江湾里志》（民国）	13
《朱泾志》（嘉庆）	13
《干山志》（乾隆）	9
《望仙桥乡志续稿》（民国）	8

以显现。同时，新中国成立以来，尤其是改革开放以来，随着社会主义市场经济的发展和城市化进程的加快，乡镇、村里、街道等变化巨大，反映出这些变化也十分必要。

（四）杂志被引情况

上海地区新中国成立前编纂的的杂志种类繁多，其中很多更像地方文献，不能算严格意义上的志书。《提要》第十二章列出了一部分体例与志书较接近的上海地方典籍，引为杂志。其中清人叶梦珠所辑的《阅世编》、民国年间姚公鹤所著《上海闲话》被参引率相当高，超出所有官修的志书。

此外，需要指出的是，从 CNKI 知识总库参考文献[5]搜索的结果来看，对上海地方志书的引用主要集中在 20 世纪 90 年代以后。此前，由于受到特定社会政治环境的制约，中国历史研究主要以宏大叙事为主，包括地方志在内的地方文献在国内的史学实践中并未得到充分的重视和利用。随着 80 年代社会史研究的复兴，眼光向下逐渐成为学术研究的主要手段之一，地方志的史料价值才开始得到重视。

表 5　高被引杂志统计表

志书名称	被引频次
《阅世编》（康熙）	143
《上海闲话》（民国）	110
《沪游杂记》（光绪）	90
《云间据目抄》（万历）	67
《淞南梦影录》（光绪）	58
《海上见闻录》（光绪）	24
《景船斋杂记》（清）	21
《云间杂识》（万历）	18
《五茸志逸》（清）	17
《乙酉笔记》（顺治）	10

三、源文献学科分布

反映上海地方志书学术影响力的指标除了被引频次外，还可以从源文献的学科类别及研究关键词入手，分析其在哪些学科领域和研究方向拥有较高的学术价值。所谓源文献，这里特指援引或参考上海地方志书的期刊文章、会议或硕博士论文。

需要说明的是，对于学科影响力的统计完全借助 CNKI 平台，因为 CSSCI 不具备对所录期刊进行学科分类以及提取、统计关键词的功能。本文采用了两种办法同时得出学科分布的总体排名：一方面借助 CNKI 引文数据库搜索源文献，另一方面，从 CNKI 数据期刊总库进入，输入参考文献得出源文献，当然，由于后者文献库体量远超前者，得出的统计数据也大于前者，但是将两种统计方法的结果进行对比，发现两种学科分布排名基本成正相关分布。然而，由于上文已经提到的 CNKI 对引文的标注不够系统精确等原因，这里不给出具体统计数据，只列出总体排名。

（一）源文献学科类别

统计源文献学科类别是为了表明上海地方志书的学术贡献主要集中在哪些研究领域。

表 6　源文献所属学科类别对比统计表

	旧方志（府志、市志、县志）	新修区（县）志
源文献所属学科类别（降序排列）	中国古代史 中国近现代史 中国民族与地方史志 中国文学 经济体制改革 农业经济 旅游 美术书法雕塑与摄影 中国政治与国际政治 地理 建筑科学与工程 宗教	中国近代史 中国民族与地方史志 宏观经济与可持续发展 建筑科学与工程 教育 农业经济 交通运输经济 环境科学与资源利用 中国文学 中国古代史 中国共产党 文化

从表 6 可以清楚地看出，引用上海地方志书最多的领域在历史学科，包括中国古代史、中国近现代史和中国民族与地方史志。究其原因，地方志是中国古代社会历史文献的重要组成部分，在史料学中占有很重要的地位，它记载了社会政治（包括政党、自治、选举、公署、职官、建制等）、经济（包括人口、实货、田赋、杂税、集市、水利、漕运、救济等）、社会文化（包括风俗、寺观、祠祀、方言、学校、墓冢等）等方方面面的内容，为史学家对中国历史的研究提供了许多有参考价值的资料。当然，这里对历史学科的划分还相当粗略，只从纵向的角度划分，事实上地方志书对历史研究的贡献还可以划分得更细，比如社会史、政治史、经济史对志书都非常倚重，这一点会在后面关于关键词的分析中看出端倪。

其次，地方志书对农业经济、宏观经济、经济体制的研究也有很大的帮助。上海地区的地方志书中有大量关于地方经济状况的记载，经济资料自明代以来越来越丰富，至近代有越来越翔实的统计数据载入志书，与公开的报刊资料和档案资料比较，志书中的历史资料更加细致、丰富，具有地方特色。如历代编纂的《松江府志》记述了松江的棉纺织业从家庭作坊到明代资本主义生产关系的萌芽，再到鸦片战争走向衰落的详细过程，诸如此类的记载在其他志书中都能看到，为江南地区经济史研究的深入、细化与确证提供了条件。而建国后新修的志书对于经济体制改革等等政策、制度方面的记载愈发详实，因而是研究宏观经济和经济制度的第一手资料。

此外，在教育、宗教、文化、建筑等领域的研究文章也较多地引用上海地方志书。新中国成立后新修的志书还为中国共产党、宏观经济等领域的研究提供了有用的资料。

（二）源文献关键词分析

关键词是指从正文中选取出来的出现频率最高、最具代表性、最能反映文章研究主题的词汇。统计源文献的关键词频次能更加直观地了解研究热点和方向。

统计表 7 的结果可以发现，引用上海地方志书的源文献中，出现频次较高的关键词有几种特定的属性：

在反映空间的关键词中，江南、上海、苏南为最常出现的地域范围，这与我们对地方志书的价值认知相符合，即地方志是研究地域、区域历史的最基本资料。上海地区的地方志书被用来解决本地区的问题。此外，在研究太湖、长江三角洲等区域的时候，也会经常参引上海地方志书。

在反映时间的关键词中，明代、清代、近代为高频词汇，源文献的研究对象基本集中在此时间段。当然，旧方志和新方志的侧重点有所不同，研究明代、清代的文献多参引旧方志，而参引新方志的文章多探讨近代以及新中国成立初期的问题。

表7 源文献所涉高频关键词对比统计表

	旧方志（府志、市志、县志）		新修区（县）志	
源文献所涉高频关键词（降序排列）	江南	交游	上海	江南
	上海	太湖地区	近代上海	租界
	明清	松江府	近代	变迁
	清代	苏南	典当资本	城市化
	明代	民间信仰	大四清	移民
	近代	租界	桥梁建设	币制改革
	明清时期	变迁	四清运动	城区史
	晚清	江苏	城市发展	历史
	近代上海	晚明	教育	土地利用
	社会变迁	长江三角洲	社会变迁	闸北
	近代化	明末清初	干部问题	城市开发
	清末民初	松江	建国初期	城市空间
	市镇	现代化	小四清	盗匪
	影响	慈善	动员回乡	
	城市化	徽商	发展	
	交游			

在反映研究热点的关键词中，宏观上，近代化、城市化和社会变迁是研究的大方向。微观上，研究热点包括市镇、交游、民间信仰、租界、慈善、徽商、江南海塘、教育、土地等等，这与近年来，社会文化史研究、微观历史研究、基层社会研究、民众研究等逐渐兴盛密切相关，地方志书所记载的社会文化资料，包括风俗、寺观、祠祀、方言、学校、墓冢等等方方面面价值得到重视。

四、结 语

从上文的分析可以总结出，上海市地方志书中，旧方志的学术参考价值整体略高于新方志。旧方志中的府志和县志属于高被引文献，乡镇村里志中也有部分学术参考价值较高的文献。新修的志书中，市志、区志和部分市级专业志尽管成书年代较近，但被参引率相对较高，其他区级专业志等志种的价值还需进一步挖掘。从学科贡献的角度看，地方志书最重要的价值在于它的史料价值。上海地方志书对研究明清及近现代上海及江南地区的近现代化和城市化具有重要的学术意义。此外，在政治、经济、建筑、教育、等学术研究领域，上海地方志书，尤其是新修的志书发挥了不小的作用。

当然，对方志而言，尤其就新修的地方志书，它的现实利用价值要高出其学术价值，本文单从学术贡献度的角度加以分析，并不想以偏概全。此外，对于文献典籍的学术评价牵涉到多个方面，被参引情况只是其中的一项指标。本文从被引用、参考的频次、学科分布，分析比较上海地方志书文献群的整体学术价值，只是为志书的学术评价提供一个思考的角度。

注释：

1 数据统计日期截止 2015 年 9 月 5 日。

2 上海市地方志编纂办公室：《上海方志提要》，上海社会科学院出版社 2005 年版，第 2 页。

3 秦长江：人文学科引文数据在不同引文数据库中的差异及其原因分析，《新世纪图书馆》2010 年第 6 期。

4 由于不少文章作者引用参考文献不规范，除书名外基本不标注其他有效信息，比如引用《松江府志》时，分不清究竟是明崇祯三年还是崇祯四年的版本，引用《嘉定县志》只标注清代，而不说明是康熙年还是光绪年，因此为避免数据交叉重复，本文将所有重名的旧方志合并统计，这也是一种无奈的做法。

5 CSSCI 收录的文章从 2000 年开始，不能反映 2000 年之前引用状况，CNKI 知识资源总库收录的文章年代更早。

（作者单位系上海市黄浦区地方志办公室，原文为上海市地方史志学会 2015 年学术年会入选论文）

对志书文化价值的几点思考

彭 华

一、关于志书文化价值问题的提出

全国第三次地方志工作会议，对第一轮修志工作的经验进行了总结，并对第二轮修志工作作出部署。时任中央政治局委员，中国社会科学院院长、党组书记李铁映在会议上指出："编纂地方志在我国有着悠久的历史传统。中国志书在世界上独树一帜，是我国历史文化的优势，具有独特的历史文化价值"，提出"新一轮修志就是要推出一批符合时代要求，具有很高科学水平和重要文化价值、社会价值的志书"，并强调"只有具有科学性、文化价值和社会价值的名志、佳志，才可能流芳百世，为后人所借鉴，为当代人资政。"会议提出了对新一轮志书的要求，也指明了对名志、佳志的衡量标准，即具有科学性、文化价值和社会价值。

编修地方志是我国优良的文化传统，历代旧志，为我们提供和保存了大量珍贵的历史资料。社会主义新方志，是对旧志的继承和发展。首轮修志之初，针对旧志重人文，轻经济的弊端，提出新编志书应大力加强经济内容的记述，以体现以经济建设为中心。之后，又强调要加强政治内容的记述，尤其是要加强对共产党的记述。近年来，方志界不断有人对首轮修志进行反思和总结，逐步展开了关于加强人文内容记述的讨论。[1] 此外，随着现代化进程的推进，社会的成熟，人们逐渐认识到，人类社会的各种文化现象，不仅渗透到自然、经济、政治等各个方面，贯穿人类社会活动的全过程，对社会的发展具有潜在的巨大精神作用。志书作为地方文化的重要组成部分，其文化价值越来越受到人们的重视。

由于以上原因，近年来，提高志书文化价值的呼声越来越高，有的方志工作者分析了提高志书文化价值的重要性，有的就如何提高志书文化价值提出了自己见解，但少有对“志书文化价值”这一概念进行深入讨论的，对到底什么是志书的文化价值并没有形成较为清晰的认识。笔者认为，要提高志书的文化价值，有必要对志书的文化价值本身进行一定的探讨。

二、志书的文化价值及提高志书文化价值的重要性

（一）志书的文化价值

“文化”是一个较为复杂宽泛的概念，一般认为广义的文化是指人类在社会历史发展过程中所创造的物质财富和精神财富的总和，特指社会意识形态。一定的文化是一定社会的政治和经济的反映，又反过来影响和作用于一定社会的政治和经济。狭义的文化是指意识形态所创造的精神财富，包括宗教、信仰、风俗习惯、道德情操、学术思想、文学艺术、科学技术、各种制度等。[2] 本文所说的“文化”指的是广义的文化。志书作为全面记述一地政治、经济、文化的资料性文献，是地情的文化载体，社会上的政治、经济、教育、科学技术无一不和文化有关，诸如地方特色、民族特点、文物考古、科学工艺、生活起居、思想学说、语言文字、文学艺术、体育武术、宗教神话、文化制度等等，无一不反映文化问题。[3] 基于此，志书对一地文化的如实记述，应该是志书文化价值的首要体现。此外，志书编修过程也是一个对地方文化积累、整合与保存的过程，而志书的刊行是对文化的传播，使文化得以延续和发展。[4]

因此，笔者认为，志书本身属于文化范畴，它是地方文化的重要载体，是地方文化的重要组成部分，其文化价值主要表现在对地

方文化的保存、积累与传播，使得地方文化得以延续和发展。

（二）提高志书文化价值的重要性

1. 关注人的生存状态，揭示时代文化精神是地方志的优良传统。文化在古代汉语中实际是“人文教化”的简称，前提是有“人”才有文化。旧志一向十分重视记人记事，通过记人记事，反映人们在历史上的活动，通观历史发展形势，因而能更生动、具体、深刻地再现历史面貌。因此，关注文化、关注人文生活，是对地方志优良传统的继承。

2. 文化从来是构成社会、国家的重要支柱。任何一种社会形态，任何一种国家体制，都是一定的政治、经济、文化相结合而形成的。文化是一个民族的灵魂和血脉，当今社会文化的软实力越来越受到世人的重视。志书作为一方地情资料文献，理应加强对文化的记录。

3. 要提高志书质量，就必须提高志书的文化价值。志书不能只注重记录一个地方的政治和经济，还要重视对地方文化的记录；不能只记录自然、人口、建筑、社会的基本情况，还要注重挖掘事物背后的文化内涵；通过对事件和人物的记录，反映社会的变迁，政治、经济、文化等各方面的发展。

三、提高志书文化价值的途径

提升志书的文化价值是一种主观意识，需要修志者有高远的文化意识，从主观上自觉努力追求。它体现在篇目设计，体例安排，资料运用等志书编修的各个环节之中。

（一）从篇目入手，加大对文化部类的记述力度

志书的篇目是志书的框架结构，志书的框架结构决定志书的基本面貌。要提升志书的文化价值，关键要使志书的框架结构更有利于全面科学记述当地的地情和文化面。[5]

经过第一、二轮志书的编纂，文化部类已形成一些较为成熟的

编纂理念。业内对文化部类的内容已形成趋同认识，即大文化部类包含教育、科技、文化、卫生、体育，在此基础上，还会有精神文明建设、民情民俗、方言、著述、文献，以及具有地方特点的具体文化。与教育、科技、卫生、体育并列的文化，称为中文化部类，包括文学艺术、新闻广播、电影、图书、文物、艺文、档案、史志等（也有的志书将档案、党史研究放入政治部类）。小文化部类以文化行政部门所管辖的内容为主，还可包含图书发行、电影放映等。[6]此外，对同一类所包含的基本内容也有趋同的认识。

这些较为成熟的编纂理念，是方志工作者们在编修新方志的实践中探索、总结出的有益经验，能为我们设置文化部类篇目提供参考。对比三种文化部类概念，笔者认为，采用大文化概念编排文化部类更为科学合理，有利于加大对文化部类的记述力度，进而做到全面、系统地记录一个地方的文化。同时，志书应突出地方特色，因此在记述教育、科技、文化、卫生、体育等重点文化篇章外，要注重对民情民俗、方言，以及具有地方特点的具体文化的记述，可以专门设置一些地方特有文化的章节，以突出地方文化特色，提高志书的文化价值。

（二）从资料入手，挖掘文化部类记述内容的深度和广度

就以往一些志书文化部类的内容记述来看，存在重基本情况、基本数据，缺乏深度和广度的情况。如学校教育重视学校和学生的数量，而忽视学生的状态；侧重记录体育成绩、体育设施，而忽视了人的身体素质，和具体的体育运动活动；文学艺术仅记录作品名称，对作品的时代影响缺乏认识等等。志书对于教育、科技、文化、卫生、体育等内容的记述，往往偏重反映部门的作用，忽视对象的社会状态。因此，要提高志书的文化价值，必须加大文化部类资料的收集深度和广度，深入挖掘文化部类记述内容。

由于文化部类中教育、科技、文化、体育等属于社会事业，都有相对应的行政管理部门，这些内容的编写主要依靠行政部门供稿。

然而正因为编纂过程中过于依赖行政部门供稿，文化部类的资料来源显得单一，造成资料的部门化、单一化和一般化。除了行政管理部门外，我们还应面向社会单位广泛收集资料。比如教育，除了幼儿园、小学、中学、大学等学校外，社会上还有大量的早教机构，各种补习班、英语培训机构；除了幼儿、青少年教育外，还有成人进修学校和老年大学，这些都是教育的重要组成内容，理应收集相关资料，并加以记述。此外，除了收集基本情况资料，还要挖掘那些反映记述对象社会状态的资料。还以教育为例，志书除了对学校和各类教育机构的记述外，还要挖掘地方教育理念，反映教师生存状态以及学生的学习内容、个体素质、思想状态等，在资料收集和记述过程中，投入更多的人文关怀。

（三）从记录人的活动入手，挖掘各领域文化内涵

人是社会的主体，自然、政治、经济、文化和社会都离不开人的创造活动，都和人息息相关。然而新编方志在对经济等内容的记述中，往往忽视记述人的活动，除人物篇外，在整部志书中，鲜有人的活动痕迹，见物不见人，未能将人在经济社会发展中的活动予以充分体现，影响了志书质量。[7]因此要提升志书的文化价值，不但要加大对文化部类的记述笔墨，还应将文化意识投射到全书的各个部分，通过记录人的活动，反映社会意识和观念的变化，挖掘各领域文化内涵。

志书要注重记述区域内各行业的优秀人才、领军人物和先进劳动者，记录他们的业绩和先进事迹，反映他们对区域政治、经济、社会发展所作的贡献。另外，改革开放以来，人们的生活发生了日新月异的变化，衣、食、住、行等方面跟过去有极大的不同，人们行为方式和思想观念发生了巨大的变化，这些变化正是社会政治、经济、文化发展的集中表现，志书应该忠实地记录下来。可分别在商业、交通、城市建设等各篇章中分别记述，也可以单独设立“人民生活篇”，集中反映。

四、通过读志用志实现志书的文化价值

修志的目的在于用。开展读志用志活动，是开发、利用志书资源，实现志书文化价值的有效途径。

（一）加大宣传力度，扩大读志用志社会面

在新志书出版后，做好宣传发行工作，是提高志书利用率的前提。利用新闻媒介宣传志书出版的消息、内容简介、价值、意义等；通过举办新闻发布会、首发式等隆重的发行仪式，加大志书宣传力度，引起社会各界重视；举办修志成果展览、开展志书评奖活动，提高志书知名度；通过网络宣传志书的出版信息和社会功能，以吸引更大范围读者的关注，使志书得到更迅速及时的宣传和更加广泛的应用。

（二）利用志书挖掘地域文化个性，促进区域文化发展

志书有很强的地方特色，从古至今，一个地域的人们通过生产生活实践创造了丰富多彩和独具特色的地方文化，志书保存了各时期地方文化形成和发展的资料，对地方文化建设具有很大的实用价值。通过对地方风土人情，文物古迹和历史人物、事件等的研究，挖掘地域文化个性，打造地域文化名片。此外，志书可为当地的影视剧等文艺创作提供大量健康、有益的题材和素材，为编修地方党史提供可靠、权威的一手资料，还能以创办爱国主义教育基地等形式，直接投身地域文化的建设之中，推动地域文化的发展。

（三）拓展方志文化产品，为政治经济社会建设提供服务

为便于社会读志用志，方志工作者应对志书史料进行再挖掘、加工和整理，编制各类地情资料，拓展方志文化产品。编辑出版地方文化名人、地方优秀建筑、地方革命史迹以及地方民俗等方面的书籍、画册；整合社会资源，编辑地情专题片等。这些文化产品形式更加灵活多样，语言更为丰富，可读性强，因而也更容易为人们

所接受，既扩大了地方志的影响力，同时也对地方政治、经济和社会的发展起到了积极的作用。

注释：

1 青野：《新志书加强人文部类内容记述的探索》，载《中国地方志》1996年第2期，第35页。

2 http://zhidao.baidu.com.

3 王弗：《论新方志的文化性》，载《建筑》1994年第11期，第37页。

4 吴祖鲲：《中国古代方志及其文化价值》，载《吉林大学社会科学学报》1993年第5期，第58页。

5 刘文涛:《应努力提高志书的文化品位》,载《黑龙江史志》2003年第2期，第29页。

6 王卫明：《文化是志书编纂的核心》，载《中国地方志》2011年第4期，第21页。

7 李升宝：《志书必须加强对社会活动中人的记述》，载《广西地方志》2009年第6期，第12页。

（作者单位系上海市黄浦区地方志办公室，原文为上海市地方史志学会2015年学术年会入选论文）

地方志鉴信息化建设设想

丁惠义　马莉苑

21世纪，随着计算机网络和多媒体为基础的数字化信息技术的应用，信息化进入了社会的各行各业，已经改变了经济结构、经济增长模式和全球的政治、经济、文化格局，并推动着人们生活、学习和生存方式的演化。信息化也同样在地方志领域内带来了前所未有的触动和变革。

一、地方志信息化建设的必然性

信息化建设是时代发展的趋势。21世纪是数字化世纪，是网络化世纪，也是信息化世纪。2006年5月8日，中共中央办公厅、国务院办公厅向全国发布了《2006—2020年国家信息化发展战略》，全面启动社会信息化建设。2010年3月31日，中共中央办公厅印发《全国党委系统信息化建设规划（2010—2012年）》的通知，要求用3年时间在全国党委系统建成电子政务内网平台。上自中央、下自各地方政府和部门都对信息化建设提出了明确要求。各行各业的信息化建设如火如荼，信息化建设成为支撑各行业在未来快速持续发展的核心竞争力。谁抢占了信息化发展的制高点，谁就掌握了发展的先机，赢得了发展的主动权。地方志信息化是社会信息化的要求，也是社会信息化的组成部分。随着信息技术的快速发展和社会信息化进程的加快，地方志信息化应当在信息技术的应用、信息资源的建设、信息资源的开发和服务等方面拥有自己的地位和作用。

信息时代地方志面临着生存危机。随着数字技术和网络技术的推进，计算机和互联网络的日益普及，人们获取信息的渠道变得多元化，时效性越来越强，检索手段越来越方便，只要轻点鼠标，足不出户就能够获知外界的各类信息和资料。越来越多的人已经依赖于通过互联网来搜索信息而非纸质书籍。然而，由于多方面因素的制约，我国的地方志行业在信息技术应用方面远远落后于报纸、杂志等信息媒体，地方志的艰难和困境日渐突出，十年修一志，五年编一书，但是修磨出来的书却少有人研究，我们再也不能自得其乐，必须改变方志人读方志书的尴尬局面。适者生存，劣者淘汰。如果我们再不推进信息化建设，不顺应时代潮流，地方志很有可能会被信息社会所淘汰。可以说，传统的官方行业——地方志，面临着前所未有的生存危机。要走出困境，必须借助于信息技术，实现自身的信息化，并与社会的信息化接轨。

信息化建设是地方志发展的新契机。在信息社会，谁拥有和掌握了信息资源，谁就将立于不败之地。地方志蕴涵着中国古老的文化、文明发展过程和各种信息财富，我们的地方志和年鉴是一个巨大的信息资源宝库。除方志年鉴外，很难有某种文献可以将一个地方区域的各种情况进行全面、系统、权威和连续地记载。比砖还厚的书、海量的方志资料，通过信息化技术的处理，就变得容易搜索和查找。地方志事业只有顺应时代潮流，充分地利用信息技术及网络技术，才会有更广阔的发展空间。

地方志信息化建设是为了更好地服务社会。我国各级志书、年鉴涵盖了各地区悠久的社会历史和丰富的现实情况，这些资料对于政府决策、科学研究、教育等具有重要价值。但是长期以来，地方志资源的利用率低下，志书的使用者大多为学者和研究者。即使在今天的信息社会，志书和年鉴这种综合性的资源还不能被广泛地利用，其所发挥的社会效益不明显。方志的信息化可以最大限度地消除地方志服务社会过程中的障碍，为地方志和社会现实之间搭建一座桥梁。通过这座桥梁，方志就会走出书斋，走向社会，走进普通百姓的日常生活。运用现代化手段，将地方志资源进行有效地整理、存储和充分地开发利用，从而提供快速、便捷甚至智能化的信息服务，把方志资源的潜在价值转化为现实价值，使志书和年鉴不仅是领导、学者案头的工具书，更是百姓身边的地情宝库，使其更好地服务于政府、服务于社会，创造出前所未有的社会效益。

二、地方志信息化建设中存在的问题

随着信息技术的发展，全国方志系统在信息化发展方面取得了一定的进展。建立省级地情资料库 20 多个，市、县级地情网站上百个，各级地情数据库数百个，数字化志书、年鉴及其他地情资料达数十亿。从总体来看，地情网站和数据库数量不断增加，数字化内容不断丰富，效果与影响持续增强。但随着地方志信息化建设的日益深入，各种各样的困难和问题日益显现，甚至阻碍了信息化的推进。只有解决这些问题，才能把地方志信息化建设推向更高、更科学的水平。

认识偏差阻碍着方志信息化建设的深入推进。传统的出版方式数十年，已经根深蒂固，而信息化不可避免地会与传统模式发生碰撞。这个过程中最大的阻碍就是思想观念的束缚和认识的偏差。大概可以归结为以下几种：有的担心电子版、网络、数据库等新载体的发展会影响纸质志鉴的发行；担心年鉴网络化后会失去版权保护的利益；有的单位为维护自己的资源独占地位，不愿意把资源拿到网上变成“免费午餐”；有的认为地方志信息化建设是地方志部门的事情，与其他部门无关；还有的将电子版、网站建设等同于信息化建设；有的把信息化当作时髦工程。在这些错误的认识和错误的动机下，信息化也只能成为装点门面的工具。地方志信息化就是政府公共资源的共享化，不能考虑地方志部门的局部利益，更要看到我们的社会责任。地方志是政府的职能部门，各级政府应当把地方志信息化建设纳入社会信息化工作的全局，作为一项长远的、全局性的战略任务，全面规划，分步推进，单靠地方志部门单干独斗是很难取得成效的。

网站建设不容乐观。为了准确把握基层网站建设情况，笔者就此随机抽查了广东、江苏、山东、上海等省（直辖市）的市区县级的地方志网站22家，发现一些普遍存在的共性问题。(1) 访问量偏低。22家网站中仅有3个网站提供访问统计，没有显示的原因，我想还是访问量太低，显示数据会让自己难看。从访问量上亦可以看出网站的利用率较低,没有发挥预期的开发利用效果。(2) 内容略显单薄。区县级网站栏目和内容都略显单薄，有63.6%网站只有机构介绍和工作动态等常规简介性栏目，缺乏志鉴全文资料，大部分的网站（地情网）没有志鉴全文数据，其中有3家栏目设置应为书库，可实际只有目录，名不符实。有2家网站许多栏目下还开天窗。即使有志鉴数据的，数量也极其有限。(3) 形式比较单一。网站内容多为文字类资料，基本上是文字类数据库，缺少视频等多媒体信息。63.6%没有视频资料,50%没有图片资料。多媒体信息缺乏使得网站变得枯燥单一，难以引起读者兴趣。(4) 服务和交流功能未显现。具体体现在检索方式单一,缺少互动交流。虽然77.3%的网站设置了检索功能，但大多为简单检索，而且有的检索功能无法正常使用。各网站虽然都设了类似编辑信箱、主任信箱、留言板、业务咨询等栏目，但形同虚设，没有发挥应有的作用。(5) 区域特色不明显。大部分网站只设置区情概览或大事记等栏目，对地方特色没有浓墨重彩，只能成为部门网站而不是地情网站。(6) 更新不及时。笔者是7月16日做的调查，一半以上的网站“工作动态”显示的时间是在5、6月份，有的年鉴只上传到2008年版。这些信息更新得不及时，严重影响了网站的使用价值。

表　22 家市、区（县）级地方志网站调查情况

项目	未设置		设置	
	数量（家）	占比（%）	数量（家）	占比（%）
上网人员流量	19	86.4	3	13.6
检索工具	5	22.7	17	77.3
全文数据	14	63.6	8	36.3
视频资料	14	63.6	8	36.3
图片资料	11	50	11	50
互动交流栏目	8	36.3	14	63.6
网站链接	2	9.01	20	90.09

说明：有些调查情况因无法量化而未列表。22 家网站分别为：张家港史志网、武进史志网、鼓楼区地方志办公室、无锡史志网、丹阳市史志办、淮安市地方志办公室、连云港史志网、南京市地方志、宜兴史志网、宿豫史志网、丽水史志网、安溪县地情资料库、东营区情网、利津县情网、大连史志网、曲阜市情网、浦东史志网、卢湾区地方志办公室、奉贤史志网、中山市地情资料库、汕头市地情网、黄山市地方志。

缺乏统一标准，难以形成规模效应。到目前为止，我们地方志系统对于网站建设和数据库建设没有统一的标准规范体系。各地都是自主建设，各网站之间、各数据库之间相对分散，虽然都各有特色，但难以形成整体优势，进而发挥规模效应。由于没有现成的软件系统，也没有上级部门牵头建设，导致同一省市内各县区各建各的网站，各用各的软件，各按各的标准，这种建设不仅劳民伤财，而且效率低下。特别是数据库，由于软件的不兼容性，不能跨库查询，无法达到资源共享，使数据库的功能和影响力大打折扣。各网站虽然有链接，但大部分是与同区域的政府部门的链接，与方志同行之间的链接相对显得薄弱，缺少交流沟通。

对办公自动化重视不够。比如我们大部分地区的年鉴除了出纸质，还都出了电子版的光盘，有的还把书籍上传到了网站。但我们

往往忽视了在编纂的流程中也要实现现代化和信息化，我们还是在沿用传统的编纂流程。实现办公自动化，编纂电子化的地方志部门还是凤毛麟角。之所以如此困难，主要原因还是畏难情绪在作祟。青岛市史志办公室通过研发年鉴编辑软件，实现了年鉴编辑从文稿报送到编辑成书全流程数字化处理和网络化运行，他们的做法可以向全国推广。如果实现网上组稿的信息化和编辑流程的信息化，那么志书编辑和出版的速度将大大加快，方志服务社会的功能就会得到进一步体现。

地方志信息化建设复合型人才紧缺。地方志工作者多为文科出身，对计算机的应用能力相对较差。另外各地方志机构中老年人多，青年人少，地方志工作者的计算机应用能力普遍不高。虽然现在各地都在注意引进计算机人才，但由于机构性质，大部分受编制影响，无法实现人员的新老交替。况且这部分新进人员虽然技术过关，但对地方志工作不熟悉，所以在短期内仍然无法解决人才问题。地方志信息化建设最缺的就是既了解计算机网络技术、数字资源和管理知识，又熟悉地方志工作的复合型人才。

三、地方志信息化建设发展思路

地方志信息化建设是一个比较大的范畴，不能简单地等同于志鉴的数字化和网络化，更不能等同于电子书和网络出版。信息化建设的核心是信息资源的科学开发、合理配置和有效利用。地方志信息化建设应以办公自动化、地情网站建设、各级地情资料库（数据库）建设为基础，坚持全方位推进。要在建设完善内部办公网络的基础上，建设面向社会的外部网络和实现办公自动化的编辑网络，建立方志资源数据库，即地方志系统信息化建设“三网一库”。条件成熟的地方可以“三网一库”同时建设，欠发达地区可以逐步推进。在推进过程中，我们还要注意以下几点：

1. 利用内网实现办公自动化、编纂电子化。现在我们各级地方政府大多有政务平台（或办公局域网），我们完全可以充分利用这种内网，推行办公自动化。当然，省市级机关也可建立单独的办公系统，实现全市或全省范围内信息传递无纸化、网络化。办公自动化也可以和网站一体化建设，即在网站设计中除信息发布平台外，可增建内部的网络办公平台，通过内外网的衔接，实现办公自动化。建立志鉴编纂管理系统，应用文字、图片专业编辑软件，智能化筛选和分类标引素材，智能化提取主题词和关键词，进行动态征集、编辑、审核、校对、资料存储等过程。通过对编纂过程的电子化，改进编纂流程和管理模式，提高编辑效率和年鉴质量。对于志鉴编纂管理系统，建议由省市级地方志部门出面建设，因为既可以统一标准，又可以避免重复建设，同时还可以通过编纂系统，建立与之相匹配的数据库，实现编纂系统和数据库的无缝连接，可以节省大量的人力、物力和财力。上海市地方志办公室已经在设计和实施这个工程。

2. 完善网站建设，提高方志资源利用率。要解决利用率低的问题，关键还要从网站的自身建设上着手。要增大网站的信息量，丰富信息内容，提高服务质量；要完善网站的检索、导航等服务功能，及时更新；要通过集文字、声音、图像、视频、动画于一体的多媒体技术的应用，使地方志信息从平面的静态的状态转变为立体的、动态的、可视可听的多媒体状态，这样才能更好地被大众所接受。除办好自身宣传栏目和地情资料库，提供全面、系统的地情基本信息外，更要突出重点，抓住特色，精心办好特色栏目。要做到既有方志文化的共性，又有地方特色的个性，这样，地方志地情网站才能在众多社会网站中独具一格，大放异彩，才能吸引更多的读者，提高网站的利用率。

3. 注意统筹规划，实现规模效应。由于信息资源浩瀚无边，并且信息服务是一项高度社会化、智能化、规模化的产业。在数量众多的网站和数据库中，任何一个网站和数据库都只是沧海一粟，只有形成规模效应，才能在网络的海洋里扬帆远航。首先必须要采取集中的方式，着力构建网站和数据库建设的标准体系，从方志资源的标识、描述、组织、存储、检索、交换、管理和使用等方面加以规范，使各网站和数据库实现“统筹规划、统一标准、联合建设、互联互通、资源共享”。对方志系统来说，这是又一种意义上的“规范化”建设。其次，省市级地方志机构应成为下一级机构网站和数据库建设的协调和统领者，真正地将本地区的资源信息有效地整合在一起，实现省、市、县三级网站（数据库）互通互连，形成合力，构成规模。最后，由中国地方志指导小组牵头，构架方志资源数据平台，链接省市级数据库，建立国家方志资源数据库，形成国家级完整的虚拟方志资源体系。这种整体优势，就是新方志资源市场化和产业化的价值与潜力。

4. 加强人才的引进和培养。法国现代化的设计师让 · 莫内曾指出搞现代化，必须“先化人后化物”。推进地方志信息化建设必须以方志工作者的现代化知识为先导和核心内容。有人认为，只要引进计算机专业人员，就能解决人才紧缺的问题。其实不然，我们现在是缺人，但我们缺的是既懂计算机技术又熟悉方志业务的人才。引进人员因为受编制等影响，只能是引进个别人员，地方志信息化建设要依赖的还是我们广大的方志工作者。我们要对现有的地方志工作者着重加强办公自动化、信息学、计算机应用、多媒体软件、编辑软件等方面的培训，使其在实际应用中不断成长为符合信息化建设要求的复合型人才。

参考资料：

1《全国党委系统信息化建设规划（2010–2012 年）》。

2 陈曼平，《浅谈地方志网站如何打造成地情信息的权威性网站》，《广西地方志》，2010 年 1 月。

3 田嘉，《与时俱进　大力加强地方志信息网络建设》，《中国地方志》，2008年第8期。
4 曾建勋，《国家新方志资源数据库的建设方略》，《图书情报工作》，2007年6月。
5 蓝凌云，《我国地方志资源网络化建设的现状与发展构想》，《中国信息界》。
6 翟明、祝洁，《对省级方志网站内容建设的分析与思考》，《广西地方志》，2009年6月。
7 章燕华、杨茹，《我国地方志网站建设现状分析》，《中国地方志》，2008年11月20日。
8 刘秋增、孙忠华、李坤，《信息化——地方志事业发展又好又快的助推器》，《中国地方志》，2008年5月20日。
9 傅万铭，《刍议年鉴的数字化、网络化及编纂出版创新》，《年鉴信息与研究》，2007年第2期。

（作者单位系上海市奉贤区地方志办公室，原文为上海市地方史志学会2015年学术年会入选论文）

后　记

2012 年 10 月，上海市地方史志学会第四届理事会组成，旋即组织选编《上海方志研究论丛》第二辑，该辑论文选自学会会员 2006 ~ 2012 年间发表在《中国地方志》等学术刊物和中国地方志学会学术年会、上海市地方史志学会学术年会上的学术论文，并于 2015 年 1 月由上海书店出版社出版。

2016 年 10 月，上海市地方史志学会秘书处从学会会员 2013 ~ 2016 年间发表在《中国地方志》《上海地方志》等学术刊物和中国地方志学会学术年会、上海市地方史志学会学术年会上的数百篇学术论文中选编了 33 篇，编辑成《上海方志研究论丛》第三辑。本辑从一个侧面反映了近 4 年本市方志界专家学者和方志工作者在方志理论思考与编纂实践探索的道路上前进的踪迹和阶段性成果。

上海市地方志办公室主任洪民荣和上海市地方史志学会会长朱敏彦为本书编委会主任，市地方志办公室副主任王依群、生键红和市地方史志学会副会长徐建刚、杨智敏、周德明、章清、马学强、梅森，秘书长黄晓明为编委会副主任，市地方志办公室各处室部馆所负责人和市地方史志学会副秘书长为编委会委员。本辑选编工作由朱敏彦主持，黄晓明负责，李洪珍选编，朱敏彦审定。

编　者

2016 年 12 月

图书在版编目(CIP)数据

上海方志研究论丛．第三辑 / 上海市地方志办公室，上海市地方史志学会编．-- 上海：上海书店出版社，2017.6

ISBN 978-7-5458-1467-5

Ⅰ．①上… Ⅱ．①上… ②上… Ⅲ．①上海－地方志－文集 Ⅳ．①K295.1-53

中国版本图书馆 CIP 数据核字（2017）第 110996 号

责任编辑　邓小娇
技术编辑　吴　放
封面设计　李　苳

上海方志研究论丛(第三辑)

朱敏彦　主编

上海市地方志办公室
上海市地方史志学会　编

上海世纪出版股份有限公司
上海书店出版社出版
上海世纪出版股份有限公司发行中心发行
200001　上海福建中路 193 号
www.ewen.co　www.shsd.com.cn
上海市印刷七厂有限公司印刷

开本：889×1194　1/32　印张：12.875　字数：335 千字
2017 年 6 月第 1 版　2017 年 6 月第 1 次印刷
ISBN 978-7-5458-1467-5/K · 278

定价：35.00 元